刑事司法科学丛书

上海市教委司法鉴定重点学科建设项目资助（编号：j51102）

FALÜ LUOJI DE LILUN YU SHIJIAN

法律逻辑的理论与实践

主　编　张晓光

副主编　金承光

孙大明

学林出版社

图书在版编目(CIP)数据

法律逻辑的理论与实践/张晓光主编.—上海：学林出版社，2010.6

ISBN 978-7-5486-0019-0

Ⅰ.①法… Ⅱ.①张… Ⅲ.①法律逻辑学—文集 Ⅳ.①D90-051

中国版本图书馆CIP数据核字(2010)第084148号

法律逻辑的理论与实践

主　　编——张晓光
责任编辑——吴耀根
特约编辑——陈　烁
封面设计——潘　丹

出　　版——上海世纪出版股份有限公司 学林出版社
地址：上海钦州南路81号　电话/传真：64515005
发　　行——中国图书进出口上海公司
地址：上海市广中路88号　电话：36357888
排　　版——南京展望文化发展有限公司
字　　数——42万
书　　号——ISBN 978-7-5486-0019-0/D·2

序

关于“法律逻辑”的讨论，尽管学者们有着不同的理解和认识，但法律与逻辑的密切关系，以及逻辑在法律研究和法律适用中的重要作用、意义已为大家共识。

司法的理论和实践均证明法律的研究和法律的适用都需要逻辑。英国法学家麦考密克和奥地利法学家魏因贝格尔在他们合著的《制度法论》一书中指出：“法律科学的任务就是要通过了解法律行为和法律规范之间的规范——逻辑关系与它们作为社会现实（即作为实证法）之间的规范——逻辑关系来理解法律的充满活力的性质。”

法律活动是人的理性思维的体现。人的理性思维是指人类具有鉴别、判断、评价事物和认识真理的能力。其表现过程是通过争论和具有说服力并使用令人信服的证据来发现和阐释真理，其根本标志在于思维的逻辑性。思维的逻辑性是指人的思维活动遵循逻辑规律，正确地运用概念，恰当地做出判断，合乎逻辑地进行推理和论证。所以，法律活动中所体现的人的理性思维，就是思维的逻辑性。

法律逻辑学作为逻辑学与法学交叉的学科，它将逻辑理论和逻辑方法充分运用到法学研究和司法实践领域，具有极其重要的现实意义。司法工作是司法人员适用法律处理案件的一项实践性极强的技术操作活动。它严肃而复杂，它首先要求司法人员要具有丰富的法律知识和实践经验，同时还应具有严密的逻辑思维能力。从这个角度讲，实质意义上的法律逻辑就是适用法律的逻辑，是司法人员将一般法律规则适用于待处理案件之中，论证司法判决的正当性、合理性的技术工具或智力手段。因此，法律逻辑的研究应遵从法律的规律、特征，并从法律思维的实际来研究和探讨法律逻辑的相关理论问题。

前不久，在我校召开的第十七届全国法律逻辑学术讨论会，出席会议的国内外专家学者，与工作在司法战线上的司法人员一起，就法律逻辑的理论和实践的相关问题进行了学术研讨，大家从不同的工作领域、不同的视角各抒己见，热烈讨论，提出了不少有现实意义的问题，收到了很好的效果。

为加强我校内涵建设，整合学术资源优势，我们组建了以司法鉴定学为主干，以法律逻辑学、司法会计学、电子证据学、证据法学、诉讼法学、计算机科学与技术、侦查学为支撑的跨学科的、多学科协调发展的学科群体。法律逻辑作为司法鉴定学的工具和基础理论学科，以及法律逻辑学如何在法庭科学学科群这个平台中有所建树，有所发展，通过此次主办学术年会，给我们提供了一次很好向兄弟院校，向各位专家、学者和司法工作者学习的好机会。要使一个学科得到深入的发展，一种学术活动产生广泛的影响，离不开团体之间的学术交流。为体现会议研讨成果，我校人文学院逻辑教研室主任，法律逻辑与法律思维研究所所长张晓光教授为主编，和金承光、孙大明两位为副主编，将会议交流的学术论文加工整理，分为：法律逻辑、法律推理、法律论证、法律逻辑与教学实践、法律逻辑与司法实践等五编，辑成《法律逻辑的理论与实践》一书。我认为，该书的出版对法律逻辑的研讨和推动这一学术活动的深入展开是有助益的；我相信，在这一学术活动的推动下，会有更多的、更优秀的学术成果面世。

华东政法大学党委书记，教授，博士生导师　杜志淳

2010 年 1 月 31 日

目　录

第一编　法律逻辑

第二编　法律推理

第三编　法律论证

第四编 法律逻辑与教学实践

第五编 法律逻辑与司法实践

第一编　法律逻辑

法律逻辑研究回顾与展望

王　洪*

一、法律逻辑研究的兴起

法律逻辑研究的历史源远流长，可以追溯到两千多年前古希腊时期，古希腊思想家亚里士多德就研究了法律领域中的一些逻辑问题。他一方面从包括法律思维在内的领域里总结与概括人们思维的普遍性规律与方法，①另一方面在《前分析篇》、《修辞学》、《尼各马科伦理学》等著作中对法律领域中的一些特殊推理与论证问题进行了最早的研究。② 亚里士多德建立了第一个逻辑系统——三段论逻辑系统，③但是他没有建立一个专门的法律逻辑体系。

正如西方逻辑史家黑尔蒙所言，三段论的逻辑形式早在古埃及和美索不达米亚的司法判决中就已经有所运用了，在巴比伦的《汉谟拉比法典》也是用逻辑的对立命题与省略三段论的方式来宣示法律规则的。④ 在西方人们很早就重视亚里士多德三段论逻辑在法律领域中的应用，从古希腊思想家亚里士多德发展起来的一套严密的逻辑理论体系对于罗马法的发展曾产生了深远的影响，这种讲究逻辑严密的传统对后世的各国的立法与司法影响至大。⑤

在英美法系与大陆法系国家，人们普遍地认识到了逻辑在法律研究和适用法律中具有重要的意义。正如《牛津法律指南》所言："法律研究和适用法律要大量地依靠逻辑。在法律研究的各个方面，逻辑被用来对法律制度、原理、每个独立法律体系和每个法律部门的原则进行分析和分类；分析法律术语、概念，以及其内涵和结论，它们之间的逻辑关系，……在实

---

* 王洪，中国政法大学逻辑学研究所所长，教授，硕士生导师。中国法律逻辑专业委员会主任委员。

① 比如《工具论》中的三段论逻辑系统就是这些研究的集中体现。

② 比如亚里士多德在《前分析篇》中对辩证推导进行的讨论，在《修辞学》中对法律缺陷进行的讨论以及在《尼各马科伦理学》对衡平法原则——法律缺陷补救进行的讨论。

③ 亚里士多德的三段论逻辑，建立在概念的"包含关系"基础之上，是一种概念逻辑或类逻辑。古希腊麦加拉学派学者裴洛(Philo)提出了实质蕴涵(material implication)，斯多噶学派的逻辑建立在实质蕴涵基础之上，扩展了亚里士多德的逻辑，奠定了命题逻辑的基础。1879 年，德国逻辑学家佛雷格重新发现实质蕴涵，并将实质蕴涵扩展为形式蕴涵，以此为基础建立了现代逻辑意义上的经典逻辑——一阶逻辑系统。

④ 转引自《中国逻辑思想论文选》，三联书店，1981 年版，第 5 页。

⑤ 参见贺卫方：中国古代司法判决的风格与精神：以宋代判决为基本依据兼与美国比较，载《中国社会科学》，1990 年 6 期。

际适用法律中,逻辑是与确定某项法律是否可适用于某个问题、试图通过辩论说服他人、或者决定某项争执等相关联的。"①就连美国现实主义法学代表人物霍姆斯(Oliver W. Holmes)大法官也承认:"律师受到的训练就是在逻辑上的训练,类推、区分和演绎的诸过程正是律师们最为熟悉的,司法判决所使用的语言主要是逻辑语言。"②美国联邦最高法院大法官卡多佐(Benjamin N. Cardozo)更是强调逻辑在司法过程中所具有的基础性作用:"霍姆斯并没有告诉我们当经验沉默无语时应当忽视逻辑。除非有某些足够的理由(通常是某些历史、习惯、政策或正义的考虑因素),……如果没有这样一个理由,那么我就必须符合逻辑,就如同我必须不偏不倚一样,并且要以逻辑这一类东西作为基础。"③

20 世纪 50 年代末以来,人们非常重视逻辑在立法与司法领域中的广泛而又系统的应用,先后建立了以亚里士多德的三段论逻辑和斯多噶学派的命题逻辑等传统逻辑内容为基础的法律逻辑体系,以及以一阶逻辑等现代逻辑内容为基础的法律逻辑体系。前者如美国法官亚狄瑟(Aldisert)于 1988 年出版的《法律的逻辑》等,后者如德国克鲁格(Klug)在 1951 年出版的《法律逻辑》(Juristische Logik)、波兰齐姆宾斯基(Ziembinski)于 1959 年出版的《法律应用逻辑》(Practical Logic)、奥地利塔曼鲁(Tammelo)在 1966 年出版的《现代法律逻辑概论》(Outlines of Modern Legal Logic)、魏因伯格(Weinberger)在 1989 年出版的《法律逻辑学》(Rechtslogik)等。20 世纪 70 年代末以来,我国也开始了法律逻辑学的教学与研究,今天我国法律逻辑学著作的体系虽然众多,但大多还是可以分为这两大类:其一,是以传统逻辑内容为框架的体系;④其二,是以现代逻辑内容为框架的体系。⑤

这个时期法律逻辑的主要研究工作,就是将这些逻辑理论广泛地运用于法律思维领域之中——即在传统逻辑或一阶逻辑等现代逻辑的框架之下,确立立法与司法应当普遍遵守的逻辑法则,以及介绍在司法过程中能够得以广泛使用的逻辑方法,并基于实例或案例阐明如何将这些逻辑法则与逻辑方法运用到立法与司法实际之中。前者如美国学者富勒(Fuller)的《法律的道德性》(1964)——"良法之法"的理性准则与尺度问题研究;后者如德国克鲁格(Klug)的《法律逻辑》(Juristische Logik)(1951)、波兰学者齐姆宾斯基(Ziembinski)的《法律应用逻辑》(Practical Logic)(1959)、奥地利学者魏因伯格(Weinberger)的《法律逻辑学》(Rechtslogik)(1989)等著述。这些工作为法律逻辑的兴起作出了历史性的贡献。⑥

---

① David M • Walker: The Oxford Companion to Law, Published in the United States of America by Oxford University Press, New York, 1980.

② Oliver W. Holmes, Jr. "The Path of the Law", in Collected Legal Papers, ed. Mark de Wolfe Howe (Cambridge, Mass.: Harvard University Press, 1910), p. 181.

③ [美] 卡多佐:《司法过程的性质》,苏力译,商务印书馆,1998 年版,第 17—18 页。

④ 如以概念、判断、推理、论证为主要内容的体系。

⑤ 如以命题逻辑、词项逻辑、谓词逻辑、模态与规范逻辑等为主要内容的体系。

⑥ 我国学者也作出了重大贡献,比如阳作洲先生等人合编的《法律专业逻辑学》(1981),杜汝楫先生主编的《法律专业形式逻辑》(1983),吴家麟先生主编的《法律逻辑学》(1983),王耀堃、冉兆晴、刘鸿钧先生等人合编的《司法实践与逻辑应用》(1984),朱武先生等主编的《刑侦专业逻辑学》(1985),富朴安先生等主编的《刑侦逻辑教程》(1992),以及雍琦先生的《比对推理在刑事侦查中的运用》(1980)、《刑法罪名的逻辑特征》(1981),黄厚仁先生的《法律工作者应当通晓逻辑知识》(1981),吴家麟先生的《建立法律逻辑学的必要性及其研究内容与方法》(1982),黄菊丽先生的《侦查与审判中的逻辑问题》(1984),孔庆荣、王莘的《关于刑事审判推理的若干问题》(1988)等。

二、法律逻辑研究的转折

发端于19世纪欧洲大陆德、法等国的概念法学或法典万能主义认为：成文法体系或法典是“被写下来之理性”(la raisonécrite；ratio scripta)，是“完美无缺的”(1a plénitude du droit)，具有“逻辑的自足性”(die logische geschlosseit)与“论理的完结性”，不存在任何漏洞，也无所谓漏洞，从中能够直接地找到毫无疑义、无可争议的规则来解决具体问题，仅仅运用三段论推理就能够直接得出正确的判决。① 法官只不过是“宣告法律语言之嘴巴，须严格受法律之效力所拘束，系无能力或无意志自行左右自己之生物”，不过是一种“自动适用法律之机械”，判决只不过是“法律严格之复印”。

美国大法官霍姆斯早在19世纪末就揭示了上述观念——把法律原则视如毕达哥拉斯定理那样不可改变的观念是荒谬的。他指出，其一，对案件进行裁决时要遵守制定法与判例法的规则，要以这些规则作为裁判的前提或依据，但普通法制定的规则并不是不证自明的，不是从权威那儿理所当然地拿来的，是存在争议的也是可争议的，对这些规则进行普通法意义上的有目的的推理与决断是必不可少的；其二，“对时代需要的感知，流行的道德和政治理论，对公共政策的直觉，不管你承认与否，甚至法官和他的同胞所共有的偏见对人们决定是否遵守规则所起的作用都远远大于三段论。”②正是在这个意义上，霍姆斯在《普通法》开篇说道：“法律的生命不在于逻辑，而在于经验。……法律包含了一个民族许多世纪的发展历史，它不能被当作由公理和推论组成的数学书。”③霍姆斯在这里要告知世人的是，包括普通法规则在内的法律是流动变化的，司法判决的最终走向不但取决于法官从前提导出结论的推论，更重要的是取决于法官对包括普通法的规则在内的裁判前提的建构与确立。

美国联邦最高法院大法官卡多佐在1921年出版的《司法过程的性质》一书中，进一步指出了法典和制定法存在的不确定性问题——法典和制定法有需要澄清的疑问与含混、有需要填补的空白、有需要淡化的难点与错误。他进而指出，法官们不是沉默无语的，也不是无能为力的，他们有资格而且应该是有所建树的，他们应当承担这样的职责：在司法过程中不但要发现法律而且要创造法律——澄清法律的疑义、平衡法律的冲突、填补法律的漏洞。④20世纪60年代以后，普通法与大陆法系的法学家们逐渐地认识到了法律的不确定性问题——实在法是一个不自足的、开放的、不确定的体系。如德国学者拉伦茨(Larenz)在《法学方法论》一书中提出的“法律漏洞”理论(1960)，英国学者哈特(Hart)在《法律的概念》一书中提出的“法律的开放性结构”与“规则中的不确定性”理论(1961)，⑤英国法官丹宁勋爵

① 这也是18世纪法国思想家孟德斯鸠的美好愿望：有一天法律非常完美，法官只要用眼睛看一眼就够了。

② O. W. Holmes, Jr., The Common Law, ed. M. Howe (Boston: Little Brown, [1881] 1963).

③ 同上。

④ 卡多佐指出：“法官从哪里找到体现在他的判决中的法律？这些渊源有时很明显。适合此案的规则也许是由宪法或制定法提供的。如果情况如此，法官就无需再费力追寻了。……法典和制定法的存在并不使法官显得多余，法官的工作也并非草率和机械。会有需要填补的空白，也会有需要澄清的疑问和含混，还会有需要淡化——如果不是回避的话——的难点和错误。”他接着说道：“随着岁月的流逝，随着我越来越多地反思司法过程的性质，我已经变得甘心于这种不确定性了，因为我已经渐渐理解它是不可避免的。我已经渐渐懂得：司法过程的最高境界并不是发现法律，而是创造法律。”——[美]卡多佐：《司法过程的性质》，商务印书馆，1998年版，第105页。

⑤ 英国法学家哈特指出：每个法律概念的含义或意义有一个确定的、没有争议的核心(central core of undisputed meaning)，但也有一个“阴影地带”(penumbra)或“开放的结构”(open texture)。

(Lord Denning)在《法律的训诫》一书中提出的"法律皱褶"理论(1979)等。随之而来的是,如何在司法过程中解决法律不确定性问题——法律推理、法律解释、漏洞填补、法律续造等问题,就成了法学研究中的一个国际性中心课题。[①] 如新分析法学代表人物英国学者拉兹(Raz)对以下两类推理进行了区分与研究：一类是"有关法律的推理",即确定什么是可以适用的法律规范的推理,另一类是"根据法律的推理",即根据既定的法律规范如何解决问题或纠纷的推理;[②]德国学者拉伦茨(Larenz)在《法学方法论》一书中对法律解释与续造方法进行了研究;美国学者艾森伯格(Eisenberg)在《普通法的本质》一书中对普通法推理模式进行了研究(1988);我国学者王晨光的博士论文《法律推理》(1999)、张保生的《法律推理的理论与方法》(2000)等对这些问题也进行了相关研究。

应当指出,在很长一段时间里,逻辑学家们特别是法律逻辑学者,只是注意到法律的确定性问题以及在此预设或框架之下三段论等经典逻辑在法律适用中的应用问题,没有意识到对法律领域的上述中心问题也应当而且能够从逻辑学的角度进行系统的研究。20 世纪 70、80 年代以后,这种情况有所改变。法律逻辑的研究开始发生了重大的历史性转折,从主要研究法律的合理性评价尺度及其法律适用的逻辑理论,开始扩展到对法律的不确定性问题以及在司法过程中如何发现或获取法律——法律推理、法律解释、漏洞填补、法律续造的理论与方法——法律发现与法律获取的逻辑理论的研究,如波兰学者齐姆宾斯基(Ziembinski)在《法律应用逻辑》(Practical Logic)(1974)中提出的制定法推理理论等[③]。这个转变为法律逻辑研究开辟了一个全新的领域,终结了法学研究在这个领域的独有话语权,开启了逻辑学与法学研究在这个领域里的广泛交流与融合。[④]

上述领域里的研究也唤起了人们对英国学者图尔敏(Toulmin)的论证模型理论的新的关注,图尔敏在《论证的使用》(The uses of argument)(1958)中揭示了在前提具有可争议性或开放性时包括法律论证或判决论证在内的一切论证的一般结构,揭示了不但结论需要证立而且前提受到置疑时也要予以证立。"在所有这些领域当中,作出主张的同时提出应予承认的要求。假如这个主张受到怀疑,那它就必须要进行证立。"[⑤]而且,在图尔敏看来,这是一切实际论证或实践论证都具有的一般性结构或模式——包括法律论证在内的一切实际论

---

① M. J. Detmold, "Law as Practical Reason", from Aulis Aarnio, Neil MacCormick, Dartmouth ed., Legal Reasoning, Vol. I, 1992. 大陆法系主要使用法律解释、法律续造等概念而不使用法律推理概念,如德国学者拉伦茨(Larenz)的《法学方法论》;普通法系主要使用法律推理概念而把法律解释理解为法律推理的过程,如美国学者列维(Levi)的《法律推理引论》。

② Joseph Raz, On the Autonomy of legal Reasoning 转引自王晨光:《法律推理》博士论文(1999)。

③ 齐姆宾斯基提出了以规范逻辑推导为基础的推理、以规范的工具推导为基础的推理、以立法者评价一贯性的假定为基础的推理的理论。我国学者也开始了相关的讨论与研究,如黄厚仁先生的《规范逻辑在法律工作中的应用》(1984),张成敏的《解释：还原与推导》(1990),王洪的《论法律中的不可操作性》、《论法律推理与法律逻辑》(1994)以及《司法判决与法律推理》(2002)(司法部重点科研项目成果),夏建武的《法律推理：大前提的空缺与补救》(1995)等。

④ 参见 Aulis Aarnio & Neil MacCormick, Dartmouth ed., Legal Reasoning, Vol. I & II 1992.

⑤ [德] 阿列克西:《法律论证理论》,舒国滢译：中国法制出版社 2002 年版,第 106 页。图尔敏在《论证的使用》中举例说道：Harry 是英国人(结论),因为 Harry 出生在百慕达群岛(小前提),且在百慕达群岛出生的人就是英国人(大前提)。为什么在百慕达群岛出生的人就是英国人呢(待证)? 因为就殖民地出生者的国籍在英国的制定法中有明文规定(小前提),且在英国的制定法中有明文规定的就依规定成立(省略的大前提)。在百慕达群岛出生的人都是英国人吗? 不,在百慕达群岛出生的人是在一般条件之下大概就是英国人(待证),因为就殖民地出生者的国籍在英国的制定法中有明文规定双亲均为外国人的除外(小前提),且在英国的制定法中有明文规定的就依规定成立(省略的大前提)。

证或实践论证的前提都是具有可争议性或开放性的因而都是需要加以证立的。由此人们有理由认为：为了避免公众对裁决产生合理的怀疑，法官对法律的发现或获取——基于有目的的推导对法律进行的解读、重构、填补、创制——裁决大前提的建构是应当予以证立的。这样一来，就进一步激发了法律论证——判决的证成问题研究，尤其是判决的外部证成——前提的证立问题研究。如芬兰学者阿尔诺（Aarnio）在《法律推理》（On Legal Reasoning）（1977）与《适当的理性》（The Rational as Reasonable）（1987）中提出的法律确证——法律解释的证立理论，德国学者阿列克西（Alexy）在《法律论证理论》（1978）中提出的内部证成与外部证成理论，英国学者麦考密克（MacCormick）在《法律推理与法律理论》（Legal Reasoning and Legal Theory）（1978）中提出的演绎证立与次级证立理论等。①这是法律逻辑这个时期另一个重要的研究领域，这个领域的工作从另一个方面深化了法律适用的逻辑研究。

三、法律逻辑研究的发展

20 世纪 70、80 年代以来，人们发现以传统逻辑或一阶逻辑等现代逻辑为框架建立的法律逻辑体系，并不专门以法律领域里的推理与论证为研究对象，没有涵盖也不能解决法律领域里的全部推理与论证问题，对于法律领域里的推理与论证而言，这些法律逻辑理论是不充分、不完整、不系统的。人们的法律逻辑观念开始发生了一些根本性的变化，②人们开始认识到，“法律逻辑并不是像我们通常所设想的，将形式逻辑应用于法律。我们所指的法律逻辑是指供法学家，特别是供法官完成其任务之用的一些工具，方法论工具或智力手段。”③正如德国学者考夫曼所说，“法哲学是哲学的一个分支，……法哲学与哲学的其他分支相区别，并不在于其有什么特殊性，要害是，它以哲学的方式去反映、讨论法的原理、法的基本问题，并尽可能给出答案。”④法律逻辑学这门学科的性质大抵也是如此。人们认识到，法律逻辑学是法学与逻辑学的交叉学科，它是逻辑学的一个分支，因为它是以逻辑学的方式进行解答；法律逻辑学又是法学的一个分支，因为它解答的是法律领域的基本问题。自 20 世纪 80 年代以来，我国逻辑学界和法学界受到西方学术界的影响，也开始了法律逻辑学——法学与逻辑学的新兴的交叉学科的研究。

20 世纪 70、80 年代以来，人们开始从法律思维及其基本问题出发，寻求对法律逻辑的研究对象及其基本体系这些重大问题的新的理解与回答。人们认识到法律思维有两个关键的领域：其一，立法的领域——法律概念和体系的建构；其二，司法的领域——事实的发现或

---

① 麦考密克将判决的证立分为两个层次：演绎证立与次级证立。演绎证立是指对结论的证立，次级证立或二次证立是指对前提的证立。

② 如我国学者雍琦先生就在《关于我国法律逻辑性质及走向的思考》（1997）一文中对法律逻辑研究进行了深刻的反思与展望。这样的思考还有刘鸿钧先生的《关于建构法律逻辑的思考》（1993），陶景侃先生的《法律需要什么样的逻辑》（1997），金承光的《法律逻辑的新思维》（1997）等。

③ ［比］佩雷尔曼：《正义、法律和辩论》，1980 年版，第 140 页。转引自沈宗灵：《佩雷尔曼的“新修辞学”法律思想》，载《法学研究》1983 年第 5 期。

④ ［德］考夫曼等：《当代法哲学和法律理论导论》，郑永流译，法律出版社，2002 年版，第 3 页。

事实的认定、法律的发现或法律的获取、诉讼主张或判决的证成。① 人们发现,在上述事实的发现、法律的获取、判决的证成过程中,相应地要进行有不同目的的推导或推论,这些不同的推导或推论可以概括为:事实推理(factual inference)、法律推理(legal reasoning)、判决推理(judicial reasoning)。② 其中,事实推理是指旨在发现或确认证据以及基于证据发现或探寻事实真相的推论;法律推理是指旨在发现或探寻法律真谛——澄清法律疑义、平衡法律冲突、填补法律漏洞——发现、重构、填补、创制法律——为个案裁决获取或确立法律规范或法律理由的推论;判决推理是指旨在以事实和法律为根据或理由作出判决的推论。③

20 世纪 70、80 年代以来,人们开始对法律领域中这些不同的推理或论证加以区分并从学理上与判例上进行深入的分析与研究,开始系统地揭示事实推理、法律推理、判决推理或判决论证的模式、方法与准则,建立或确立法律论证或判决论证的正当性或合理性准则与尺度,以此为基础逐渐地建立以法律分析、事实推理、法律推理、判决推理与法律论证理论为主要内容的完全不同于传统逻辑与一阶逻辑框架的法律逻辑体系,并将这种分析与概括的结果应用于事实的发现、法律的获取以及诉讼主张或司法裁判的证立或说服之中。④ 这些领域里的研究工作正处在迅速发展之中。⑤

事实发现的理论:人们开始深入地研究刑事侦查中的个案推理和审判中的事实认定——发现或确认证据以及基于证据发现或确认事实真相的推导问题。⑥ 人们进一步提出

---

① 正如德国法学家布赫瓦尔德(Buchwald)指出:法律思维有三个关键的领域,它们是法律概念和体系的建构、法律的获取、判决的证成。比如在北京市丰台区人民法院审理的奥拓车苯污染案中,法官要对这些问题做出决断:朱女士购买和使用的奥拓车是否存在苯污染?朱女士购买和使用的奥拓车的苯污染是否在事实上导致她患重症再生障碍性贫血而死亡?这就涉及事实的发现问题。在美国联邦最高法院审理的 Roe v. Wade 一案中,原告罗伊(Jane Roe)诉称:她遭强奸而怀孕,而得克萨斯州法律禁止堕胎,她又付不起钱到那些可以合法堕胎的州进行手术,故不得不继续妊娠,分娩之后,她将孩子交给了不知身份的人收养。罗伊认为,根据宪法第 14 条修正案(未经正当法律程序不得剥夺任何人的生命、自由或财产),她有隐私权以及自由处理自己身体事务的权利,得州刑法(除依医嘱,为挽救母亲生命而进行堕胎外,其他一切堕胎均为刑事犯罪)剥夺了她的选择权,因而违反了美国联邦宪法。被告得州政府辩称:生命始于受孕而存在于整个妊娠期间,因此,在妇女妊娠的全过程,都存在保护生命这一不可抗拒的国家利益,宪法所称之"人"包括胎儿,非经正当法律程序而剥夺胎儿生命为第 14 条修正案所禁止之行为。得克萨斯州的法庭判决罗伊败诉,案件上诉到美国联邦最高法院。最高法院法官需要判明以下问题:其一,按照美国宪法第 14 条修正案,未经正当程序而不可剥夺的"个人自由"是否包括"妇女堕胎的自由",以及未经正当程序不可剥夺的"个人生命"是否包含"胎儿生命"?其二,一旦发现上述两种权利的保护发生冲突,要判断哪一种权利的保护更为必要与正当?这就涉及法律的发现或获取问题。在许霆恶意取款案中,2006 年 4 月 21 日晚 10 时,许霆来到天河区黄埔大道某银行的 ATM 取款机取款,取出 1 000 元后,发现银行卡账户里只被扣了 1 元,于是他连续取款 5.4 万元,当晚又操作多次。许霆先后取款 171 笔,合计 17.5 万元。潜逃一年的许霆,在陕西宝鸡火车站被警方抓获。广州市中院审理后认为,被告人许霆以非法侵占为目的,伙同同案人采用秘密手段,盗窃金融机构,数额特别巨大,行为已构成盗窃罪,遂判处无期徒刑,剥夺政治权利终身,并处没收个人全部财产。2008 年 1 月 16 日,广东省高院裁定一审判决"事实不清,证据不足",发回广州市中院重审。这两个裁决能否成立?这就涉及判决的证成问题。

②,③ 参见王洪:"论制定法推理",载《法哲学与法社会学论丛》第四期,2001 年。《牛津法律大辞典》有类似观点的表达:"法律推理(Legal Reasoning)是对法律命题的一般逻辑推理,包括演绎推理、归纳推理和类比推理。"

④ 参见王洪:《法律逻辑学》("十一五"国家重点图书出版规划项目),中国政法大学出版社 2008 年版。应当指出,雍琦先生、金承光等在《法律适用中的逻辑》(2002)(重庆市"九五"社会科学规划项目)一书中提出并在证据判定与运用以及法律解释基础上讨论了大前提与小前提的建构问题,并以此为基础建立了审判逻辑——适用法律的逻辑体系。这是法律逻辑研究取得的重要进展。

⑤ 参见王洪:"法律逻辑研究的主要趋向",载《哲学动态》2009 年第 3 期。

⑥ 比如英国学者 Mackie 的 INUS 因果推理模式理论(Mackie, J. L.,"The Direction of Causation", in Philosophical Review, LXXV, 4(October), 1966, pp. 445 - 446),以及我国学者雍琦先生等在《审判逻辑简论》(1990)、《审判逻(转下页)

了法律领域里的事实推理范畴，在事实推理范畴下区分了事实的推断、推测、推证与推定问题；并将刑事侦查中的个案推理与审判中的事实认定问题归入其中，在事实推理框架下对侦查中的个案推理以及审判中的事实推理问题——合情推理模式①、合理推理方法及其准则②进行学理上的梳理与概括。③ 人们正在进一步研究基于不确定性推理的信度理论（belief theory）和可能性理论（possibility theory）④的合情推理与合理推证模式，以及研究基于非单调推理的默认推理（default reasoning or on reasoning by default）⑤和非单调推理的界限推理（circumscription reasoning）理论⑥的合理推定模式等。

法律发现的理论：人们开始系统地、深入地对实在法的不确定性问题及其法律发现或获取——法律推理、法律解释、漏洞填补、法律续造等问题进行逻辑研究。⑦ 人们提出了法律领域里的法律推理范畴，在法律推理范畴下概括法律发现、法律重构、法律填补、法律创制——澄清法律疑义、平衡法律冲突、填补法律漏洞的合理推理模式与方法问题⑧；并将法学方法论意义上的法律解释、漏洞补充和法律续造等归入其中，⑨在法律推理框架下对法律解释、漏洞补充和法律续造的问题——法律解释与续造的模式、方法与准则进行学理上的梳

（接上页）辑导论》(1998)、《法律适用中的逻辑》(2002)中对证据的判定与运用的研究，金承光的论文《从逻辑学的视角谈谈证据充分性及其判定方法》(1999)，张继成的论文《事实、命题与证据》(2001)，张成敏的《案史：西方经典与逻辑》(2002)等。

① 比如在云南杜培武案件中，假定警方确认或确信了以下事实：(1) 警犬多次识别离合器、油门踏板上泥土气味与杜培武袜子气味同一；(2) 离合器、油门踏板上泥土与杜衣服上黏附泥土微量元素测定同一；(3) 杜衣服袖口拉曼测试检出军用枪支射击火药残留物质；(4) 杜多次未通过测谎仪测谎。在缺乏其他信息的情况下，人们是如何进行或展开合情推论的？如何从逻辑上总结与概括这些合情推理模式呢？

② 比如广州东风广场公寓"坠楼案"：死者谭某（女，24 岁）从东风广场某幢 30 楼的某房间的卫生间窗口坠落。警方勘查后称，死者死亡前与室内人员无打斗痕迹，尸检发现死者血液酒精浓度极高。据此，警方排除他杀可能性，认定谭某系自行高坠死亡。警方称已对谭某出事现场（房间里）的物证进行了"DNA"严格鉴定，现场 DNA 检测表明，谭某出事现场的证据不能直接证明三名韩国人有犯罪过程，也即谭某被逼杀的可能性不存在。警方对"谭某被逼杀的可能性不存在"以及"谭某系自行高坠死亡"的推证是否达到了刑事案件的"排除合理怀疑"的证明程度或要求？这就涉及对"排除合理怀疑"的证明标准或推证准则问题的研究。

③ 见第 6 页，注④。

④ Shafer, G. ,"A Mathematical Theory of Evidence",Princeton University Press, Princeton,NJ,1976.

⑤ Reiter, R. , On reasoning by default, Proc. Second Symp. On theoretical Issues in Natural Language Processing,Urbana, Illinois, July,1978.

⑥ McDermott, D. , Doyle, J. , Non-monotonic logic I, MIT AI Meno 486(Aug. 1978).

⑦ 法律规范推理研究就是法律推理研究中的一部分工作，如我国学者周祯祥的《道义逻辑：伦理行为和规范的推理理论》(1998)，陶景侃的《法律规范逻辑》(2000)，陈锐的《规范逻辑与法律科学》(2002)等。法律推理方面的其他研究还有郝建设的论文《原则与规则的冲突：法律推理的难题与选择》(2004)等。

⑧ 比如在米兰达诉亚里桑娜州（Miranda v. Arizona）案件中，美国联邦最高法院判决指出："当一个人遭受羁押或以其他任何形式被当局剥夺自由并受到讯问时，第五修正案规定的在刑事检控中不得自证其罪的特权即面临危险，必须使用程序性保障措施以保护此项特权。除非采取了其他充分、有效的方式告知该人享有沉默权并确保此权利的行使受到谨慎的尊重，否则必须要求有以下措施。在受到任何形式的讯问前，一个人必须被告知：他有权保持沉默，其所说的任何话都有可能在法庭上被用作不利于他的证据；并且他有权要求律师在场，如果他无力负担费用并愿意，可以为他指定律师。"美国联邦宪法并未明文规定警察必须告知涉嫌有罪的人有权保持沉默并且可以获得律师的帮助。这是美国最高法院法官从宪法第五修正案规定的被告人享有对抗自罪（Self-incrimination）的特权推导出来的警察必须履行的告知义务。如何从逻辑上概括与总结法官在这些具体案件中对法律的发现、重构、填补、创制——法律推理的模式与方法呢？这是法律逻辑研究的一个重要领域。

⑨ 应当指出，法律解释、漏洞补充和法律续造可以归入法律推理的范畴。从本质上说，它们是有目的地从某些前提或预设得出结论的过程，是解读、补充、续造法律的推论过程，是发现、重构、填补、创制法律的推论过程。

理与概括。[①] 人们还开始从非经典逻辑的视角出发，研究基于语境（context）分析或情境（situation）分析、内涵结构（intensional constructions）分析的法律推理理论与方法，以解决个案裁判——将法律适用于具体案件中的法律的"开放性"或"不确定性"问题。[②]

裁判的证立与说服理论：人们开始寻求从逻辑上更为准确地刻画法律领域的判决推理或法律论证的结构与模式，如图尔敏（Toulmin）在《推理导论》（An introduction to reasoning）（1978）一书中对法律语境中的论证模型理论的修正，阿列克西（Alexy）在《法律论证理论》一书中提出的内部证成与外部证成模式理论，以及最近的基于经典逻辑的扩充或非经典逻辑对判决推理或论证模式进行的一些不同于经典逻辑的刻画等；[③]另一方面，人们还深入地研究判决证成或法律论证的准则与评价尺度问题[④]，如佩雷尔曼（Perelman）的法律语境中的新修辞学理论（1976），阿列克西的法律理性论辩理论（1978），麦考密克（MacCormick）的法律论证理论（1978），[⑤]瑞典学者佩策尼克（Aleksander Peczenik）的深度证立（deep justification）理论（1983）以及"审慎的平衡"（reflective equilibrium）理论等。[⑥]

四、结语

美国最高法院大法官杰克逊曾经说："我们说了算并不是因为我们正确；我们正确是因为我们说了算。"任何法官都拥有自由裁量即根据情势做出决定的权力，但是，法官也负有秉公裁判的义务和责任。正如联合国《世界司法独立宣言》第2条规定所言：每个法官均应自由地根据其对事实的评价和对法律的理解，在不受来自任何方面或任何原因的直接或间接的限制、影

---

① 参见王洪：《司法判决与法律推理》，时事出版社2002年版。当然也有在法律解释框架下梳理与概括有关理论与方法的。河北省高级法院二级法官冯文生博士指出了这一点："王洪先生的法律推理以及作为发现法律大前提的辩证推理都涵盖了传统意义上的法律解释，把传统意义上的法律解释活动称为推理。而苏力教授将法律推理纳入到法律解释的概念当中。这是学说上推理与解释在我国的第一次遭遇。"（冯文生：《推理与诠释——民事司法技术范式研究》，法律出版社2005年版，第85页）。郑永流教授也表达了不同的观点："王洪在其《司法判决与法律推理》一书中将推理分成事实推理、法律推理和审判推理或司法判决推理三种，开启了一种新思路，有合理性。但他把建立大前提即寻找规范的过程称为法律推理，也有'泛推理'之嫌。"（见郑永流：《法律判断形成的模式》载《法学研究》2004年第1期）当然，他也反对"泛解释"。

② 见第6页，注④。

③ 比如何连双的《司法判决中常识推理的应用》（中国政法大学硕士学位论文）（2008）等。

④ 比如在北京市丰台区人民法院审理的奥拓车苯污染案中，丰台区人民法院判决认为，再生障碍性贫血受多种因素影响，所以目前无法确定李先生的妻子患此病与车内苯含量有关，目前无法确定朱女士患再生障碍性贫血为苯中毒所致。李先生不能证明买车时车内空气苯的含量，且国家现在对车内空气质量也没有颁布标准。据此，丰台法院驳回李先生的诉讼请求，同时希望有关部门尽早制定汽车车厢内空气质量标准。李先生对此判决不满，向北京市第二中级人民法院提出上诉，还提交了另外两名奥拓车主生病而死的新证据。北京市二中院的裁定书指出：本院经审查认为，上诉人不能证实朱女士患重症再生障碍性贫血而导致死亡系因购买和使用的奥拓车存在苯污染所致，故上诉人起诉缺乏事实和理由。原审法院对本案作出判决不妥。撤销一审判决，驳回起诉。上述两级法院是否证成了各自的裁决？论证是否成立？裁决是否合理或正当？这就涉及法律论证或判决证成的准则与评价尺度问题。

⑤ 佩雷尔曼试图寻求亚里士多德论题学或论辩学（*Topics*）与修辞学的复兴，在《法律逻辑学·新修辞学》一书中强调修辞或可接受性在法律论说中的重要性，主要解决如何说服听众的问题，强调论说或论证的被听众接受的问题。阿列克西基于哈贝马斯（Habermas）的对话与商谈的交往理性理论，在《法律论证理论》一书中提出了理性论辩的程序性准则理论，主要解决说服的理性尺度问题，强调说服不在于说服而在于理性的说服。麦考密克的法律论证理论主要研究判决理性证立的规则问题，强调判决的"内在一致性"。参见Neil MacCormick, Legal Reasoning and Legal Theory, Clarendon Press, 1978, p. 272.

⑥ 佩策尼克在最近的文章《对理性的热情》中指出，人们应当在一般原则与个人的道德确信之间相互调整并达到"审慎的平衡"。

响、诱导、压力、威胁或干涉等情况下，对案件秉公裁判。我国最高人民法院发布的《法官职业道德基本准则》为法官立下的第一条戒律也是：法官在履行职责时，应当切实做到实体公正和程序公正，并通过自己在法庭内外的言行体现出公正，避免公众对司法公正产生合理的怀疑。①

值得指出的是，要求法官秉公裁判或公正司法，就应当首先要求法官理性司法——不但公开其判决而且应当说明其判决理由，应当展示其判决的形成过程，应当理性地论证其裁决成立，使其判决更为坦诚、更为公开、更具有说服力。这是监督与制约司法权力，抵御司法专断，遏制司法腐败，实现司法公正的基本前提与必然要求。正是因为如此，荷兰宪法第 121 条和德国刑事诉讼法第 267 条、德国民事程序法第 313 条第一款明文规定法官负有义务论证他们的裁判②；德国联邦宪法法院在 1973 年的一项决议（法律续造的决议）中规定所有法院判决都必须建立在理性论证的基础之上③；美国联邦法院法官中心《法官写作手册》进一步强调指出："书面文字连接法院和公众，除了很少的例外情况，法院是通过司法判决同当事人、律师、其他法院和整个社会联系和沟通的。不管法院的法定和宪法地位如何，最终的书面文字是法院权威的源泉和衡量标准。因此，判决正确还是不够的，它还必须是公正的、合理的、容易让人理解的。司法判决的任务是向整个社会解释，说明该判决是根据原则作出的好的判决，并说服整个社会，使公众满意。"

不言而喻，在法治社会里，不但法律的建构而且司法的裁决都应当被置于理性要求范围之内，而遵守逻辑的准则就是理性要求的底线。法律逻辑的主要作用之一，就是解决如何在法律领域中进行合情推论与合理论证的问题以及如何评估或评判其推论与论证的合理性或正当性的问题，它是公正司法的技术也是司法公正的基本准则与尺度。因此，尽管美国联邦最高法院大法官霍姆斯说道："法律的生命不在于逻辑，而在于经验。对时代需要的感知，流行的道德和政治理论，对公共政策的直觉，不管你承认与否，甚至法官和他的同胞所共有的偏见对人们决定是否遵守规则所起的作用都远远大于三段论。法律包含了一个民族许多世纪的发展历史。它不能被当作由公理和推论组成的数学书。"但是，这并不足以表明法律由于"其生命在于经验"就可以违反逻辑或忽视逻辑，恰恰相反，这表明由于基于经验的法律"不能被当作由公理和推论组成的数学书"，它就更需要接受逻辑的指引以及服从逻辑的法则。正如德国法学家考夫曼（A. Kaufmann）所言："法官的判决不但要服从法律也要受逻辑的约束，这是一个不可辩驳的事实。"④正因为如此，美国法学家富勒（Lon L. Fuller）说道："教授法律知识的院校，除了对学生进行实在律令与法律程序方面的基础训练以外，还必须教导他们像法律工作者一样去考虑问题、掌握法律论证与推理的复杂艺术。"⑤

法律的生命就维系在那些训练有素、怀有良知、拥有智慧的人的手中。一旦火炬执掌在他们手中，那火焰将格外鲜艳。

---

① 中华人民共和国法官职业道德基本准则（2001 年 10 月 18 日最高人民法院发布）第 1 条。

② Feteris, Fundamentals of Legal Argumentation, Kluwer Academic Publishers, 1999. p. 1.

③ 《联邦宪法法院判例》(BverfG)E34, 269(287)。转引自[德] 罗伯特·阿列克西：《法律论证理论》，舒国滢译，中国法制出版社，2002 年版，德文版序。

④ 参见[德] 考夫曼等：《当代法哲学和法律理论导论》，郑永流译，法律出版社 2002 年第 1 版，第 316 页。

⑤ 转引自 [美] 博登海默：《法理学——法哲学及其方法》，邓正来等译，华夏出版社 1987 年版，第 492 页。

法律逻辑与法庭科学学科群

张晓光*

法庭科学学科群是我校杜志淳教授领衔，以司法鉴定学为主干，以法律逻辑学、司法会计学、电子证据学、证据法学、诉讼法学、计算机科学与技术、侦查学为支撑的跨学科的、多学科协调发展的学科群体。该学科群具有一支科研能力较强，教学水平较高的人才师资队伍。共有专职教师 45 人，外聘专家 10 人。国际知名刑事鉴识专家、美国纽海文大学终身教授李昌钰博士为学科群的外聘专家，每年定期来我校为本科生和研究生、青年教师等进行讲学。

逻辑学纳入法庭学科群的建构，它不仅丰富了法庭科学学科群的内涵建设，而且更主要的是为逻辑学的发展搭建了平台，为法律逻辑的科研指引了方向。同时，这也是我们逻辑学教师共同努力的结果。

逻辑学在我校作为公共基础课开设。每年分两个阶段开设，第一学年为非法学专业学生开设；第二学年为法学专业学生开设。近年来，我们结合国内外逻辑学研究的新成果，借助和发挥我校法学资源优势，在教学和科研中逐步形成了法律逻辑和法律方法的研究方向。

法律逻辑 2004 年被学校立项为法律逻辑特色课课程建设，2006 年又被学校立项为精品课课程建设。两项课程建设全部建设完毕，并在 2007 年教育部本课教学评估中，逻辑学的各项考核指标全部达标。现已立项为上海市教委重点课建设。

自 2004 年至今，共完成科研立项 4 项(教育部 1 项，上海市教委 2 项，本校 1 项)，公开出版逻辑学教材 4 部，论文 31 篇。

在此基础上，为了整合学术资源优势，以逻辑学教研室为主体，和法律学院法理教研室相关教师联合成立了“法律逻辑与法律方法研究所”。并以研究所的名义与去年 11 月份举行首次学术活动，请广州中山大学逻辑与认知研究所熊明辉教授在全校作关于法律逻辑的学术讲座，扩大了法律逻辑的学术影响，收到了良好的效果。

同时，我们还在全校和松江大学城开设了《当代思维哲学》、《经典案例中的逻辑推定》、《公务员考试与逻辑思维能力测试》、《批判性思维和法律逻辑》等选修课。为上海市普陀区安全局全体干警成功的开设逻辑系列讲座十二讲，受到干警的好评。

现在我们思考的是：在法庭科学这个学科群体中如何借助其他学科的优势资源，建设和发展法律逻辑，打造独具特色的法律逻辑教学方法和科学研究方向。本文结合我们在教学和科研中的实际，提出不成熟的框架性思考，借此机会向在座的专家学者请教。

---

* 张晓光，男，华东政法大学人文学院，教授，哲学博士，硕士生导师。

一、法律逻辑研究的出发点首先应是法律

法律与逻辑有着密切的关联早有论及，或说已是不争的事实。问题是，当我们提出“法律逻辑”这个概念，并进行法律逻辑研究时，它的出发点，是逻辑还是法律？

在法律逻辑发展历史上，最初人们以形式逻辑中的传统逻辑作为研究法律逻辑的基础，或者甚至把传统逻辑与法律逻辑等同起来，认为法律逻辑就是传统逻辑的思维规律和方法在法律实践中的运用，这种做法严重低估了法律逻辑的作用和意义。虽然后来引入了现代逻辑，在我国逻辑学界也提出了逻辑要现代化的口号，但是对于法律逻辑的研究来说，仍然需要适合法律论证、诉讼论证和法律推理的逻辑工具，因为单纯的形式逻辑本身并不能满足研究法律逻辑问题的需要。本文认为，如果把法律逻辑的研究对象与传统逻辑或者任何纯粹逻辑的研究对象混淆起来，就无法明确法律逻辑适用的范围，也无法明确法律逻辑与法律的关系。所以本文主张，研究法律逻辑的出发点首先应是法律，而非逻辑。对这个问题的理清，有助于我们界定法律逻辑，有助于我们把握法律逻辑的研究方向。

著名美国法学家伯顿认为，若不清楚法律和逻辑的关系，就会导致法律研究的混乱。他在提出研究法律逻辑应该从法律出发，而不是从逻辑出发这个基本观点后，在其《法律和法律推理导论》一书中进一步阐释：“什么是法律？哲学家为此争了几个世纪。就本书的目的而言，我们认为法律是法官在证明其判决正当性时所运用的那些判例、规则、原则和政策的集合。人们都说，法官负有确认法律的职责。他们应当把法律运用于案件事实以形成法律理由，这些理由是守法者的行为的理由。例如，红灯加上一项要求驾车者遇到红灯停车的规则，构成了驾车者米奇遇红灯停车的一个法律理由。它也是律师预测法官在米奇没有停车时将对他处以罚款的一个法律理由，是起诉人试图说服法官或陪审团判其有罪的一个法律理由，以及法官或陪审团最终做出有罪裁决的一个法律理由。法律推理就是在法律争辩中运用法律理由的过程。法律和法律推理上的认识混乱，导致了几乎在法律研究的其他所有问题上的混乱。”①

我国学者也有相类似的提法。如，“法律逻辑学的主要研究对象是事实推理、法律推理、判决推理的形式及其规律。法律逻辑学的基本问题是法律领域中的推理或论证的恰当性。”②

“法律逻辑学不是逻辑学的自然延伸和重要研究门类，法律逻辑学是法理学的自然延伸，也是法理学不可回避的法学方法论问题。”③

基于上述认识，本文认为，在关于法律逻辑的研究中，定位法律逻辑的特征应依归法律的特征。

法律的特征是什么呢？著名的德国法学家罗伯特·霍恩博士给出这样的法律定义：“法律是受国家保障的、调整人类共同生活的和通过判决和解决人类矛盾的普遍规范的概括。”④从这一法律定义来讲，法律是普遍规范的概括，它的内容为对人的行为的要求、禁止

---

① [美]史蒂文·J·伯顿：《法律和法律推理导论》，张志铭、解兴权译，中国政法大学出版社，1998年版，第1—2页。
② 王洪：《法律逻辑学》，中国政法大学出版社2008年版，第9页。
③ 张成敏：“法理学中的法律逻辑学”，《政法论丛》2004年第4期。
④ [德]N·霍恩(Norbert Horn)著：《法律科学与法哲学导论》，罗莉译，法律出版社，2005年版，第7页。

与允许，它的标准是人们对各种社会价值的选择结果。

根据罗伯特·霍恩博士的定义可以引申出这样对法律定义的理解：

首先，法律是有目的的，它旨在是调整、平衡各种利益的关系。此间立法者和法官在调整、平衡各种利益的关系的时候就有明显的价值倾向，表现出的方式就是立法者和法官在其相互冲突的各种利益之间做出的选择。

其次，所追求的法律目的是法律人根据自己的经验，而具主观因素。霍姆斯那句被经常引用的"法律历来不是逻辑，而是经验"的话，就是对这一观点的诠释。他认为，审判过程中，一定时期盛行的道德观念、政治理论、公共政策，甚至法官及其同胞所共有的偏见，都比演绎推理都有更大的作用。

再次，法律规则是不确定的。法官出身的美国法学家卢埃林甚至认为，作为法律推理的大前提的法律规则在实际执法的过程中并没有想象的那么重要，"那个根据规则审判案件的理论，看来在整整一个世纪中，不但把学究愚弄了，而且也把法官给愚弄了。"①

因此，法律逻辑应适用于法律。"法律的重点在于能够反映辩护人或法官观点的价值判断，逻辑规则并不做这种判断，它们只是执行的工具而已。在做出价值判断之后，可以用形式推理程序来检验，构成论证之命题的有效性。我们的主要论点是，了解逻辑规则而非仅仅记住某个执行的步骤，有助于使我们成为更好的律师或法学院学生。法官也得以更为适当地审理案件，并发表更具说服力的判决意见。"②本文所强调的是，在进行法律逻辑的研究中，我们强调逻辑在法律运用过程中的重要作用，但我们不能把它强调过高，要定位于逻辑的基础性、工具性的功能，法律逻辑是从属、依附于法律。

二、以法律诉讼论证建构法律逻辑的研究方向

法庭科学(Judging Science)，也称为司法科学，是一门将自然科学技术知识运用到法庭上，帮助法庭查清案件事实的科学。亦即它是通过先进的科学方法来进行刑事鉴识，以作为法庭上的证据。因此，它与证据学密切关联。证据科学(Evidence Science)，简称证据学(Evidence)，是人们运用证据解决现实生活问题的一门科学。由于证据学的主要用途是用来解决人们日常生产生活中的纠纷，主要用以断事鞫狱之用，所以证据学也称证据法学(Evidence Law, Evidence)。从证据学(证据法学)的内容看，主要包括证据与证明两大部分内容。证据部分包括证据方法(当事人陈述、证人证言、鉴定结论(专家证言)、职务证据(调查、勘验检查、搜查笔录等)、物证、书证、视听资料)和证据能力(如非法证据排除规则、传闻法则等)；证明部分包括证明负担的分配、证明负担的转承(司法认知、自认、推定、举证妨碍、表见证明等)、证据评价法则、证明标准法则、自由心证法则等内容。

随着人们的法律意识得到了加强，诉讼问题日益增多，证据问题凸显。借助法律逻辑与法庭科学学科群的关联的认识，我们认为，关于法律逻辑的研究，法庭诉讼论证应成为法律

---

① 转引自[美]博登海默：《法理学——法哲学及其方法》，邓正来、姬敬武译，华夏出版1987年版，149页。

② [美]鲁格罗·亚狄瑟：《法律的逻辑——法官写给法律人的逻辑指引》，唐欣伟译，法律出版社，2007年版，第3—4页。

逻辑的研究方向。

值得注意的是，当我们讨论法律论证的时候，所重点关注的是审方（主要是法官）的法庭裁判。而实际上法庭论辩强调的是控辩双方的论证博弈，诉讼论证则需要包含审方、控方和辩方三方论证。熊明辉提出，“我们有必要引入一个‘诉讼论证’概念，以便较为准确地刻画法律逻辑的研究对象。所谓诉讼论证是指诉讼博弈过程中控、辩、审三方所使用的法律论证。”①“法律逻辑不应当仅仅是审方的逻辑，也不应当仅仅是诉讼博弈的控、辩双方及其代理人的逻辑，而应当是诉讼博弈中控、辩、审三方的逻辑，因此，法律逻辑的研究对象必须从法律论证转移到诉讼论证上来。”②明辉这种提法是有道理的，将法律逻辑的外延扩展，为我们全方位的、立体的开展对法律逻辑的研究工作提供了一个方向。

我们循这一思路，在法庭论辩的博弈中，无论是审方论证、控方论证还是辩方论证，在论证的过程中有一共性就是它的“说理”性。说理是靠证据，是用确凿的证据或有力的理由支持自己的主张或观点，而这种理由不仅为自己所接受，而且也为说服对象所肯定。

由于在法庭论辩法中属于一种规范论证，规范的存在意味着人们应该采取的某种行动，这属于应然命题，也就是根据法律，人们应该怎么做，论证某种规范或个别行为是否正确或者妥当与否。法庭论辩固然包含有对事实真相的论证，但是由于法定的证据规则和证明程序的存在，论证形式的合法性直接决定着事实真相的意义，也就是说，“证据”必须借助法定的证据形式和举证方式才能作为证据，也才能用于证明事实。可见，在法律领域中，法律所确定的“应当”的标准比事实更为重要；至于作为判断个别行为实质上正当与否的决定性标准的法律规则，就更是取决于人们认为它具有什么样的含义。所要回答的主要问题是：“规则的正确含义及其有效性即是否正当的问题，行为是否合法或是否正当的问题，当事人是否拥有权力、是否拥有义务、是否应负法律责任等问题。”③因此，诉讼论证问题应是法律逻辑的研究方向。

在这个研究方向中有这样几个问题需要把握：

一是，关于证据或理由问题。诉讼论证的目的是说服和说理。理就是合理性。现代合理性的研究是，“合理性就是合乎理智而被认为是正常的，合乎规范而被认为是妥当的，有根据而被认为是应当的，有理由而被认为是可以理解的，有价值而被认为是可接受的，有证据而被认为是可信的，有目标而被认为是自觉的，有效用而被认为是可采纳的等”。④ 法律论证中的合理性表现，就是搜集理由、选择理由和运用理由的过程。因为“以理服人”的说服力来源于充分的理由。

1. 理由的合成和逻辑联系

一般来说理由或论据，是一个或一簇，与论题相关的，对论题的可信性、可接受性有道理的、有证据和支持作用的陈述。之所以这样表述，主要强调在法律论证的过程中，单独的理由，且理由与理由之间缺乏逻辑联系，是不能构成一个法律理由的。只有理由与理由的合成

① 熊明辉：“论法律逻辑中的推论规则”，《中国社会科学》，2008 年第 4 期。

② 熊明辉：“从法律论证到诉讼论证——谈谈法律逻辑研究对象的转变”，《求是学刊》，2007 年第 6 期。

③ 张骐：《法律推理与法律制度》，山东人民出版社，2003 年版，第 19 页。

④ 周世中：《法的合理性研究》，山东人民出版社，2004 年版，第 16 页。

具有逻辑联系，与论题相关，才构成一个法律理由。因为论证论题的主要标志是由理由或论据必然推出论题，这也就是"逻辑的复兴以及它在整个哲学发展中扮演着发酵剂的作用。"①所以我们认为，在法律论证中对理由的分析、合成应结合具体语境给予全方位的，立体式的、动态的思考和"关照"。学会从诸多理由中选择其有逻辑联系的推出论题的理由，应是理由合成的指向。

2. 理由的可接受性

理由的可接受性如前述，它必须是真的。但在司法实践中法律论证有其特定的认知，我们的思考方式，应在逻辑方法的基准上呈现全方位、立体式和动态的思考。有时我们在论证中遇到不能断定其真的那种理由或前提，可能遇到是"较大似真的前提，也是可以作为论证的理由加以使用的。"②，依武宏志、刘春杰的说法，从对话的观点看论证，只要论证的回应者打算相信这些前提是合理的，将它们作为自己的承诺，那么，论证的提议者就可以把这些命题当作可接受的前提，而不管这些命题事实上是否一定是真的。所以，理由的可接受性包括三种情况：真命题、盖然真命题和对话另一方的承诺。③

3. "形式理由"与"实体理由"

在关于法律理由的研究中，有的学者从司法判决的制作方式或证明风格的角度划分了"形式理由"与"实体理由"。④ 这种划分是值得我们重视的。本文对此引述，并加以理解。

形式理由指产生于权威法律渊源的理由。这种权威渊源的范围在不同法律传统国家中会有不同，比如在普通法国家它大致包括所运用或解释的制定法、相关的宪法和制定法规定、相关的判例、相关的行政法规或官方解释、相关的法律原则、相关法律概念的逻辑关系、所在领域的权威性政策，以及官方的立法准备材料等。独立的实体理由指属于道德、政治、经济和社会内容的理由，其效力大小取决于它们自身的重要性程度，而非与权威渊源的联系。实体理由包括产生于道德准则的正当(rightness)理由，产生于可能的社会政策目标(goal)的理由，以及产生于法律制度和程序特征的各种制度理由。实体理由可以构成一种法律解释论点，也可以在对立理由之间起解决冲突的作用。由于不同法律传统国家，在运用形式理由与实体理由是不同的。有的国家形式理由几乎是唯一的理由，有的纯粹实体理由为常见，有的二者兼有。

上述形式理由和实体理由的划分，和不同法律传统的国家运用法律理由的不同，对法律论证研究的意义是必须遵守逻辑与历史相结合的原则。因法律论证的目的是正当性、合理性，当"合理"与"合法"发生冲突，法律论证在运用法律理由时就面临着选择。在"法官造法"的英美法系国家，法官可以确立一个新的法律规则，把本来形式上不合法的东西宣布为合法。在严格遵守成文的大陆法系国家则不同。所以，由于不同法律传统，法律论证依据的理由和论证的思维视角，思考进路也不同。

---

① [芬兰]冯·赖特：《知识之树》，陈波编选，三联书店，2003年版，第146页。
② 武宏志、刘春杰主编：《批判性思维》，陕西人民出版社，2005年版，第100页。
③ 同上，第101页。
④ 张志铭：《法理思考的印迹》，2003年版，第393、396、397页，参考和引述了张志铭的研究成果。

4. 理由的可能和论辩的和解

在诉讼论证中，一个陈述要成为理由，有支持结论的可能，首先自己必须是可能的。对理由必须是可能的，“应从两方面来理解。就逻辑来说，任何命题都是可能，只有逻辑矛盾是不可能的。从形式上看，当理由自身是一个‘自身驳斥’式语句时，它的可信度为零，而可疑度大到百分之百；当理由是一个陈述集时，如果其中包含矛盾则所有陈述同时为真的可能性为零。”①理由成为可能，最主要的功能就是成为论辩和解的可能。“它们必须能够说服预期的讨论伙伴，克服其可能提出的反对理由。”②大体有两种情景：一是，终结无穷递归、循环论证、武断终止“明希豪森三重困境”(Müinchhausen-trilemma)。③ 对此，德国法理学家阿列克西指出：“假如对任何一个规范命题不断进行证立的要求被另一个命题通过一系列有关证立活动的要求来代替的话，这个困境就能过被克服。(后者的)这些要求可以把自己表达理性论辩(讨论)的规则，理性论辩的规则不仅像逻辑规则那样诉诸命题，而且还超越此点诉诸讲话者的行为。”④这就是阿列克西的论辩原则理论。另外一种情景，就是论辩双方各持己见，均有法律依据和理由，“公说公有理，婆说婆有理”。对此，可有两方面的思考：一是，由于法律论证的规范属性，判断个别行为实质上正当与否的决定性标准的法律规则，主要是取决于人们认为它具有什么样的含义。如果论证的双方有不同的理解，如果论证的一方完全不同意另一方的主张，则双方所阐述的“有力理由”没有任何意义。若达成和解，则需要有存在与双方能达成共识的内在机理。这个内在机理就是双方共同遵守的，一致认可的，并在论辩之前已设立规则，用比利时哲学家佩雷尔曼的话讲“论辩只有考虑去坚持一给定的命题才能进行”。⑤ 二是，有效地运用利益衡量的法律解释方法。本文认为，利益衡量的法律解释方法是论辩和解的有效途径。所谓利益衡量就是指，各种利益发生冲突时，主体对各种利益进行比较、作出评估，并进行选择的活动。它的“逻辑思路为：法律是对利益的分配与确定，权力的纷争实质上是利益的冲突，当法律尚缺乏解决这种冲突的规则时，法官就必须通过衡量以确定它们的位阶或重要程度，并作选择、取舍后形成最终决定。”⑥我同意吕世伦先生的说法，“社会需要和利益，是法律价值评价的最基本的客观标准和尺度。”⑦主要是因为，作为法律论证的价值评价标准抽象、变化，因此，不能确切的把握。而应用利益衡量的法律解释方法，在实证层面的利益相对明晰、可视和稳定。同时，由于利益能够进行具体计量，它有可操作性。

---

① 刘春杰：《论证逻辑研究》，青海人民出版社，1999年版，第69页。

② [德]卡尔·拉伦茨：《法学方法论》，陈爱蛾译，商务印书馆，2003年版，第31页。

③ “在德国当代批判理性主义法哲学家汉斯·阿尔伯特看来，任何科学命题都可能遇到‘为什么’之无穷追问的挑战。也就是说，人们可能就任何陈述或命题的理由、基础或根基提出疑问。比如，假如一个人支持自己结论的理由是另外一个或一套命题，那么这个命题或一套新的命题就相应地接受人们不断地发问。这个过程将会一直进行下去，直到出现下面三种结果：第一，无穷地递归(无限倒退)，以至无法确立任何论证的根基；第二，在相互支持的论点(论据)之间进行循环论证；第三，在某个主观选择的点上断然终止论证过程，例如通过宗教信条、政治意识形态或其他方式的‘教义’来结束论证的链条。”引述[德]罗伯特·阿列克西：《法律论证理论》，舒国滢译，中国法制出版社，2002年版，第1、2页。

④ [德]罗伯特·阿列克西：《法律论证理论》，舒国滢译，中国法制出版社，2002年版，第223、224页。

⑤ [比]佩雷尔曼著：《逻辑学与修辞学》，许毅力译，载《哲学译丛》，1998年第4期。

⑥ 徐钢：《利益衡量概念的辩说》，《法律方法》第5卷，山东人民出版社，2006年版，第451页。

⑦ 吕世伦、文正邦主编：《法哲学论》，中国人民大学出版社，1999年版，第423页。

二是，思维内容真实性的问题。从法律逻辑来讲它“不仅是从形式方面去研究概念、判断和推理，而主要是研究它们的实质内容。”①对思维内容真实性主要涉及如下两个方面的认识：

1. 对论据为“真”的理解和认识。真实的论据包括已被实践证明为真的描述性判断，和已经获得社会确认的规范性判断。论据的真，在确认方面，尽管有的学者对逻辑中所指向的真有很多异议，但论据绝不能虚假！如果论据或理由虚假，它与要推出的论题，没有逻辑联系，那么这种论证就是不可接受，不可接受的论证显然毫无意义。在逻辑学中强调“理由或论据必须真实”，并把这一思想用充足理由律来明确和表示：A 真，因为 B 真并且 B 能推出 A。这里“A”代表在论证中被确定为真的判断，“B”代表用来确定“A”为真的判断。在论证过程中，“A”所以能被确定为真，是由于 B 真，并且 B 与 A 有必然的逻辑联系。因此，我们在法律论证的应用中依然以此作为考虑的基准，因为，“逻辑作为探求真理的方法，应当适应于对规范命题的确证”。②

2. 是关于“客观真实”和“法律真实”的理解和认识。客观真实和法律真实涉及我国法律对法官裁判案件“以事实为根据”的基本要求。据此，法官裁判案件究竟以哪个事实为依据。诉讼论证所阐述的道理是依据理由以事实和人们对事物认识的共识为基础的。“以事实为根据”的事实，容纳着“客观真实”和“法律真实”两个层面，“客观真实”是指事物的真实情况，是事实的基本属性；“法律真实”是指案件的真实情况，是认识活动的一种司法认知。从两个“真实”的属性来讲，法律真实不能背离客观真实，是要以客观真实为基础。而法律真实也同样具有真实之属性，但它所指向的是案件的真实，是评价真实的标准：“尽管‘追求真实’，只有通过‘评价真实’来实现，但‘追求真实’关注的是真假问题，而‘评价真实’关注的不仅是真假，而且还有评价标准是不是合理可行问题。”③因此，法律论证中理由的“真”，应以“客观真实”为基础，以“法律真实”为评价理由可接受的标准。

三、以非形式逻辑和批判性思维为指导形成法律逻辑特色

近代法学认为演绎推理的结论是必然的，而具稳定性、确定性、一致性的特征。建构概念清晰、位序适当、逻辑一致的法律逻辑体系，是当时法学家追求的目标，因此，逻辑的有效性也就顺理成章地成为司法裁决论证之正当性的标准。但是，自 19 世纪中叶后期开始，随着概念法学的破产，在自由法学和利益法学的影响下，司法功能发生了很大的变化，司法不再机械、僵化，法官被赋予了更多的裁量权。那种法官如同“自动售货机”，法律与事实严格对应、制定法律完整无缺等观念受到了颠覆，因此，基于三段论为模式的形式逻辑的分析受到法学家们的批判和责难。这主要因为：形式逻辑的研究核心是演绎推理的有效性，而法律论证的可接受性并不依赖于逻辑的有效性；形式逻辑是单调的、封闭的、协调的、单主体的、静止的系统，而法律思维是非单调性、弗协调性、开放性、多主体性、动态性等特点，对于

① 沈宗灵：《现代西方法理学》，北京大学出版社，1992 年版，第 451 页。
② 《法国民法总论》，法律出版社，2004 年版，第 35 页。
③ 张志铭：《法理思考的印迹》，2003 年版，第 437 页。

法律思维这些特点形式逻辑无法表达；形式逻辑只关注论证的语义和语形分析，而忽视了语用分析。因为法律论证好坏的评价不可能仅仅依靠形式逻辑的语义和语形分析来完成，必须考虑到语用因素，所以非形式逻辑应运而生。非形式逻辑的主要旨呈是摆脱形式逻辑在人们实际思维中运用判断和推理都进行形式刻画的局限，把视角转向与人们实际生活密切相关的现实，把目光集中在培养和提高人们的实际论证能力上，把注意力放在论证的可接受性和合理性。

在运用以非形式逻辑和批判性思维理论进行论证的研究中，以比利时法哲学家海姆·佩雷尔曼(Chaim Perelman)，和英国哲学家斯蒂芬·图尔敏(Stephen Tulmin)为代表的当代修辞论证理论值得我们研究和重视。

在法庭论辩的博弈中，论证的核心问题是关于论证的评价标准问题。逻辑方法定位的评价标准是其有效性，而逻辑有效性所要考虑的是一个论述的形式，而非其内容。所以在具体操作中，逻辑方法注重的是一个逻辑的推理是否符合逻辑规则，而不注重大前提的正确性。这样简单案件可以，但复杂案件它的作用和意义顿消。从符号学语义、语形、语用三维度角度讲，逻辑的方法只是注重语形和语义维度，而忽视了语用维度。柯恩认为，语形维度研究的是各种语言表达式在句法上的相互关系；语义维度研究的是表达式的意义及应用；语用维度研究的是语言使用问题。语形学以句法形式为取向，形成逻辑——语形分析；语义学以言说对象为取向，形成本体论——语义分析；语用学以语言使用者为取向，形成认识论——语用分析。[①] 语用分析的研究方法其核心是语境，它根据做出解释的解释者来阐明事实，要求按照适当语境的指导，从而在听者中把理解者的意向以及解释行为置于核心位置。

在法庭论辩的博弈中，论证的前提可能是当事人陈述、证人证言、鉴定结论(专家证言)等，这些前提本身是否能得到辩护，所以仅考虑语形、语义是不够的。一个能被接受，好的论证凭借语形、语法的有效性也是不能成立的。因此，必须考虑语用和语境的问题。

同时，在法庭论辩的博弈中，论证前提的选择和形成要立足于对事实的鉴别和对法律规则的解释上，这种鉴别和解释首先要立足于某种价值判断，而这种价值判断要涉及社会的、道德的、政治等主观因素。此时，逻辑形式化的分析方法显得无能为力，因此，也必须考虑语用和语境问题。

而图尔敏和佩雷尔曼的修辞学理论强调的就是语用的维度，它注重论证在内容上的可接受性及其对语境的依赖，主张论证的目标在于获得“听众”的认可，并这一认可即构成论证有效和裁判正当的基础。佩雷尔曼认为，裁判的正当性取决于“普遍听众”的认同，后者构成了论证合理性与价值判断客观性的标准。[②]

上述主要是基于这样的考虑：在法庭论辩的博弈中，无论哪方论证它的评价标准的最高要求是，论证必须在实质方面被接受，事实必须是众所周知或已被证明的，法律规则必须

① 转引郭贵春：《语用分析方法的意义》，《哲学研究》，1999年第5期。

② [德]阿列克西：《法律论证理论——作为法律证立理论的理性论辩理论》，舒国滢译，中国法制出版社，2002年版，第205页。佩雷尔曼并没有对普遍听众清晰加以定义，上述两层含义为阿列克西所归纳。

是一个有效法律规则或某个有效法律规则的某一可以接受的解释。以佩雷尔曼和佩雷尔曼的为代表的当代修辞学理论，围绕着价值判断而展开的逻辑思考，强调平等对话、充分论证、理性说服、共识真理，特别是强调论辩命题的内容和听众的可接受性的方法突破了逻辑方法对法律论证的研究的囿于，为法律论证开创了一条新的路径。尽管辞论证理论备受诟蔽，但它仍然得以在回应各种批评的过程中发展，也为我们研究法律逻辑提供了可供借鉴和参考的理论涵养。

参考文献：

[1] [美] 史蒂文·J·伯顿：《法律和法律推理导论》，张志铭、解兴权译，中国政法大学出版社，1998年版。

[2] [美] 博登海默：《法理学——法哲学及其方法》，邓正来、姬敬武译，华夏出版社，1987 年版。

[3] [美] 鲁格罗·亚狄瑟：《法律的逻辑——法官写给法律人的逻辑指引》，唐欣伟译，法律出版社，2007年版。

[4] [德] 卡尔·拉伦茨：《法学方法论》，陈爱蛾译，商务印书馆，2003 年版。

[5] [德] 罗伯特·阿列克西：《法律论证理论》，舒国滢译，中国法制出版社，2002 年版。

[6] [德] N·霍恩(Norbert Hom)：《法律科学与法哲学导论》，罗莉译，法律出版社，2005 年版。《法国民法总论》，法律出版社，2004 年版。

[7] [比] 佩雷尔曼著：《逻辑学与修辞学》，许毅力译，载《哲学译丛》，1998 年第 4 期。

[8] [芬] 冯·赖特：《知识之树》，陈波编选，三联书店，2003 年版。

[9] [荷] 菲特丽丝：《法律论证原理——司法裁决之证立理论概览》，张其山等译，商务印书馆，2005年版。

[10] 王洪：《法律逻辑学》，中国政法大学出版社，2008 年版。

[11] 张继成：《事实、命题与证据》，《中国社会科学》，2001 年第 5 期。

[12] 熊明辉：《论法律逻辑中的推论规则》，《中国社会科学》，2008 年第 4 期。

[13] 熊明辉：《从法律论证到诉讼论证——谈谈法律逻辑研究对象的转变》，《求是学刊》，2007 年第6 期。

[14] 张成敏：《法理学中的法律逻辑学》，《政法论丛》，2004 年第 4 期。

[15] 张骐：《法律推理与法律制度》，山东人民出版社，2003 年版。

[16] 周世中：《法的合理性研究》，山东人民出版社，2004 年版。

[17] 武宏志、刘春杰主编：《批判性思维》，陕西人民出版社，2005 年版。

[18] 张志铭：《法理思考的印迹》，中国政法大学出版社，2003 年版。

[19] 刘春杰：《论证逻辑研究》，青海人民出版社，1999 年版。

[20] 徐钢：《利益衡量概念的辩说》，《法律方法》第 5 卷，山东人民出版社，2006 年版。

[21] 吕世伦、文正邦主编：《法哲学论》，中国人民大学出版社，1999 年版。

[22] 沈宗灵：《现代西方法理学》，北京大学出版社，1992 年版。

[23] 颜厥安：《法与实践理性》，中国政法大学出版社，2003 年版。

[24] 郭贵春：《语用分析方法的意义》，《哲学研究》，1999 年第 5 期。

[25] 张玫瑰：《基于语用理论的法律论证评价模式研究》，《政法论丛》，2009 年第 2 期。

[26] 张晓光主编：《法律专业逻辑学教程》，复旦大学出版社，2007 年版。

[27] 张晓光：《法律论证的逻辑取向》，《政法论丛》，2008 年第 3 期。

美国实用主义哲学视野下的法律和逻辑

周祯祥*

用哲学的眼光来讨论法律和逻辑之间的关系，不同的哲学会衍生不同的法律，进而又有不同的有关法律的逻辑。在众多的哲学理论之中，美国实用主义哲学对法学和逻辑似乎有一种特别的偏好。本文即是在这一哲学视野下，来对法律和逻辑这两个不同的认知对象予以讨论。

一、实用主义：诉诸行动的知识进化论

实用主义一词最早为美国逻辑学家皮尔斯(1839—1914)所用，他的原创意义是"行动所依据的信念"，这是皮尔斯借用更早的实用主义思想先驱莱特(proto-positivist Chauncey Wright (1830—1875))关于信念的看法而来的。① 1870年早期，皮尔斯就开始使用这个词，但这个词的传布则是另一位美国哲学家詹姆斯(1842—1910)的功劳，主要由于詹姆斯的传布，实用主义思想才成为一场哲学运动，并因其在美国和世界的广泛影响，特别是因为它在历史短暂的美国本土产生和发展，被称为体现美国精神的哲学(前美国国务卿基辛格语)。如果有人问，美国本土有什么哲学？那就是实用主义②，一种如何确定信念，如何将信念付诸行动，如何从信念和行动的经验中进行推理的哲学。实用主义的基本原理，詹姆斯把它称作皮尔斯原理，对于这个皮尔斯原理，詹姆斯有以下一段明晰的说明。

> "要弄清楚一个思想的意义，我们只需断定这思想会引起什么行动。对我们说来，那行动是这思想的唯一意义。我们所有的思想差别，无论怎么细微，其根本的明显事实是：所有这些差别，没有一个会细致到这种程度，以致它们不是在于可能的不同的实践，而是在于什么别的。我们思考事物时，如要把它完全弄明白，只需考虑它含有什么样可能的实际效果，即我们从它那里会得到什么感觉，我们必须准备作什么样反应。我们对于这些无论是眼前的还是遥远的效果所具有的概念，就这个概念的积极意义而论，就是对于这一事物所具有的全部概念。"③

---

* 周祯祥，男，华南师范大学政法学院，教授，哲学博士，博士生导师。

① 参考网页 http://en.wikipedia.org.

② 美国实用主义经过100余年的发展，有许多不同的实用主义流派，最基本的流派是经典的实用主义，分析的实用主义，新实用主义，概念论的实用主义，新经典的实用主义等等。为行文方便，本文所指的实用主义，如不特别说明，都是经典意义上的实用主义。即由实用主义的三杰，(类似于古希腊三杰苏格拉底，柏拉图和亚里士多德)皮尔斯，詹姆斯和杜威的基本观念所代表的实用主义，一般称之为经典实用主义。

③ 威廉·詹姆斯著，陈羽纶 孙瑞禾译：《实用主义》，商务印书馆，1997年中文版，第26—27页。

和这个原理紧密相连的另一个实用主义原理是皮尔斯的连续性原理：我们在最大限度上假定事物是连续的。这和莱布尼兹关于“自然界不跳跃”的进化观，几乎是完全一致的。[①]这个原理反映了实用主义认真地接受了达尔文的进化理论，并把这一进化理论运用到自身的哲学之中。

由实用主义的这两个原理，可以自然地感觉到，我们由信念导致行动，行动的经验又不断地积累新的信念，因为这些东西都是连续的，所以我们的一切基于行动的认知，一切基于人类行动的知识都由这个连续进化的过程而形成。只要人类在思考、在行动，这个进化过程将永无休止。

实用主义诉诸行动的知识进化论，自它于20世纪初期传布开以来，在许多领域都可以找到例证，但让我们感到惊奇的是，它一开始就和法律和逻辑这两个看似决然不同的领域，有一种天然的割舍不开的联系。

二、霍尔姆斯和法律实证主义

霍尔姆斯(1841—1935)，皮尔斯和詹姆斯同时代人，1902年至1932年任职美国首席大法官，被认为是美国历史上最为杰出的伟大执法者之一。[②] 当然，也有很多评论从针砭角度来讨论霍尔姆斯，认为他是一个轻视道德，有种族歧视和性别歧视倾向的美国官僚，把他看作是恶毒犬儒主义的代言人。[③] 但这一点是肯定的，离开霍尔姆斯，谈美国法律几乎是不可能的。而论及美国的实用主义，霍尔姆斯和美国实用主义也有不解之缘。如果说实用主义是体现美国精神的美国哲学，那么实用主义法学无疑是真正的美国法哲学之开端。

1869年，詹姆斯还在欧洲，他从柏林写信给霍尔姆斯：“当我回到美国的时候，让我们建立一个哲学团体以便经常聚会，这个团体仅讨论那些最高的并且是最为广泛的问题—它仅由波士顿最棒的那些人来组成。”[④]詹姆斯想建立起来的这个团体，就是后来在1871年成立的坎布尼奇形而上学俱乐部。在皮尔斯《实用主义和实效主义》的论文中，他调侃地提到当时的霍尔姆斯：

> “正是在19世纪70年代早期，在老坎布尼奇，一群年轻人半带嘲讽、半带挑战地自筹了’形而上学俱乐部’——因为当初怀疑主义正甚嚣尘上，对一切形而上学都嗤之以鼻。我们常常聚会，有时在我的书房里，有时在威廉·詹姆斯的书房里。我们有些旧时的同事可能不喜欢我们今天将这些年轻时的放浪行为公之于世，虽然这些行为也是有所约束的。不过，我相信，霍尔姆斯先生对我们荣幸地提到他这个成员不会以为有什么不妥之处。”[⑤]

哲学上的经典实用主义即发端于这个形而上学俱乐部，很明显，霍尔姆斯从一开始就涉

① 科尼利斯·瓦尔著，郝长犀译：《皮尔斯》，中华书局，2003年中文版，第79—80页。
② 许章润主编：《法律的中国经验与西方样本》，广西师范大学出版社，2004年版，197页。
③ 参阅 http://www.oao.com.cn/ShowArticle.asp? ArticleID=21《霍尔姆斯法官的命运》
④ Susan Hacck, *The Pluralistic Universe of Law: Towards a Neo-Classical Legal Pragmatism*. p. 2.
⑤ 苏珊·哈克主编：《意义真理与行动——实用主义经典文选》，东方出版社，2007年版，第144页。

及这个实用主义的哲学运动。尽管霍尔姆斯后来离开了这个俱乐部，他似乎从来都没有把自己看作为一个实用主义者。然而，他关于法律的一些基本思想，他在他著名的论文《普通法》和《法律之路》中所表达的法学观念，毫无疑问渗透着实用主义。

如同我们在前一节所表明的实用主义基本观点一样，霍尔姆斯在《普通法》一书中这样来论述他关于习惯，信念和规则的产生过程：

> “远古时代人的习俗、信仰和需求使一条规则或者准则得以建立起来。在随后的数个世纪中，这些习惯、信仰和需求逐渐湮灭，而规则却留存了下来。制定规则的原因早已被遗忘，而对规则本身，仍会有众多聪慧的头脑不断探索着，究竟如何给以解释。”①

霍尔姆斯的这段论述，显然在两个方面都具备经典实用主义的基本特征。

首先，法律不是简单的经验积累，它需要创造性的思考和实践

现行的法律规则取决于过去，但依赖于历史的经验则是一种错误。我们必须用充满创造力的心智去探查过去的规则究竟何为，想当然地以为这规则过去如此，它也就从来就是如此，这不是霍尔姆斯的法律观。即使是过往经验被我们视为当然的东西，按照霍尔姆斯的说法，它也是“过去的人们经过艰苦卓绝的奋斗或思索才得来的”。② 所以，我们必须用一种创造性的心智来探查过去的规则，并为当下的世界提供便当的，能够服务于人的生活的法律规则和法律行动来。

尽管霍尔姆斯的坏人——预期理论到现在仍然是一个在道德层面上有许多争论的法律理论，但具有很强的实际操作特性，具有启迪心智的创造力却是再明显不过了。

这种对待法律规则的态度，也恰恰和实用主义哲学所提倡的诉诸行动的信念观交相辉映。霍尔姆斯把对法律理论的探讨趋向创造性地行动和实践，这和他讨论法律起源的基本出发点是分不开的。这就把我们引向了他的法律理论的另一个和实用主义相同的特征。

第二，霍尔姆斯关于规则程式观念陈述的理论出发点和实用主义哲学高度一致。

由习惯信念和需要的推动会产生规范今后行为的规则或者程式。旧时期的习惯信念和需要是以法律规则的形式存留下来的，时光的流逝虽然可以改变、可以消失我们已有的习惯信念和需要，但它总要以某种规范的形式保留下来。或者沉淀为文化习俗，或者累积为典章制度。这可以用另一段霍尔姆斯有名的语录来验证：

> “法律的生命不是逻辑而是经验。可以感受到的时代的要求、盛行的道德和政治理论，明确的或不自觉地对公共政策的直觉，甚至法官们与其同胞所分享的偏见，所有这些都影响着约束人们行为的那些规则的决定过程，其作用丝毫不亚于三段论。”③

---

① 霍尔姆斯著，冉浩　姚中秋　译：《普通法》，中国政法大学出版社中文版，第 8 页。
② 霍尔姆斯著，冉浩　姚中秋　译：《普通法》，中国政法大学出版社中文版，第 2 页。
③ 霍尔姆斯著，冉浩　姚中秋　译：《普通法》，中国政法大学出版社中文版，第 1 页。

时光的流逝势必沉淀下带有时代印痕的一些规则,规则就这样延续下来。这些在时光流逝中,脱离了原先生存环境,顽强存活下来的规则或者程式,霍尔姆斯将其称之为规则中的幸存者,宛如达尔文的适者生存,物竞天择的观念。这反映了我们前面提及的实用主义知识进化论的信念,使得霍尔姆斯所设想的社会规则和程式的形成过程,具有皮尔斯所设想的连续性特征。同时,非常明显的一点是,霍尔姆斯把人们在生活中的经验,看作是社会规则得以形成的最为重要的因素,这正是经典实用主义哲学最为基本的理论前提。看詹姆斯的《实用主义》,你甚至可以说,他论述的简直就是和霍尔姆斯几乎完全相同的东西。

> "实用主义代表一种在哲学上人们非常熟悉的态度,即经验主义的态度,在我看来它所代表的经验主义态度,不但比素来所采取的形式更彻底,而且也更少可以反对的地方。实用主义者坚决地、断然地抛弃了职业哲学家的许多积习。它避开了抽象与不适当之处,避开了字面上解决问题,不好的验前理由,固定的原则与封闭的体系,以及妄想出来的绝对与原始等等。它趋向于事实、行动与权力。这意味着经验主义的气质占了统治地位,而理性主义者的气质却老老实实地被抛弃了;这就意味着空旷的野外和自然中的各种可能性,而反对独断,人为和假冒的最后真理"①

因此,霍尔姆斯的法理论,天然地和实用主义有着紧密的联系。

那么,实用主义法学如何看待法律的演化呢?进化的更新的法律规则进程可以用不同地区法律演变的过程,特别是从美国法律的演变过程中得到说明。

三、法律的经验演化

我们现在从实用主义法学的角度出发,讨论法律的经验演化的问题,特别关注的法律演化是美国法律的经验演化。美国虽然是个年轻的国家,但它的法律系统并不是仅从本土产生的,它有一个比其自身历史更长的法律演化过程。目前还没有材料从全球的角度来说明美国法律生成过程,但有一点却非常清楚,美国在很大程度上受到欧洲法律进化的影响。欧洲法律史上的一个重大转折点,我借用新经典实用主义的一个代表人物苏珊哈克教授对这个问题的描述,可以概略如下:

如何理解欧洲的英国法律系统和大陆法律系统的差异呢?哈克对这个问题是这样论述的。② 1215年,第四届拉特兰教堂议会③作出决定,禁止教士参与使用誓言和神判法来进行的法庭审判。自此之后,同是欧洲,但处于不同地域的英国和欧洲大陆出现了两种有区别的法律系统。大陆法庭开始趋向于正规法律(canonical law)和正式审讯(inquisition)的模式,而英国法庭则开始了趋向于陪审团审判(jury trial)的模式。这两种模式,经过许多个世纪的发展,到现在都演化为所谓的法律辩护系统(adversarial system)。

---

① 威廉·詹姆斯著,陈羽纶 孙瑞禾译:《实用主义》,商务印书馆,1997年中文版29页。

② Susan Hacck, *The Pluralistic Universe of Law: Towards a Neo-Classical Legal Pragmatism*. p12-14.

③ 第四届拉特兰教堂议会是罗马教皇1215年召集的一次会议,讨论和决定十字军东征的若干问题,并作出了一系列规定,用70个教皇文件颁布。

法律进化的一个特异案例可以在今天的一个群岛，根西群岛(Guernsey)①上的法律体系中得到说明。在这个地处英吉利海峡中间，既接近英国，又接近法国的群岛上，英语是其通用语言，但它的法律语言是法语。② 所以这个群岛的法律体制，混合了英国和大陆国家不同的风格。例如，它有一个由 12 人构成的地方法官团(jurats)，这个法官团成员由官方依据一定程序正式任命，一经任命就工作到 70 岁。地方法官团负责判定在根西群岛上的皇家法庭案件中的事实认定方面的问题。

不仅仅是欧洲，在亚洲也出现因环境经历的不同，法律演化的结果有差异的案例。

印度和巴基斯坦都曾经是英国的一个统一的殖民地，1947 年之后，印巴分离并各自独立。它们独立后所制定的法律都依照的英国法律模式，从法典角度看这两个国家的法律应该是等同的。但是，经过近 60 年各自地域的经验演化，这两个国家的法律已经是绝然不同了。到现在，印度的法律系统差不多完全法典化，非常类似于一个民法系统；而巴基斯坦的法律系统依然很清楚地是一个普通法系统，但已经融进了不少的伊斯兰法律的因素。③

我们把视线移到美国，限于篇幅，仅仅关注极小一部分美国法律的历史演化。

历史总有一些偶合，欧洲法律系统自 1215 年演化为欧洲大陆的正规法律系统和英国的陪审团审判系统两种趋势。同样是 1215 年，英语世界还出现了世界上第一部宪法：英国大宪章。1215 年，以英国金雀王朝 11 任国王约翰王收复失地战役为导火索，英国贵族们联合起来，迫使约翰王在伦敦城外的沼泽地上签署了被后人视为英国自由传统的《自由大宪章》。自此之后，凡不能提供可靠之人证与物证时，英王代表不得单凭自己凭空的指控将任何人送交审判。④ 美国宪法在一定意义上，是这一基础的产物。

大宪章之后几个世纪，英国清教徒由于在本土受到的宗教迫害大量移居北美。移居北美的英国人并不喜欢英国作为一个帝国的殖民统治，他们恼火英国当局强制征收他们的税款，他们焚烧模拟像，抵制英国货。这种反抗的结果是北美的一些殖民地，脱离了英国而成为独立的国家，并于 1777 起草了规定国家权限的《联邦条例》。1787 年，“以修改《联邦条例》为唯一的和明确的目的”、“使全国体制足以应付政府的紧急事务和保全联邦”为名义，在费城签署了美国宪法。1789 年，美国联邦政府以这个宪法为基础得以诞生。

美国宪法从诞生之日起就在美国法律实践的进程中不断地予以修正，后续的经验催生着新的法律条款，我们以美国宪法第一修正案(1791)为例。

原初的美国宪法并没有提到宗教问题，不到二年，由詹姆斯·麦迪逊起草的宪法修正案提出了以下条款：“国会不得制定关于下列事项的法律：确立国教或禁止宗教活动自由；限制言论……”⑤这个修正案 1791 年得到确认，恰好是在弗吉利亚州国教予以废除之后。在这个州，麦迪逊和杰弗逊一直在从事这个废除国教的活动。这一条款实际上是为一个新国家

① 根西群岛(Channel Island of Guernsey)，也称海峡群岛—根西岛，旧译格恩西，位于法国西海岸，英吉利海峡南端的一组群岛，是英国属地，但不属于英国辖制，仅领土保卫依赖于英国，其他皆由本土自治，面积 30 平方英里，人口 5.4 万，行政中心圣彼得港。

② 参考网页 http://en.wikipedia.org/wiki/Guernsey.

③ 参考网页 http://www.nyulawglobal.org/globalex/Pakistan.htm.

④ 史蒂文·巴克曼著，初晓波译：《美国宪法》，东方出版社，1998 年中文版，第 7 页。

⑤ 网页资料《美国宪法与修正案》http://bbs.ynnu.edu.cn/new/read.php?tid=24994&fpage=3.

设计的，在这个国家中，所有的人都是基督徒，但属于不同的基督教派。这些基督徒来自英国，他们逃离英国的宗教迫害来到美国。他们的底线想法是，为了防止宗教迫害就得废除国家宗教，宪法修正案的第一条款正是满足这一想法的产物。

现在，我们正生活在一个几乎看不到差别的国度里。在这个国家中，有形形色色的宗教类别，基督教的，非基督教的，有神论的，无神论的等等。但也是在这个国家中，大多数青年人都在受教育，不是他们的家庭，也不是教会的学校在教育他们，而是公共学校在教育他们。法院会发现他们自己正面临着需要他们回答和判定的问题，如果宪法赋予美国公民宗教自由的权利，那么，我们用公共的费用是给孩子们以数学的补充教育，还是给教会学校的孩子以读物，这些教会学校是遵照某个宗教而创造出来的。或者我们换一个说法，在公共学校读生物进化论的不信进化论的那些人，和坚持在高中公校讲进化论的那些人，他们都是不合美国宪法精神的宗教组织的信徒吗？

这个问题恐怕不是容易回答的，它等待着我们新的经验和新的信念。我们还是把对法律演化的讨论迁移到另一个领域，科学证据的领域。

法律的演化在证据学领域更容易找到有趣的范例，在我们这个信任科学的时代，科学测试在法庭证据中的作用也是一个逐渐进化的过程。旧的经验是我们的基础，我们又总是在新经验的推动下，用更为完善更为科学的新法规来取代旧的，我们曾经高度依赖的法规。

在美国司法界，Frye 规则[①]曾经是美国普遍采用的一个科学证据规则，回顾一下这个规则的演化过程是有趣的。该规则 1923 年引入法律界，起初几乎没有人采用，但随后是到处在采用，特别是那些相关于复制证据的案例。于是这个测试方法渐渐传布开来，到 1980 年代早期，在美国 29 个州都认可运用这个科学测试规则 Frye。但是到了 20 世纪的 90 年代，又有了基于新测试的新规则，这个测试就是 Daubert 测试[②]，以及判定测试的标准 Daubert 规则，Daubert 规则 1993 年之后取代了经过七十年运用的 Frye 规则。[③]

法律的经验演化是一个鸿篇巨制，暂且只讲这么多。由上述演化的简单描述，给我们留下的一个最具哲学意味的问题是：人的经验行动在法律中的不断反映，是概念的不断演化呢？还是自然的不断演化？抑或是其他什么东西，由自然和向往自由的人类构成的共同演化？英国传统的美国法律系统（Anglo-American system）我们到底应该如何来评论它？这可以使用霍尔姆斯在《法律之道》中的一段话：如果你要理解法律，你必须要做的事情是：

> “读那些伟大的德国法学家的著作以便明白，如果我们把康德和波拿巴相比，今天这个世界，被康德所管辖的东西比被波拿巴所管辖的东西多多少。”[④]

---

① Frye 测试缘起于 1923 年的一个案例，该案例中，被认同的证据来自心脏收缩血压欺骗测试，这个测试类似于撒谎机测试。Frye 规则规定：允许进入法庭的科学证据，该证据必须为科学共同体普遍接受。

② Daubert 测试在 1993 年取代 Frye 测试，该测试要求：科学证据在它可以认同为对一个审判的证据之前，必须经过 4 个测试。这四个测试判定：科学证据所依据的理论或者技术是否已经被测试过；该科学证据是否在同等条件下的测试，它的知名度和错失率；科学证据所依据的理论或者技术是否存在，是否具有控制其操作程序的标准或者规则；最后，科学证据所依据的理论或者技术是否在一个相关的科学共同体中被接受。

③ 网页资料 http：//www.ncjrs.gov/spotlight/forensic/legislation.html.

④ 霍尔姆斯：《法律之道》，第 405 页。

这是耐人寻味的对比，寓含着种种耐人寻味的解释，我们还是把这个对比放在一边，换一个例子来考虑法律进化。

仍然以美国宪法第一修正案为例，在美国宪法第一修正案中倡导的宗教自由概念，在观念起源上更多的归之于这两个人。一个是英国哲学家洛克(1632—1704)，他1689年出版的《论宽容》是宗教自由思想的先声。另一个则是英国出生，后终其一生在美国生活和思考的神学家罗杰·威廉斯(Roger Williams, 1603—1683)[①]，他因为与洛克很不相同的生活经历，具有比洛克更为彻底的宗教自由观念。正是威廉斯在美国特有的生活经历和实践，美国宪法第一修正案的宗教自由思想最主要应该来自威廉斯的自由观念和宗教实践。[②]

这应该为我们理解法律观念进化提供另一条思路，法律观念作为一个文化现象，它是我们人类文化进化的一部分。它也许不全是一个自然进化的过程。有时候，一个时代的文化进化，更需要人们审慎的构想和有效的规划与实施。也许，我们人类的文化进化不需要诉求神学的目的就可以得到说明；也许，人类特有的文化现象，在人类的法律实践中最容易得到合理而又系统的说明。

四、法律中的逻辑

依据传统的法理学观念，逻辑从来都是法律的根本。按照和霍尔姆斯同时代的法学家，哈佛大学法学院首任院长兰德尔(1826—1906)的说法：法律如果能够作为一门科学，没有逻辑的支撑，它就在大学教育中没有位置，它只能是由工匠传授的一门技艺性职业。[③] 霍尔姆斯用他那著名的语录颠覆了法律的这一传统：法律的生命不是逻辑，法律的生命一直是经验。但是，一个非常有趣的现象是，实用主义哲学家崇尚经验和实践的同时，他们大都精于逻辑。在实用主义这条线上的哲学家，从皮尔斯开始，历数各个时代称为实用主义哲学家的学者，也大都是逻辑学家。皮尔斯在很多领域都有他创造性的思考，但他独以逻辑学家的身份来表白自己。本文作者一直为这样一种联系而惊异，但在这篇论文中，我们暂且搁置这种惊异，把我们的讨论引向有关法律的逻辑。

在霍尔姆斯主张法律的生命是经验的时候，法律观念正处在一个重大的转折时期。一个非常奇异的巧合是，1880年前后，逻辑学也在这个时候发生了重大的转折。

1879年，德国哲学家弗雷格出版了他具有开创性的逻辑学著作《概念文字》。1880年，皮尔斯则独立地发表了另一本有关逻辑学的著作《论逻辑代数》，用一种不同于亚里士多德逻辑的方式统一了命题演算和谓词演算。所谓现代逻辑，正是以这两个人的著作为开端，这两个人在逻辑领域所做的工作，导引了逻辑学的一场巨大的革新。[④]

我们先从逻辑这个概念的含义谈起，也主要参考苏珊哈克教授的《法律中的逻辑》一文。

---

① 罗杰威廉斯(1603—1683)：英国和美国的神学家，宗教容忍和政教分离的最早提出者，对美国本土实行公正交易的倡导者；1631年移居美国，是美国最早的浸信教友会教派的创立者。

② 参阅 http://en.wikipedia.org/wiki/Roger_Williams_(theologian).

③ Langdell, *Teaching Law as a Science* 1887, 125.

④ 苏珊·哈克著：《法律中的逻辑》(*On Logic in the Law: "Something, but not All"*)一文发表于《Ratio Juris》杂志，第20卷，第1期，2007年3月出版，第1—31页。

阐释法律中的逻辑，一个起点的困难是，“逻辑”这个词究竟具有什么含义？逻辑一词有不止一种方式的用法。极为普通的日常语言中的用法，“逻辑的”一词，实际上是一种褒义的形容词，粗略地和“合理的，明智的”的意义相当。当我们说，“必须有一个逻辑的解释，”意思是指“必须有一个合理的解释”；“那是逻辑的”意思是指“那是有意义的”。但是，在古老的哲学传统中，至少可以回溯到亚里士多德，逻辑一直都是构想为一个理论学科，在推理方式上称作“好”的那种理论。如此理解，逻辑就是一个规范性的学科，所谓“好”，集中在避免矛盾和使得推理有效上面。在这个用法中，“逻辑”既包含了有关有效论证和定理的系统和形式表述，逻辑也包含了对词项，命题，论证，真这类概念做解释的任务，当然是对这类概念做非形式的和哲学的解释。

然而，我们今天使用逻辑这个语词，这个语词更经常地用在一个更为狭窄的意义上。使用这个狭窄的意义，逻辑仅涉及那些形式的逻辑系统；关键逻辑概念的哲学解释现在常分类在称作逻辑哲学的学科之中。这里提到的“逻辑学转折”仅是一个在形式演绎逻辑中的转折。[①] “形式”意味着：在一个形式语言中，其各式公式是在语形的，仅依据语句的结构或者形状来表达的意义上理解，忽略掉公式的内容。而“演绎”则意味着：“意在抓住必然地保真推理的类，以及在对其非逻辑常元所作的所有解释中的真公式类。”

简略地说，亚里士多德的形式逻辑，也就是三段论逻辑的模式是：“所有 As 是 Bs；所有 Bs 是 Cs；因此，所有 As 是 Cs”，这就是一个演算类。后来，斯多葛学派的逻辑学家探索了命题逻辑，这样一类论证，例如“如果 p，那么 q；p；所以 q”可以在斯多葛学派的逻辑中得到表述。[②]

通向现代逻辑的一个关键步骤是乔治布尔的逻辑代数，它可以解释为是一个概率的演算，或者命题演算，或者类演算。[③] 到 1880 年——弗雷格和皮尔斯分别独立地，用不同的思路，不同的符号，发展出一个新的形式逻辑，不像在他们之前的任何一种逻辑：这种逻辑把命题演算和谓词演算统一起来，可以表达本质上涉及关系谓词的有效论证。[④]

不像亚里士多德三段论，三段论只能表达一元的性质，由一元谓词例如“马”或者“动物”所表达的性质，这种谓词只涉及一个对象。弗雷格—皮尔斯的逻辑则提供了由多元谓词例如“……比……高”所表达的多元性质。所以，这一逻辑可以表达以下一类论证的有效性“所有的马都是动物；因此，任意的马头也是动物头；”而且更重要的是，这一逻辑可以表达涉及关系的谓词，例如“大于”，“后继”等数学论证。（以及—是的！这涉及诸如关系谓词“__承诺__，作为对__，的回报__”。）不像布尔代数，它或者可以解释为命题演算，或者可以解释为类演算，但不能同时地解释这两者，而弗雷格—皮尔斯的逻辑则统一了命题演算和谓词演算。

---

① 如同 xerox“施乐”已经成为文本复印的一个语词一样，kleenex 这个词也一样，它成为卫生巾的一个语词，这个转换在逻辑一词的用法中有类似之处。逻辑一词的用法很可能部分是这个转折的一个成功的回应。这个转换是否值得法学的期待，还有待实践和时间的考验；因此本文中的逻辑，一般都是在其狭窄的现代的意义上使用，除非另有说明。

② 看波亨斯基 1961，105—133；涅尔 1962，113—76。

③ 布尔(1854)，1958 重印。

④ 弗雷格 1879，英语版 1972。弗雷格对布尔的超越，看戴德曼 1976。

命题演算表达了以下命题形式的有效论证和逻辑真，这些命题形式是依据简单命题，和用这些简单命题再借助于外延的逻辑运算子如“并且”，“并非”组合而成的复合命题，例如从“p 并且 q”推导到 p 的论证。但是，这些论证中的命题构成并不涉及简单命题本身的内部结构。

而谓词演算或者称“量词理论”则建立在命题逻辑基础上，同时又包括了依赖于命题内部结构的有效论证和逻辑真的表达。这一内部结构使用量词(例如，“对所有 x，”“对有些 x”)，单称词项或者名称，以及谓词，可以构成以下一类语句。例如：“对所有 x，如果 Fx，那么 Gx”；有了这类表达式，表达以下论证就成为可能的了，例如：“对所有 x，或者 Fx 或者 Gx”，“并非 Fa”，“Ga”等等。由弗雷格—皮尔斯所构想的这一逻辑，1910 年在罗素和怀特海的《数学原理》一书中被规范地表述出来，它是人类智力上的一个巨大进步。到目前为止，它已经成为众所周知的“经典逻辑”，而古典的亚里士多德逻辑，通常被人们看作是经典逻辑的，更可能看作是“传统的”，如同我们将看到的，这个逻辑一直被法律界学者主要用作为一个解决结构模糊的工具，但实际上属于传统逻辑的范围。

弗雷格将自然语言比作人的双手，把自己新发明的现代形式逻辑比作特制的像锤子和扳手一类的工具。他特别强调，尽管自然语言的灵活性和多功能性在许多方面非常有用，不过，它们所固有的模糊性和歧义性使得它们不适合对论证做出严格表述。他指出，我们基于特定的目的为我们自己构造了人工的手，它比自然的双手更加具有准确性。那么，什么东西使得增加表达的精确性成为可能的呢？那是因为：这一新语言的每一个部分都是严格的，不容置疑的，它缺乏自然语言之手所具有的那种灵活性。

那么，这样一种严格的逻辑，在同样富于灵活性的法律之中能够发挥作用吗？

主张逻辑在法律领域具有积极作用的学者认为，逻辑能够揭示并且解决句法歧义问题。1950 年，费佛(John Pfeiffer)在《科学美国人》(Scientific American)中阐述了人寿保险公司使用形式逻辑工具修改合同条款的方法，他指出，律师们已经开始聘请数学家审阅他们的合同，并且这种做法：

> 可以完善那些充满约定、意外事件和大量“如果”、“以及”和“然而”等术语的合同文本。合同的条款可以出现“可能”这一字眼吗？合同是否存在漏洞或者不一致性？逻辑分析有助于解决此类问题。①

1955 年，在强调现代逻辑极大地超越了三段论逻辑语言的表达能力时，塔麦罗(Ilmar Tammelo)针对各种法律概念进行了符号分析。1957 年，在《符号逻辑：起草与解释法律文件的有效工具》一书中，艾伦(Layman Allen)指出，使用符号逻辑的基本概念起草法律文件，可以消除法律、合同、遗嘱、转让和规章等领域的各种歧义。1962 年，米勒(James C. Miller)使用准逻辑方法消除了 1951 年伊朗《石油国有化法案》中的歧义。这些都是逻辑在法律领域的早期的比较简单的应用；但是，其内在理念和积极意义则不容否定。

---

① Pfeiffer, Jon. 1950. *Symbolic Logic*. Scientific American Dec.: 22-24.

的确,形式工具非常有助于消除此类依赖结构的结构性歧义:例如,在法律等领域,量词的范围、相容与不相容选言命题的区别、或者蕴涵与相互蕴涵之间的区别等。不过,此类句法歧义并非法律不确定性的主要原因,法律不确定性主要来源于开放性的结构或者关键概念的模糊性(或者语义模糊性),例如,“责任性”、“健全的”、“隐私”和“因果”等等概念。简言之,应用逻辑方法解决语句歧义很清楚只是涉及法律的一部分,并非法律的全部。

塔麦罗还尝试着提出一个更为宏大的主题,他称之为“法律符号逻辑”(legal logistic):使用道义逻辑描述一般性规范系统的结构,以及特殊的法律系统的结构。不过,我还是选择阿尔乔隆(Carlos Alchourrón)和布里金(Eugenio Bulygin)的《规范系统》(Normative Systems)作为例证,一方面是由于,与塔麦罗的《现代逻辑与法律》(Modern Logic in the Service of Law)相比,《规范系统》是这一领域更为典型的代表;另一方面,格雷(Thomas Grey)以之为基础对兰德尔的著作进行解释,并且认为该著作更为准确地描述了兰德尔的经典正统的学说。

当然,阿尔乔隆和布里金也认识到现代逻辑对三段论的重要影响。此外,至少在表面上看来,他们的“初始句”(primitive sentences,类似于兰德尔的“原理”或者“原则”)来源比较明确。因为他们尽量与纯粹理性主义划清界限:法律这一规范系统的基本原则是通过参考立法、法规和先例,基于经验挑选出来的。“法律科学”与自然科学相类似,部分上是理性的(部分上是形式逻辑的),部分上是经验的。不过,哲学的任务就是对规范系统的逻辑框架进行“理性重构”,如同该时期的科学哲学家对物理学设定的目标一样。

阿尔乔隆和布里金对哲学任务的看法,与“理性重构”这一短语相类似,是1971年那个时代的标志,同时,也是该论著所属丛书《精密哲学书库》(The Library of Exact Philosophy)的标志。在该书第一章的开篇,阿尔乔隆和布里金引用马丁(R. M. Martin)的一句名言:

> “形式化和解释的方法已经深刻地印入西方学者的头脑之中,并且可能构成了理性思考某些层面的理想模式”。

在接下来两页之后,他们再次重复了马丁的论断:“理性重构的方法反映出所有理性思考的基本内涵”。不过,如果学者们熟悉霍尔姆斯对兰德尔的批评,就会从马丁“可能是某些层面的理想模式”的断言中发现,过于强调法律系统的逻辑结构,可能忽视了法律系统内在的社会历史特征以及法律变革的动力。所以,阿尔乔隆和布里金可能已经陷入到这个误区之中。

此外,阿尔乔隆和布里金也认识到,基于某个法律规则确定所有的有效句子,这项工作难以完成;因此,为了避免上述困难,他们忽视了法律系统的整体,转而关注法律系统之中那些与特定法律问题相关的句子。不过,他们并未提及如何确定这些句子:由于“相关的”一词语义模糊,因此,这是一个相当困难的问题。

此外,阿尔乔隆和布里金还认识到,法律系统不断发生改变,不同来源的法律不断产生新的句子,这些句子获得了有效性,而其他一些句子则丧失了有效性;他们为了解决这一复杂的问题,转而关注那些被称为“法国法律系统”和“阿根廷法律系统”的时间段,即所谓的

“瞬间系统”(*momentary* systems)。但是,这种将法律改革形式化的做法远未触及问题的核心。

现在,我们开始考察类推论证的逻辑结构。在律师、法官和法学家阐述按照特定方式适用、解释和推断先例与规则的理由时,此类论证显得非常重要;因此,通过严格的形式化处理鉴别类推论证的优劣,可能显示出法律变革过程中的某些问题,这是道义逻辑力不能及的范畴。

有关类比论证的法律文献可谓汗牛充栋,这里以布雷威尔(Scott Brewer)的一篇著名论文作为范例。布雷威尔指出,为了促使推理者了解如何使用类比论证,最好的方法就是确定一个常规的推理模式,从而指导推理者基于前提的真值对类比论证结论的真值做出判断。此种模式包括回溯推理、演绎推理和归纳推理的要素。简言之:

1. 回溯推理:在对某些谓词的外延或者某些文本的意义存在疑问的语境中的回溯推理,此时,推理者需要“发现”一个能够对例证进行筛选的规则。布雷威尔将如此发现的规则称为“类比保证规则”(AWR)(analogy-warranting rule)。

2. 归纳确证或者否证:对类推保证规则进行归纳确证或者否证,从而确定其是否属于“可以接受”的例证筛选规则。推理者需要基于一系列解释性和正当性命题对类比保证规则进行评估。布雷威尔称之为“类比保证原理”AWR(analogy-warranting rationales)。

3. 演绎推理:首先适用类推保证规则,然后基于例证进行证实。①

布雷威尔认为,类比推理的理念源自皮尔士;但是,他显然没有意识到,皮尔士已经于1883年开始使用类比对科学论证进行分析,表面上看来,他使用类比对法律论证进行的分析显得非常类似。基于“混合特征的概率推论”,使用类比方法划分论证的类型,皮尔士指出,此类论证包括“一个归纳论证和一个演绎论证下的假说”。例如:“我们知道,在太阳系主要的行星之中,地球、火星、木星和土星都围绕轴心旋转,那么,我们认为,其余的四个行星,水星、金星、天王星和海王星,也可能围绕轴心旋转。”将皮尔士的分析方法加以应用:

1. 类比推理:“集合 X 中的所有对象都拥有 $P1$、$P2$、$P3$ 等特征”,同时,“Q 拥有 $P1$、$P2$、$P3$ 特征”,因此,“Q 属于集合 X 中的对象”。在皮尔士的例证中:每个行星都围绕太阳的圆形轨道旋转,形状接近圆形、发光、体积很大等,水星等围绕太阳的圆形轨道旋转,形状接近圆形、发光、体积很大等,因此,(类比地)水星等也都是太阳系的行星。

2. 归纳推理:“$S1$、$S2$、$S3$ 都是 X 的例证,”同时,“$S1$、$S2$、$S3$ 也是 R 的例证”,因此,“所有的 X 都是 R”。例如:地球、火星等都是行星,它们都围绕轴心旋转。因此,(归纳地)每个行星都围绕轴心旋转。

---

① Brewer, Scott. 1996, 962-963. Exemplary Reasoning: Semantics, Pragmatics, and the Rational Force of Legal Argument by Analogy. Harvard Law Review 109: 923-1028.

3. 演绎推理："Q 是 X"，同时，"所有的 X 都是 R"，因此，"Q 是 R"。例如：每个行星都围绕轴心旋转，水星等都是行星，因此，（演绎得）水星等都围绕轴心旋转。

尽管皮尔士的论证与布雷威尔的论证表面上有些类似，其实，两者存在显著的差异：皮尔士的论证并未涉及布雷威尔的类比保证规则或者类比保证原理。不过，这就要求类比法律论证的共享特征必须"在法律视野下具有相关性"；同时，也表明，法律领域的类比论证与科学领域的类比论证存在显著的差异。

科学领域的类比论证是有关世界存在方式的论证，此种论证结论是事实命题（诸如：水星、金星等围绕轴心旋转）。然而，法律领域的类比论证并不仅仅涉及世界的存在方式，而且涉及如何做出决策；此种类比论证的结论（尽管通常表现为事实陈述的形式）是应当如何行为的命题。

当科学家使用类比论证时，主要是将之作为解释世界存在的方式；当律师和法官使用类比论证时，他们的目的不是确定某个案件是否适用某个规则，而是为某种处理方式提供具有说服力的理由。此种理由要求问题的相似之处与问题的处理方式存在关联。不过，这也意味着，与科学类比论证不同，法律类比论证取决于政策、目标或者价值等方面的考虑。

在过去半个世纪里，"对立意见的权衡"是法律推理的关键所在，弗莱德、格尔丁和霍尔姆斯都如此认为，这种权衡对法律理念的关注变现为论证、辩证和对话的形式。此种论证不得不求助于元规则，这些规则也是对立论证的对象。同时，这种过程看起来不可避免地是开放式的。这就是逻辑学者很少对人工智能和法律领域的研究者近期非常关注的主题产生兴趣的原因所在：他们试图探讨使得法律论证自动予以论证和予以反驳的各种途径。

以上描述仅仅针对现代逻辑应用于法律理论的某些方面进行了举例分析。不过，这些例证指向了同样的结论：形式逻辑工具在法律理论中的应用是可能的，但其作用的范围非常有限。不过，这并不意味着，我们的法律分析无法得出理性的、合理的或者有意义的结论，或者仅仅能够从社会和经济原因做出解释。我们不能从一个极端走到另外一个极端。法律的生命并不在于逻辑；不过，这并不等于，法官的裁决只能是专断的和反复无常的，它一点也不需要逻辑，它只需要经验。

五、中国文化背景下的法律和逻辑

讨论西方法律之经验演化，我们并未追溯更为古老的欧洲法律传统，仅以 1215 年作为讨论的起点。对中国文化背景下的法律演化我们也相应地从 13 世纪开始，以保持我们讨论这个问题时在时间参照点上的一致性。欧洲法律分为成文法审判模式和陪审团审判模式之际，中国这块土地上也在发生重大的转折，汉民族统治的宋朝正处于被蒙古骑兵消灭殆尽的关头。经蒙古骑兵几十年征战，公元 1279 年南宋灭亡了。① 游牧未开化之民族战胜开化之

① 1206 年成吉思汗称帝蒙古，蒙古民族开始了其漫长的东征西讨的征战史。1260 年忽必烈即蒙古皇帝位，1271 年忽必烈取《易经》"大哉乾元"之义，始建国号大元，中国的元朝，即由此开始。1279 年南宋的最后一个皇帝被元军穷追，死于广东厓山（今广东台山县），标志宋朝的灭亡（参阅周谷城《中国通史》）。

民族的史实，俨然是人类文明进化之反例。但若换一个视角来考察此种现象，也许人类的抢掠征战杀戮史，另有一套经验演化的套路，但这不在本文的讨论范围之内。就元朝之后中国法律的经验演化而言，我们似乎看到，中国和欧美国家具有不同的法律演化特征。欧美，特便是英语世界的国家，自 1215 年之后，法律系统和法律概念随时代变迁而不断进化，如庞德所言：1788 年的美国宪法，作为美国政治发展的一个高峰，始于中世纪，历经 16 世纪，并在 17 世纪的英国全面奠定了自己的位置，又以殖民地宪章的形式移植到美国，它已经适应了作为殖民地的新大陆并完全为人民所熟悉。① 然而，13 世纪之后的中国法律演化似乎缺乏这样一种为人民所熟悉的延续性。从元代到清代的法典编撰，其中最为明显的一个延续特征是：历代开国君主在获得全国性政权之后，最重要的事情之一就是制定法典，颁布天下，宣布自己政权的合法性，并极力维护新取得的统治地位。同时，在颁布新法典之后，宣布这个法典万世不移。

一个例证是，洪武三十年大明律完成时，朱元璋就下令：子孙守之，群臣有稍议更改，即坐变乱祖制之罪。

又一个例证是，乾隆 5 年修成《大清律例》，乾隆皇帝即下旨：刊印中外，永远遵守。

这样一种合法性的永久诉求，随着社会情境的变迁，带来另外一个中国法典的特征：频修频废、频废频立的独特景象。②

但是，当我们把视线聚焦于近代三百年，在中国法律不断地与外界法律频相接触，中国法律又融进了外部法律的许多因素的时候，情况就完全不同了。中国自身的文化特征越来越被人们高度关注，随着全球一体化的进程，我们在很大程度上已经知道，如何来消化选择那些对中国法制有借鉴作用的域外各种法律制度了。

以上简要谈到中国文化背景下的法律，在本文的最后部分，我将对称地也讨论一下中国文化背景下的近代逻辑科学。中国人对西方逻辑的研究，可以从明末的李之藻（1569—1630）算起，至今已经有 300 多年历史了。李之藻晚年和波兰籍传教士傅泛际“结庐湖上”，五易寒暑，翻译出《名理探》一书。这本译著依据的原本，是 1611 年在德国印行的《亚里士多德辩证法概论》。该书是当时葡萄牙高利盘利大学耶稣会士的逻辑教材。李之藻翻译出了这本教材的上编 10 卷，下编 15 卷后没有续译。③ 自李之藻之后约 300 年时间，西方逻辑的输入近乎停顿，这是中国西方逻辑研究的起始阶段。

直到 20 世纪初叶，逻辑才再次引向中国。但逻辑作为一门学科名，不是如同其他学科一样，用中文对译的方式，而是采用音译的方式。在从西方引进的学科中，这种方式不算唯一，至少也是非常稀少的，这似乎表明逻辑这个学科的特殊性而不是它的普遍性。

用任何现有的中文语词都不能合适地表述 Logic 的学科含义，就只能采用音译的方式了，这样一个音译的任务是由章士钊先生完成的。章士钊先生 1909 年说：至 Logic，吾取音译而曰逻辑，实大声宏，颠扑不破，为仁智之所同见，江汉之所同归，乃崭焉无复置疑者矣。④

---

① 王健编：《西法东渐—外国人与中国法的近代变迁》，中国政法大学出版社 2001 年版第 80 页。

② 浅井虎夫著，陈重民译，李梦猛校：《中国法典编撰沿革史》，中国政法大学出版社中文版第 6 页。

③ 温公颐，崔清田：《中国逻辑史教程》，南开大学出版社 2001 年版 274—275 页。

④ 章士钊著：《逻辑指要》，三联书店 1961 年版第 252 页。

这样，自章先生始，逻辑在汉语中就正式定名，西方逻辑学就这样于 20 世纪初叶在中国扎下根来。

近现代逻辑学在数学和自然科学方向上产生的演绎逻辑和归纳逻辑，学科成就最为明显，也较早地受到中国学者的关注。在逻辑朝向这些方向发展的同时，一个新的趋向在 20 世纪 60 年代以后生成，这就是逻辑在法学方向上的发展，关于法律的逻辑从 20 世纪 80 年代开始就受到中国逻辑学者的高度关注。论证从来都是逻辑学家的研究对象，从广义逻辑的角度看更是如此，论证也无法在狭义逻辑的视野中消失。而且，正是因为这样的探索，逻辑学就有可能出现既不同于归纳，又不同于演绎的某种新模式。

这类新模式的设想回应了维特根斯坦有关生活形式哲学的设想，逻辑的视野在维特根斯坦那里得到了进一步地开拓。后期维特根斯坦哲学“以一种‘生活形式’的哲学来取代逻辑经验主义以科学经验为基础的哲学，以‘家族相似性’概念来取代‘普遍性’概念，以由历史积淀、文化背景等构成的生活形式所产生的习俗的‘确定性’，来取代严格的逻辑的确定性。[①] 正是英国哲学家图尔敏在其论证逻辑中，回应了维特根斯坦的家族类似观，产生了对于逻辑学新模式的大胆设想。

图尔敏早在 20 世纪 60 年代就提出了一个非常大胆的设想，在他 1958 年出版的《论证的应用》一书中，图尔敏认为，对社会规则特别是法律规则的逻辑研究，应该不属于我们今天所称呼的数理逻辑或者形式逻辑的范围，数理逻辑和数学之间具有更多的相似性。但完全有可能出现一种新的逻辑，这种逻辑不是与数学相似，而是与法学相似。法学作为强势的社会规则理论，人们完全有可能根据法律实践来建构某种逻辑。如同纯粹的形式逻辑和数学的相似产生数理逻辑，“通过系统实验有可能找出因果关系”的自然科学和科学发现过程的相似产生归纳逻辑一样，逻辑也极有可能依据其和法学的类似而产生新的模式。

图尔敏对这种逻辑模式的设想体现在如下的引文中：逻辑（我们可以说）是一般化的法学。论证可以和法律诉讼相比，我们在法律语境之外通过论证而获得的主张，可以和在法庭之中获得的主张相比，而我们形成的每一种好主张，这表现为许多案例，这些案例也可以互相比较。法学的一个主要任务是刻画法律过程的要素：一个是程序，借助程序，一些法律主张得以提出，争辩和判定；一个是范畴，依据这些范畴，一个法律过程得以完成。我们对论证的探索是一个平行的任务：我们以一种类似的方式，把目标定位在刻画可以称之为“理性过程”的东西，也就是程序和范畴，通过程序和范畴的应用，那些普遍的主张就可以得到讨论和确定。[②]

西方人在逻辑研究方面，给世界提供了相当的理性资源。西方的文本为我们展示了欧美水土的生存之理和生存之道。这些生存之理和生存之道有它普适的一面，但这种普适性一定是有限度的，完全超越时空的普适性并不存在。因此，西方人在逻辑学的研究中，就出现多种对于逻辑学的研究取向。而无论是哪一种研究取向，都应该是可供我们借鉴的知识资源。

---

① 陈嘉明：《知识与确证—当代知识论引论》，上海人民出版社，2003 年版，第 12 页。

② Toulmin, *The Use of Argument*, Cambridge University Press, 1958: 7.

但需要注意的一点是，西方人的逻辑资源是在西方的生活世界中产生的；构造这种逻辑的文本，使用的是西方人的语言。维特根斯坦把哲学转向为生活形式的哲学，这种转向引发了逻辑朝向生活世界的研究。这个生活世界的提法应该给我们以注重我们自身经验的启示，因为在维特根斯坦哲学转向的同时，中国这片古老国土正在产生前所未有的巨大社会变迁，尤其是近几十年变化尤巨。

我认为，中国人生活方式的需要，中国历史几千年的文化传承背景，正在引发国人对中国“社会规则之理”的深切关注。这似乎给人一种感觉，图尔敏的逻辑新模式，图尔敏依据他对法律论证的研究可以去设想，那么，中国的法律工作者，中国的逻辑工作者，依据他们自己的本土经验同样也可以设想，而且完全有可能出现更合宜的有关法律的新逻辑模式。有理由相信，将西方文本和中国的生活世界经验有机地融通，以中国历史积习之深厚，典章文物之醇熟，自然地域之辽阔，人文景观、生活样态之纷繁，再结合丰富的西方有关规范逻辑的文本，在中国国土上，完全有可能实现逻辑理论上的超越。

法律逻辑视阈下的“禁止”和“允许”

张静焕*

法律逻辑学中的推理原理不是凭空杜撰出来的，而是对法律思维规律、规则和方法的总结，来源于实践中的推理。但是有人会说：法律逻辑学中讲的推理与实践中的推理不一样；实践中经常有人从“允许 P”推出“允许不 p”，但为什么逻辑上这样推理却无效？逻辑学中“不禁止 p”等同于“允许 p”，但为什么在实践中说“法律没有禁止即等于允许”却让人怀疑①？对一般人来说，逻辑是一门工具性的学科，学以致用是其宗旨，逻辑中的推理应该和实践中的推理结合起来。人们用法律逻辑学中的推理反思实践中的推理，也用实践中的推理反思法律逻辑学中的推理。法律没有禁止能否逻辑地推出法律允许？什么是法律没有规定？法律没有规定等于允许，还是等于禁止？苏州大学的张成敏教授在他的博客中提供了一个很好的思路②，笔者沿着这个思路对这些问题进行法律逻辑上的反思与论证，以期抛砖引玉，就教于学术界同仁。

一、法律上的“禁止”和“允许”不能相互定义

法国著名哲学家利科曾经深刻地指出：诉讼的原始功能是把冲突从暴力的水平转移到语言和话语的水平。

根据规范命题对人们行为约束的强度或性质不同，可以把规范命题分为三种③：

1. “允许”型规范命题（授权性规范命题），逻辑上一般表达为“允许 P”，它表明承受者有做出或不做出某种行为的权利，即一旦规范假定的情况出现，按照规范要求的行为去作，是许可的。“允许”型规范命题的模态词，通常用“允许”、“可以”、“可”、“准予”、“有权”、“有……的权利”等一类语词表示。

2. “必须”型规范命题（义务性规范命题或命令性、强制性规范命题），逻辑上一般表达为“必须 p”，也就是包含有“必须”、“应当”、“有义务”、“有……的义务”、“有……的责任”一类模态词的命题。它表明对承受者给出的相关行为规定是被命令履行的，即一旦规范假定的情况出现，不履行相关的行为规定是禁止的。

3. 禁止型规范命题，逻辑上一般表达为“禁止 p”，它所作的规定是人们必须遵守的，要

---

* 张静焕，女，海南大学法学院，副教授。

① 比如法律博客的话题“自杀是一种弱权利吗?”笔者认为：法律并没有禁止自杀，但因此说法律允许自杀，或者说自杀是一种权利，在逻辑上很难让人接受。

② 参见张成敏：没有禁止即等于允许——答今日法律博客主贴 http：//002. fyfz. cn/blog/002/index. aspx? blogid=288705.

③ 一般的法律逻辑教材中都有关于法律规范命题分类的内容，本文主要参考雍琦著：法律逻辑学，法律出版社，2007 年版，第 145—149 页。

是谁做了法律禁止做的事，均属违法行为，严重的将受到法律的制裁。表达禁为型规范模态命题的规范模态词有“禁止”、“不允许”、“不得”、“不能”、“不准”等。

“允许 p”、“必须 p”和“禁止 P”的相互关系是：“禁止 P”＝“必须非 p”＝“不允许 p”。逻辑上，“允许 p”和“禁止 p”是矛盾关系的命题，不能同时肯定也不能同时否定，否定一个等于肯定另外一个，肯定一个等于否定另外一个。

但是，将“允许”定义为“不禁止”、将“禁止”定义为“不允许”①却是值得商榷的。首先，违背了定义应该相应相称（被定义项的外延等于定义项的外延）的规则；其次，违背了给肯定概念下定义不能用否定形式的规则（否定形式只说明了被定义项不具有什么属性，没有说明其具有什么属性）；再次，有循环定义之嫌疑。实际上，允许的肯定是不禁止的，但不禁止的却不一定是允许的，如此定义使得定义过宽，除非只规定一种行为。对于一种行为来说，“允许”等于“不禁止”，对于所有行为来说，“允许”不等于“不禁止”，除非，人们执行法律的意思达到百分之百的程度。

也许人们达到如此程度并不难。“将法律界定为要求、禁止或者允许并没有什么新意，因为 12 世纪的教会法学家已经做到了这一点。”②马西利乌斯首先指出，“要求”一词指的是肯定性的法规（相当于法律逻辑学中常用的“应当”或“必须”），否定性的法规有自己的特别名称“禁止”。“不过，要求性的和禁止性的法规并不能涵盖法规的全部，因为有一部分法规在人们实施或者违反法律规定的时候并不对其施以惩罚，例如慷慨的行为。这种法规就是‘允许性的’”。③这里作者举出了一个与道德一致的行为——慷慨的行为，如果是与道德不一致的行为呢？例如自杀的行为，安乐死的行为，不孝敬老人但也没有达到需要法律对其施以惩罚的行为。此时法律没有禁止，也没有要求，就是法律允许了。这是什么逻辑推理。人们知道道德与法律是两种不同的规范。所以，法律可以不管道德的事，可以不作评论，那为什么要说是法律允许的？法律不是万能的。另外，从马西利乌斯的观点来看，法规有肯定性的和否定性的之分，否定性的法规有自己的特别名称“禁止”，“要求”一词指的是肯定性的法规（逻辑上可以推出：肯定性的法规却不一定只用“要求”一词）。“要求”通常根据程度的不同有两种；必须的“要求”和“允许”的要求。马西利乌斯所说的“要求”仅指必须的要求，但是，这并不影响“允许”只能是指肯定性的法规。允许性法规在法律中怎样表述呢？

马西利乌斯还进一步指出“因为这种允许性法规的数量太大了，因此只要有一个一般性的法规就足够了。因为任何事情只要是不被法律所要求或者禁止的，就应该被理解为是被允许的。因此允许性的 LEX 就是不使任何人受到惩罚的立法者的命令，它不强迫或禁止任何人的行为，它只是限定一个人合法地根据自己的意志进行自由选择的范围。”④“只要有一个一般性的法规就足够了”是不是说具体的肯定性的法规指的只能是“要求”（相当于法律逻辑学中常用的“应当”或“必须”），不需要用具体的肯定性的法规表明“允许”？法律没有规定能否必然地推出法律允许？

---

① “允许”被定义为“不禁止”，而“禁止”也被定义为“不允许”。参见雍琦著：法律逻辑学，法律出版社，2007 年版，146 页。

②，③，④ 方新军：《权利概念的历史》，《法学研究》，2007 年第 4 期，p79－80。

二、法律没有规定不能必然地推出法律允许

"一项行为没有被规定，那么其相反行为也没有被规定"①；同时，一项行为被规定，那么其相反行为也被规定。如法律规定了靠右边行车，人们不能认为法律没有规定靠左边行车，就可以靠左边行车了。由此可知，什么叫做法律没有规定了。所以我认为当法律对一种行为 P 及其相反行为非 P 都没有规定时，才可以说法律对于这种行为没有规定，没有规定即法律上自由，但不是允许；当法律对一种行为 P 没有规定，但对其相反行为非 P 有规定时，法律其实对这种行为有规定。如法律对于如何吃饭没有规定，但是对于如何行车其实是有规定的，规定一种方式行车意味着禁止另外一种方式行车——不可以说是法律没有规定另外一种方式行车。对于 P 和非 P，在逻辑学上，允许 P 和允许非 P 不能同假却可以同真，对一种行为是允许的，对其相反行为可以是允许的，也可以是不允许的——允许 P 推不出允许非 P；同时，在逻辑学上，禁止 P 和禁止非 P 不能同真却可以同假，任何时候都不能既禁止 P，又禁止非 P，这是不证自明的。

"'不禁止 P'等于'允许 P'"不能证明"不禁止的即等于允许的"。因为，"不禁止的即等于允许的"涉及的是全部行为（p 和非 p），而"'不禁止 P'等于'允许 P'"只涉及部分行为（P），非 p 中存在法律没有规定的行为，这部分行为不可能是法律禁止的，但也不能逻辑地推出就是法律允许的。以下是其证明：

"法律没有规定"意味着法律对一种行为 P 及其相反行为非 P 都没有规定，

（归谬法）假设从法律没有规定（P 和非 P）推出"法律禁止（P 和非 P）"，则一定会出现逻辑矛盾。因为禁止 P 和禁止非 P 不能同真，我们不能既禁止重婚又禁止不重婚。

这个推理可以表示为：$((A \to B) \wedge \sim B) \to \sim A$，所以，假设不成立。②

假设从 P 和非 P 中推定为"法律允许"则不会出现逻辑矛盾。因为允许 P 和允许非 P 可以同真。

但是尽管没有矛盾，$((A \to B) \wedge B) \to A$ 却不是必然的推理。

也就是说，仅仅根据"法律没有规定推不出法律禁止"，不能证明法律没有规定就等于法律允许，除非法律禁止的和法律允许的是矛盾关系，非此即彼。然而大量存在"法律没有规定"的本身，就说明了法律禁止的和法律允许的不是矛盾关系而是反对关系，法律没有规定不能必然地推出法律允许。

在实践中，如果法律没有规定就等于允许，那么法律对允许的规定就是多余的；如果法律没有规定就等于禁止，那么法律对禁止的规定也是多余的。然而"对词句的理解不应使其他的词句成为多余乃是解释的一条最基本的规则。"③所以，可以说"法无规定即禁止"，如果法律只对它允许的行为作出规定；也可以说"法无规定即允许"，如果法律只对它禁止的行为作出规定。换句话说，如果法律只规定了哪些是禁止的，那么，没有禁止即等于允许；如果法律既规定了哪些是禁止的，又规定了哪些是允许的，那么，没有禁止不等于允许。如有的地

---

①，② 张成敏：没有禁止即等于允许。http://002.fyf2.cn/blog/002/index.aspx? blogid=288705.

③ 《中华人民共和国企业所得税法》，第 31 页。

方规定：只有明确表示可以停泊车辆的地方才可以停车，没有明确表示的地方不能停车；有的地方规定：只有明确表示此处禁止停车的地方，才不能停车，没有明确表示的都可以停车。前者“法不允许即禁止”，后者“法不禁止即允许”。其逻辑含义一样，但是价值上的意义不一样。关键在于，理智的立法者是习惯于将允许的明确规定出来，还是将禁止的明确规定出来。对于停车的地方，只规定允许的或者只规定禁止的都可以，逻辑上，不允许 P 即禁止 P，不禁止 P 即允许 P，一般人能够搞清楚。但是，如果，有的地方规定“允许的”，有的地方规定“禁止的”，二者不是矛盾关系，而是反对关系，那就复杂了，人们不能进行简单的推理。因为，此时，法律没有禁止的行为不一定是法律允许的行为；法律没有规定允许的行为不一定是法律规定禁止的行为。

有时候，法律既规定了它允许的行为，又规定了它禁止的行为，而且都没有穷尽有例外。如税法中的一些规定[①]。假设 A=企业的成本费用项目，B=允许扣除的项目，C=禁止扣除的项目，D=法律没有规定的项目，则 $A=B+C+D$。法不禁止不等于允许：非 C 不等于 B；法不允许不等于禁止：非 B 不等于 C。法律没有规定的不等于允许：D 存在。C 和 D 的存在，说明了 B 是多余的，或者在法律逻辑上，只能把这里的“允许”理解为一种对企业会计人员的提醒。

三、在逻辑学中“允许 P”不能推出“允许不 P”

“一个允许的行为就是一个不应该被施以惩罚的行为”[②]换句话来说，一个不应该被施以惩罚的行为就是一个允许的行为。允许这样做是否意味着也允许不这样做？这涉及“允许 P”和“允许不 P”之间的关系。

在规范逻辑中，“允许 P”和“允许非 P”之间是下反对关系。这种关系的特点是：在同一规范体系中，“P”与“非 P”作为权利，可以同时成立，但不可能同时都不成立。这意味着：第一，在同一规范体系中，若确立了承受者有“P”这样的权利，并不意味着就否定了有“非 P”这样的权利，但也并不意味着就肯定了有“非 P”这样的权利。第二，在同一规范体系中，“允许 P”不能成立，则“允许非 P”必然成立，反之亦然。[③]

在逻辑上，“允许 P”不能必然推出“允许不 P”。但是，实践中，人们一般都认为，允许这样意味着也允许不这样。逻辑的推理与实践的推理不一样了，并不是说其中一个错了，而是两种推理的评价标准不一样。

实践中的，必然性推理很少，或然性推理很多；证明的推理很少，论辩的推理很多。而且，很少有单纯的演绎推理或者归纳推理或者类比推理，往往可以从多种角度进行分析。形式推理很少，实质推理很多，逻辑和具体学科的知识甚至生活经验的内容混合在一起，很难分清是哪一方面的，但其实是哪一方面都少不了，他们互相促进。

所以，逻辑学中的推理是相对单纯的，实践中的推理是相对复杂的；逻辑学中的推理是

① 《中华人民共和国企业所得税法》第 8 - 18 条，http：//www. gov. cn/ziliao/flfg/2007 - 03/19/content_554243. htm.

② 方新军：《权利概念的历史》，《法学研究》，2007 年，第 4 期。

③ 雍琦：《法律逻辑学》，法律出版社，2007 年版。

比较机械的，实践中的推理是比较灵活的；逻辑学中的推理是抽象的，实践中的推理是具体的。

笔者尝试着给出“允许 P 不能必然推出允许不 P”的归谬法证明：

假设：“允许 P 能必然推出允许不 P”，

那么，“你必须去”能够必然推出“你可以去”——这是大家都承认的。

现在假设“你可以去”能够必然推出“你可以不去”，

那么“你必须去”就能够必然推出“你可以不去”——这是显然荒谬的。

所以，假设“允许 P 不能必然推出允许不 P”不成立。

当没有“必须 P”的规定时，能够由“允许 P”推出“允许不 P”；当有“必须 P”的规定时，不能够由“允许 P”推出“允许不 P”。实际上，在仅仅谈论“允许 P”时，人们不知道是否有“必须 P”的规定，为了保证严谨性，不能由“允许 P”推出“允许不 P”。

正如一些学者所述：就具体法律规范来讲，法律规定“可以做”、“有权利做”的事，如果没有特别的限制和条件，一般也可理解或解释为“可以不做”；同样，法律规定“可以不做”的事，如果没有特别的限制和条件，也可理解或解释为“可以做”。如《刑事诉讼法》规定：“人民法院审判公诉案件，人民检察院应当派员出席法庭支持公诉，但是依照本法第一百七十五条的规定适用简易程序的，人民检察院可以不派员出席法庭”。根据这条法律规定，即使适用简易程序的公诉案件，人民检察院如果认为有必要的话，也可以派员出庭支持公诉。

波兰法律逻辑学家齐姆宾斯基指出：关于含有某人“有权力”、“有资格”、“可以”这样的表达式的条款的解释会产生许多困难和误解。在法律语言中，这些表达方式常常可以交替使用，但它们是极其含混的，因此这样表达式的条款可能产生歧义。如对于“某人有权利”这一表达式，齐姆宾斯基认为其有三种基本不同的意义，应该加以区别：第一，“有权利”代表有自由；第二，“有权利”表示有资格，即有私权力；第三，“有权利”说明有权限，即有公权力。

“有效性是逻辑的核心概念，与亚里士多德所说的‘必然地得出’意思是一样的。判定有效性，研究有效性，揭示有效性，都与逻辑相关。”①但是，强调有效性概念，并不是说要求在实践中的推理必须是有效的；相反，推理不一定有效，才说明有多种可能性，世界是多元的，有进一步对话讨论的空间。如果人们的思维不能对推理是否有效进行判定，那人们就给自己留下了非理性处理问题的空间。“判定一个推理是不是有效，我们可以一步步的进行，而不是凭空想象，也不是凭直觉。这里实际上含有一种可行性的思想。”②有效就像绝对一样很难有，但只有经由逻辑才能超越逻辑。无效并不等于不合理，知道有效的是什么，才知道为什么无效，在何种程度、那些方面是合理的，还有哪些可能，哪些地方是需要审慎的。

在司法法律推理的大前提不确定的情况下，哈特根据自由裁量，德沃金根据原则、道德，考夫曼讲到了宽容，大家面临的问题是相同的。“要真正地认识事物，就必须把握住、研究清

①，② 王路：《逻辑基础》，人民出版社，2004 年版，第 218 页。

楚它的一切方面，一切联系和‘中介’。我们永远也不会完全做到这一点，但是，全面性这一要求可以使我们防止错误和防止僵化。”[①]所以，法律规定时，为了避免不必要的麻烦和误解，最好规定清楚：是允许 P，还是既允许 P 又允许不 P，还是允许不 P。正如“子女可以随父姓，也可以随母姓”。

四、正确对待“法律没有规定”

学者已对行为进行了分类：法律允许的行为；法律禁止的行为以及法律没有规定的行为。没有规定，就是法律不制裁，不违法，法律对于如何拿筷子的行为没有规定，从法律规范的逻辑结构来说，说明法律对于怎样拿筷子这种行为没有提供后果模式，不会制裁。一件事情，我沉默，你能说我就是允许或者同意吗？我只是不具备判断此事的能力，不想承担责任而已，或者我还不知道会有这样的事情。对于这样一件事情，我允许或者我禁止，此时，我是有关人员；我沉默，因为我是一个无关的人员，他人怎样做，我不表态。但是，当我处在某个位置，具有某种权力必须有作为时，可以推定沉默代表允许或者禁止，但要根据事先的规定。

“法律”一词有两种含义，立法者的法律，司法者的法律。“法律规定的内容和性质不可能从条文上很快读出。必须看人们把它当作什么。由于这个原因，我们应当区别三种行为人。第一种是发布相关法律规定的人或机构。第二种是受法律规定制约的人或机构。第三种是有权解释法律规定的人或机构。法律制定者有一些凌驾于实践之上的权力，但那种权力是有限的。”[②]法律条文规定“允许 A”，但是司法者在整个法律体系内考虑问题，可能是“禁止 A”。四川的“包二奶案”法律有明确规定“可以 A”，但是法官认为“合法”与“合理”相悖，需要以“公序良俗原则”作为漏洞补充。法律没有规定，司法者允许吗？《现代快报》2008年5月8日报道：南京一老板为表达爱国热情，在自家店门口挂了两面国旗，却被执法人员以“除重大节假日外，不准随便挂国旗”为由，要求他取了下来。“挂国旗不影响市容，凭什么不让我挂?”郑老板对此不理解。“为了统一管理，我们不允许商家在除节假日以外的时间挂国旗。”开发区管委会市容科的毛红专主任明确表示，执法队员让郑老板取下旗帜是正确的。法律博客上网民热议升挂国旗是不是公民的权利。这也是一个法律上允许与禁止的关系问题。

法律规范的逻辑结构表明：如果具有性质 T 的人，并且出现情况 W，那么(必须、允许或禁止)C，违者(或侵犯者)处以 S。[③]行为是行为者的行为，完整的法律规范清楚地表明了行为者是谁。对于一般公民或法人，他们的不违法行为要归之于合法行为；对于国家机关和及其工作人员的职务行为而言，将其不合法行为视为违法行为。演绎得出：不管对于什么法律规范清楚地表明的法律行为，都是要么是合法行为要么是违法行为。从另外一个角度来看，对于职务行为来说，只规定什么是合法的就可以了，对非职务行为来说，只规定什么是违法的就可以了。或者对于一类人来说，只规定什么是合法行为就可以了，对另一类人来说，只规定什么是违法行为就可以了。因为，其他的都是可以用一条一般性的法律规定推出

---

①,③ 雍琦：《法律逻辑学》，法律出版社，2007年版。

② ［美］凯斯·R·孙斯坦著，金朝武等译：《法律推理与政法冲突》，法律出版社，2004年版。

来的。

其实,对于部门法来说,只需要把禁止和必须的规定出来就可以了。对公权力来说,“法不允许即禁止”,如果法律没有(允许的)规定,那么是禁止的;对私权力来说,“法不禁止即允许”,如果法律没有(禁止的)规定,那么是允许的。当然,“法律连我们生活的100分之1也未能完全表述,但,法律的意思却可能远及100%。”①怎样表明法律上没有禁止呢?从法律规则到法律原则到法律精神,说不清楚的也不少,一句“不能违背公序良俗”,禁止了多少行为?

人们常说“合法避税”。避税合法吗?法律明确规定的地方,没有避税只有偷税漏税;法律没有规定的地方,本来就没有税,自然无所谓避税;法律没有明确规定的地方,存在避税的可能,但是因为有法官的自由裁量权,合法还是不合法由法官说了算,你能说合法吗?当然,人们可以从法官判案的思维过程进行推测。在法律规范不明确的时候,法官判案需要进行辩证推理,由于没有可以直接依据的法律条文,不能进行简单的三段论推理,所以法官只能从税法的原则、精神,以及当前的政策、社会形势出发选择可以适用的法律规范。背离了税法精神的当然是不合法的,不违背税法精神的才可能是合法的。

问题似乎又回到了这里:法律规范是抽象的,个案是具体的;立法者的原意可能与司法者的理解的矛盾;艺术家的法官与政治家的法官不同;法律整体与局部可能有分歧;科学解释学整体主义立场下,法条中的禁止和允许对应的不是个案中当事人的具体行为,而我们的法律规范逻辑在语言层面考察只能针对法条。“未完全理论化的协议在法律和社会中起着广泛的作用。对于任何个人或团体来说,将一个问题完全理论化,即既接受某个一般理论,又接受连接这一理论与具体结论的一系列步骤,这种情况是很少见的。因而,我们在法律中常常会在某个一般原则上达成未完全理论化的协议。这里所说的未完全理论化是指接受这一原则的人们无需赞同它在特定情形中的要求。”②

总之,“‘不禁止 P’等于‘允许 P’”不能证明“不禁止的即等于允许的”。“不禁止的即等于允许的”涉及的是全部行为(p 和非 p),而“‘不禁止 P’等于‘允许 P’”只涉及部分行为(P),非 p 中存在法律没有规定的行为,这部分行为不可能是法律禁止的,但也不能逻辑地推出就是法律允许的。如何正确对待法律没有规定?从法官的自由裁量权到自由心证,从强调判决书的说理到法律推理作为思维方法和制度设计,法律人一直在思考、论证。

① 参见张成敏:没有禁止即等于允许——答今日法律博客主贴 http://002.fyfz.cn/blog/002/index.aspx?blogid=288705.

② [美]凯斯·R·孙斯坦著,金朝武等译:《法律推理与政法冲突》,法律出版社,2004年版,第39页。

法律逻辑和科学逻辑的交融
——鉴定结论证据能力和证明力分析

钱　松*

一、法律的逻辑——价值与程序并重

法律构造有序规范的规则世界时需要借助逻辑工具，不管这种借助是否是出于自发。两千多年前，亚里士多德的三段论逻辑体系在巴比伦《汉谟拉比法典》中就有运用。[①] 在具体法律规则中，行为模式和法律后果间的联系需要逻辑工具的支持或者可以说都自觉运用了逻辑工具。我们可以用形式逻辑的模式解读一些法律法规。如我国《宪法》第 37 条规定“任何公民，非经人民检察院批准或者决定或者人民法院决定，并由公安机关执行，不受逮捕。”这一规定，可用一个必要假言命题描述，只有经人民检察院批准或者决定或者人民法院决定，并由公安机关执行，公民才受逮捕(逻辑表达式为：$P \leftarrow Q$，P＝民检查院批准或者决定或者人民法院决定，并由公安机关执行，Q＝公民\\受逮捕)。我们可以运用必要假言命题的一些基本知识来理解这一规定。比如，根据必要假言命题与充分假言命题的转换公式($P \leftarrow Q = P \rightarrow Q$)得：如果要逮捕公民，就需要民检察院批准或者决定或者人民法院决定，并由公安机关执行。在这一充分假言命题中，前件又是一个联言命题，联言命题各肢命题真，整个命题真，因此，逮捕最终都要由公安机关执行。而这一联言命题中，又含有一个相容选言命题($P \vee Q$，P＝人民检察院批准或者决定；Q＝人民法院决定)，相容选言命题任意一选言肢真，全命题真，所以，只需满足人民检察院批准或决定和人民法院决定任一个条件即满足逮捕的条件。

很直观，这样的解读是机械的。并不符合法律规范自身的特点。当然，在大量的法律规则群体中，我们可以在传统或现代逻辑的框架之下去发现这些规范集合体中的严密的逻辑关系。规则因规范性而具备可预见性，这种预见性与规则的因果联系需要以逻辑为基础。法律法规是否具备逻辑自洽性是我们衡量一部法规是否合理的重要标准。任何一部法规中都不应当出现完全矛盾的规定。我们可以说，合理的不一定是合法的，合法的往往是合理的。

需要思考的是，我们进一步分析“合理性”问题时，会遇到一个必须回答的问题。逻辑的合理是否就是合理的“终极标准”？再复杂一点说，逻辑完善的是不是从立法到司法的法的运行中的唯一目标？

---

* 钱松，华东政法大学，硕士研究生。

① 转引自《中国逻辑思想论文选》，三联书店，1981 年版，第 5 页。

答案是否定的。美国大法官霍姆斯说过"法律的生命的在于逻辑，不在于经验。"在文本层面，逻辑的自洽性固然是法律在文本层面追寻的目标，但规范的运用中包含了太多的非逻辑因素，甚至可以说还有一部分非理性因素。

写下来的法律是逻辑的，而如何去书写法律则不一定遵循严格逻辑形式。我们看，立法阶段时代的价值诉求，统治阶级的价值取向，立法者的道德偏好或许都可能融入到法律文本中来，影响着不同条文的实质性内容；而在司法阶段，逻辑的作用很难以事实和经验相比。如诉讼活动，推动法的运行的启动机不是严密的逻辑推理，而是为诉讼服务的证据；证据是已发生的事实，是法律逻辑推理的基础。在当今的法律环境下，脱离证据的诉讼本身就不是一个合法的诉讼。

法律有自己的"逻辑"。这种逻辑深刻反映了人们运用法律的本质。美国学者迪亚瑟说过"法律的重点在于能够反映辩护人或法官的观点的价值判断，逻辑规则并作何种判断，它们只是执行工具而已。"①法官需要符合逻辑的去书写判决理由，在从诉讼程序启动开始，在诸如认定证据的证明力到选择使用哪一条法律规则，价值的权衡都是最后判决的决定性因素，逻辑规则的作用在于让这些因素有序组合，更合理的呈现。

所以我们可以说，法律逻辑，是一种包含"价值选择"的逻辑。法律的逻辑图示中，有"非此即彼"的具体规则，也有"彼此皆可"的抽象原则。逻辑为法律提供了技术工具，而这种工具的运用遵循法律自身的逻辑。运用规则的过程中，"更有价值的"往往优于"更合理的"，价值判断才是法律逻辑的起点和归宿点，集中体现在规范性法律文件的构建过程中。正义，自由，效率等内容是法律价值的核心，也是赋予了逻辑工具运行的动力。

当代法律逻辑学发展取得了丰富的成果，从以往仅仅关注法律确定性问题到越来越关注法律不确定性问题的乃至研究司法过程中如何发现法律如何获取法律等问题。当代法律逻辑学关注的是基本问题是法律领域中的推理或论证的恰当性问题②，作为逻辑学和法律交叉学科的法律逻辑学也丰富了法哲学的内容，开阔了我们的研究视野。我们把视角聚焦，关注法的运行中最为活跃的部分——诉讼活动中的法律逻辑的特质。

如果说价值判断是法律的静态的逻辑支点，那么在形态多样的诉讼中，程序性就是其逻辑的起点。程序性本身也可视为法律价值的一个内容，只是在程序法规中更为直观和重要。是否具备和已经具备什么样的程序是所有程序法运行逻辑所首要遵循且一直遵循的的内容，诉讼活动集中体现了一个国家法律体系方方面面的特征，尤其反映不同部门法规的价值取向，本身也独立于依助其发挥作用的实体法而独具一套价值标准。程序性意味着诉讼是有序的，这种有序是合理公正的。诉讼价值的系列中，程序的正当性往往占有重要地位。诉讼认识的真理性往往需要程序的正当性予以支持，尤其是当认识结论的真理性受到置疑的时候，更需要其以公正的程序予以回击。

---

① [美]鲁格罗—迪亚瑟：《法律的逻辑——法官写给法律人的逻辑指引》，唐欣伟译，法律出版社，2007 年版，第 3—4 页。

② 王洪：《法律逻辑学》，中国政法大学出版社，2008 年，第 9 页。

可以说,价值和程序是法律逻辑特有的两个内容,前者偏向于静态衡量,后者侧重于动态评判,这些内容不受形式逻辑的约束,在本质上决定具体部门法的构造和运行。无论是实体法和程序法往往在诉讼的平台上得到较为完整的展现。而这种展现需要一个推动因素——证据。证据的发现需要法律逻辑,证据的运用也需要法律逻辑。原始的事实进入诉讼转化为证据,法律逻辑在事实的发现和法律的发现两个层面为诉讼合理利用证据服务。事实发现和法律发现也是当代法律逻辑学研究中的重点。

这里就涉及我们接下来讨论的问题——作为法定证据的鉴定结论需要用一种什么样的逻辑去发现和认识。我们从法律逻辑推理的层面分析作为一种法定证据,鉴定结论的证据能力和证明力的独特之处。

二、鉴定意见证据能力分析——纯粹的法律标准

证据裁判主义是在诉讼事实的认定中,应依据有关证据作出;没有证据,不得认定事实。[①] 证据在诉讼中发挥作用的前提是通过证据能力的检验,有证据能力的证据材料才有资格作为证据出现在诉讼主体面前。

证据能力——在英美法系国家表述为证据的可采性问题——作为证据的法律属性,是证据得以成为认定案件事实的基本要件。诉讼中鉴定意见的运用其逻辑起点是对鉴定意见的证据能力的展示和审查。这一审查由不同价值的权衡也有程序性的制约。

我们先分析价值的权衡。纯粹法学的创始人凯尔森说认为在法律的世界中,没有什么是“本来是事实”的东西,没有绝对的事实,有的只是主管机关在法律规定的程序中所确定的事实。[②] 法律主管机关就事实材料的取舍本身就是一个价值抉择的过程。许多国家都规定了证言豁免规则,如医生与病人之间,或因职务关系获知国家秘密,负有保密的义务的人等。此外还有排除规则,将那些那些依其本质本应采用但按法律规定和诉讼要求应加以排除的证据弃之不用的规则。作为一种法定证据,鉴定结论特殊之处在于其证据能力从生成开始就接受法律的拘束,不同于其他诸如书证物证等证据形式,这些证据在形成时,诉讼并未展开,没有法律逻辑适用的时空条件,而鉴定结论就是为服务于诉讼而生成,鉴定程序有很强的“法定性”。法律逻辑在事实发现的维度要求鉴定程序为之后的一系列诉讼活动展开提供合理又合法的事实基础。对于事实的推断,推测,推定等问题均离不开证据基础。鉴定结论的证据能力具有一定先定性。

接下来我们看鉴定结论的程序性因素。一般地,我们把证据定义为“依照诉讼规则认定案件事实的依据。”[③]这样的定义将视角局限于证据形成的最终阶段,强调了审判过程中“证据为正义之基础”(边沁语)的理念。然而,我们纵向延伸证据形成的时空阶段,会发现——尤其是刑事诉讼领域——证据在生成过程中对正义需求就已经具有决定证据是否能生成的最终决定性力量,也就是说强调证据从收集到运用整个过程的正当性。鉴定结论的生成同

---

① 樊崇义等著:《刑事证据法原理与适用》,中国公安出版社 2003 年版,第 31 页。

② 转引自:第 16 页。

③ 江伟主编:《民事诉讼法》,法律出版社,2005 年版,第 251 页。

样是一个可以为正义标准所评价且必须评价的过程，这直接关乎司法鉴定活动是否能为诉讼的基本价值追求服务。我们看一项证据应该动态的剖析其从“证据材料”到“定案依据”的每一个环节。原始状态的鉴定材料本身需符合程序地被收集，鉴定活动的展开需要以法定程序和科学程序而定，形成书面的鉴定结论在诉讼中接受法定质证程序的检验。

综上，评判一项鉴定结论是否具备证据能力是一个纯粹的法律问题。在事实发现的范畴，具备证据能力的鉴定结论是人们发现和确定真相推导过程的基础，其独特之处在于，从其生成开始就必须接受法律的拘束，法律逻辑推理从一开始就关注鉴定结论的证据能力，为其推理预先构造坚实的逻辑基点。这也说明在法律领域，逻辑推理离不开价值权衡和程序性标准。鉴定结论要具备“可接受性”首先要具备“合理性”，而其在生成可接受性时，也在按法律逻辑的取向形成“合理性”。

三、鉴定结论证明力分析——法律逻辑和科学逻辑的交融

待证明的案件事实总是发生在过去，对于过去，我们只能借助各种实物证据或者言词证据去还原和再现。科学技术手段在现在的刑事诉讼中大量运用，具有专业知识的鉴定人针对诉讼过程中的待证事实的科学意见有着其他证据不可比拟的优势，运用越来越广泛。

我们进一步分析诉讼中待证事实，会发现待证事实可分为两类，一类是诉讼之外尚未发现的，需要证人证言等证据加以证明其存在的事实；一类是在诉讼程序中，已经被发现但需要专业知识予以回答才能确信的事实。第一种待证事实要求的证明程度是“是否存在”，第二种要求证明的是“本质是什么”。鉴定结论就针对这种待证事实满足诉讼证明的需要。仅仅是证人证言，一般现场物证仅仅是还原某些现场事实，而鉴定结论才能深刻揭露案件真实。其证明力也因此具备特殊性。

鉴定结论证明力形成依赖于鉴定客体真实性。鉴定结论是对已有证据材料的一种“印证”，具备证明力的依据在于具备专业知识的鉴定人员依相关标准对特定问题的分析揭示。这时，鉴定人员遵循的是主观的从业经验和客观学科法则。证明力的原始价值也由此而生。在进入诉讼后，具备证据能力的鉴定结论其证明力的发挥还需要接受诉讼认证的检验。

这里有一个问题，具备证据能力的鉴定结论就具备证明力吗？答案是否定的。我们认为证据能力只是证明力必要非充分条件（$P \leftarrow Q$，P＝证据具备证据能力，Q＝证据具备证明力），有证明力的证据当然具备证明力，有证据能力的证据未必具有证明力。还需要审判中认证程序的检验。

检验的过程正是法官自由心证的过程。事实上这一过程本身并不自由，法官的心证必须准许法律逻辑的基本范式，而不能漫无边际的展开。鉴定结论多大程度上还原一个待证事实在其形成中有其学科标准所决定（如，法医物证学中亲子鉴定的结论就依等位基因对应的不同而在表述上有所不同），诉讼中，认证过程并不是简单重复这一过程。受过法律职业训练的法官在这一过程中主要运用法律思维对鉴定结论的证明力加以取舍，定性定量，法律

逻辑的基本规则是法官确定鉴定结论证明力的工具。

科学知识是具有特定逻辑结构的，法律规范也具备特定的逻辑内涵。两者交融于鉴定结论证明力的形成和运用中。可以这么说，科学的逻辑形成鉴定结论证明力的原始样态，也构成了法律逻辑运用平台，而法律逻辑运用的目的正是认识鉴定结论中科学逻辑所揭示的待证事实，结果可能是认可，也可能是排除，依据是法律逻辑自身的标准。

法律逻辑中的蕴涵是相关蕴涵

王健平*

法律逻辑中的蕴涵是自然语言语言中的蕴涵，而自然语言的蕴涵与实质蕴涵并不一样。在自然语言的分析中，由实质蕴涵带来的所谓“蕴涵怪论”实际上是有人在混淆概念的基础上提出的一个违反逻辑的问题。本文用“相关蕴涵”这一术语来表达自然语言语言中使用的蕴涵。当我们用“相关蕴涵”理论对自然语言中的蕴涵问题进行分析和解释时，“蕴涵怪论”是不可能出现的。

一

相关蕴涵是一种充分条件与结果关系意义上的蕴涵，这种蕴涵注重的主要是充分条件与结果之间的关系是否成立以及在多大的程度上成立。虽然传统逻辑讲的蕴涵本来也是充分条件与结果关系意义上的蕴涵，但是它对假言命题的分析并没有重点强调前后件之间的逻辑关系。而在关于传统逻辑改革中，由于引入实质蕴涵及其真值表来解释充分条件假言命题，从而使得改革后的传统逻辑讲的假言命题与自然语言中的蕴涵有了更大的区别。[1]所以，相关蕴涵命题不完全等同于传统逻辑讲的充分条件假言命题。

下面我们主要来说明相关蕴涵与实质蕴涵的不同以及实质蕴涵理论在分析自然语言方面的局限。

我们先来分析这样一个例子：

“如果某甲是凶手，那么他就有作案时间”，

这个蕴涵命题前后件之间的关系就是充分条件与其结果的关系。这种关系决定了下面的三种情况都并不影响这个蕴涵命题的成立：

1. “某甲是凶手”并且“他有作案时间”；
2. “某甲不是凶手”并且“他有作案时间”；
3. “某甲不是凶手”并且“他没有作案时间”。

而在“某甲是凶手”并且“他没有作案时间”的情况下，这个蕴涵命题是不成立的。

---

* 王健平，男，华南师范大学政治与行政学院，教授。

如果从真假角度来考虑问题，我们也可以把这里的四种情况看作一个蕴涵命题可能涉及的四种真假情况。对于一个真的蕴涵命题来说，不存在前件真而后件假的情况，但却并不排除其他三种真假情况。这里，一个可以成立的蕴涵命题涉及的前真后真、前假后真、前假后假三种情况指的都只是它并不排除的情况。这种蕴涵关系所讲的四种真假情况都是就某一个既有的蕴涵命题可能面对的(不排除的和排除的)真假情况而言的。

实质蕴涵却完全撇开了 p 和 q 之间在条件和结果方面的联系，而只是从 p 和 q 的真假来规定或说明“如果 p，则 q”的真假；因此，实质蕴涵真值表所列四种真假情况并非是指一个既成蕴涵命题关涉到四种真假情况。按照实质蕴涵理论，实质蕴涵真值表中的前真后真、前假后真、前假后假三种情况不仅可以分别决定一个蕴涵式的真，而且它们分别都还可以构成新的真蕴涵式。

这里我们必须指出的是，一个蕴涵式虽然涉及四种真假情况，但是其中的每一种真假情况之间的关系相对于这个蕴涵式来说都是合取关系。其中有前真后真、前假后真、前假后假三种真假合取的情况，这个蕴涵式并不排除，或者说这三种真假合取的情况无论是哪种情况出现都并不影响这个蕴涵式仍然可能是真的，而在另外一种前真后假合取的情况下这个蕴涵式一定是假的。如果把这其中的每一种真假之间的合取关系更换为蕴涵关系，那么这种蕴涵关系无疑就是一种人造关系。

我们且不说这样构造蕴涵式是否合适，仅就这种把一个蕴涵式的某一种真假情况之间的合取关系更换为蕴涵关系的做法来说，就是一种偷换概念。即使按照数理逻辑对真值函项的定义，一个蕴涵式的任何一种真假情况涉及的也仅仅只是某个真值函项的取值情况，由此并不能证明这些取值情况一定也能像该真值函项一样构成某种蕴涵关系。

蕴涵怪论不仅在逻辑上犯了偷换概念的错误，而且当我们进一步考察这种蕴涵式时还可以发现它自身包含着无法克服的逻辑矛盾——

假定我们按照前假后真即可将前后联结为一个蕴涵式的规定从而承认“如果 2+2 等于 5，那么，雪是白的”是一个真的蕴涵命题，那么我们不可避免地会得出如下两个自相矛盾的结论：

“如果 2+2 等于 5，那么雪是黑的”是假的(按照“如果 2+2 等于 5，那么，雪是白的”前真后假来看)；

“如果 2+2 等于 5，那么雪是黑的”是真的(按照“如果 2+2 等于 5，那么，雪是黑的”前假后假来看)。

虽然最初构造“如果 2+2 等于 5，那么雪是白的”这样一个蕴涵命题时构造者的确是根据前假后真一种情况来构造的，但是当构造者把这个蕴涵式构造出来后，它就应该有四种真假组合情况。如果没有，那么，构造者构造的这个“如果 2+2 等于 5，那么雪是白的”就不是一个蕴涵命题；如果有，那么这势必会导致我们上面讲的自相矛盾结论的出现。

蕴涵理论则认为，“如果 2+2 等于 5，那么雪是白的”这个命题是不是自然语言中的蕴涵命题并不能仅仅根据蕴涵命题形式真值表中的前假后真这样一种情况来确定，而这个命题是不是真命题也不能仅仅根据蕴涵命题真值表中的前假后件一种情况来确定。确定一个由自然语言的语句表达的命题是不是蕴涵命题以及这个命题是不是真命题首先要看组成它的两个支命题之间有没有充分条件联系。

二

事实上我们在自然语言中使用的蕴涵命题形式“如果 p 那么 q”所反映的蕴涵关系是包含了具有某种条件就必然产生某种结果的含义在其中的。这种必然和“如果……那么……”所反映的逻辑关系紧紧联系在一起，而并不是和整个蕴涵命题形式“如果 p 那么 q”联系在一起，也不是和其中的后件 q 联系在一起。

为了解决相关蕴涵理论出现的问题，模态逻辑的“严格蕴涵”曾经把充分条件假言命题理解成：必然“$p\rightarrow q$”，但是这种理论对“$\rightarrow$”的解释沿用的仍然还是实质蕴涵的解释，因此，严格蕴涵同样也会导致蕴涵怪论。

我们这里讲的相关蕴涵理论则是把自然语言中蕴涵命题的逻辑联结词“如果……那么……”的含义分析为“如果……那么必然……”。

例如，“如果某甲有作案时间，那么他就是凶手”这个语句反映的就是命题者的如下断定：

“如果某甲有作案时间，那么必然他是凶手”。

一旦事实上存在前件真的条件下后件可能假的情况，那么这个蕴涵语句就会成为一个假语句。

为了和实质蕴涵、严格蕴涵的逻辑形式相区别，我们将自然语言中相关蕴涵的逻辑形式表示为：

$$p \Rightarrow q$$

这里，“$\Rightarrow$”这个联结词表示的前后件的蕴涵关系必须是在意义方面相关的。两个不具有条件关系的命题是不能构成“$p \Rightarrow q$”形式的命题的。这样，假命题并不能蕴涵任何命题，真命题也不能被任何命题所蕴涵，“$p \Rightarrow q$”之间的关系并不仅仅是由 p 和 q 的真假所规定的，而是主要由它们之间具有的条件关系决定的。p 和 q 的真假这里仅仅只是“$p \Rightarrow q$”成立或不成立时所涉及的一些可能情况。

从狭义上讲的自然语言中的蕴涵应该是“$\Rightarrow$”，而从广义上讲，自然语言中的蕴涵也包括可能的充分条件联系“如果 p 那么可能 q”。这种可能的充分条件联系表达是一种或然性命题，当我们用一个蕴涵式来表达一个结论所包含信息超过前提所包含信息的或然性推理时就需要用到这种广义的相关蕴涵。一般而言，在表达推理的意义上，狭义的相关蕴涵可以用有效性来评价，而广义的相关蕴涵则应该用合理性来评价。而且，狭义上讲的相关蕴涵关系，其中的“可能”在表达式中是不能省略的。

一个人提出某个蕴涵命题总有一定的理由，一个人根据自己对两件事物情况的认识形成一个可能性的蕴涵命题，这与把两个毫不相干的命题联系在一起形成蕴涵命题是完全不同的。如何判定可能性蕴涵命题条件联系的合理性，涉及许多具体知识，但合理性总是对这种蕴涵的一个逻辑要求。

无论是狭义的相关蕴涵“如果 p 那么必然 $q(p \Rightarrow q)$”，还是广义的相关蕴涵“如果 p 那么可能 q”，它们都体现了命题提出者对两件事物之间相关蕴涵的一种主观认定情况，因此它存在一个事实上的真假问题。命题提出者虽然断定事实上 p 必然蕴涵 q，但是实际的事实可能是 p 并不必然蕴涵 q。于是在这种情况下，也就有了自然语言中蕴涵命题的真假问题。

按照实质蕴涵的观点，从并非“如果某甲有作案时间，那么他就是凶手”可以得到结论：“某甲有作案时间但他并不是凶手”。因此，否定一个蕴涵命题得到的是一个联言命题。

但是，当我们进一步深入分析这种推理的结论时就会发现，这样的推理在自然语言使用中是说不通的。

我们在自然语言中断定一个蕴涵命题是真的，就是断定这种蕴涵命题存在着有前件必有后件的关系，而并不存在有前件可能没有后件的情况；我们对一个蕴涵命题进行否定，实际上否定的是这个蕴涵命题前后件之间具有的充分条件联系，而并不是否定的这个蕴涵命题的前件或后件。比如，某甲有作案时间与他是凶手本来并没有充分条件联系，即使某甲有作案时间，但是由于存在他不是凶手的可能，所以不管他事实上是不是凶手，也不管他事实上有没有作案时间，断定“某甲有作案时间”与“他就是凶手”之间具有充分条件联系都是错误的。因此我们不能说“如果某甲有作案时间，那么他就是凶手”。我们否定“如果某甲有作案时间，那么他就是凶手”，只是否定了某甲有作案时间与他是凶手之间具有的充分条件联系，而并不能必然否定他是凶手，也并不能必然肯定他一定有作案时间。如果按照实质蕴涵的理论从并非“如果某甲有作案时间那么他就是凶手”推出某甲有作案时间并且他并不是凶手，那么这个结论就等于既断定了某甲不是凶手，又断定了他有作案时间，这种断定显然超出了原来那个否定前提的断定范围，因而实际上是不合逻辑的。

事实上当我们讲并非“如果某甲有作案时间，那么他(必然)就是凶手”的时候，我们的意思实际上是说“如果某甲有作案时间，那么并非必然他就是凶手”；当我们讲并非“如果刮风就会下雨”的时候，我们的意思实际上是说“如果刮风，那么并非必然就会下雨”。

对于上面的话，我们还可以做如下的表述：

> 从“并非如果某甲有作案时间，那么他(必然)就是凶手”，我们可以得到：“即使某甲有作案时间，他也可能并不是凶手”。从“并非如果刮风就会下雨”，我们可以得到：“即使刮风了，也可能并不下雨”。这里的“即使……也……”这样的联结语词联结的仍然还是蕴涵命题。

按照上面的意思，这也就是说，条件还是那个条件，只是结果是否定的。我们可以用符号把否定一个相关蕴涵命题得出另一个相关蕴涵命题的推理形式表达成：

$$\neg (p \Rightarrow q) \Leftrightarrow (p \Rightarrow \Diamond \neg q)$$

如果我们否定的是一个广义上讲的相关蕴涵命题，那么我们否定的就是这种相关蕴涵命题的可能性条件联系，这种推理形式可以表达成：

$$\neg(p \Rightarrow \Diamond q) \Leftrightarrow (p \Rightarrow \neg \Diamond q)$$

不仅自然语言中各种不同的假言推理都可以用相关蕴涵来表达，而且逻辑上讲的所有推理都可以用相关蕴涵来加以表达。比如，就演绎推理来说，它的前提和结论之间的推出关系就是建立在前提和结论具有相关蕴涵关系基础上的。假设从 A 并且 B 必然推出 C，那么 A 并且 B 与 C 之间存在的必然推出关系就是 A 并且 B 与 C 之间具有的相关蕴涵关系。如果我们从形式的角度来思考演绎推理的规则，那么这种推理规则表现的就是 A 并且 B 与 C 在推理形式方面具有的相关蕴涵关系。假如 A 并且 B 推出 C 在推理形式上是错误的，那么我们就可以从否定这种推理形式直到否定 A 并且 B 相关蕴涵 C。反过来，我们否定 A 并且 B 相关蕴涵 C，这也就能够说明 A 并且 B 与 C 之间的推出关系并不成立，而并不是像实质蕴涵分析的那样是在说(A 并且 B)真而 C 假。

三

相关蕴涵可以区分为语言的蕴涵和非语言的蕴涵两种。语言的蕴涵是仅靠对蕴涵命题前件进行语义或语用分析就可以得到后件的蕴涵。它包括预设蕴涵、语义蕴涵和语用蕴涵三大类。

例如："武松打死了西门庆。"

这个命题预设蕴涵：

> "至少存在一个人，这个人是武松，并且至少存在一个人，这个人是西门庆，并且武松打了西门庆。"

上面的预设是复合预设，这个复合预设中的任何一个支命题，都被"武松打死了西门庆"这个命题所相关蕴涵。

根据预设的含义，上面的复合预设命题同样也被下面的命题所蕴涵：

> "武松没有打死西门庆。"

自然语言中语义蕴涵的情况则有许多种类，下面列举三种。

第一种是上属语义蕴涵。例如"武松打死了西门庆"的上属蕴涵：

1. "有人打死了西门庆。"
2. "武松打死了人。"
3. "有人打死了人"。

以上三个命题就是"武松打死了西门庆"这个命题在语义方面相关蕴涵的命题。这样的命题，实际上也就是把原句中的某一个部分代之以其上属概念。但是，“武松没有打死西门庆”却并不蕴涵上面的三个命题。这是上属语义相关蕴涵和预设相关蕴涵的区别所在。

第二种是分析语义相关蕴涵。例如，我们分析“武松是潘金莲的小叔子”这个命题，会发现它在语义方面蕴涵着下面的命题：

1. “武松是男性。”
2. “潘金莲是女性。”
3. “潘金莲已婚。”
4. “武松有哥哥。”
5. “武松的哥哥已婚。”
6. “潘金莲和武松的哥哥是夫妻。”

以上六句话都是根据武松与潘金莲具有的是小叔子的关系分析出来的。同样，这六句话并不被“武松不是潘金莲的小叔子”所蕴涵。这是分析语义相关蕴涵和预设相关蕴涵的区别所在。

分析语义相关蕴涵是对作为前件的命题或对前件命题所包含的组成成分进行某种语义分析的结果，这种语义分析依赖于某一种语言对表达命题的语句或组成语句的语词所做的某种符合句义要求的语义解释，而这种解释并不是随意的。比如，我们不能把上面的“小叔子”理解成是在父辈兄弟中年龄偏小的叔父，因为这种解释不符合原句中“小叔子”的语义。我们也不能由上面的命题推出武松尚未结婚。因为上面的语句包含的所有语词成分都没有透露这方面的语义信息。

第三种是包含关系相关蕴涵。当一个蕴涵命题的前件所反映的内容包含后件所反映的内容时，这种蕴涵命题就是属于包含关系的相关蕴涵命题。比如，传统逻辑讲的三段论推理的前提内容包含结论的内容，因此，三段推理的前提与结论的关系就可以构成包含关系的相关蕴涵命题。麦柯尔对蕴涵的解释以及阿克曼所讲的严密蕴涵从形式上分析实际上都属于我们这里讲的包含关系的相关蕴涵。①

所谓语用相关蕴涵是指在特定的语境中蕴涵命题的前件语义包含后件语义的蕴涵。而离开特定的语境，这种蕴涵命题的前件语义并不能包含后件语义。

言语行为理论中所讲的以言行事行为，一般都是以一个语用相关蕴涵命题的后件为理解基础的。例如，甲对乙说：“现在已经深夜 12 点了。”这句话在一般情况下可能纯粹只是作为一个记叙性的话语来陈述某个事实或事物；但是假如此话是乙在午夜 12 点给甲打电话时甲说的话，而且甲的话语透露出了某种不高兴的语气，此时甲说这句话的用意就不是在陈述时间，而是在暗示乙不应该深夜打扰。这种暗示就形成了如下语用相关蕴涵命题：

如果现在已经深夜 12 点了，那么你不应该打电话给我。

① 莫绍揆：《数理逻辑初步》，上海人民出版社，1980 年版。

这种语用蕴涵命题实现的语境条件是非常明显的，离开特定的语境，这种语用蕴涵命题是不能形成的。而且说话人要使他的暗示得到听话人的理解，他和听话人还必须具有某种共同的语言习俗或理解背景。假如这些语境条件不具备，那么听话人很可能不能理解上述语用蕴涵命题，这样，甲的交际目的同样并不能实现。

同样道理，如果有人问："今天周几"？那么在这种问话的前提下，"今天是周六"这句话采用的就是"记述式说话方式"；但是，如果"今天是周六"这句话是一个孩子在早晨跟他父亲说的，说的时候还带有某种请求的语气，而且此前父亲曾经许诺周六带孩子去郊游，那么在这种语境下，这句话实际上表达的是如下语用相关蕴涵命题：

如果今天是周六，那么你应该带我去郊游。

这种语用相关蕴涵命题实现的语境条件也是非常明显的。

根据对蕴涵者和被蕴涵者事实上而并非语义或语用方面具有的充分条件关系的认识而形成的相关蕴涵命题是非语言蕴涵命题。例如，"武松打死了西门庆"与"武松将被官府判刑"就可以构成非语言相关蕴涵命题：

"武松打死了西门庆"与"武松将被官府判刑"是两个在语言意义上完全分立的命题，无论是从语义方面讲，还是语用方面讲，"武松打死了西门庆"都并不蕴涵"武松将被官府判刑"。"武松将被官府判刑"是我们根据"武松打死了西门庆"这个命题结合一些背景知识得出的另外一个命题。根据我们了解的背景知识，如果武松打死了西门庆，那么武松必然将被官府判刑，因此我们就可以用一个蕴涵命题的形式来表示这种关系。

关于非语言蕴涵命题，我们也可以对它们进行分类研究。比如，我们可以从认知的角度、规范的角、荒谬的角度、强弱程度等不同方面来分析不同的非语言蕴涵命题。"如果武松打死了西门庆，那么必然武松将被官府判刑"就是一个属于认知方面的相关蕴涵命题，我们得出这样一个蕴涵命题与我们对"武松打死了西门庆"这件事的认识有关。"如果进入草地，就要接受罚款"这个蕴涵命题则是一个属于规范方面的蕴涵，它的前件和后件之间的蕴涵关系纯粹是由某些部门或某些人规定的。"如果马克思主义害怕批评，那么马克思主义就不是真理"则是属于归谬式的非语言蕴涵命题，这种蕴涵的特征是通过蕴涵命题后件所反映情况的荒谬从而根据充分条件的定义来推翻假定中的前件。从前件和后件断定事物的强弱程度，我们又可以得出当然蕴涵命题。法律上常用的当然推定就是以这种当然的相关蕴涵命题为逻辑基础的。比如，"如果某甲打人犯罪，那么他杀了人更是犯罪"；"如果在机场跑道周围玩耍犯法，那么在机场跑道中间玩耍也犯法"等等。

上面我们对"实质蕴涵"与自然语言中的蕴涵命题的区别以及对"相关蕴涵"的逻辑刻画对于我们利用逻辑工具来准确地分析自然语言有着极为重要的意义。对于"⇒"这样一个逻辑联结词来说，我们对其逻辑涵义的解释既然不同于实质蕴涵"→"，那么基于上面的构想，从现代逻辑的观点出发，我们甚至也完全可以构造出一个关于"⇒"推演的逻辑系统。

论证实践中的法律逻辑

吕存诚*

一、法律逻辑论证实践理论的基础——定义论

在讨论法律逻辑这一理论的论证实践问题前，必须明确法律逻辑是什么，它的外延维度如何。否则极易造成实践理论的混乱与争议。

（一）法律逻辑的内涵特征

法律逻辑究竟是什么，无论在西方还是我国，都尚无明确的内涵表述，争论颇多，且不一而足。雍琦教授认为："法律逻辑是适用法律的逻辑，它是法官、检察官或律师将一般法律规定适用于具体案件过程中，论证判决之所以正当或不正当的一种技术。"①张成敏教授则认为，"法律逻辑问题包括：(1) 法律推理——法律解释的逻辑；(2) 法律个案事实的逻辑认定；(3) 司法论证与综合认知；(4) 特殊法律逻辑技术。而其中又以(1)(2)为法律逻辑的主要问题。"②王洪教授认为："法律逻辑就是要解决法律推理的正当性问题：既要为判定一个法律推理是否具有正当性提供检验方法或程序；又要为如何正当地进行法律推理提供推导规则。全部的法律逻辑理论，就是围绕解决法律推理的正当性问题。"③

虽然学者就此各执一词，但就法律逻辑内涵问题还是有如下共识的：

1. 法律逻辑的核心问题是法律推理。"在西方某些法学家著作中，甚至'法律逻辑'与'法律推理'被视为同义语。"④

2. 法律逻辑是一种适应于法律领域⑤，以求获得正当合理性结论的工具。法律逻辑期望构建一套关于推理、论证的理论系统，并使之成为在法律领域实践的有效工具。

（二）法律逻辑的外延指涉

在逻辑学的概念中，外延是指具有概念反映的特有属性的对象。它表明概念所指称的对象范围。法律逻辑的外延，也即其所指涉的对象范围，目前在学界可谓众说纷纭，且对对象范围的讨论有不断扩大之趋势。但总体来说，可归结为两大进路：

1. 以逻辑系统理论为支撑的法律逻辑方法。而这又包括普通逻辑系统为基础的方法和以现代逻辑理论为支撑的方法。前者主要是依靠传统逻辑理论来研究法律领域的推理、

---

* 吕存诚，男，西南政法大学，硕士研究生。

① 雍琦，金承光，姚荣茂：《法律适用中的逻辑》，中国政法大学出版社，2002 年版。

② 张成敏：《法律逻辑学之学术领域》，梁庆寅：《法律逻辑研究》，法律出版社，2005 年版。

③ 王洪：《法律逻辑的基本问题》，《政法论坛》，2006 年第 6 期。

④ 雍琦：《关于法律逻辑性质及走向的思考》，《现代法学》，1997 年第 5 期。

⑤ 此处法律领域应作广义解释，指涉任何涉及法律适用的情境，包括立法、司法、行政等实践领域及学术研究领域。

论证问题的方法。后者则以现代逻辑的研究成果为基础，企图建构出现代逻辑式的法律逻辑体系①，从而来解决法律领域的问题。无论前者还是后者，都属于法律逻辑形式主义化进路，正如克卢格的观点："法律逻辑是将形式逻辑规则应用于司法范围的一种理论，是一种与一般的纯逻辑或理论逻辑相对应的实践逻辑。"②

2. 在非形式化法律逻辑进路中，其所指涉的对象更多，也是目前法律逻辑学界重点讨论的方向。它主要包括了：

(1) 以"新修辞学"为进路的法律逻辑方法。在法律逻辑形式化道路上，人们逐渐发觉其存在一些难以克服的弊端。比利时的法学家佩雷尔曼以古典修辞学理论为基础提出了一种论辩者说服听众接受观点的论证模式，被称为"新修辞学"。他认为，"如果论述者成功地使他所面对的听众接受了他的额主张，那么这一证立就可看作是理性的。"③

(2) 以程序性的法律论证理论为进路的法律逻辑方法。这是从德国的法学家罗伯特·阿列克西为代表提出的理论方法。他以规范性陈述理性证立为研究对象，专门探讨了司法裁决何以是正当的和可接受的。在这一证立过程中，程序规则对司法裁决的合理性起着决定性的作用，为此他提出了一系列"普遍实践论辩的规则和形式"。但同时，这一过程本质上又是一种"实践商谈"，为此专门提出了"法律论辩的规则与形式"，因为"法律论辩的必需性由于普遍实践论辩之规则和形式的弱点而产生。"④法律论证理论是典型的融合了非形式逻辑理论的论证方法。

(3) 以可辩驳性推理为进路的法律逻辑方法。"可辩驳性"译自英文单词"Defeasible"，它主要源于三大理论背景："其一，哲学的'语用学转向'，其二，人工智能研究的深入，其三，单一性推理的转向。"⑤其内容包括推定的可辩驳性，过程的可辩驳性，这一理论为法律逻辑的非形式化又开辟了一条新的研究进路。

当然，在法律逻辑非形式化道路中，还在不断涌现新的理论，比如以诠释学、论题学、语义语用学等为基础构建的新的理论系统，以及诸如融贯论等的理论学说，这些都大大扩充了法律逻辑的外延体系。

总而言之，法律逻辑的外延处于一个动态发展的阶段，包括了以逻辑公理系统为基础的形式化部分及以伦理价值体系为评判核心的非形式化部分。

二、法律逻辑论证实践的划分

法律逻辑的实践是研究法律逻辑理论的目的所在，作为一种实践理性，法律逻辑的生命

---

① 现代逻辑发展至当今已经相当成熟，形成了一套相对完善的理论系统。它包括了理论逻辑、应用逻辑、元逻辑。其中理论逻辑又分为标准逻辑与非标准逻辑。前者建构了命题逻辑、谓词逻辑、关系逻辑、数学逻辑（含模型轮、集合论、递归论、证明论）等演算推理系统，后者则是在前者研究的基础上，提出了模态逻辑、多值逻辑、模糊逻辑、直觉主义逻辑、相干逻辑等逻辑系统。而正是现代逻辑学的繁荣发展为法律逻辑学提供了新的方法与研究进路。

② 梁庆寅，张南宁：《法律特殊语境下的逻辑》，梁庆寅：《法律逻辑研究》，法律出版社，2005 年第 3 期。

③ [荷] 伊芙琳·T·菲特丽丝：《法律论证原理》，张其山译，商务印书馆，2005 年版。

④ [德] 罗伯特·阿列克西：《法律论证理论》，舒国滢译，中国法制出版社，2002 年版。

⑤ 邱昭继，法律中的可辩驳推理[J]. 法律科学，2005(4)。

就在于社会实践中的适用。根据不同的标准，可以对其进行不同的划分。

（一）依据实践场域的不同，可以将其分为立法、司法、执法三种领域的法律逻辑论证实践。

此种划分的意义在于，法律逻辑在不同场域的实践应考虑各场域的特点，而非一概而论。避免理论系统在实践中的机械适用。这是因为法律逻辑并非一种完善自足的，单纯的逻辑符号系统的推理工具。它固然追求一种必然性的论证结论，但更以合理性为内设目的。相同的命题，在不同场域中，往往有不同的推理结论，这常为人们所忽略。

在立法领域，立法机构需就社会公共利益进行合理分配，而这常常是不同社会阶层或利益集团之间的势力权衡，法律逻辑可以有效的使各方的意见达成一致，因此我们“不应放弃实现目标的合适的和证明为有效的工具与技术。”[①]司法领域中，由于大量成文法的存在及法律原则、习惯的补充，必然性逻辑推理规则成为保证司法公正的重要手段。在执法领域中，由于权力的强制性，使得人们认为其并不存在争辩的情形，也便无法律逻辑适用的必要，从而忽略了在该场域中法律逻辑实践的研究。但随着我国相关行政领域立法的大量补强并趋于完善，就权力执行的正当性与合理性必然成为人们关注的焦点，也就要求执法机关就此提供令人信服的论辩。

（二）依据主体的不同，可区分司法审判者、辩护者、学者及其他群体的法律逻辑论证实践。

在当下，法律逻辑适用群体主要是司法审判者（法官）、辩护者（律师）、学者（法学家）。不同的群体根据其自身特点，在依靠法律逻辑进行推理论证时亦有所不同。

法官最常面临的难题在于因立法的缺失和含混，而不得不充当立法者的角色，恰如杨仁寿先生所言，“在此模糊领域内法官所作判断，无论系划界之工作，或判断其于界内或界外，均难谓非其不具有立法之性格。”[②]而正是此种性格，使得法官“在解释的过程中，苟图排除政策上的考虑（如利益衡量、目的考量等），根本不可能。”[③]所以，法官即需要依靠形式化的法律逻辑方法，同时还需充分考量非形式化的法律逻辑方法。

律师辩护的主要任务，在于对案件事实及证据的描述，以说服法官接受其观点。这一过程中，辩护者不单要使论证具有逻辑上的可推导性，更要注重听众的可接受性。“所有论证的目的都在于获得或强化听众的认同。”[④]这正是律师在将法律逻辑实践于辩护时倾向的重点。故此，辩护者应注重非形式化法律逻辑方法，关注辩论场景、听众心理，强调语词的适切性等。而这些因素对于论辩主体之一的法官而言，确不是非常重要的。

学者对于法学命题的辩论相较法官与律师则有更大的自由性，他们不拘束于特殊的规则与形式，更多的是追求相异观点中的存同。当然，除了上述三类主要群体，也存在其他群体参与法律问题的论辩，都将牵涉法律逻辑的适用问题。总而言之，各类群体因其自身立场、社会背景、学识条件、针对对象等的差异，在实践法律逻辑时必有区别。而现今学术界的

---

① ［德］阿图尔·考夫曼，温弗里德·哈斯默尔：《当代法哲学和法律理论导轮》，郑永流译，法律出版社，2005年版。

②，③ 杨仁寿：《法学方法论》，中国政法大学出版社，1999年版。

④ 杨贝：《法律论证的修辞学传统》，葛洪义：《法律方法与法律思维》，法律出版社，2007年版。

讨论更多的集中于对司法审判群体的法律逻辑适用上，对其他群体的论辩情形鲜有区别性研究。

（三）依据客体不同，可区分为法律规范，案件事实涵摄，司法判决的法律逻辑论证实践。

“规范之间的推理是对法律规定、规则或原则进行分析，以获得判决理由或判决依据的推论过程。”①而事实涵摄的法律逻辑适用，即法律事实的认定问题，是指“法官等依照法定的程序，对所有尚未认定的事实，在没有适用或确定以前加以确定或查明。”②司法判决的法律逻辑适用则“是将已发现的，经解释或重构的法律具体适用于特定案件，将案件事实纳入该上位规范之下进行司法归类的过程。”③

简而言之，上述划分是基于法官在运用司法三段论④进行审判的过程中，大、小前提认定论证及结论推导过程的法律逻辑适用问题。而这正是法律逻辑实践问题研究的重点所在。

三、法律逻辑论证实践的重点——法律推理

人的思维推理过程是一种演绎的模式，即以规范、事实为判断的大、小前提，依据逻辑演绎规则推导而致结论。司法三段论是法律逻辑实践的典型模式，在其他场域和不同群体间都存在类似的三段论推理模式。在此，仅以法官在司法领域中适用司法三段论为代表，对法律逻辑的论证实践予以解析。

（一）法律规范——大前提证立中的法律逻辑论证实践

在一般的司法审判中，法官对案件的审理可直接匆现有文本中寻得法律依据。但是，法官常常会遇到法律适用不明的情况，包括：法律规范的缺失；法律规范的冲突；法律规范内部条款、勇于的模糊与矛盾等情形。“法律之设，目的在规范社会生活。单因社会生活不断发展变化而法律条文有限，欲以一次立法而解决所有法律问题，实属不能。”⑤

因此，法官对法的解释活动在所难免。而法官解释活动的依据在于法秩序确立的原则及立法的目的。卡尔·拉伦茨将这一活动分为两种情况：“目的范围内之法的续造，性

① 郭哲，茆巍：《试论逻辑推理在法律适用中的分类》，葛洪义：《法律方法与法律思维》，法律出版社，2007年版。

② 陈金钊：《论法律事实》，《法学家》，2000年第2期。

③ 郭哲，茆巍：《试论逻辑推理在法律适用中的分类》，葛洪义：《法律方法与法律思维》，法律出版社，2007年版。

④ R——法律规定
F——确认的案件事实
―――――――――――
D——裁判结论

这是关于司法三段论最经典的表述，而以数理逻辑为代表的现代逻辑，则将其中的逻辑推导过程符号化为：

(1) $(x)(TX \rightarrow ORX)$
(2) Ta
―――――――――――
(3) ORa　　(1)，(2)

当然，法官的裁决远非依靠这些公式及符号就能完美解决，它毋宁是一个复杂的思维论证推导过程。

⑤ 梁慧星：《民法解释学》，中国政法大学出版社，1995年版。

质上乃是漏洞补充＝法律内的法的续造，假使法的续造更逾越此等界限，惟仍在整体秩序的基本原则范围内者，则属超越法律的法的续造。”①“如果希望法的续造结果可被视为现行法秩序中的‘法’，法的续造就必须依循一定的方法。”②法律逻辑正为此提供了必要的方法。

罗伯特·阿列克西为此提出了六组规则和形式：“(1) 解释的规则和形式；(2) 教义学论证的规则和形式；(3) 判例适用之规则和形式；(4) 普通实践论证的规则和形式；(5) 经验论证的规则和形式；以及(6) 所谓特殊的法律论证形式。”③卡尔·拉伦茨则提出了借“法益衡量”解决原则冲突和规范冲突的问题。无论何种进路，在大前提论证中，法律逻辑的实践即要考量逻辑规则的有效性，又要注重价值判断的和道德伦理性，使得形式与实质并重。

（二）案件事实——小前提证立的法律逻辑论证实践

案件事实的认定与证立是一个复杂的思维推导过程。这是因为，实际发生的事件并不能直接纳入司法三段论的演绎体系中，是需要经陈述使之符合大前提——法律规范的涵摄范围，才能被采纳。“在判决的事实部分出现之‘案件事实’，是作为陈述的案件事实。”④而这样一种陈述过程，正是适用法律逻辑进行证立的一个过程。对案件事实证立的过程又主要分为这样几个步骤：

1. 确认具体发生的事件。这涉及对证据可靠性与充分性的判定。对证据的判定方法有许多种，其中比对推理是比较典型的法律逻辑方法。“所谓比对推理，又称比对法，就是根据已知的对象特征与被考察的对象特征是否逐项对应相同。从而得到被考察的某个对象就是已知的那个对象的结论的推理。”⑤其基本作用在于“识同别异”，通过比对推理，可以有效判定证据的可靠程度。

2. 选择形成案件事实的法律规范，也即“判断者以‘未经加工的案件事实’为出发点，将可能可以选用的法条一一检试”⑥，从中确定事件可能被涵摄的法律规范。当然，这样一种检选过程，远非如此简单。当涉及事实涵摄的冲突或缺失，比如商品质量瑕疵引起的人身伤害问题，即可认定为侵权之债，又可诉诸为合同之债，此时便发生对检选法律困难的问题。这些都是需要实践法律逻辑以获得可靠结论。

3. 确认事实归属某一法律规范的构成要件，也即将事实予以陈述，转化为法官可以依其推论的前提。而这一认定过程，要求法官依据一定的规则、原则为判断，包括逻辑推理规则，但主要是以经验伦理法则为判断基础。总而言之，判断者的判断需“客观化”，而这正是法律逻辑实践的意指：“借助可理解的考量，依现行法来正当化裁判。即使无法完全实现这个要求，正确执行职务的法官仍然应该可能超这个方向努力。”⑦

（三）法律判决——结论推导的法律逻辑论证实践

对大前提的论证和小前提的确认，最终都是为了实现案件的裁决，即对结论的正当求

---

①,②,④,⑥,⑦ ［德］卡尔·拉伦茨：《法学方法论》，陈爱娥译，商务印书馆，2005 年版，第 247，249，160，163，174 页。

③ ［德］罗伯特·阿列克西：《法律论证理论》，舒国滢译，中国法制出版社，2002 年版，第 287 页。

⑤ 雍琦，金承光，姚荣茂：《法律适用中的逻辑》，中国政法大学出版社，2002 年版，第 198 页。

得。这一过程,“实有多种模型可供选择……但最终是通过已确认的证据而进行推理,得出合理的结论。”①这一过程是逻辑推导与经验论证的结合,是合目的性与合规律性的统一。它不仅是一种形式的阐释,更重要的是使裁判的结论与法意、伦理相吻合。这一推导的实践过程能使受裁者信服。

四、法律逻辑之于论证实践的意义与有限性

法律逻辑作为一种论证推导的工具,“它是把‘合理性’的决定和‘理由’的陈述(对于法案的解释或证成)粘接起来的水泥。”②它有助于实现司法正义的目标。

在司法领域,人们一直倾向于构建稳定、公正的司法裁决体系,为获得“惟一正解”的裁判孜孜不倦。在美国著名法理学家德沃金看来,“如果裁决可以不以寻找‘惟一正解’为目标,等于允许法官依自己主观尺度,使用法外的判准来审判,那么司法丧失了安定性……一切听任法官的造法,则民权必将不得。”③人们曾经期望逻辑规则体系的引入,能实现这一目标,认为“从最高级别的法律概念(法律思想)到主观权利及其规范之间都存在必然的逻辑演绎链条,任何有经验的法律工作者都能够发现这个链条。”④但事实证明,这并非一条可行之路。而法律逻辑学的兴起,让人们意识到,固然绝对的司法正义无法实现,“惟一正解”的司法裁判毫无可能。但是它可以使人们获得相对程度的公正,使司法裁判即符合公平原则,又具备合理性与可接受性。从而让司法裁决真正实现定纷止争的目的。

当然,法律逻辑学仅是一种思维、判断的工具,它不具有根本性实现司法正义的能力,而仅是一种促进手段。对于法律逻辑自身研究而言,其并不存在终极的、封闭自足的理论,而是一种动态的,随现实发展而不断修正的理论。它对制度性原因的非正义,不合理裁判不具有校正性。所以,它的实践范围并非无限扩大,而是在现有的裁判制度下运作的工具理性。正如德国法理学家魏德士所说的,“方法的工具可能在适用结果上缓和法律规定的不法性,但不能阻止它。”⑤期待工具成为一种衡量正义的实质性依据,是不切实际的。最终正义的实现,是要依靠根本制度性的变革与合理司法程序的构建,这已超越了法律逻辑学研究本身。

① 邓自力:《论判决理由的因果逻辑》,《法学家》,2000 年第 6 期。
② [美]鲁格罗·亚狄瑟.唐欣伟译.《法官的逻辑》,法律出版社,2007 年版,第 277 页。
③ 林立:《法学方法论与德沃金》,中国政法大学出版社,2002 年版,第 214 页。
④,⑤ [德],魏德士:《法理学》,丁晓春,吴越译,法律出版社,2005 年版,第 205,409 页。

第二编　法律推理

中国法律推理研究现状与展望

印大双[*]

在法治条件下，由成文法向判决的合法性转换需要进行大量法律推理。法律推理是实现秩序和正义两大价值目标的工具，法律对合理性与正当性的需求决定法律推理的逻辑回归，必然要关注法律条文的选择、法律条文的归类与事实的法律化。

法律推理之目的是要在人的主观判断与群体的道德信念之间维持均衡，法律推理研究在面对正义、自由、平等、秩序这些伦理命题时应考量其背后掩盖的真实利益冲突，在多元化价值取向的当今社会，以科学合理的法律制度安排，让各种利益群体公开充分表达自己的诉求，使矛盾在立足于公众根本利益的基础上依序、理性得到化解，使法律推理的现实运作实现最大的耦合。

法律推理研究应通过法律话语与法律术语表达其内在的逻辑，在事实和法律、权利和义务之间进行着衡平与考量，追寻规范性、客观性、逻辑性、经验性和微观分析，通过形式外化于行为、决策、认知和评价活动，强调法律的普遍性、裁判的同一性与普遍正义，兼具学理性思维和实践性思维。

一、中国法律推理研究流派

20世纪以来，对法律推理的研究早已超出了分析法学派的范围，除后期分析法学派法学家如哈特、塔曼鲁、克鲁格等人外，其他各派的法学家如麦考密克、佩雷尔曼、博登海默、波斯纳、德沃金、伯顿、戈尔丁、利维、阿列克西等人也都不同程度地探讨过法律推理中的有关问题，使得法律推理问题成为自第二次世界大战以来现代西方法理学研究中的一个热点问题。法律推理是一个世界性法学难题，学者们对这个问题常常众说纷纭。美国法学家孙斯坦教授说：“几乎在每个国家，法律推理似乎是深不可测、神秘莫测而且是极其复杂的。有时它又似乎根本不是一种推理形式。”

法律推理研究在国内学界形成两个阵营，一个阵营是法理学界，另一阵营则是法律逻辑学界。[①] 法律推理不仅仅只是一个法学方法论问题，而且更重要的在于它是一个深刻的法

---

* 印大双，男，南京森林公安高等专科学校，副教授。

① 陈金钊教授认为我国学者研究法律推理的进路有二：一是从法学视角，讲的多是法言法语，运用法律思维方式，可称之为“内行式”研究；一是从逻辑学视角，讲的多是逻辑符号，运用逻辑思维方式，可称之为“外行式”研究。

理学问题，隐藏在它背后的往往是一个法学本体论和法学认识论问题。[①] 法律推理的过程始终存在着法律推理的原则性与灵活性的冲突和矛盾，一方面是按照现实中综合的理性思考构建推理的前提，追求判决的公平与正义，以保证审判结果的可接受性；另一方面是严格按照法律的规定进行严格的逻辑推理，以求维护法律推理结果的确定性。法律推理研究在国内学界总的来说有以下两种范式：

（一）宏观视野下的法律推理研究

1. 法律推理方法之逻辑应用观，认为法律推理就是各种逻辑推理方法运用于法律活动的观点。以吴家麟教授主编的《法律逻辑学》为代表，基本上是用形式逻辑的知识体系，分析说明各种逻辑推理方法在法律活动中的具体运用。雍琦教授在《法律适用中的逻辑》中直接指出“狭义的法律推理，亦即司法推理，就是法律适用的推理。它是指法律适用者在法律适用过程中，运用证据确认案件事实，选择、分析法律规范，从而将确认的案件事实归于相应的法律规范并援用相关的法律条款而导出待决案件的裁决、判处结论，并论证其结论可靠、正当和合理的理性思维活动。简言之，法律推理就是以确认的具体案件事实和援用的一般法律条款这两个已知前提，运用科学的方法和规则为法律适用结论提供正当理由的一种逻辑思维活动，因而，它是逻辑演绎论证模式与辩护性推理的有机结合。”

2. 法律推理方法之扩张观，认为法律推理可以适用于立法、执法、司法、法律监督、大众法律意识等活动的观点。以沈宗灵教授《法律推理与法律适用》和张保生教授《法律推理的理论与方法》为代表。沈宗灵教授在《法律推理与法律适用》中指出，“法律推理在法律适用过程中就是一个从已查证属实的事实和已确定适用的法律规定出发推论出判决或裁定的过程。法律推理是法律适用的组成部分，没有法律推理，就没有法律适用。”张保生教授在《法律推理的理论与方法》中，认为法律推理属于法理学范畴，是法学的一个普遍概念；而司法推理属于诉讼法学范畴，是部门法学的特殊概念。“法律推理是反映各类法律推理（立法推理、司法推理、执法推理、职事法律推理、大众法律推理等）‘总和’的概念，是从这一总和中抽象出来的。”“法律推理是特定主体在法律实践中，从已知的前提材料合乎逻辑的推想和论证新法律结论的思维活动。”

3. 法律推理方法之辩证观，运用“形式推理＋实质推理”之模式，解兴权教授在《通向正义之路——法律推理的方法论研究》中将法律推理界定为“特定法律工作者利用相关材料构成法律理由，以推导和论证司法判决的证成过程或证成方法。它既是一种法律思维活动，又是一种应受法律规制或调整的法律行为，是特定法律工作者的一项法定义务。”

（二）微观视野下的法律推理研究

1. 法律推理方法之审判三段论观。王常龙教授在《审判三段论探究》中指出：“审判三段论是指三段论第一格 AAA 式在审判判决中的具体运用，是审判判决推理和论证的基本形式。”季卫东教授在《法律解释的真谛》中认为，“传统的法律解释的核心是法律推理，推理的方法是形式逻辑三段论。虽然有一些学者站在反对决定论的立场上否定法律议论也具有

---

① 英国著名法学家麦考密克就把法律推理与休谟的实践理性结合起来进行研究，并把法律推理看成是法学理论中的一个重要课题。

三段论的结构，但是一般认为，既然合乎逻辑是合理性的最低标准，合理性的法律议论理论也没有必要拒绝法律三段论的帮助。实际上，在有关法律议论的新近文献中，人们所看到的却是三段论的复兴。当然那是按照法律议论的要求改头换面了的三段论。”

2. 法律推理方法之规范推理观。王洪教授在《司法判决与法律推理》中认为法律推理是法律规范推理。“司法判决结果的获得，不可避免地经历确认事实、寻找法律、作出判决三个不同的过程，必然要进行事实推理、法律推理和审判推理等三种不同的推论。所谓事实推理(Facutual Inference)，是指确认事实的推论过程；所谓法律推理(Legal Reasoning)，是指寻找法律的推论过程；所谓审判推理或司法判决推理(Judicial Reasoning)，是指基于事实推理和法律推理的结果作出判决的推论过程。”

3. 法律推理方法之法律论证观。王晨光教授在《法律推理》中认为法律推理是“人们在解决具体法律问题和纠纷的过程中，适用法律规范、查证事实情况和为作出具有说服力的法律结论所进行的合乎逻辑和情理的思维活动。”

从整体上来看，中国法律推理研究理论来源十分丰富和多样化，但移植和照搬的痕迹也很明显，正如邓正来先生所言，中国法学论者为中国法律/法制发展提供了一幅“西方法律理想图景”，而且更为重要的是，还致使他们看不到中国法学所提供的并不是一幅“西方法律理想图景”，而是未经审查的或批判的以西方现代性和现代化理论为依凭的“西方法律理想图景”，是一种将整个当下中国“都市化”的普遍主义谋划，而且会出现在这种“现代化范式”支配下有可能遮蔽甚或扭曲中国现实社会结构或中国现实问题的“大问题”。

二、中国法律推理研究的主流倾向

任何一个既定的法律系统都是有限的，但它的复杂性又远远超出任何一个形式系统。因此，根据哥德尔的工作，可以得到这样的结论，任何一个既定的法律系统都是不自足的、不完备的。企图通过形式理性或逻辑理性建立一个完美无缺的法律体系是不可能的。① 20 世纪，利益法学代表人物赫克认为：“即使是最好的法律，也存在漏洞。”“这是因为，其一，立法者的观察能力有限，不可能预见将来的一切问题，其二，立法者的表现手段有限，即使预见将来的一切问题，也不可能在立法上完全表现出来。”由于社会哲学、正义观念或态度发生变化等原因，不存在或不可能有完全确定的法律体系。② 罗纳德·德沃金指出：“可能在某些国家中，人们会认为，不管什么样的人做法官都无关紧要，法律是一套机械系统，就像计算机一样，任何一个受过适当专业训练的人都可以操作它得出同样结果。但在美国没有人会这么想。”

法律是由体系化的法律规范所构成的，是从诸多个别的、具体的思维形式中抽取和概括出一般的规则，并在此基础上进行形式推理，因而能保持形式推理的客观性、确定性。“否认或缩小形式逻辑在法律中的作用，也是不恰当的。形式逻辑是作为平等、公平执法的重要工

① 奥地利籍逻辑学家哥德尔证明：任何一个复杂到一定程度的理论系统，其无矛盾性与完备性不可兼得。如果它是完备的，则它不可能在在逻辑上是无矛盾的；如果它是无矛盾的，则它不可能在逻辑上是完备的。

② 德国法学家沙瓦也明确指出：“法律条文所规定的构成要件的形成，绝不会十分详尽、确切、周延、适当和十分完整无缺。”

具而起作用的。它要求法官始终如一地、不具偏见地执行法律命令。”运用形式推理，就可以把握法律规范的逻辑关系以及法律规范之间的逻辑推理关系，就可以从一些法律规范合乎逻辑地推出另一些法律规范。[①] 正如波斯纳所言：“法律寻求的是合理性证明的逻辑而不仅仅是或主要不是发现的逻辑”。

法官在确认裁决案件所必须的事实，即在确认案件的真实情况时，鲜有单独使用形式推理的，通常将形式推理和实质推理结合起来使用。中国法律界的主流倾向主张采用博登海默的观点，将法律推理分为形式推理和实质推理。

人们的法律生活是复杂的，法律适用中还有许多抗辩事由，特别是在所谓疑难案件中，必须进行一种高层次的实质推理，即它并不是指推理形式是否正确，而是关系到这种推理的实质内容如何确定的问题。在法律规定和规则自相矛盾，或者法律规定和规则之间相互抵触，或者法律目的和价值取向相互冲突时，法官基于法律的历史考察，法律意图或目的的考量，法律价值的判断，以及社会习惯或管理考察，社会利益或社会效用衡量，社会公共政策或社会公平正义的价值判断与选择等，对相互抵触的法律规定或规则作出选择，对相互冲突的法律目的和价值取向作出选择，消除法律的冲突与抵触，从而获得可适用的法律规定或规则，建立起裁判大前提。[②] 正如亚里士多德所言，实质推理乃是要寻求“一种答案，以对在两种相互矛盾的陈述中应当接受何者的问题做出回答。”科恩更明确地指出：“生活需要法律具有两种互相矛盾的本质，即稳定性或确定和灵活性；需要前者，以使人的事业不致被疑虑和不稳定所损害；需要后者，以免生活受过去的束缚。”

实质推理重视对法律的目的或价值重构，即法律目的推理和价值推理；强调发展法律原则，强调法官造法；追求法律对社会的适应性，追求法律与当代社会的价值的契合，追求司法审判判决结果的正当性或可接受性。罗斯科·庞德指出：“一般安全中的社会利益促使人们为人类行为的绝对值需寻求某种确定的基础，从而使某种坚实而稳定的社会秩序得到保障。但是，社会生活环境的不断变化，则要求法律根据其他社会利益的压力和危及安全的新形式弊端作出新的调整。这样，法律秩序必须稳定而同时又必须灵活。”

在成文法下，法律规范的逻辑结构的构成要素可以分为前提条件、行为模式和法律后果，经过对接、逆向同一、解释、贯通、合一、互相满足、互相充实、完满、置换、重合、重叠、交叉、交集这样一个过程，从而获得实体法规范设定的事实。形式推理是法律推理的主要形式，在形式推理不能解决问题的时候才需要实质推理予以弥补。这种推理正好符合人们在心理上对法律的要求，要求法律有确定性、稳定性和可预测性。而实质推理必须和法律、社会的更高价值目标保持一致性和一贯性。

---

① 通过希尔伯特(D. Hilbert)、甘岑(G. Gentzen)、哥德尔(K. Gödel)和塔斯基(A. Tarski)等人的工作，建立在形式语言之上的形式证明系统使证明成为计算，使推理变成机械的过程。其规则在 L 中产生有效推理，即对任何 L—公式集 A 和公式 b，如果 $A \vdash b$，则 $A \models b$；第二，L 中所有有效推理，都可以用系统的规则产生，即，如果 $A \models b$，则 $A \vdash b$。第一点称为系统的健全性，第二点称为完全性。二者合起来亦即：$A \vdash b$，当且仅当 $A \models b$。这表明了语法后承和语义后承这两个概念在外延上的重合，精确解释了推理的合规则性与有效性。

② 法律现象不能脱离人类行为的整体，在具体生活中法律不断转变与成长，包含一种不确定性。涵摄直觉与概念、变化与生成、内容与形式、礼仪理论与正义理论、经验与理性，利益冲突、流行的道德与政治理论，和其他许多因素影响其具体的内容。

法律推理的主要任务是透过法律的适用，以实现法律的目的。因此，在法律推理中，不仅要强调形式推理的客观性，而且要强调实质推理的社会实践性。因此，“法律的生命不是逻辑而是经验”。任何法治国家里，法律必须具备确定性、普遍性、稳定性等品质，同时法治还必须强调实质合理性。形式合理性优于实质合理性，最好的结果是形式与内容的合理性融贯，在发生矛盾时形式优先。[①] 要使形式推理与实质推理和谐统一，必须在法律制度中明确法律推理的依据、种类和顺序，确定法律推理方式的地位和作用，并建立相应的审判制度。

法律推理常处于一个由外部推理和内部推理织就的复杂网络中，涵摄许多不同的原则和价值，最终的裁判结果必然是综合运用多种法律方法推导出的，由于法律规范的抽象性与普遍性、成文法的滞后性与保守性、法律语言的模糊性与多义性以及案件事实的复杂性与社会发展的永续性，在适用法律裁判案件的过程中，必须辩证地综合各种因素，平衡多种利益和价值，以寻求案件的公正处理。

司法审判结果的获得，不可避免地经历确认事实、寻找法律、作出判决三个不同的过程，必然要进行法律推理，并进行与之匹配的形式推理和实质推理。由于法律规范的抽象性与普遍性、成文法的滞后性与保守性、法律语言的模糊性与多义性以及案件事实的复杂性与社会发展的永续性，必须平衡多种利益和价值，法律在事实、规范与价值、理想方面，存在着难以缝合的缺口。

法律推理通过法律话语与法律术语表达其内在的逻辑，在事实和法律、权利和义务之间进行着衡平与考量，追寻规范性、客观性、逻辑性、经验性和微观分析，通过形式外化于行为、决策、认知和评价活动，强调法律的普遍性、裁判的同一性与普遍正义，兼具学理性思维和实践性思维。法律推理具有多方面的特质：第一是以严谨的逻辑性体现形式正义的要求。第二是以严格的程序性保障当事人的各项诉讼权利。第三是以价值的中立性抵御各种非法律因素的侵扰。一般而言，法律规范总是要负载一定的价值，而在多元价值社会中，立法活动常常要以利益的权衡、价值的估量为基础。在法律推理过程中，必须以实现法律规范及其内蕴价值为最高宗旨，排除各种非法律的价值因素。

法律推理通必须以确定的程序为起点进行形式推理，同时离不开法律适用者对法律事实的收集与陈述，离不开对法律的实质推理，亦即对法律的调整和规制。

三、中国法律推理研究展望

法律[②]就内涵而言是以模糊的公平要求为内容，就外延而言，具有不确定性。确定性、可预测性和普遍性是法律的基本性质之一，必须协调法律语词与法律精神之间的关系。法律推理前提构成包括以下四个具体层面：一是法律的概念、规则、原则（先例）。二是立法旨意或法典精神。三是习惯、政策、道德信念、经济、宗教、哲学、社会文化等方面的知识。四是

---

① 德国著名学者马维伯认为司法审判现代化的过程，就是司法审判形式合理性逐渐突出，并占主要地位的过程。

② 法律是从事社会控制的工具（庞德），进行激励、预测的手段（霍姆斯、波斯纳等），促进经济效率、社会福利的途径（庞德、霍姆斯、卡多佐、波斯纳等）。

法律推理技术性知识，主要包括解释和适用法律的规定、概念的方法和在权威性法律资料中寻找特殊案件审判根据的方法。

法律推理可以运用一定的方法论从历史、比较、逻辑、价值、社会学、经济学、政治学等不同角度进行分析。法律推理研究方法有以下几个层次：

第一，方法论：哲学基础、逻辑、范式、价值、客观性；

第二，普通方法：历史分析、比较研究、规范分析、阶级（本质）分析、实践分析、系统分析法等；

第三，具体方法：问卷法、访问法、观察法、计算机技术、统计分析、利益衡量、价值补充、漏洞补充、文献研究等。

法律推理的复杂性就在于它不可能如机械操作系统一样，司法过程的复杂性决定了法律推理方法的多样性。调和法律的稳定与变化，连续性的需要与改变，以及安全与衡平。法律推理的具体目标是通过规则得出结论，指涉正义、利益和人权。罗斯科·庞德明确地指出："法律推理是一种非常重要的工具，运用这种工具，人们可以在日常的执法实践中调和法律的稳定需要和适应法律的变化。意即，通过运用法律推理这一工具，人们可以使旧的法律规则满足新的现实需要，可以使法律适应日益变化的现实需要"。法律推理作为一种理性思维工具可以正确评价司法行为的正当性、权威性和效率，公正、合理和高效地处理法律案件。①

法律推理研究应以整个法律与社会秩序、法律的正式渊源、非正式渊源、历史、社会习俗和时代精神为基础；同时受那些已经牢固确立的法律意识、贯穿于法律制度的基本原则、显而易见的情势变更及社会的公共政策等影响。

笔者以为，在法制现代化、法律移植和社会转型的背景下，中国法律推理研究应放弃法律中心主义和形式主义的简单思维定势，建构转向现实主义立场、注重经验实证研究的方法：

第一，法律推理是以现有法律为依据获得法律决定的过程，从各国的法治实践来看，主要通过现实主义态度和经验实证方法来进行法律推理。

第二，法律推理要受现行法律的约束。在我国，宪法、法律、行政法规、地方性法规都是法律推理的前提。客观认识法律的作用及其局限性，注重法与社会的协调和法的正当性。

第三，法律推理带有很强的社会性，法律推理的结果涉及当事人的利害关系。其结论最终必须与他人发生关联，必须接受社会评价。法律推理包括确认规则、确认事实和得出判决三个阶段，应重视社会基础、文化传统、人民的生活行为习惯以及社会成本。

第四，法律推理是寻求正当性证明的推理。法律推理所要回答的问题主要是：是否合法的问题，是否正当、是否拥有权利、是否负有义务、是否应负法律责任等问题。避免通过盲

① 法律推理要达到客观性、确定性、普遍性、一致性要求，需借鉴维威格（Theodor Viehweg）的非演绎性思考方式、佩雷尔曼（Chaim Perelman）的新修辞论、托尔敏（Stephen Toulmin）的适当理由探索法、麦考密克（Neil MacComick）的特殊实例命题、阿列克希（Robert Alexy）的程序性法律议论观、哈贝马斯（Jurgen Habermas）的实践性讨论的思想等。

目推进法律制度迅速摧毁原有的社会秩序、公共道德和主流价值观，造成传统的失落和社会失范，并导致国家法与民间社会的紧张与冲突。

第五，法律推理各种研究方法、理论框架和学派相互竞争，学科间和地域性的传统和差异因为范式、共同体和体制等因素而长期存在。以经验性研究方法整合法学与其他社会科学，并克服这种方法自身的局限。促成具有凝聚力的新概念、范畴和理论框架的产生，共同的研究范式也会促进形成共同的学术传统、学术风格、基本观点和基本方法。

参考文献：

[1] 金承光：《关于法律推理研究的历史考察》，《南都学坛》，2003 年第 5 期。

[2] [美] 凯斯·R·孙斯坦：《法律推理与政治冲突》，金朝武等译，法律出版社，2004 年。

[3] 雍琦，金承光，姚荣茂：《法律适用中的逻辑》，中国政法大学出版社，2002 年。

[4] 沈宗灵：《法律推理与法律适用》，《法学》，1998 第 5 期。

[5] 张保生：《法律推理的理论与方法》，中国政法大学出版社，2000 年。

[6] 解兴权：《法律推理的涵义、性质及其功能》，《法律科学》，1988 年第 6 期。

[7] 王常龙：《审判三段论探究》，《河北法学》，1993 年第 3 期。

[8] 季卫东：《法律解释的真谛》，《法治秩序的建构》，中国政法大学出版社，1999 年。

[9] 王洪：《司法判决与法律推理》，时事出版社，2002 年。

[10] 王晨光：《法律推理》，清华大学当代中国研究中心，中国人民大学法律社会学研究所，1999 年。

[11] 邓正来：《中国法学向何处去——建构"中国法律理想图景"时代的论纲》，商务印书馆，2006 年。

[12] [德] 赫克：《利益法学》，津田利治译，庆应大学法学研究会，1985 年。

[13] [美] 罗纳德·德沃金：《自由的法——对美国宪法的道德解读》，刘丽君译，上海人民出版社，2001 年。

[14] [美] E·博登海默：《法理学—法哲学及其方法》，邓正来译，中国政法大学出版社，2004 年。

[15] [美] 波斯纳：《法理学问题》，苏力译，中国政法大学出版社，1994 年。

[16] 高道蕴等：《美国学者论中国法律传统》，中国政法大学出版社，1994 年。

[17] [美] 罗斯科·庞德：《法律史解释》，邓正来译，中国法制出版社，2002 年。

[18] [美] 霍姆斯：《普通法》，冉昊等译，中国政法大学出版社，2006 年。

[19] 沈宗灵：《法理学》，北京大学出版社，1999 年。

浅谈大陆法系国家演绎式三段论法律推理

张　敏*

演绎式三段论法律推理是大陆法系国家法律推理的重要形式,在大陆法系国家的法律实践中,法官常常运用演绎式三段论法律推理的运作逻辑作为判案的基本思路,然而这种推理方法在为法官"无法可依"提供帮住的同时,也不能排除法律推理结论的主观化等弊端。因此,如何解决演绎式三段论法律推理利与弊的冲突是当前我们研究法律逻辑的重点问题。本文从演绎式三段论法律推理的概念和特征入手,兼谈该种法律推理模式的价值并对该模式进行相关思考。

一、演绎式三段论法律推理相关概念

演绎推理是由一般到特殊的推理,即根据一般性的知识推出关于特殊性的知识。演绎推理的典型表现为三段论推理。如:"所有的人都是会死的。苏格拉底是人。因此,苏格拉底是会死的。"是一个古老的三段论推论,借助于"人"这个"中间概念","苏格拉底"被涵摄于大前提"所有的人",只要这个涵摄关系能够成立,就会自然而然地产生"苏格拉底是会死的"这个新的判断。实际上,自古希腊哲学家亚里士多德建立起一套严密的逻辑理论体系以来,三段论推理思维逐渐成为法律推理的基本思路。尽管司法三段论很早在西方法律实践中被运用,但是依照维克的观点,这种司法观念自 16 世纪后才开始在欧洲的司法实践中普遍运用,而真正把通过逻辑的司法三段论推崇到极端的是德国的概念法学家和美国的兰德尔司法裁判论。①

大陆法系,又称为民法法系,法典法系、罗马法系、罗马——日耳曼法系,它是以罗马法为基础而发展起来的法律的总称。大陆法系以法典编纂思想、成文的法典法表现形式、权利法的制度特色为特征。大陆法系国家的立法和司法分工明确,强调制定法的权威,制定法的效力优先于其他法律渊源,而且将全部法律划分为公法和私法两类,法律体系完整,概念明确。法官只能严格执行法律规定,不得擅自创造法律、违背立法精神。由于司法权受到重大限制,法律只能由代议制的立法机关制定,法官只能运用既定的法律判案,因此,在大陆法系国家,法官在司法实践中主要采用演绎法推理形式,即法官的作用在于从现存的法律规定中找到适用的法律条款,将其与事实相联系,推论出必然的结果。

大陆法系国家司法裁判是法律规范发挥规范功能的前提和制度保障,司法裁判的目的在于实现法典,即通过各种法律制度或法律规范赋予人们的权利、实现立法者的规范意

---

*　张敏,女,华东政法大学,硕士研究生。

①　王国龙:《论司法三段论中的逻辑与价值判断》,《宁夏社会科学》,2008 年第 3 期。

图。相应地，从预定前提出发的“规范出发型”诉讼制度设计就成为大陆法系司法裁判制度的基本架构。这些都是决定演绎式三段论法律推理作为基本法律适用方法的重要因素。①

二、演绎式三段论法律推理的特征

首先，演绎式三段论法律推理具有相对独立性性，其主要表现为这种方式的法律推理具有一定的规则和理论。“演绎形式的法律推理与从制定法出发的法律推理联系最为密切。”②通过三段论推理的逻辑理论，我们可以得到一个演绎论证的结论，只要这个逻辑的前提为真，那么这个结论必然为真。同样，在演绎式三段论法律推理的视觉下，形式有效性被当做法律论证的正当性和合理性标准，即法律论证可接受性的一个必要条件就是支持该证立的论述必须是逻辑有效的论述，另一个条件是证立的理由依据法律标准是正当的。③

第二，演绎式三段论法律推理思维功能是辩护论证，其表现为法官等认为法律适用结论提供正当理由的辩护性论证。美国法律学家波斯纳认为法律寻求的是合理性证明的逻辑不仅仅或主要不是发现的逻辑。④ 所以，演绎式法律推理的逻辑研究应特别注重于如何更好地发挥逻辑的辩论工具作用，而不是单纯停留在机械的逻辑推演活动中。

第三，演绎式三段论法律推理中的逻辑不是形式逻辑的简单应用，更不是单纯的逻辑推演活动，而是形式法律推理与实质法律推理的综合运用。在这种法律推理模式中，仅由形式推理得出令人信服的结论几乎是不可能的，形式推理固然重要，但既存的法律规范往往具有僵硬性、滞后性和不周延性，此时，依立法目的和立法的基本价值取向为依据而进行的辩证推理则是对形式推理的合理补充。

三、演绎式三段论法律推理的价值

演绎式三段论法律推理最大的价值在于它的合法性功能。邓亚华先生认为大陆法系传统下的三段论思维模式在审判中的逻辑作用体现在三个方面：

首先，它以严谨的逻辑形式体系体现形式正义的要求；其次，三段论价值中立特点也排除了判决中各种非法因素的影响；最后，这种模式有效制约了法官枉断，可以促进司法公开。⑤ 笔者同意邓先生的观点。这种演绎推理过程将“合法”的价值观念蕴含其中，法律的稳定性和形式逻辑的固定化有机结合形成稳定的法律秩序，体现了法律形式正义的要求，最大限度的排除了非法因素的影响，不允许任何的“法官造法”现象。

---

① 刘克毅，翁杰：《试论演绎式三段论法律推理及其制度基础——兼谈大陆法系司法制度及其运作机制》，《甘肃政法学院学报》，2006 年第 2 期。

② ［美］史蒂文·J·伯顿：《法律和法律导论》，张志铭、解兴权译，中国政法大学出版社，2000 年版，第 50 页。

③ ［荷］伊芙琳·菲特丽斯：《法律论证原理》，张其山，焦宝乾等译，商务印书馆，2005 年版，第 11 页。

④ ［美］波斯纳：《法理学问题》，苏力译，中国政法大学出版社，1994 年版，第 572 页。

⑤ 邓亚华：《三段论审判推理模式的逻辑审析》，《四川警官高等专科学校学报》，2003 年第 2 期。

第二，该种模式下的法律推理具有确定性功能。特鲁伯克认为“法律具体规范和原则被有意识的建造在法学思维的特殊模式里，那种思维富于极高的逻辑系统性，而只有从预先设定的法律规范或者原则的特定演绎逻辑程序里，才能得出具体问题的判断。”①具体问题的判断建立在合理形式的基础之上，使这种推理模式具有更大的确定性。

第三，演绎式三段论法律推理具有统一性功能。三段论推理有利于建立一个逻辑一致的推理体系，用一种客观和直观的方式展示其判决与法律是一致的，而不是从法官自身的法律原则推导出来的，这也是上级法院检测下级法院适用法律是否正确的一种依据，从而保证了整个法律体系的统一性。②

另外，演绎式三段论法律推理对未来案件具有指引功能，该种推理方法为法官、诉讼当事人提供了一个导引，当法律推理的大前提被运用于具体案件时，使案件的裁判者和当事人服从于法律，为案件的正确处理提供坚实的基础。

四、演绎式三段论法律推理相关思考

尽管演绎式三段论法律推理具有相对独立性、辩护论证性、法律推理综合应用性等特征，然而它还要考虑到推理过程中相关实质性问题。比如相同的案情，不同的法律裁判者在这种推理模式下会做出截然相反的结论等，这通常并不是因为这种逻辑模式的严谨性和科学性不足所造成的，其影响因素主要存在以下几个方面：

演绎式三段论法律推理的不能完全排除个性化、主观性因素对法官判断活动的影响。从预定前提即制定法出发、非扩充性论证的演绎式三段论法律推理并不能为实现司法公正、实现法治社会提供实质性帮助，法官常常要在“无法可依”的情况下进行裁判，这时法官就不能让思维机械的停留在形式推理阶段，而要发挥推理逻辑的综合作用，将形式推理与辩证推理相结合运用到案件裁判中去。

演绎式三段论法律推理与作为小前提的事实之间是一种包容、涵盖关系，只要大前提正确、推理客观合理，结论就不可能出现什么问题。关键是我们如何论证法律，以及如何解决作为大前提的法律是正确的，这一问题是法学理论到目前为止没有解决也可能是最难以解决的问题。

所以，如何克服法律推理的个性化和机械性，以及如何确保大前提的正确性，这些都是法学方法论研究的重点问题。季卫东认为：“法律家的思考方式以三段推理为基础，力图通过缜密的思维把规范与事实、特殊与普遍、过去与未来织布得天衣无缝。它要求对决定进行诸如判决理由那样正当化处理以保证言之成理、持之有据、富有说服力。”③这就要求法官一定要根据具体案情，寻找法律依据，在无法可依的情况下药积极寻找法的非正式渊源，如法律原则、法律、政策、习惯、道德等，并利用辩证思维得出合理的结论，以避免法律推理的个性

① 李永军：《论商法的传统与理性基础》，《法制与社会发展》，2002 年第 6 期。
② 杨建军：《三段论法律推理的合理性与不足》，《宁夏社会科学》，2007 年第 2 期。
③ 焦宝乾：《三段论推理在法律论证中的作用探讨》，《法制与社会发展》，2007 年第 1 期。

化；克服法律推理形式的僵化不能仅仅靠改变法律推理的内涵，有学者建议法律解释、法律论证、法律的漏洞补充以及价值衡量是克服法律推理形式僵化的有效工具；①演绎式三段论法律推理的大前提是基于事实解释而发现的，所以该种推理方式的真正问题是去发现值得作为前提的普遍原则和待定的事实，而非简单地进行推理，因此，大陆法系国家法律实践者在推理过程中应注意提高自身运用法律的能力，在辨证思维的引导下，合法利用法律的各种补充形式，确保大前提正确性的条件下对法律进行补充推理以克服法律推理的主观性、机械性。

① 陈金钊：《司法过程中的法理方法论》，《法制与社会发展》，2002年第4期。

论司法审判中的法律推理

韩登池*

审判活动是指法官依照法定方式把法律规范应用于具体案件的活动，是法官适用法律的过程。而推理在此过程中是经常而且必须应用的一种思维方式。我国法律规定法官在审判案件的过程中必须坚持“以事实为根据，以法律为准绳”的原则。法官对每一具体案件的判决或裁定，不可能是简单的断定，而是将案件的法律事实和适用法律规范有机结合，从而得出结论。在这一过程中，法官必须借助推理来论证判决的正当性理由，推理是法官裁判的基本思维方法。我国是成文法系，判案说理必须以现行的法律规定为大前提，这决定了我国司法体系中通用的法律推理形式是三段论式的演绎推理，即以法律规则为判案说理的大前提，以案件事实为小前提，从而推导出裁判结果。它不对大前提(法律规则)的实质内容进行判断推理，又称形式法律推理，主要种类有演绎推理、归纳推理和类比推理。近年随着人们对我国传统法律(主要是指民法)的反思，世界两大法系的融合，在不断深化公正司法的过程中，出现了一种新的法律推理方法，即实质法律推理，它在法定框架内从公平、正义出发，对有冲突的法律规则进行权衡与选择，以寻求、确认判案的大前提。这种对大前提(法律规则)的内容进行实质权衡确认的新推理方法被称为实质法律推理。

一

所谓形式法律推理，就是在法律适用过程中，根据确认的案件事实，直接援引相关的法律条文，并根据形式逻辑的推理方式，得出判决结论的法律推理。美国法理学家博登海默称之为分析推理，而波斯纳则把它称为逻辑演绎法。根据法官在法律适用中所采用的推理方式，把形式法律推理分为以下几种：

(一) 演绎推理

我国是以制定法为主要渊源的国家，判例不被认为是法律渊源。这种法律制度决定法官适用的思维方式主要是演绎推理中的三段论推理。对一切具体的案件，首先认定案件的事实，然后将其归属于某项法律条款的适用范围，再通过确认的案件事实与法律条款连结，借助于逻辑三段论推理，而从法律规范中推导出判决结论。具体案件事实相对于援用的法律条款来说，是特殊场合；而援用的法律条款相对于被认定的案件事实来说，则是关于该类案件事实的一般性规定。对案件的审理过程就是确定能否从某项法律规范中演绎出某个判决的过程。因此，总的思维结构可概括为：L——法律规定；F——确认的案件事实；J——

* 韩登池，男，广东韩山师范学院，副教授。

裁决、(定理)判处结论。其中,“L”是三段论的大前提,表示某一法律条款本身或与该条款相关的其他法律条款规定的内容。“F”是三段论的小前提,表示符合“L”规定的案件事实。“J”是三段论的结论,表示法官的判决结果。这种推理结构,早在18世纪和19世纪,许多西方法学家就已经作出总结,他们认为法律推理是逻辑三段论的运用:法律规范被视为大前提,某一案件的事实被视为小前提,法院判决或某一问题的解决方案被视为结论。可见三段论推理被运用到法官的审判活动中是不争的事实。通用的三段论演绎推理形式虽然简单,但在法院处理案件时却有着十分重要,非常有效的作用。具体表现有:首先,判案结论在逻辑形式上无懈可击,它不再需要其他的间接推理就可以得出必然的结论,因而使判决具有客观性,这种三段论式的推理可以最大限度地减少法律适用中的非理性因素,规范法官的自由裁量权,起着维护法治“过滤器”作用。正如黄明耀教授所说:“形式逻辑是作为平等、公正执法的主要根据而起作用的,它要求法官始终如一地,不具偏见地执行法律命令。”其次,这以法律规则为起点的推理模式,必须建立在高度发达、科学完善的制定法基础之上,因而对法制的健全提出了更高要求。

（二）归纳推理

归纳推理是指“由特殊观察事例导出一般原理的推理方法。其基本逻辑形式是:$A1$是B,$A2$是B,$A3$是B……所以一切A都是B。由于归纳推理是从个别到一般,通过具体的个案,证明某种普遍性的东西,因此在成文法体系下,在司法审判中一般没有适用的余地。它只是在判例法体系的国家里被广泛使用。推理形式为:$A1$案件被判成B符合社会公正的需要,$A2$被判成B也符合社会公正的需要,因此所有A类型的案件被判成B符合社会公正的需要。”

归纳推理的方法在法学理论研究和立法方面具有十分重用的作用。它将审判实践中的具体个案,按照一定的标准进行批列,对此,将一些成功的经验,先进的理念进行归纳,提炼,抽出带有共性的特征,上升为法律的一般原则,或制定为新的法律规范。通过这样一次又一次的归纳推理,使法学研究走向深入,立法得以逐步完善,司法审判随着时代的脚步一步一步地迈向未来,而永葆活力和青春。

归纳推理也具有其自身固有的缺陷,其结论只是一种可能性,具有较大的随意性和不确定性,可能对法律适用的安全性造成冲击,由其是法官素质不高时,容易在思维径路,选择归纳对象上出问题。

（三）类比推理

立法不可能是完美无缺的,难免存在漏洞和疏忽。这时法官可以对适用的法律规范作出类比推理。类比推理在法律适用过程中的公式大体上是,一个规则适用于甲案件,乙案件在实质上与甲案件类似,那么,这个规则也适用于乙案件。也就是说,相类似的案件应当适用相同的法律。如《中华人民共和国民事诉讼法》第92条和93条对诉讼中和诉前财产保全作了规定。有一案件的当事人既没有在诉前也没有在诉讼中申请财产保全,而是在一审后但判决尚未生效期间申请财产保全。成都市中级人民法院认为:尽管没有法律根据,但保全的目的是防止当事人处分财产从而使诉讼失去意义。判决未生效期间的保全虽没有明确涵盖在法律条文里(立法者只考虑了诉前和诉讼中有财产保全的情况,而对虽已进行了一级诉讼但还可能继续下一步诉讼时的保全问题却似乎有疏忽)，但与法律已规定的财产保全相比，这种情况是可能出现的，而且它的前提和目的与之是相似的，因而也应当产生已有规定的法律效果。所以，现有财产保全的规定应当作为本案法律适用的大前提，当事人可以适用财产保全。这一结论是根据类比推理得。类比推理对规则进行类推适用的目的就是通过同样对待属于相同政策原则范围内的案件来帮助实施正义这一原则。类比推理的结论不是必然的，因此，它应当让位于更为优越并且有强制性的法律原则。

在我国，1997 年修订后的《刑法》取消了有关类推的规定，因此，在刑事案件中不能用类比推理。但是法官在其他领域仍然允许使用类比推理这种逻辑思维方法，尤其是在民事审判领域，由于我国该方面的法律尚不健全，法律依据常显不足，类比推理成为解决某些民事案件不得已的逻辑方法。例如，《民法通则》对侵权损害赔偿规定的较为原则，对赔偿的具体范围和标准欠缺规定，甲与乙斗殴，被乙致伤，如何赔偿？在实务中，法官往往类推适用国务院《道路交通事故处理办法》。操作过程是：第一步先比较打架斗殴导致伤害与交通事故致人伤害的异同，归纳出它们具有共同的属性，即均属于人身损害赔偿；第二步，明确法律没有规定斗殴引起的人身损害赔偿的具体范围和赔偿标准，而关于道路交通事故则有此规定；第三步确认打架斗殴引起的损害赔偿可适用道路交通事故的赔偿范围和标准。最后，案件适用《道路交通事故处理办法》得出具体的赔偿范围和标准。因此类比推理在民事审判中常常被用作填补法律漏洞。由于我国是成文法系的国家，所以法官在审判时必须慎重使用类比推理，类比对象必须确切、相似，类比方法必须科学、可靠。否则容易犯主观擅断的错误

二

法官在法律适用过程中，由于法律规范的明确规定，主要借助于形式法律推理来进行裁判案件的。但是，正如美国法学家博登海默所指出："在法律领域存在着三种情况：(1) 法律没有提供合适的解决争议的基本原理的情况；(2) 有两种或者更多种互相冲突的前提，这些前提都能解决问题，但必须对这些前提作出真正的选择；(3) 有一个规则或判例是涉及当前案例的，但法院在行使授予它的权利时，认为这一规则或判例是完全不合理的，或至少对当前的诉讼事实来说是不合理的，而不予适用。在所有这三种情况下，法院不可能借助于论证的分析形式即演绎、归纳或使用类推来解决争端。"也就是说形式法律推理在这里就无能为力了，法官在此情况中，就必须借助于实质法律推理来完成自己的使命，裁判案件。

大多数法学家认为，所谓实质法律推理，就是在法律适用过程中，于某些特定场合，根据对法律或案件事实本身实质内容的分析、评价，以一定的价值理由为依据，而进行的适用法律的推理。我们知道法律终归是人制定的，人的认识能力是有限的，社会生活是纷繁复杂的，是不可能全部预见的，法制再严密，总会是有漏洞的，而且由于法律相对于社会发展的滞后性，这种漏洞是随处可见的。正如英国法学家梅因所说："社会需要和社会见解总是或多或少地走在法律的前面，我们可能非常接近地达到它们之间的缺口结合处，然而现在却有一种重新拉开差距的永恒趋势。"所以说，在现实生活中，并不是任何具体案件都能以形式推理的方式加以合理解决的，在某些情况下，法官会处于"找法不能"的境地，此时，如果一味坚持

用形式推理的方式处理问题，只会使法官感到无所适从，正当的权益得不到合理的保护，失去法律的公正。因此在实际生活中，法律除了被当作抽象的逻辑以外，更重要的是一种社会体验，即法官根据时代的需要、盛行的道德、社会习惯、公共政策、法律知识等方面的直觉知识和经验，在各种相互冲突的利益中加以权衡，作出明智的选择，从而确定处理案件的具体规则。既然法律总是存在漏洞或不符合社会发展的地方，那么法官在处理具体案件时遇到上述情形，放弃找法的努力，而根据其知识经验所支撑的价值思维创立相应的法律规则或者通过自己的见解对法律漏洞加以补充，就不仅是合理的，而且是应当的。例如在一起轰动京城的医生秘密摘取尸体眼珠案中，该医生的行为已经具备了“非法盗窃、侮辱尸体罪”的形式要件；但是，从另外一个角度考虑，器官移植是应该受到鼓励和支持的，在相关法律尚未健全的情况下，医生出于解决患者痛苦以及推动该项事业发展的动机，做出了秘密摘取尸体眼珠的行为，它虽然不合法，但绝不是刑法所要惩罚的对象。因此，检察机关做出了不起诉的决定。相反，前不久发生在南京轰动全国“组织同性卖淫案”中，法官在审理案件时，如果遵循逻辑演绎的方式去适用法律，该组织者就会逃脱法律的制裁(现行法律没有组织同性卖淫的规定，按照“罪刑法定”的原则，很难对组织者进行处罚)，但法官最后根据我国的立法精神和社会公序良俗，借鉴以往的司法经验，对组织者作出有罪判决。

司法审判中的实质推理，是基于法律的实践理性或目的理性以及价值理性进行的推理，基于法律的历史、法律的目的、法律的价值取向、社会习惯或管理、社会效用或社会利益、社会公共政策以及社会公平正义观念等实质内容展开的推理。它能够打破形式推理短视的缺陷，重视对法律的目的或价值重构，即法律的目的推理和价值推理；强调发展法律原则，强调司法造法或法官造法；追求法律对社会的适应性，追求法律与当代社会的价值的契合，追求司法判决结果的正当性或可接受性。法律的实质推理能起到补救成文法先天不足的作用。

然而，实质法律推理的方式固然为人们解决疑难案件时进行价值判断提供了思路，但是它也可能由于失去确定的法律规则以及形式逻辑的规则作依托，而导致判决很大程度的不确定性、不可预见性及司法主观主义。博登海默认为：“当法官在未规定创制新的规范和废弃过时规则以赞同适时规则的时候，司法过程中的评判因素起着最大限度的作用。在这种情形中，法官在权衡业经深思的诉讼过程中所存在的利弊时所运用的辨证推理，往往缺乏相对确定性，有时还缺乏演绎、归纳、类比的那种无可辩驳的说服力。”因而，目前在我国，提高法官的整体业务素质和职业道德水准就成了当务之急。

参考文献：

[1] 雍琦：《审判逻辑简论》，四川人民出版社，1990 年。

[2] 毕玉谦：《民事证据法判例实务研究》，法律出版社，2001 年。

[3] 黄明耀：《民法适用中的法律推理》，《现代法学》，2003 年 第 2 期。

[4] [美] E·博登海默：《法理学——法律哲学与法律方法方法》，邓正来译，中国政法大学出版社，2004 年版。

[5] [英] 梅因：《古代法(汉译世界学术名著丛书)》，商务印书局，1959 年版。

法律适用中的形式法律推理研究

王　坤*

前　　言

法律推理完全以一种形式推理的面孔表现出来，在形式法律推理看来，法律不具有真假之分，法律逻辑作为一门工具性的科学，首先应考虑到如何更好地发挥它的应用效力，如果不顾及他的应用效力，就不仅谈不上使之发展，而且还会使得它由于远离人们思维实际而丧失其生命力。所以法律逻辑本身就应该将其和实践相结合，其关注的核心问题应是法律推理。因此，法律推理的研究对法律逻辑的发展至关重要。而法律推理中有关形式法律推理的应用更是重中之重，使我们直接实现法治目标，建立健全法治社会应有的题中之意。

一、形式法律推理的概述

形式推理以法律规范为大前提，虽然它通常表现的是判断形式但是它总是以某个法律概念为中心而展开的，法律推理的小前提虽然是关于案件事实的认定，但这样的认定包括简单的断定，总得有认定的理由或根据，由于任何一个具体的案件在事实方面总是生动、具体的，不存在两个完全相同的案件。通过大前提和小前提的连接而得出的结论的演绎推理模式：

R——法律规定
F——确认的法律事实
———————————
D——裁决、判处结论

首先，小前提“F”是构建法律推理的基础，也是连接大前提“R”而得出的结论的中介，他要能够成立，并且在推理中起到连接法律规定而得出结论的作用，至少必须符合下面两个方面的要求：

第一，“F”是关于案件事实的陈述，是司法人员对案件事实情况的一种断定，他要能被确认为真，必须通过证据事实证明。

第二，“F”确认的案件事实，不是任意抓取的案件事实，而是与法律规定相关的，能连接“R”的案件事实。

其次，“R”部分是得出判决、判处结论的大前提，是证明结论正当性、合理性的法律依据。

---

*　王坤，男，西南政法大学，硕士研究生。

何为演绎推理模式？当我们看到某案的判决书，书写着：依据本法第几条……本院认为……本院查明……这便是此种推理模式，它是我们在法律推理是法律适用中的一种逻辑思维活动，即在确认案件事实基础上适用法律而展开的思维活动或智力活动，他必须以确认案件事实和法律规定为前提，而要获得这两个前提必须运用一系列形式逻辑和非形式逻辑的方法，在此我们先对推理过程中的形式推理做简单的分析研究。大前提和小前提的的确定涉及许多逻辑思维和活动，逻辑规律的充分性使我们依据上述的公式得到的结论有了更合理、更得力的依据。英国哲学家赖尔认为："论证只有在逻辑上有说服力的时候，他们才会像武器一样有效。"

二、形式法律推理的合理性与必要性

（一）形式法律推理存在的合理性：中国正处于法治社会的进程中，缺乏法精神，这种情况下我们应该看到形式推理在贯彻法精神，严格按照法律的规定以实现立法旨意。其一，我国是大陆法系国家，主要断案依据是制定法，法官在适用法律审理案件时，主要是发现合适的法律并将其应用于个别案例中，他所处的位置是严格的遵循法律的规定，并非制定法律。其二按照我国要实现法治的伟大奋斗目标，虽然形式法律推理尽管简单、机械，却体现了法治的精髓。其三批判形式法律推理的基础是建立在疑难复杂案件上，学者所津津乐道的是一些典型案例，但是值得我们注意的是这种典型案例在我们生活中仅仅是少数，很大一部分是简单的案例其四尽管法理学已经回应了法律推理中的某些问题，但是并不表明实质推理是英美的基本现实，虽波斯纳夸大了法律形式推理但是客观上也对社会现实进行了一些合理的描述"形式主义在联邦最高法院也在下级联邦法院中重新兴起"，美国的法律工作人员中存在这一种将法律看作是一个逻辑概念的自主体不是社会政策工具的观念。最后，形式推理中的以程序正义为意图，摒弃人的主观性和擅意，它不依赖于人的主观意识，凭借理性和逻辑断案，目前我国的司法工作人员的素质比较低，专业水准和个人偏好等因素起着重要的作用，因此形式法律推理可以避免滥用职权，造成冤假错案。

纯粹主义法学对形式法律推理的存在合理性也起到了一定的学说上辅证作用，其典型代表人物奥地利法学家凯尔森，纯粹法学研究的是实在法，作为一种理论，它只关心其主题事项的精确主义。它努力回答的问题是"法律是什么？"而不是"它应当是什么"？它将道德和和事实排除在研究范围外，此外还对社会学和心理学予以排除，他们认为自然法的理论脱离了实在法规范领域而使其陷入了一种伦理学——政治学假定的领域中，凯尔森始终坚信"道德的不可知"，如果人们能够知道自然法所宣称的自然正义，那么实在法存在就成为多余简直是毫无意义的，它旨在分析实在法的结构，分析法律规范的等级体系，该规范摆脱了任何主观的价值判断，"是一个手段，一个工具"，认为恶法亦法。所以在认为现存法律可以为一切问题提供答案的基础上，主张依靠现存法律的相关规定而不考虑法律是否是正义的法。从侧面也论证了形式法律推理虽然形式上具有公式性，但是他却贯彻执行了法律的规定，有利于法律的实现。

（二）形式法律推理存在的必要性：形式法律推理按照确定的法律规则和确认的案件事

实严格适用法律的推理，主要是演绎推理模式，这种推理模式在法律推理过程中起到了至关重要的作用。它根据确认的案件事实，直接援用相关的法律条款，并严格按照确定的法律条款的命题结构形式所进行的推理，主要表现为根据一般性的法律规范命题，推导出具体案件裁决，判处结论的思维活动，是一种演绎推理模式。人们偏爱三段论这种思维方式，是因为这种镶嵌在我们大脑中的思维规则有以下功能：其一，合法性、合理性与客观性功能。人们相信通过三段论可以推导出法律的正确答案。“三段论的推理非常有力，又为人熟知，因此，渴求自己的活动看上去尽量客观的律师和法官都花费了很大力气使法律推理看上去尽可能像是三段论。”三段论推理依据系列前提和逻辑联系，得出了一个无可辩驳的结论，所以，三段论经常被视为具有合理性特征。三段论演绎推理可以保障法律推论中同样法律事实受到相同处理，保障法的安定性，以及“以最可靠的方法来审查推论各环节的准确性”。所以，就像波斯纳所说，虽然对三段论有些批判，但是，“多数法律问题却还是以三段论方式解决的”。其二，确定性功能。三段论推理有助于建立一种逻辑一致的命题体系，提高法律适用的一致性、可预测性，并且会使整个法律体系具有更大的确定性。三段论推理是“必然得出”的保证。其三，正当性功能。三段论推理形式曾被人们广泛地质疑，因为推理不能解决推理中的所有争端。但其合理性在于，三段论推理模式为法庭提供了一个证明他们做了什么的理想的机制，用一种客观和直观的方式展示其判决是与法律规定一致的，而不是从法官自身的法律原则中推导出来的，这也是上级法院检测下级法院适用法律是否正确的一种依据，从而保证了整个法律体系的统一性。其四，对未来案件解决的指引功能。三段论为法官、诉讼当事人等提供了一个导引，尤其当先例中确立的原则—处的件案决判使能可供提理律法推理的大前提被应用于其他案件时，案例法的权威性就会增长，三段论就会为未来相似坚实的基础。司法判决采用三段论的形式意在给判决赋予权威性（有效性）特征，并者和当事人服从法律。法官在适用法律的过程中必须严格按照法律规定进行，其裁判的过程是一个严密的演绎推理过程，从外部表现来看即一个形式论证的过程，因为法官在法律规定清楚明白，且无漏洞时必须严格的像一台复印机一样，使真正的法律能够在个案上具体再现。它的重要行是不用质疑的，运用逻辑演绎方式这种行之有效的方式进行论证是被实践所证实的，法律制度以条文的形式体现出来，要将其一般规定和纷繁复杂的社会众像联系起来依靠这种手段是确实有效的，已经公布于众的成文法律能够被最广泛的公众所了解并予以实行，而形式推理对于贯彻法律适用上的这种法律平等，防止司法专横，实现“法律面前人人平等”是一种重要的保证。

在简单案件中，司法者直接援用立法者制定的规范性法律文件作为法律推理的大前提在那些事实清楚、法律规定明确的简单案件中，当案件事实确认后，司法者如果能在现行有效的法律中寻找出确定的法律规则、法律原则或法律目的作为大前提，就可用运用三段论的审判格进行判决。正如博登海默说的：“法官有责任按照某一明显应适用于一个诉讼案件的法律规则来审判该案件……法官要始终如一地、不具偏见地执行法律命令。如果有一条法规规定对政府官员行贿受贿加以惩罚，而且已经确定某一个人（政府官员）已具有了这种行贿受贿之行为，那么法官或陪审团应当得出三段论逻辑所要求的必然结论，还应当制止用偏见或其他无关的考虑来解决该案件。”

三、形式法律推理的价值

在审理案件事实清楚的案件的过程中，获取法律大前提集中地体现了立法者的价值判断，断案所依据的法律大前提是从现有法律规范性文件中直接援引出来的法律规范命题。而任何法律规范命题都是服从于当初制定此法律规范的立法者的意图，是一种应然的状态，而"应该怎样"说到底都是从实体上或程序上对一定利益集团的某种需要的肯定，这种肯定就是立法者的价值判断。如果行为人破坏了这种稳定社会关系，对社会造成了危害就应当收到司法者的依据法律以恢复社会正义而实施严厉制裁，由此可见，"立法不过是一定价值判断的记录"，此过程中法官所要做到的是"寻找和发现法律"，仅仅依靠逻辑便可解决实践问题。

法律推理的这种形式推理过程本身有它的存在价值，它将"合法"的价值观念蕴含其中，形式法律推理就是将法律与形式逻辑相结合而生，法律就是一种经理性以主观意志表现出来的一种代表人民利益的思想意志，但是形式逻辑便是这种意志的行事规则，我们依靠这种方式保证思维活动的稳定性、确定性。法律的稳定性和形式逻辑的固定化有机结合便形成了稳定的法律秩序，而我们恰恰是以来法律秩序将人类各种形形色色的关系纳入法律的合法轨道，"合法"意味着一种立法时我们要严格地按照法定的程序和方式进行，使我们确保有合乎正义的法律来遵守，其次我们的司法过程也要严格遵守法律的规定，法官在执行其职务的时候必须严格按照法律的规定来进行，不允许任何的"法官造法"现象。

波普尔在《逻辑演算和算术演算为什么可以应用于实在》中说，逻辑定理就像公路规章或象棋规则一样，我们的思维必须遵守他们，不能违反他们。因为三段论推理的应用在司法推理中应用的特别突出，所以很多法理学家将形式推理基本就限定在这个推理中。在以"法治"为标志的现代社会中我们要保证社会实体正义，首先应该从程序正义上予以保证，实质正义是无懈可击的程序正义的一种意料之中的派生物或副产品。

四、形式推理在法律适用中的缺失

虽然形式推理确实有其不可忽视的重要作用，在保证程序上和实质上的正义是一种重要的手段，但是我们也应看到它的缺陷，在我们刚刚起步的法治建设的道路上必须坚持并且将其不断的完善，使其能够真正的发挥作用。

随着社会飞速的变化，社会现象也日新月异的发生着变化，每天都会发生新的问题，而法律为了保证其权威性及稳定性，以有利于社会公众方便了解并将其作为生活准则，用其规范我们的生活，指导我们的行为，为我们提供行为模式不能轻易发生改动，并且由于其有严格的制定程序，改变它不是一朝一夕的事情，因此必然使法律存在法律漏洞，表现出僵硬性，甚至与社会现实脱节，成为一部没有生命没有意义的写在纸上的无用的法。

博登海默也指出："形式逻辑在解决法律问题时只具有相对有限的作用。当一条制定法规则或法官制定的规则一其含义明确或为一个早先的权威性解释所阐明对审判该案件的法院具有拘束力时，它就具有演绎推理工具的作用。但是另一方面，当法院在解释法规的语词、承认其命令具有某些例外、扩大或限制某一法官制定的规则的适用范围或废弃这种规则等方面具有某种程度的自由裁量权时，三段论逻辑方法在解决这些问题时就不具有多大作用了。”

形式法律推理过程中的大前提是不确定的，即使法律看起来规定非常具体，但是我们在选择其适用的规范时，由于法律规范的种类繁多，难免会出现相互冲突的情况，此时我们就要面临选择，而这仅仅依靠逻辑方法和规律是不能够完成的，需要司法官发挥主观能动性从而发现最适合的法律，此外法律规定的语言有时是不明确的法官解释法律，对字面意思进行扩展或限制解释时也要借助相关的法理予以进行。其次小前提也是不确定的，我们在进行法律推理时并非直接将法律和相关事实加以连接从而得到结论，而是要将案件的事实进行去粗取精找到与案件最密切相关最关键的事实，再根据事实去发现应该依据的法律规范，此后再将法律规范和相关的法律事实结合起来做出公正的判决，仅仅依靠逻辑推理是不能够得出符合法律意旨的价值判断。所以形式逻辑推理在法律推理中并不是很游泳的模板，它的功能仅仅表明某个推理过程无误，而不是确立这一过程的结果的正确。它就像数学一样，所探讨的是概念间的关系而不是概念与事实的对应关系，法律制度不能不关心经验真理的问题。其次，形式推理缺乏说理的功能。法官在审理案件中听取双方当事人的意见，正如哲学家佩雷尔曼指出：“法官在听取双方的意见后并不像一台机器一样运作，而是一个拥有价值选择的个人，更多时候是自由而不专断的作出裁决。因此法官最终的判决决定了对一方当事人观点的偏好，法官需要建立相关的事实以支持它。”这不是三段论所能获取的。

五、法律适用中对形式法律推理的弥补

我们如何在法律的局限性和有效性之间进行平衡，使其在法律保证稳定性的基础上发挥着最大的调整功效，更广泛的对社会现实进行调节，以稳定社会秩序，保证社会公共利益便使我们急需解决的问题。

我国是以成文法为渊源的大陆法系国家，随着人类社会的不断向前发展，立法为制定法律时不可能预见社会生活的方方面面，也不可能制定包罗万象的法律，因此，可能出现法律漏洞，当法律没有明文规定或法律规定的过于抽象，含糊不清时严格运用形式逻辑进行法律推理可能显失公正，违背了立法者的旨意。因此在适用法律时，是指法律推理就显得尤为重要。法律适用中必须坚持以形式法律推理为主，以实质法律推理为辅。

（一）实质法律推理的含义与特征

实质法律推理是根据立法者制定法律规范的价值理由而进行的推理，他必须涉及对法律规范和案件事实本身的实质内容进行评价，做出价值判断，从而拒绝“恶法”之适用，其追求的是实质法治，在某些特定的场合以一定的价值理由为依据而进行的适用法律的推理。其实质即依据对法律规定或案件事实本身实质内容的分析、评价为基础的价值判断

实质法律推理的重要特征是它的实质性而非形式上的，通过实质法律推理得到的结论不具有逻辑上的必然性，而是具有某种程度的说服力和可接受性。另一方面，实质推理的结论缺乏确定性和可预见性。

（二）实质法律推理的常见形式

实质法律推理是根据法律基本规则、公共政策、习惯以及行业规范、法理或学说进行的

一种推理，它主要是为法官依据法律审理案件时提供一种具有极大说服力的价值判断，以弥补法律的不完善和空白，使法律能够与社会现实相联系。

（三）实质法律推理的价值

在此简单列举一例，前不久南京发生的轰动全国的“组织同性卖淫案”，如仅依靠形式逻辑推理犯罪分子按照罪行法定的原则不会得到应有的惩罚，因为我国的现行法律中并未规定“同性卖淫”，而司法机关在参考立法精神和公序良俗的原则上，借鉴以往的司法经验，对犯罪者做出了有罪判决，这就是实质法律推理在形式法律推理存在缺失下对其所进行的弥补。

实质法律推理追求的价值目标是“合理”，它是以立法目的和立法的基本价值取向为依据而进行的辩证推理，往往是在没有明确的法律规定或法律规定明显不能适用的情况下进行的，合理指的是符合社会进步与社会发展、发展民主、保证人权和公序良俗的理念。另外，从更为根本的意义上说，实质性推理所蕴含的衡平、灵活赋予法律以适应性等价值功能不仅对判例法国家具有重要地位，就是在成文法国家也同样的重要。只有根据社会现实的要求，不断地用价值判断方式创立的相应规则，才能避免和减轻制定法的僵化，保持其生命力。

法律逻辑注重实质法律推理并不是说完全脱离形式法律推理，而是在形式法律推理的基础上对法律规定或案件本身实质内容进行分析、评价，做出价值选择，在适用法律逻辑进行推理的活动中，形式法律推理与实质法律推理经常交叉使用，互相渗透、互相补充，密不可分。严格地运用形式逻辑的进行推理既可以体现“法律面前人人平等”和“依法审判”的原则，也可保证法律的确定性、稳定性和可预见性，这无疑是达到法治所必需的。但是在某些特定的场合下，严格地运用形式法律推理根据法律外部的世界和一定的价值理由，基于对法律规定的案件事实本身实质内容的分析、评价为基础做出价值判断与选择。

结　　语

法律适用中的逻辑不是形式逻辑的简单应用，更不是单纯的逻辑推演活动，而是形式法律推理与实质法律推理的综合运用，并且在遵循形式有效的前提下，注重实质的合理性。随着我国法制化的进程的不断向前推进，我国在一些法律领域和部门越来越注重法官对案件事实作出判决时特别是在疑难案件货法律本身规定相互交叉或相互矛盾时；或者依法律规定运用形式法律推理适用法律明显违背法律精神或立法者的真实意图时，法官必须要考虑立法者的意图、法律精神、法律的一般原则以及法律部、国家政策，当前情势、社会公共道德和秩序等因素，对案件事实做出公正合理的判决。

法律逻辑在发展过程中将越来越注重形式推理与实质法律推理的综合运用，并且尤为注重实质法律推理在解决疑难案件与存在法律漏洞时作出判决时的作用。法官在审理案件时必须以事实为依据，以法律为准绳，根据法律和案件事实本身的实质内容做出分析和判断，不能简单套用形式逻辑已有的理论作出判决和裁定。因此，正确合理运用形式逻辑推理基础上的实质法律推理符合时代精神，适应社会发展，弥补了法律本身存在的漏洞，维护了法制统一，这样才能更有利于法律逻辑的发展。

实质法律推理的功能和作用越来越重要,已经成为法律逻辑发展的一种趋势,客观事物纷繁复杂,千奇百怪,而且社会情形日新月异,新事物不断出现,法官只有运用实质法律推理,凭借自由裁量权进行合理的权利,做出价值判断和取舍,才能做出更加合理、妥当的处理结果。弥补法律的疏漏,维护法制统一。

参考文献:

[1] 郑永流:《法律判断形成的模式》,《法学研究》,2004 年第 1 期。

[2] 陈金钊:《法律推理及其对法治的影响》,陈金钊,谢晖:《法律方法(3)》,山东人民出版社,2004 年版。

[3] 解兴权:《通往正义之路》,中国政法大学出版社,2000 年版。

[4] [美] 博登海默:《法理学、法律哲学与法律方法》,邓正来译,中国政法大学出版社,1999 年版。

[5] 焦宝乾:《法律论证导论》,山东人民出版社,2006 年版。

[6] 季卫东:《应然与实然的制度性结合(代译序)》,[英] 麦考密克,[奥] 魏因贝格尔《制度论》,周叶谦译,中国政法大学出版社,1994 年版。

[7] [美] 亚狄瑟:《法律的逻辑》,唐欣伟译,商周出版社,2005 年版。

[8] [德] 拉德布鲁赫:《法学导论》,中国大百科全书出版社,1997 年版。

[9] 冯文生:《推理与诠释》,法律出版社,2005 年版。

[10] 陈林林:《判的进入与方法———司法论证理论导论》,中国政法大学出版社,2007 年版。

[11] [奥] 凯尔森:《法与国家的一般理论》,沈宗灵译,中国大百科全书出版社,1996 年版。

[12] 张继成:《价值判断是法律推理的灵魂》,《北京科技大学学报》,2001 年第 1 期。

法律推理研究的新纬度

——法律推理的语用转向探析

李永成*

引　　言

法律推理作为法律适用的核心思维形式，是法律逻辑学和法哲学共同关注的重要研究对象。对于法律推理的研究，纯粹从语形和语义角度所进行的研究，如道义或规范逻辑研究，目前仍局限于构建系统的阶段，如何将这些系统运用于法律实践，尚缺乏有效的实证研究。① 将语用纬度引入法律推理研究（并不排斥语形和语义研究，而是将其涵盖于语用研究之中）可能为法律推理研究注入新的活力，也代表了法律推理研究的新方向。语用研究不排斥语形研究中的形式化方法，只是这种语用研究在形式化过程中已将语用因素纳入其中，这在当代人工智能与法律研究领域表现得最为突出。这说明，所谓语用研究实际上是一种将语形、语义和语用研究结合起来的努力。法律推理作为涉及法律实践的思维形式，其研究离不开法律适用这一语境，因此，对法律推理形式的研究必然要置于法律适用这一特定的语用框架中。对法律推理的语用研究已经成为研究法律推理的新阶段，这种语用研究的纬度有利于从更深层次上推动法律推理和法律逻辑的研究。

一、法律推理研究的三纬度

1. 法律推理研究的三纬度

从符合学、法律逻辑学及法哲学的角度来看，法律推理研究存在三个纬度，即语形纬度、语义纬度和语用纬度，其中语形纬度是狭义的法律逻辑学的研究对象，而语义纬度和语形纬度紧密相连，是对语形纬度的解释。一般来说，规范或道义逻辑的语形研究主要采用形式逻辑的方法构造规范或道义系统，在此基础上，通过语义解释对该系统进行说明。这方面研究已经取得了一定的进展。不过，对这类逻辑系统在法律推理中的具体应用却成就不大，付诸司法实践仍需时日。当然，这种单纯构筑形式系统的努力事实上与历史上的概念法学的构

---

* 李永成，男，阜阳师范学院政法学院，副教授，哲学博士。本文为国家社会科学基金项目（《法律推理研究——语用学与语用逻辑的视角》）（07BZX046）的阶段性成果。

① 张文显教授认为，以法律推理活动的外在形式如公理、公式或符号系统等为对象的研究，属于法律逻辑学的任务。参见：张保生：法律推理的理论与方法[M]. 北京：中国政法大学出版社，2000. 序言第3页。张文显教授所指的法律逻辑学当属狭义的法律逻辑学，其中仍然将逻辑仅仅视为形式逻辑，这与当今国内外对法律逻辑的研究现状亦不尽一致。

想有一定的相似之处。[①] 概念法学及其类似思想对于资本主义法治的建立起到了极其重要的作用，如《法国民法典》和《德国民法典》的制定，以及以美国哈佛大学法学院院长兰德尔所倡导的法律思维模式，都是其中著名的代表。但自19世纪末20世纪初始，这种构筑疏而不漏之法网的努力受到了来自现实主义法学、自由主义法学和批判主义法学等法学流派的抨击，使得人们对法律和法律推理的确定性、一致性等法治思想产生了怀疑。期间尽管有德沃金和哈特等法学大师的极力辩护，但时至今日，人们对法治确定性的渴望和追求似已成为空中楼阁。对法治和法律推理确定性的批判在当代西方社会所引起的后果是严重的，这种批判在解构一种社会理想的同时，却并未同时建构起能够为社会所普遍接受的新的理想或确信。可以说，在我们所处的这个时代，人们对法治的认识已不仅仅是确定性、一致性、可预测性等特征，更多的却是不确定性、矛盾性和变动性。人们对法治的信仰已不仅仅是公平、正义和理性等，而更多的追求是所谓福利国家、政治、政策等目标。这种后现代的法治思想对现代社会的法治是否矫枉过正？这是一个值得深思的问题。特别是对于我们这样一个处于向现代法治社会过渡的国家来说，一方面需要实现现代法治社会，另一方面又要面对后现代法治思潮的冲击，如何建立一个适应时代需要的法治模式，包括法律思维模式，是法学界不容回避的一个尖锐问题。对于法律推理，如果仅从语形和语义纬度出发，以形式逻辑为基础，那么上述现实主义法学、自由主义法学及批判主义法学的批判仍未消除或者说仍然成立。问题的核心就是法律适用是否要么只有形式逻辑，要么是法律适用不需要"逻辑"而只需经验、政策等非逻辑的因素呢？[②] 答案显然是否定的。[③]

2. *法律推理研究的语用纬度*

法律适用的语用纬度在法律推理研究中已为众多学者所关注。这主要表现为以下几个方面，首先，法律适用所具有的论辩或对话这种语用特征，成为图尔敏(Toulmin)、佩雷尔曼(Perelman)、阿列克西、哈贝马斯、荷兰语用—辩证学派、非形式逻辑学家等研究法律推理的特色和起点。[④] 其次，法律推理的语用纬度不但重视原有的形式逻辑推理(即演绎和归纳推

---

① 概念法学的主要特征有：强调成文法，特别是法典；强调法律体系具有逻辑自足性；对于法律解释，着重于形式逻辑的操作；否定法官之能动作用；法学无须进行价值判断。参见梁慧星：《民法解释学》，中国政法大学出版社，2000年版，第60—61页。

② 此处的"逻辑"不仅仅是形式逻辑。正确的逻辑是一种还是多种？也就是对于逻辑是什么的问题，在逻辑学界存在一定的争论。笔者赞同陈波教授关于逻辑的广义或大逻辑的观点。参见：陈波著：《逻辑哲学导论》，中国人民大学出版社，2000，第325—326页，陈波著：《逻辑哲学》，北京大学出版社，2005，第22—26页。

③ 对于这个问题，不可避免地使人联想到美国著名法学家霍姆斯的名言"法律的生命不在于逻辑，而在于经验。"这句名言即使名言完全否定也极大地降低了逻辑在法律，特别是在法律推理中的作用。但是，霍姆斯先生这句话中的逻辑的含义是什么，一直是仁者见仁，智者见智。有学者认为，"在《法律的道路》中，霍姆斯至少在五个不同的意义上使用'逻辑'这个概念。事实上，他使用的'逻辑'仅仅包含这个概念不同指称中的一部分。这样，他其实差不多滑向他自己的逻辑谬误(也就是模棱两可)。"参见：[美]斯蒂文伯顿主编，张芝梅，陈绪刚译：《法律的道路及其影响——小奥列弗温德尔霍姆斯的遗产》，北京大学出版社，2005，P131.

④ 参见：Toulmin, S. E. (1958). The Uses of Argument. Cambridge: Cambridge University Press.; Perelman, Ch. (1980). *Justice, Law and Argument. Essays on Moral and Legal Reasoning*. Dordrecht etc.: Reidel.;[德]罗伯特·阿列克西著，舒国滢译：《法律论证理论——作为法律证立理论的理性论辩理论》，中国法制出版社，2002.;[德]哈贝马斯著，童世骏译：《在事实与规范之间：关于法律和民主法治国的商谈理论》，生活·读书·新知三联书店，2003.;[荷]菲特丽丝著，张其山等译：《法律论证原理——司法裁决之证立理论概览》，商务印书馆，2005.; Walton, D. N. Legal Argumentation and Evidence. The Pennsylvania State University Press, 2002.

理），而且更加重视不同于形式逻辑推理的所谓第三类推理形式。这种推理形式的名称尚不统一，此处暂以假设性推理（presumptive reasoning）命名之。[①] 法律适用中假设性推理是除演绎和归纳推理外极重要的推理形式，这种推理形式在法律论辩或对话语境中主要起转移举证或证明责任的语用作用，对这种推理形式的研究成为人工智能与法律研究的重点，也是非形式逻辑的重要研究对象。再次，论证图解方法是在法律推理和法律论证中作为分析推理与论证结构的重要方法。[②] 对于法官与诉辩双方来说，他们在提出、分析和评价推理或论证的过程中，必须首先把握自己以及他人的推理或论证的结构。这种图解方法的主要代表有图尔敏模式图解方法、非形式逻辑的标准图解方法以及图解软件方法（以 Araucaria（2006，3.1 版）为代表）。法律领域中的论证结构分析的图解方法主要有，证据学家威格莫尔（John H. Wigmore）用证据图表证个案中双方的证据（1931），用到了不少特殊符号表征不同类型的证据等。特文宁（William L. Twining，1991）也已经表述了证据图如何能应有于案件中的大量证据的分析。舒姆（David A. Schum，1994）也提出了图示他所称的"推理路线"的方法。第四，法律推理的语用纬度强调推理或论证的对话或论辩特征，强调推理或论证在语境中的使用，因而预设了推理或论证的表现形式不再是独白，而是对话。由此，法律推理的语用纬度所体现的对话特征就为"人工智能与法律"的研究提供了适当的基础，使得"人—机"对话更为完善与便捷。

法律推理研究的语用纬度并非是将法律推理的语形和语义纬度舍弃，而是在其基础上，进一步从语用纬度来对法律推理进行建构。法律推理的语用纬度的核心就是要在语境（以法律论辩或对话为特征之法律实践）中对法律推理进行研究，或者说就是研究推理在法律适用这个特定、特殊的语境中如何运用的问题。这种语用研究不仅仅关注各种推理的形式，更多地关注各种推理形式在法律实践这种语境中的使用问题。由于哲学的语用学转向、非形式逻辑对论辩理论的研究、人工智能与法律研究以及现代协商性民主理论的影响，对对话或论辩理论的研究已经成为当代哲学、逻辑学、政治学等领域的共同话题，这必然对法律推理研究产生重大影响，而作为现代法律实践核心的司法诉讼制度所具有的对抗、辩论与言辞主义特征，也使对对话及其语境的研究成为研究法律推理（及法律论证）的一个新的方向、基础和起点。因此，当代法律推理正在历经一次重要转向，即语用转向。这已经并将继续对法律推理的理论与实践产生重要影响。

---

① 针对 presumptive 和 presumption 的中文译法问题，存在一定的争论。Presumption 在法律领域中一般称为或译为推定。也就是说，presumptive 和 presumption 在词源上来自于法律和法律推理领域，并且法律和法律推理是使用该词语最重要的领域之一，但不管是沃尔顿，还是弗里曼（Freeman）等人都突破了法律中"推定"的含义，而是用 presumptive reasoning 指称与演绎和归纳推理所不同的第三大类推理，不只是法律和法律推理领域中的那种特殊的"推定"。另外，针对第三类推理，许多逻辑学家从不同角度进行了有益的探讨，主要有：皮尔士称为溯因（abductive）推理，韦尔曼（Wellman）的诱导（conductive）推理，斯克里文称为检证（probative）推理，波利亚和莱斯切（Rescher）称之为似真（plausible）推理，香港学者於兴中称之为可辩驳（defeasible）推理，国内有部分学者称之为合情推理。

② 本文并未将推理与论证加以区分，因为，"西方法学上，推理与论证这两个术语甚至被用作同义词。实践中，推理与论证这两种活动往往是交织在一起，同时出现。法律推理既用于法律论证，也用于法律证立（justification of law）当中。"参见：焦宝乾，《三段论推理在法律论证中的作用探讨》，《法制与社会发展》，2007 年第 1 期。

二、法律推理的语用转向产生的基础

法律推理的语用转向作为法律推理理论与实践的新纬度，不仅是法律思维实践的产物，也有其深刻的哲学、逻辑学、政治学等基础，主要表现为以下几个方面。

1. *哲学的语用学转向——法律推理的语用转向的哲学基础*

哲学在其发展过程中，历经了二次有名的转向问题。哲学的第一次转向，即由本体论转向认识论。这种转向在法哲学领域中确立了理性主义法律观，法治由此进入近现代阶段。但这种受启蒙理性及近代自然科学主客体两分思想影响而产生的各类法哲学，实际上并没有达到捍卫理性主体——人在法律实践中的主体地位。因为司法不可能是自动售货机，法官也不纯粹就是法律的嘴巴，法律与道德或伦理的关系或者说法律的正当性问题仍不容回避。由此，追求主体间性的法律成为解决这一难题的基本思路。哲学的语言学转向，特别是语用学的确立，为解决这一难题提供了基本工具。尽管主体对客体的认识是建立在主客两分的前提下，但在认识中，作为主体的人不可能是纯粹客观的，他是受"前见"影响着的，是戴着有色眼镜来看世界的，他所看到的世界是受一套特定的制度、思想方式、甚至风俗习惯所修改过的世界。总之，处于认识过程中的认识主体不是超验的、先验的理性主体，而是经验的理性主体。由于语言是理性的载体，是理解的基本工具，是主体交往的基本手段，语言对于行为主体来说处于一种先验的地位，对主体来说是一种客观存在。本体论哲学和认识论哲学局限于语形和语义分析层面，而语言哲学则延伸到语用分析的层面，通过分析语词在具体语境中的用法，获得相关的知识。这种语言哲学深刻地影响到法哲学，法哲学界也出现了语言学转向。总体说来，德国法哲学的语言学转向最为直接与彻底。例如，德国哲学家哈贝马斯指出，"四种现代思想主题标志着现代与传统的决裂。概括地说，这四种现代思想主题是：后形而上学思想，语言学转向，理性的定位，以及理论优于实践的关系的颠倒——或者说是对罗格斯中心主义的克服。"哈贝马斯这种语言学转向最初是在语义哲学范围内完成的，它付出了抽象化的代价，这种语义学分析不考虑说话者的言语情境、措辞及其语境、要求、对话角色和所持立场，一句话，置语义学于不顾。对此，哈贝马斯则以形式语用学为基础构建自己的交往行为理论。"事实上，从20世纪40年代开始，斯特劳森、奥斯汀、塞尔等哲学家就开始关注论证评价的语用因素。"英国哈特(新分析法学)、格莱斯(P. Grice)和晚期维特根斯坦及皮尔士(C. S. Peirce)和蒙塔古(R. Montague)等人也是语用学转向或转型的重要代表。例如，晚期维特根斯坦就指出，"一个词的意义就是它在语言中的使用。"国内学者中，周礼全先生是较早将语用学纬度引入逻辑研究的著名学者之一，他所主编的《逻辑——正确思维和成功交际的理论》是国内较早从语用学角度研究逻辑的著作之一。该书除了第一部分系引言性质以外，"大致说来，本书第二部分中的命题逻辑和谓词逻辑是属于形式语形学和形式语义学的；本书第二部分中的道义逻辑、认知逻辑、命令句逻辑和疑问句逻辑等则属于形式的(理论)语用学的范围；本书的第三部分属于描述语用学的范围；本书第四部分属于应用语用学的范围。所以，根据多数人通常的理解，本书的大部分内容或主要内容是属于语用学的范围。"李先焜先生指出了所谓言语行为理论与符号学及语言哲学的关系，并相应探讨了皮尔士、蒙塔古、莫里斯(C. Morris)等人对语用学转向的贡献。例如，他指出，"经典的数理逻辑主要涉及语形学(例如罗素与怀特海的 PM 系统与希尔伯特的形式主义证明论系统)与语义学(如模型论以及关于真值、指称、意义、命名、同义、可满足性、有效性的研究),但现代非经典逻辑也逐渐涉及语用学。例如蒙塔古内涵逻辑的一大功绩就在于拆除了人工语言与自然语言的人为障碍。蒙塔古指出,'内涵逻辑可以部分划归为语用学。'"

哲学在当代所发生的语用学转向,使得哲学的基本问题已不仅仅是追求所谓主客体模式,而主要是主体间的对话与交流。哲学的语用学转向为法律推理的语用转向提供了坚实的哲学基础。

2. *非形式逻辑的产生与发展——法律推理的语用转向的新逻辑基础*

现代形式逻辑在 20 世纪上半叶已经形成完善与成熟的理论体系,但自 20 世纪中叶开始,随着逻辑教学改革呼声的日渐高涨,伴随着二战后反战及民权运动的冲击,人们开始对现代形式逻辑在应对日常自然语言推理(或论证)分析与评价之不足提出了批判,并相应提出了替代或补充形式逻辑的各种模式。其中有突出影响的当数图尔敏和佩雷尔曼。相应地,图尔敏和佩雷尔曼也就成为非形式逻辑最重要的理论先驱。图尔敏在《论证的使用》(1958)中试图将逻辑从几何模式中解放出来,并认为逻辑以法学为模式将会做得更好。他所分析的论证要素不是传统的前提、结论和假定,他认为论证最好被解释为由被根据(或事实,data)支持的主张、依赖于正当理由的推理组成。正当理由本身可能需要"支援"支撑。对主张的支持常受到限制,要认识到存在可能的反驳情形。佩雷尔曼在其新修辞学中,将形式逻辑的范围降至证明而不是论辩上,并强调了论辩中说话者与听众的重要性;佩雷尔曼还对论证方式和类型及其分类进行了深入探讨,这些新的论证方式成为非形式逻辑关于第三类推理或论证形式的重要渊源。例如,非形式逻辑学家沃尔顿、莱斯切、弗里曼、斯克里文等人对适用于日常自然语言论辩的第三类推理或论辩类型所进行得深入探讨都由此得到了重要启发。如前所述,非形式逻辑的对话或论辩理论为法律领域中的法律推理或法律论证提供了更为适当的语用框架,例如,以汉布林为代表的形式辩证法,以爱默伦和荷罗顿道斯特为代表的荷兰语用—辩证法和以沃尔顿为代表的新辩证法都对论辩的对话语境进行了系统深入的研究。[①] 荷兰语用—辩证学派和沃尔顿还对这种语用的论辩理论在法律领域中的应用做了有益的尝试[②],已经对当代法律推理和论证理论产生了重要影响,也对人工智能和法律研究提供了新的语用框架和基础。非形式逻辑的论证图解方法为法律推理或法律论证的分析提供了比传统逻辑更为有用的工具。另外,为非形式逻辑所关注和擅长的谬误分析方法也对法律推理和法律论证研究有所助益。在以法律推理为研究核心的法律逻辑学领域,法律逻辑学也往往将谬误分析方法(主要是非形式逻辑谬误分析方法)作为其法律推理研究

---

① 参见:Hamblin, Charles L. 1970. Fallacies, London: Methuen & Co. Ltd. Reprint, Newport News, Va.: Vale Press, 2004. [荷] 朗斯·凡·爱默伦,[荷] 罗布·荷罗顿道斯特著,张树学译:《批评性论辩——论辩的语用辩证法》,北京大学出版社,2002 年版。[荷] 埃默伦,[荷] 荷罗顿道斯特著,施旭译:《论辩 交际 谬误》,北京大学出版社,1991 年版。[荷] 爱默伦、[荷] 汉克曼斯著,熊明辉,赵艺译:《论辩巧智——有理说得清的艺术》,新世界出版社,2006. Walton, Douglas N. *The New Dialectic: Conversational Contexts of Argument*, University of Toronto Press, 1998.

② 例如,[荷] 菲特丽丝著,张其山等译:《法律论证原理——司法裁决之证立理论概览》,商务印书馆,2005 年版。Walton, D. N. Legal *Argumentation and Evidence*. The Pennsylvania State University Press, 2002.

的补充。①

非形式逻辑是一种试图摆脱形式逻辑在分析与评价自然语言推理和论辩之局限性的一种逻辑理论，该理论通过发展刻画日常自然语言推理与论证的非演绎与归纳的逻辑理论，并通过对论证语境（即对话）的分析，从而使对推理和论证的分析由语形和语义纬度上升到语用的纬度，这事实上为法律推理研究提供了一个全新的视角。

在此需要提及的是，早在上个世纪末，法律逻辑学家雍琦先生就已经极具预见性地认识到非形式逻辑对法律推理研究的重要意义，他指出，"在对法律推理——法律逻辑的研究中，非形式逻辑方法，不失为一种值得采用的方法。"不过，雍琦先生此处所指的非形式逻辑与今天所谓的非形式逻辑是否是同一，可能存在一定的争议。因为，在当时(1997)，国内对非形式逻辑（学科）还处于知之甚少的阶段；当他指出非形式逻辑是法律推理或法律逻辑研究值得采用的一种方法时，他所指的非形式逻辑是一种方法，是与形式逻辑相对的一种方法，是非"形式逻辑"的方法。至于雍琦先生的本意，由于先生已经故去，所以就很难得到确证了。但无论如何，这并不妨碍我们从中获得关于法律推理或法律逻辑性质的启发或灵感。

3. *人工智能与法律研究的深入发展对法律推理的语用转向的促进作用*

人工智能的先驱，著名的数学家和逻辑学家莱布尼兹曾经探讨了推理与计算的关系，"我们要造成这样一个结果，使所有推理的错误都只成为计算的错误，这样，当争论发生的时候，两个哲学家同两个计算家一样，用不着辩论，只要把笔拿在手里，并且在算盘面前坐下，两个人面对面地说：让我们来计算一下吧！"人工智能与法律(artificial intelligence and law)的研究自 20 世纪中叶就在西方出现，到 20 世纪 70 年代该研究开始取得一定的进展。② 时至今日，各种各样的法律专家系统、法律数据库系统已层出不穷，可以说电脑已经部分地辅助或完成了在法律实践中人脑的劳动。让机器从事需要人的智能的工作的理想已经在一步步变为现实。尽管对人工智能在法律领域中的作用之大小仍存在争议，但在信息化的时代，随着计算机向各个领域的日渐渗透，对人工智能在法律领域中所起的积极作用，已不容否认。对法律思维的核心——法律推理模式的模拟也成为"人工智能与法律"研究领域的重点和难点，只有成功地对法律实践中所使用的法律推理进行模拟，才能真正实现电脑对人脑的模拟的"仿真性"。③ 由此，在人工智能与法律之间必然存在着相互促进的关系。人工智能对法律推理的模拟有利于法学界、逻辑学界对法律推理研究的深入（包括法律推理的模式、方法、框架等），还可以通过对人工智能与法律研究中所遇问题的解答中深化对推理的认识，例如，通过对人工智能模拟日常语言普通推理所遇到的问题，对人工智能如何通过人机对话进行推理和论证问题的解答，就使法律推理研究者进一步认识到研究不属于演绎与归纳推理的第三类推理的重要性，认识到研究对话理论的重要性。不管是第三类推理理论还是对

---

① 参见：[美] 鲁格罗·亚狄瑟著，唐欣伟译：《法律的逻辑——法官写给法律人的逻辑指引》，法律出版社，2007，第 161—268 页。

② 参见：Buchanan & Headrick：*Some Speculation about Artificial Intelligence and Legal Reasoning*，23Stanford. Law Review. pp. 40 - 62. 1970.

③ 在国外，有著名的研究人工智能与法律的刊物，即 Artificial Intelligence and Law，该刊主要刊登有关人工智能在法律中如何应用问题的论文。

话理论的研究，都需要对对话进行深入研究，需要研究对话的语境，需要研究推理在对话语境中的使用。这种研究也相应预示着法律推理研究的语用纬度，即由语形和语义而转向语用研究的发展趋势。

国内对人工智能与法律关系的研究虽然起步较晚，但可喜的是，近年来，已经有部分高校或研究机构开始了相关研究。例如，中山大学的逻辑专家和计算机专家的合作研究已经启动。

4. 当代政治上的协商性民主和多元主义——法律推理语用转向的政治和文化基础

在现代社会的发展中，民主、法治、文化的发展，并未随着社会的发展而一统天下，随之而来的却是一种协商性民主，法治和文化的多元主义。而且，随着后现代哲学的影响，随着哲学的语用学转向，哲学问题在很大程度上成了语言问题。政治上的话语理论即协商性民主成为现代社会民主政治的重要特征，而与政治有密切关联的法律，也体现了话语理论的特征。在西方社会，"把法律看作是一种话语的观点由来已久，而亘古长新。亚里士多德早就阐述过法律是一种话语的观点。福柯、哈贝马斯、佩雷尔曼、图尔敏及阿里克西等人在上世纪和最近的论述则把这一观点摆到了法律舞台上最抢眼的位置。"而法律的话语理论所隐含的法律推理模式并不能为传统形式逻辑推理模式所充分反映。法律的话语理论将法律中的推理或论证视为本质上是一种对话。在其理论中，推理或论证理论与对话或话语理论有着内在的、不可分割的联系，即：在对话中推理或论证，推理或论证以对话形式加以展示。[①]

此外，现代司法诉讼制度从体制上孕育了法律推理的对话与语用特征。其中最主要的体现是现代诉讼制度中的程序主义、辩论主义、言辞主义与对抗制等基本原则和基本制度。法律推理已经表现为一种互动的言语行为，具有鲜明的语用特征，而不是一种单向度的、独白式的思维形式。因此，对法律推理的研究，从单纯的语形和语义研究的纬度已不能充分体现法律推理的这种鲜明的语用特征。对法律推理的研究，要突破语形和语义的限制而进入语用层次。在法律实践中研究法律推理，既要研究法律中所运用的各类推理，如演绎、归纳（包括类比）及所谓的第三类推理，而且更要研究各类推理在不同的法律语境中的运用。

结　　语

综上，由于哲学的语用学转向、非形式逻辑的产生与发展、人工智能与法律研究之深入及协商性或对话性民主的确立，法律推理理应突破或超越传统的语形和语义研究之限制，进而深入到语用研究之纬度。这种语用研究的纬度要求我们更深入地把握法律适用之语境，

---

① 在西方哲学发展史中，以亚里士多德辩证法为代表的古希腊辩证法，经过中世纪的经院辩证法，再到当代语用—辩证学派的语用—辩证法和非形式逻辑学家的对话理论（如沃尔顿的新辩证法）有着一脉相承的传统。参见：亚里士多德：《工具论（上、下）》，余纪元等译，中国人民大学出版社，2003 年版。（英）吉尔比：《经院辩证法》，王路译，上海三联书店，2000 年版。Walton, Douglas N. The New Dialectic: Conversational Contexts of Argument, University of Toronto Press, 1998. 语用—辩证学派的著作已有多部译著，参见：[荷] 朗斯·凡·爱默伦，[荷] 罗布·荷罗顿道斯特著，张树学译：《批评性论辩——论辩的语用辩证法》，北京大学出版社，2002 年版。[荷] 埃默伦，[荷] 荷罗顿道斯特著，施旭译：《论辩交际谬误》，北京大学出版社，1991 年版。[荷] 爱默伦、[荷] 汉克曼斯著，熊明辉，赵艺译：《论辩巧智——有理说得清的艺术》，新世界出版社，2006 年版。

把握法律适用主体的语用特征，把握各种法律推理形式在不同法律适用语境中的使用。相应地，法律推理的语用纬度也能更进一步区分法律推理的正确使用与不正确使用甚至是谬误地使用。从根本上看，法律推理形式使用的正确与否，一般并不取决于推理形式本身，而取决于使用该推理形式所处的语境。例如，刑法中无罪推定原则是指，如果不能证明犯罪嫌疑人或被告是有罪的，就应推定其无罪，其推理形式是诉诸无知（argument from ignorance），在传统逻辑中，这种推理形式一般被认为是不正确甚至是谬误的。但在这种特定语境中，传统认为属于谬误的论证形式却是正确或可接受的推理形式。另外，法律推理的语用纬度，还要求我们对体现于现代民主政治中、哲学领域中、非形式逻辑领域及法律与人工智能领域中的对话理论（或话语理论，在非形式逻辑中则一般称为辩证法理论）以应有的重视，以此搭建沟通传统理论与当代理论之虹桥。

参考文献：

［1］Walton D. N. Argumentation Methods for Artificial Intelligence in Law. Heidelberg: Springer. 2005.

［2］葛洪义：《法理学基本问题的形成与演变——对法理学知识谱系的一种考察》，《法制与社会发展》，2005年第3期。

［3］［德］于尔根·哈贝马斯著，曹卫东，付德根译：《后形而上学思想》，译林出版社，2001年版。

［4］熊明辉：《自然语言论证评价的逻辑分析》，《哲学研究》，2006年第10期。

［5］［奥］维特根斯坦著，李步楼译，陈维杭校：《哲学研究》，商务印书馆，1996年版。

［6］周礼全：《逻辑——正确思维和成功交际的理论》，人民出版社，1994年版。

［7］李先焜：《语言、符号与逻辑》，湖北人民出版社，2006年版。

［8］Toulmin, S. E. The Uses of Argument［M］. Cambridge: Cambridge University Press, 1999 (Reprinted).

［9］雍琦：《关于法律逻辑性质及走向的思考》，《现代法学》，1997年第5期。

［10］肖尔兹著，张家龙译：《简明逻辑史》，商务印书馆，1977年版。

［11］於兴中：《人工智能、话语理论与可辩驳推理》，《第三届法律方法与法律思维研讨会论文集》，2004年。

论法律推理的可废止性

杨　敏*

“可废止性”一词来自英文单词“Defeasibility”，根据科林斯英语字典，可废止性最初是一个技术性法律术语，指主张一财产的能力或捍卫一土地的利益或致使归结起来同样的东西无效。① 亚利桑那大学的哲学家普拉克(John Pollock)在认识论领域研究发展了可废止性。他把可废止性视为人类认知的一般性特征。普拉克认为可废止性可以分为两种情况：一种情况是证伪，证伪意味着一个推定推翻了另一个推定。例如，根据西尔维亚的证据法官可以推定安妮是约翰的杀人凶手，而根据玛丽的证据可以推定亚德里恩是约翰的杀人凶手，后一个推定证伪了前一个推定；另一种情况是削弱，削弱意味着一个推定削弱了另一个推定的效力，例如，根据西尔维亚的证据法官推定亚德里恩是约翰的杀人凶手，后来发现西尔维亚这样作证是因为他收到安妮的贿赂，后一个信息就削弱了前一个推定的效力，虽然不能说亚德里恩就不是杀人凶手了，但西尔维亚证据的效力就大打折扣了。②

根据现代汉语字典的解释，“可废止”理解为可提出理由或根据来否定对方的意见。由此，我们认为法律推理的“可废止性”，是指一个推理的结论可能会因为前提中涉人的各种原因而被另一推理结论所推翻或否定。法律推理的基本模式是三段论，其前提由两个部分组成即裁判规范和案件事实。裁判规范主要是由法律规范所组成，但同时也会涉及法律原则及其他因素。法律规则的开放结构，一项具体规则的范围大小，规则的合法性及有效性等因素使法律规则成为可争议的对象。③案件事实的相似性、复杂性等不确定因素使案件事实也成为可争议的对象。因此，在以他们作为推理的前提推出结论时，其结论具有可废止性。在我国实行的法律审判制度中，“二审终审制”就是表明了法律推理具有可废止性特征，即便是终审后，仍然有申诉的权利，这进一步说明了我国已从法律上规定“法律推理结论的可废止性”。法律推理具有可废止性，是因为法律推理的大、小前提及推理过程具有可废止性。

一、法律推理大前提的可废止性

法律推理大前提具有可废止性，其原因在于大前提的不完善性。法律推理的大前提主要是由法律规范所成，当法律规定模糊，相互冲突或出现法律漏洞时，往往诉诸于法律原则，政策、价值判断等其他因素。就法律规范本身而言，它首先不是法律推理的唯一依据，当它

* 杨敏，西南政法大学，硕士研究生。

① J. Hage：, University of Maastricht Department of Metajuridica.

②，③ 於兴中：《人工智能、话语理论与可辩驳推理》，《第三届“法律方法与法律思维”研讨会论文集》(2004.8·乌鲁木齐)。

作为大前提时，因为立法者主观的因素及社会因素，不可能是完善的，整个法律体系也不可能是一个完美的体系。法律原则、政策、价值判断等具有高度的概括性、抽象性等特征，不同的人对其有着不同的理解，当把他们作为前提时，则该推理就具有可废止性。

法律作为“封闭完美的体系”的想法曾经在19世纪大立法化的时代盛行过，博登海默描述道：“欧洲大陆法系对衡平法裁量的拒斥，乃是伴源于相信法律体系已经是无漏洞且完全充足的。此种信念因着在欧陆许多国家相继制定的法典而更得到强化。”①又如“概念法学”的健将伯格博姆(Karl Bergbohm)对大立法的成果感到振奋之下，而天真地认为：“对于法律是有漏洞的这种观点是应该要加以彻底扬弃了。法律将是一个永无漏洞的完美存在者……它永不需要由外部引入任何东西来补充之，因为它永远是完满的……这可不是‘荒诞的杜撰’，而是无法不这么认为的事”②但是，在今天，法律作为“封闭完美的体系”的想法已经被扬弃了。没有一部法律可以涵盖社会生活中的方方面面，也不可能所有的社会关系都由法律来调整。

法律的基本功能是调整社会秩序和人的行为，但是法律作为一种行为规范，本身却具有一定的保守性，同时由于社会生活的复杂性，使法律在不同程度上具有滞后性。法律具有不合目的性、不周延性、模糊性、滞后性等局限性，这些都是法律不完善性的表现，从而在一定程度上导致了法律推理的可废止性。法律不可能作为“封闭完美体系”的原因主要有以下几方面：

1. 由于立法者认识的局限性，法律不可能包含社会中的各种情形

从哲学的角度来看，人类具有意识性、主观能动性，能认识、改造客观事物，能在总结经验的基础上，依据科学方法作一定程度的预见，但是人类的认识能力具有有限性。人类认识要通过每一个人和每一代人的认识来实现，而每个人和每代人的认识必然要受到客观事物及其本质暴露的程度、社会历史的实践水平(生产状况、科学技术状况和阶级斗争状况)、主观条件(个人的知识结构、思想认识方法、立场、受教育程度等)、生命的有限性等方面的限制，因此，他们对客观世界的认识总是有限的。因此，人类不可能预测到未来发生的一切。正如哈特所说：“如果我们所居住的世界是仅籍由一些有限的特征就可以被描述殆尽的话，……则事先我们就可以制定出涵盖一切可能发生的事态之法律。我们可以制定出完备的法规，运用这些法规到个案时永不需要法官再额外自行做决断。一切事情都可被预知，对每一事态吾人皆可预先理发规以待之。”③但是这种对一切的未卜先知当然是不可能的。德国学者拉伦兹也指出：“法律涉入形形色色及不断演变的生活事态，对这些事态，立法者无法事先一览无遗”④

2. 社会中各种因素对法律的影响，使它难以达到完美程度

法律作为人类历史一定发展阶段的产物，要受制于社会发展阶段及其他社会因素的影

---

① Edgar Bodenheimer, Hart, Dworkin, and the Problem of Judicial Lawmaking Discretion, in: Georgia Law Review, Vol. 11(1977), S. 1143 - 1172;S. 1145.

② Karl Bergbohm, Jurisprudenz und Rechtsphilosophie, 1. Band, Glashutten imtaunus 1973, S. 384 - 388.

③ Herbert L. A. Hart, The Concept of Law, Oxford21972, S. 125.

④ Karl Larenz, Methodenlehre der Rechtswissenschaft, Berlin21992, S. 205.

响。法律作为上层建筑属于意识层面,必然被作为存在的经济基础所决定。首当其冲的是当时社会中作为其物质基础的生产方式。纵观整个社会历史发展及法律历史发展,生产力及生产方式的落后必然会影响作为其上层建筑组成部分的法律制度的作用限度;横观整个当代世界,同样的法律制度,在发达国家与发展中国家的实施也大相径庭。除此之外,其他的如政治体制、文化传统、科学文化等均可能对法律产生不良的影响,从而使法律不可能形成完美的体系。例如,科学技术的飞跃发展,使立法机关在立法工作中面临着新的难题,立法机关的人员不可能对现有的科学技术全部掌握,他们也就不可能就这些部门的法律制定提出议案或在这些议案的审议过程中提出自己的看法。因此,法律在这些面的调整就可能出现漏洞。如说人工授精、安乐死等,它们都使原有的法律中出现了某种"空隙"。

3. *法律的稳定性与社会的复杂性、变化性之间的矛盾,造成了法律不完美的情况*

制定出来的法律不能朝令夕改,应该保持一定的稳定性,这样才能有利于人们了解、认识法律,有利于法律的遵守、执行,才能保证法律的权威性。但是,另外一方面,社会关系具有复杂性,而且变化莫测。这必然导致二者间出现矛盾,致使法律不可能涵盖社会的方方面面,一部法律对当时的情况来说是确定的,但是当环境发生变化时,可能导致不确定,具有可废止性。

4. *作为法律载体的语言本身所具有的模糊性,使法律规范具有可废止性*

我国学者认为"模糊性是语言本身所固有的特点,不能在语境中消除"。① 法律是以语言为载体,由于语言本身的不确定性导致了法律概念的可废止性。一个概念的中心含义可能是清楚的、确定的,但离开了该中心,它就逐渐变得模糊不清了。作为推理大前提的法律规范,虽然都表现为命题形式,并有着各自不同的逻辑结构,但它总是以某个法律概念(或称"专门术语")为中心而展开的。撇开其语词含义的暧昧或多义性等情况不说,就表面看来是非常确定的法律概念而言,其外延界限也并不如想象的那样清晰,它的边缘情况往往也是不明确和模糊的。因为在人们制定法律概念并对之加以规定的时候,通常考虑的都只是、也只能是能够说明这个特定概念的最为典型的情形。② 实际上,正如美国法哲学家博登海默所述,"在法律的各个领域中,我们都发现了棘手的难以确定的两可性情况","甚至像'糖果'这类术语,虽说第一眼看上去似乎相当具体、明确,但它在其中心含义和含义模糊不清之处也会产生解释上的困难"。③ 例如,在"禁止车辆驶入公园"的例子中,汽车、摩托车肯定属于车辆之列,但在决定旱冰鞋、玩具车是否属于车辆时就具有可以废止性了。旱冰鞋跟汽车一样都制造噪音(但不是那么大)并且威胁公园的秩序(虽然威胁程度小很多),而不相似的地方则包括这样的事实:旱冰鞋比汽车小得多,因而它不会损害空气的质量。旱冰鞋和汽车之间既有相似的方面又有相异的方面。这说明"车辆"这个概念具有可废止性。④

① 杨书文:《刑法规范的模糊性与明确性及其整合机制》,《中国法学》,2001年第3期,第170页。
② 雍琦:《关于法律逻辑性质及走向的思考》,《现代法学》,1997年第5期。
③ [美]E·博登海默著:《法理学——法哲学及其方法》,邓正来、姬敬武译,华夏出版社1987年,第466,467页。
④ 邱昭继:《法律中的可辩驳推理》,《法律科学》,2005年第4期。

二、法律推理小前提的可废止性

对法律推理的“小前提”即案件事实而言，从理论上讲具有客观性，但是对于案件事实的确认只能是使之尽可能的可靠，难以做到完全可靠。实践中，对事实几乎不可能有百分之百的确信，往往只有较为可靠的简单逼真性。[①] 案件事实往往都是已经发生过的，而且是一经发生，则不可重演。对于当事人、见证人来讲，案件事实基本上都是直接经验事实，但是对于法官、检察官、律师来说，案件事实通常不是他们自己参加或亲历的事实，而只能依据案件当事人、见证人、知情人根据直接看见、听见或经验的案件实际情况或者遗留的过去的痕迹物证等信息媒介来了解和把握。[②] 因此，对案件事实的认定不能作简单的断定，它会涉及方方面面的知识，需要各种认定的理由或根据。而任何一个具体案件，在事实方面总是生动、具体的，“两个案件在各个方面完全相同的情况几乎不存在。”[③]这些理由或根据对案件事实的支持度决定了案件事实具有可废止性。

1. 确认案件事实的根据具有可废止性

借以确认案件事实的根据，也就是可以用来证明案件事实的证据。这些根据以其自身性质和表现形式的不同，可分为物质性根据和意识性根据。所谓物质性根据，是指能证明关于案件事实情况的某种陈述为真的物品或痕迹（即客观存在的物体），也就是证据学中所说的“实物证据”。而意识性根据是指知道案件实际情况的人（当事人、见证人等）对案件事实情况的陈述，即证据学中所说的“言词证据”。[④] 例如，证人证言，当事人陈述、鉴定结论、调查笔录。

无论依靠物质性根据还是意识性根据来确认案件事实都会受到人的意识的制约，影响到案件事实的可靠性，使它具有可废止性。对物质性根据而言，它的可靠或不可靠的判定，通常只需要对照客观实际情况，并凭借感官的辨认、实验、观察等经验方法就可加以解决。其中更多的是经验证明问题，而较少涉及逻辑方面的问题。对于意识性根据而言更会受到提供者主、客观方面原因的影响和限制，因为人的观察难免有误，且记忆和转述的能力有限，以及语言本身之缺陷，当事人或证人的陈述常常不尽可靠，何况当事人或证人或多或少都可能不自觉地有所偏袒，所以证言的价值常常不免受减损。证言具有可废止性的原因主要涉及以下四点：其一，证人观察是否仔细；其二，证人把所观察的能否完全记下来；其三，证人能否准确表达所观察到的全部事实；其四，证人是否诚实。[⑤] 另外陈述者本人的思想变化或受外界干扰，也会影响到所提供的意识性根据的真实及其真实性的可靠程度。例如，证人、被害人、当事人被威胁、利诱或者与案件有利害关系，刑事被告人被刑讯逼供等等。[⑥]

另外还有一些案件，可能没有证人证言、物证等直接证据加以证明，而需依靠一系列间

---

① J. D. BREDIN，《司法逻辑与律师》，收录于《司法逻辑》一书，p. 93 及后，特别是第 98 页及后。
② 雍琦，金承光、姚荣茂：《法律适用中的逻辑》，中国政法大学出版社，2002 年版，第 179 页。
③ 朱景文主编：《对西方法律传统的挑战——美国批判法学研究运动》，中国检察出版社，1996 年，第 351 页。
④ 雍琦，金承光、姚荣茂：《法律适用中的逻辑》，中国政法大学出版社，2002 年版，第 185、186、187 页。
⑤ 宋冰：《程序、正义与现代化》，中国政法大学出版，1998 年版，第 47 页。
⑥ 雍琦，金承光、姚荣茂：《法律适用中的逻辑》，中国政法大学出版社，2002 年版，第 189 页。

接证据，形成证据链条，根据一些推论而加以确认。因为间接证据不能直接地反映出案件事实，而只能反映出与案件事实有关的，某个片段或某个侧面的情况。因此，这些间接证据的数量及相互证据间的衔接度都会影响到案件事实本身的可靠性。

2. 不同的主体对案件事实的认定，使之具有可废止性

案件事实认定的主体，主要是法官、检察官、律师等。这三者因所处的位置不同，因此，不同的法官、检察官和律师因个人方面各种因素的不同，或者出自不同考虑，或受到社会环境、价值观念、心理偏好的左右，即使对于同一案件事实的看法可能会不同。例如，一审法官可能因为各种原因，如对证据的认定不当，应该认定的没有认定，应该否定的没有否定，或者采用的方法不正确等导致认定的案件事实错误。而二审法官用同样的证据对案件事实进行认定，采用了正确的方法，把所得的事实与一审的相比较，则会部分不同甚至完全不同。

三、法律推理过程的可废止性

在法律适用的过程中，法律规则和法律原则只能提供初步的法律结论。只能在考虑到所有相关的规则和原则以及所有相关的事实后，我们才能获得方方面面都考虑了的法律结论。而人类的知识是有限的，这种困境意味着法律推理具有可废止性。[①] 法律推理的可废止性，一方面来自其大、小前提本身具有可废止性，另一方面也因法律推理进行的过程具有可废止性，主要涉及的是对大小前提的选择适用问题。法律推理的进行一般分为三个步骤：(1) 小前提的构建即案件事实的确认和定性；(2) 大前提的构建既为案件事实寻找相关的法律规范；(3) 对大、小前提的选择，并运用逻辑方法得出结论。前面所讲是从静态方面阐述法律推理具有可废止性，而法律推理过程的可废止性则是从动态方面阐述的。

1. 小前提的构建

小前提并不只是对案件事实的审查确认。它由两个不同的部分组成：(1) 某一案件事实是否成立，这一部分主要是由相关证据加以证明而得。(2) 该事实的定性是否符合准备适用的规则中的假设。[②] 即包括确认案件事实和在此基础上的司法归类活动。

司法实践中，案件事实是法官根据双方当事人提供的证据，在特殊情况下也由法院自己调查取得的证据而确认。对案件事实的确认一般要经过取证、举证、质证和认证等阶段。任何一阶段的活动都会影响到案件事实的可靠性，使之具有可废止性。取证是查明案件事实的前提，搜集证据的丰富与否将对案件事实的证明产生重要的影响。而举证、质证和认证也是一个反复进行的复杂过程，在这一过程中，需要考虑到举证责任的分配、证明标准等问题，而这些问题本身就是可废止的。比如证明标准，在民事案件中是对种种可能性的衡平，在刑事案件中也就是进行“排除合理怀疑”。

司法归类活动中，会涉及司法人员的主观意识，受他们意识的影响，由于他们对法律规范的理解不同，对案件事实的判断不同，从而构建出来的小前提也就具有可废止性。司法归

① 邱昭继：《法律中的可辩驳推理》，《法律科学》，2005 年第 4 期。

② Ch. PERELMAN，《事实与法律》，1961，p. 271。——R. MARTN，《事实与法律，还是当事人与法官》，JCP. 1974，I，2625，第 35 及后。——H. CROZE，《法国程序法上的定性问题研究》，博士论文，Lyon，1981。

类活动，就是对已确认的案件事实进行法律意义上的评价，舍弃其中不具有法律意义的特征，对其中具有法律意义的特征加以抽象和概括，并使之类型化，从而使其与法律规范中被假定(预见到)的法律构成要件具有可比性，最后将已确认的该案件事实归宿到某一特定的法律构成要件中去，实则以相关的法律概念的归涵为依据，使其归属构成某个法律规范的中心概念的适用范围。① 对某一案件事实进行司法归类的过程是一个复杂的过程，在这一过程中渗透着法律规范以及司法人员的主观意识。“人们普遍承认，法官的人格和信仰对于法律的实现有重大影响。它们不仅影响法官对法律规则进行解释，而且影响对当事人所提出的证据如何进行认定。所以，也就不可避免影响到‘已发现’的案件事实”。② 司法归类活动中，法官同样拥有较大的自由裁量空间。实际上，法官经常可以在事实当中选择那些能够导向他所期望的结果的事实。尤其是他可以只注重那些符合某种定性条件的事实，而这一定性决定着某一特定规则的适用。③

2. *大前提的构建*

大前提的构建主要是为案件事实寻找到有法可依的根据，但是法律如前所述有自身的不足，没有一部法律是十全十美的，能预设现实中的一切矛盾，而且，即使有些内容被预设，但是法律也可能因为模糊不清而难以适用。因此，在司法过程中找法的结果可能有三种情形：一是有明确的法律；二是有模糊的法律；三是法律的空缺。

第一种情形中，法官虽然可以直接把它作为法律推理的大前提，直接作出判决，但是针对相同或相似的案件事实而言，也可能作出不同的判决。例如：四川省南江县人民法院在审理吴某涉嫌强奸一案时认为，被告人吴某与被害人王某夫妻关系还处于存续期间，故吴某的行为不构成强奸罪。但是，上海市青浦区人民法院在审理一起“婚内强奸”案时，根据刑法第 236 条第 1 款的规定却认定被告人王某的强奸罪成立。

对于第二种情形则要进行法律解释，而在法律解释问题上可能会出现多解。由于受法官自由裁量权及不同价值观、利益观、法律素养等因素的影响，不同的法官有可能对相同法律产生不同的理解，从而对法律作出完全不同的解释。

第三种情形，需对法律进行漏洞补充，属于“法官造法”的范畴，法官拥有更大的自由裁量空间。而且，在进行法律解释和漏洞补充的时候还会涉及价值衡量，对各种价值准则进行选择、评价以获致公正的判断。正如拉伦茨所言：“在很多案件中，法官显然不能仅由法律，或仅借由法律可得认识的立法者的评价决定，就可以获得裁判。一旦法律应用所谓的不确定概念或概括条款，就会发生此种情形。于此，法律只界定一般的框架，在个案中法官必须另为评价，来填补框架的空隙。”④

无论在有明确法律规定时，还是法律规定模糊或未规定时，构建法律推理的大前提，都会大量凭借推理者的主观判断，因此，据此而进行的法律推理必然具有可废止性。

---

① 雍琦，金承光、姚荣茂：《法律适用中的逻辑》，中国政法大学出版社，2002 年版，第 276 页。

② ［英］彼得·斯坦、约翰·香德：《西方社会的法律价值》，王献平译，中国人民公安大学出版社，1989 年版，第 36 页。

③ ［法］雅克·盖斯旦：《法国民法总论》，陈鹏等译，法律出版社，2004 年版，第 39 页。

④ ［德］卡尔·拉伦茨著：《法学方法论》，陈爱娥译，商务印书馆 2005 年版。

3. 案件事实与法律规范间的往返运动

法律推理的大、小前提的构建不是一个机械的过程，也不是一个单一的过程，而是一个相互渗透，相互交织在一起的过程。大多数情况下，法官在司法实践中并不是简单地将法律规范适用于案件事实。法官需要将事实一般化，将规范具体化。这一过程体现出事实与规范相互关照，法律者要在事实与规范之间来回审视。[①] 米勒把它看作是“眼光之往返流转”，首先是往返于案件事实与有关的规范本文之间，其次则流转于——借前述过程而被缩小范围的——案件事实与相关的规范之间。之后，裁判者就可以形成适当的规范。最后，“个案裁判者的眼光往返于(透过规范方案及规范领域而研拟出来的)法规范以及(个别化之后的)案件事实之间”。[②] 这个过程是一个不断废止的过程。

综上所述，法律推理具有可废止性，其主要原因在于前提具有可废止性。对于法律推理的可废止性，我们需以客观的态度来对待，不能因为它具有可废止性，从而就否认它的作用。正确的做法是，在认识到它可废止性的基础上，充分发挥它在法律适用中的作用。

① 郑永流：《法学方法抑或法律方法》，《法哲学与法社会学论丛(第6卷)》，中国政法大学出版社，2002。
② [德]卡尔·拉伦茨著：《法学方法论》，陈爱娥译，商务印书馆，2005年版，第14页。

第三编　法律论证

法律论证研究回顾及述评

张晓光*

关于法律论证的研究，有两种对立的观点，一种法律分析主义，一种法律实用主义。分析主义主张司法决定过程是一个严格演绎过程；实用主义主张在审判的实践中，经验法官起着实质作用。同时，法律论证面临一个难题：法律论证离不开价值判断，而法律又必须公正，怎样把握、评估、衡量价值判断的公正，而又避免法律论证的主观臆断？本文以此作为切入，对所掌握的相关资料予以梳理和评述。

一、关于论证的界定

从逻辑的历史来讲，论证本身就是逻辑产生和发展的源起。

亚里士多德将推理刻画为一种论证。他在《论辩篇》指出："推理是一种论证，其中有些被设定为前提，另外的判断则必然的由此产生。当推理由以出发的前提是真实的和原初的，或者当我们对于它们的知识是来自于原初的和真实的前提时，这种推理就是证明。"①亚里士多德肯定了论证在逻辑理论中的地位和逻辑特征。即前提是原初的、必然的真，结论是从前提中必然得出，不可能虚假。他强调论证的目标是：论证的可靠性和有效性。亚里士多德研究了两种形式的论证：在《论辩篇》中，研究了对话式论证，即论辩；在《修辞学》中讨论了叙述式论证。据此，传统逻辑认为：推理和论证是不分的，密切关联，进而表述为，论证总是要借助推理来进行的，论据相当于推理的前提，论题相当于推理的结论，论证方式相当于推理形式。

根据传统逻辑观点，我国比较通行的论证定义是："根据某个或某些判断的真实性，来断定另一些判断的真实性的一种思维过程"。亦称"逻辑证明"或"证明"。② 国外很多学者也从不同角度给出论证的定义。如，韦伯斯特《新二十世纪英语词典》给出三个基本意义：论证(Argument)一词意义较为宽泛。1. 为赞成或反对一个命题、意见或标准提供证明、诱导信念，或使心灵信服；2. 争辩或讨论一系列推理；3. 讨论或写作的主题；在更为有限制的意义上，一个故事的情节或结构，或任何文字产品的摘要。③ Angeles 的《哲学辞典》给出了两

---

* 张晓光，男，华东政法大学人文学院，教授，哲学博士，硕士研究生导师。

① 苗立田主编：《亚里士多德全集》第1卷，中国人民大学出版社，1990年版，第353页。

② 《逻辑学词典》编委会编：吉林人民出版社，1983年版，第317页。

③ Websters New Twentieth Century Dictionary of the English Language, Rockvill, 1965.

部分的定义：1. 提供支持或否定某种东西的理由；2. 在逻辑中一些陈述被称为前提，逻辑地与进一步的陈述，即被称为结论的陈述相联系。① 柯比在最新版的《逻辑导论》中将论证定义为，一个论证是一组命题，它的一个命题被说成是从其他得出的，其他的命题被看作是对那一个命题的真提供支持或理由。②

论证(argument)一词，义广。关于论证定义，根据国内外学者的研究，大体有如下表述：

1. 论证是一组相互关联的陈述

"一个论证是一组相互关联的陈述。在这组陈述中，有一个陈述(即结论)是其他陈述的推论，或是由其他陈述所确证。所谓其他的陈述可以叫做'论据'、'理由'、'根据'或'前提'。因此，每一个论证由两部分组成：(1) 一个或更多个称为'前提'或'证据'的陈述；(2) 假定是有前提推导出来的并靠证据证实的结论。在这个意义上论证是与证明不同的。'证明'这个词语指的是一个完满的论证，也就是说，'证明'是一个确认其结论是真理的论证。有些论证是好的，有些论证是不好的。所以即使一个人为某个结论拼命争辩，但他仍有可能没有提出一个完满的论证，亦即是说他未证明任何事情。"③

2. 论证是一种可接受的理由

韦伯斯特《新二十世纪英语词典》给出论证的定义："为赞成或反对一个命题、意见或标准提供理由；一个理由提供证明，诱导信念，使心灵信服。"④

"在某个特定背景下的陈述集，其中某些陈述借助于背景中断定的推导规则而成为某个唯一的陈述的可接受的理由。"⑤

"论证是一个团体(个人)为打消另一个团体(个人)对某一主张的可接受性的现实的或潜在的怀疑而提出理由的过程以及该过程的产品"⑥

3. 论证是一种说服的陈述

《布莱克法律大词典》(第102页)对论证的解释："意图说服的陈述，意图说服的行为或过程。"《牛津法律大辞典》(第56页)的解释："说服他人接受某项结论或支持、证明这项结论的陈述。"⑦

4. 论证是一种支持的陈述或行为

"某一个论述(Ein Argument)是为支持某个命题而引入的隶属于某种论述形式的命题构成的。相应地，多个论述(Mehrere Argumente)是在比如有待证立的命题从直接提出或作为前提条件之一系列派生命题逐个地推导出来的情况下产生的。一个反对某命题的论述，就是支持一个与该命题相对立的命题之论述。"⑧

论证简单地说，就是举出理由(begründen)以支持某种主张(Behauptung)或判断

① Peter A. Angeles, Dictionary of Philosophy, Barnes & Nobel, 1981, p, 18.
② I. M. Copi, Introduction to Logic, Macmillan, 1986, 7 th ed. p. 6.
③ 转引焦宝乾：《法律论证导轮》，山东人民出版社，2006年版，第56页。
④ 转引刘春杰：《论证逻辑研究》，青海人民出版社，1999年版，第50页。
⑤ 刘春杰：《论证逻辑研究》，青海人民出版社，1999年版，第62页。
⑥ 武宏志、刘春杰主编：《批判性思维》，陕西人民出版社，2005年版，第27页。
⑦ 转引焦宝乾：《法律论证导轮》，山东人民出版社，2006年版，第23页。
⑧ [德] 罗伯特·阿列克西：《法律论证理论》，舒国滢译，中国法制出版社，2002年版，第115页。

(Urteil)。①

“论证就是用某些理由去支持或反驳某个观点的过程或语言行为,通常由论题、论据和论证方式构成”②

5. 论证是一种沟通交往形式

哈贝马斯认为论证:“是一种言语类型,在论证过程中,把有争议的有效性要求提出来,并尝试用论据对它们加以兑现或检验。一个论据包含着种种与疑难表达的有效性要求有整体关系的理由。”③

上述具有代表性的不完全归纳关于论证的定义本文将其概括为:是一种提供理由进行说服、支持、沟通的陈述。

鉴此,本文对此评述是:它与传统的论证定义至少有两点不同。我国逻辑教科书中较为通行的论证定义是:“根据某一个或一些判断的真实性,来断定另一个判断的真实性的一种思维过程。”(有的虽在表述上有稍许变化,但大体相同)。一是,传统的论证定义表示,是一个用真判断,断定另一判断为真的单向思维过程。而上述关于论证的定义则是说服、说理,说服、说理就要找出支持自己某种主张或观点的理由以及恰当的推理形式,以便使读者、听众、观众接受。这样它就不是单一的由真推真的思维过程,而是对话、商讨、论辩等语言与思想的双向或多向的交流。另一,就是强调论证的最终目的是谋求在特定的背景下的“可接受性”、“可信性”,而不是传统论证定义中的“真”。可见,在哲学背景和社会思想下所表述的论证定义,与传统的论证定义在思维的流向和论证的目的上是有区别的。

二、关于法律论证的表述

关于法律论证,也存有不同的理解。如德国法学家诺伊曼(Uffrid Neumann)根据“法律论证”一词在日本和德国法学界运用的情况,将其含义归为三大类:逻辑证明的理论、理性言说的理论和类观点——修辞学的构想。另一德国法理论家,“《法律论证理论》——作为法律证立理论的理性论辩理论”一书的作者阿列克西(Robert Alexy)④对法律论证给出的概念是,通过建构一系列的规则和形式这种程序性的技术,来为法律决定的正确性要求提供某种普遍化的、可靠的理性基础。

国内学界关于法律论证的界定也未明晰。熊明辉认为“其内涵和外延是什么?也是比较含糊的。目前国内的主流观点往往把法律论证看成是由英文单词‘legal argumentation’翻译而来,而本来应当译为‘法律论证’的‘legal argument’却被译为‘法律证据或法律争论’。法律论证是一项静态的成果,而法律论辩则是一个动态的过程,因此,法律论证不能等同法律论辩。但我们也看到,法律论证总是通过法律论辩来实现的,甚至可以说,法律论辩

① 颜厥安:《法与实践理性》,中国政法大学出版社,2003 年版,第 88 页。

② 陈波:《逻辑学是什么》,北京大学出版社,2002 年版,第 42 页。

③ [德]尤尔根·哈贝马斯:《交往行为理论:行为合理性与社会合理性》(第 1 卷),曹卫东译,上海人民出版社 2004 年版,第 17 页。

④ [德]罗伯特·阿列克西:《法律论证理论》,舒国滢译,中国法制出版社,2002 年版。

是法律论证的语境"①葛洪义认为:"论证是指通过提出一定的理由来支持某种主张、陈述、判断的正确性。法律论证是指通过提出一定的根据和理由来证明某种立法意见、法律表述、法律陈述、法律学说和法律决定的正确性与正当性。"②

本文认为,顾名思义,法律论证就是法律和论证的结合。作为与法律相结合的法律论证的特征应是由法律的特征所决定的。法律的特征是什么呢?著名的德国法学家罗伯特·霍恩博士给出这样的法律定义:"法律是受国家保障的、调整人类共同生活的和通过判决和解决人类矛盾的普遍规范的概括。"③从这一法律定义来讲,法律是普遍规范的概括,它的内容为对人的行为的要求、禁止与允许,它的标准是人们对各种社会价值的选择结果。规范意味着人们应该采取的某种行动,也就是根据法律,人们应该怎么做。

"法律论证应当包括四个方面的要素,即论证主体、法律理由、证明及证明方式、论证客体。因此,可以把法律论证定义为法律交涉活动的主体在法律交互活动中运用理由,并通过一定的证明方式对论证客体的合法性、合理性证明"。④ 所以,法律论证主要是为了论证某种规范或个别行为是否正确或者妥当与否,亦即是为了论证某种规范或个别行为的妥当性如何,而不是论证某种真理的存在与否。

根据这样理解本文认为,法律论证是存在于法律活动的一切场景。阿列克西从法律论辩分类的角度说明了法律论证适用的广泛性。他说:"我们可以区分为法学的(教义学的)争论,法官的商谈(dierichterliche Beratung),法庭的争议,立法机关(委员会和常委会)对法律问题的讨论,学生之间、律师之间,政府或企业的法律顾问之间的辩论,以及媒体有关法律问题所进行的带有法律论辩性质的争辩。"⑤魏因贝格尔,还从四个方面指出了法律论证所适用的领域,"(1) 在支持何为法律体系中的有效法律的时候;(2) 在对法律判决给出理由或独立于真实的法律诉讼以外的法律问题出具意见时;(3) 在法律推论的分析意见以及在作出法律决定过程中对政治法律的考虑与裁量问题当中;(4) 在法学家的解释分析当中。"⑥法律论证是以法律的客观存在为前提的,法律客观存在是人们长期的共同生活的过程中积累起来的有关行为正当性的知识,对这些正当性知识的认识、理解,及正当行为标准的掌握都是要通过法律论证确立的,所以,本文主张从广义角度对法律论证加以界定。法律论证应该包括立法论证、司法论证等一切法律活动。"法律论证作为一种正当化的活动,从性质上来说,它也是一种独特的职业技术,一种理性思维活动,一种法律方法。它具有目的性、论辩性、交涉性、合理性、实践性和拘束性等属性与特征。"⑦

三、关于法律论证的形式

法律论证的形式,亦即论证的模式。是基于一般论证理论领域中所研究的论证形式,从

---

① 梁庆寅主编:《法律逻辑研究》,熊明辉:《法律论证及其评价》,法律出版社,2005 年 7 月版,第 169 页。
② 葛洪义:"试论法律论证的概念、意义与方法",载《浙江社会科学》,2004 年第 2 期。
③ [德] N·霍恩(Norbert Hom)著:《法律科学与法哲学导论》,罗莉译,法律出版社,2005 年版,第 7 页。
④ 黄竹胜:《法律论证:概念框架与语义分析》,《广西师范大学学报》2003 年 2 期。
⑤ [德] 罗伯特·阿列克西:《法律论证理论》,舒国滢译,中国法制出版社,2002 年版,第 262 页。
⑥ Weinberger, Ota, Law, institution and legal politics, kluwers, Kluwer Academic Publicshers, 1991, p. 71.
⑦ 陈金钊主编:《法律方法论》,中国政法大学出版社,2007 年版,第 192 页。

学理上总结和提炼出的。武宏志、刘春杰等学者认为，一般论证理论常见的有 8 类 25 种论证模式：①

1. 基于个案的论证：例证推理、迹象推理；2. 根据归类的论证：归类推理、基于归类标准含混的反驳性推理、基于自立归类标准的反驳性推理；3. 因果论证：从因到果的推理、从果到因的推理、从相干到因果的推理；4. 基于承诺的论证：根据承诺的推理、指向承诺者个人行为的推理；5. 基于规则的论证：根据已确立规则的推理、根据例外的推理、援引先例的推理；6. 根据信息源性质的论证：根据知情地位的推理、诉诸权威的推理、根据品性的推理、根据偏见的反驳性推理、根据公众意见的推理；7. 实践论证：目标——条件推理、根据结果的推理、根据代价的推理；8. 渐进的论证：因果的渐进推理、先例的渐进推理、归类的渐进推理、相似的渐进推理。

法律领域中的论证形式既具有一般论证理论中的论证形式的常见特点，也有自身的一些独特性。有些论证形式既可见之于一般论证理论，也会体现在法律论证当中。法律论证上的论证形式存在多种不同的表现。不同的学者也有不同的概括。如，阿列克西在研究外部证成中曾论及的主要论证形式有：经验论证、解释规准、教义学论证、有关判例的适用。在特殊法律论证形式中他提及类推、反面论证、当然论证、悖谬论证等。② 阿列克西还依据现代逻辑工具对这些论证方式进行了具体分析。

苏格兰法学家内尔·麦考密克（Neil MacComfick）和美国法学家罗伯特. S. 萨默斯（Robert S. Summers）主编的《成文法解释比较研究》一书概要总结了阿根廷、联邦德国、芬兰、法国、意大利、波兰、瑞典、英国和美国九个国家的高等法院在裁判过程中通常采用的 4 类共 11 种最基本的法律解释方法或论证方法。③

本文对此评述：

1. 上述关于一般论证和法律论证的形式是基于融合的、有其共性。一般论证理论上的论证形式，也是法律论证的重要形式。并且一般论证和法律论证都别于传统的论证用一个真判断，断定另一判断为真的单向思维过程，而是侧重于找出支持自己某种主张或观点的理由的说服、说理，谋求的论证目的是在特定背景下的“可接受性”和“可信性”。如，以前提为真时，结论并不必然为真，亦即从前提到结论的思维活动往往表现为运用正常、正规或典范情形以说明一般、特殊或者个别的合理性为特点的合情推理（或似真推理，Plausible reasoning）的特性，和可辩驳推理（或可推翻的推理、可废止的推理，Defeasible reasoning）的属性，以及从论证所能推导出的结论并不随着前提的扩张而增加，在加入新的前提后，反而会撤回原本可推导出的结论的非单调推理（nonmonotonic reasoning）属性等等。

2. 上述论论证形式还有一个特征就是与法律推理密切联系。实际上在司法的理论实

---

① 武宏志、刘春杰主编：《批判性思维：以论证逻辑为工具》，陕西人民出版社，2005 年版，第 170—193 页。

② ［德］罗伯特·阿列克西：《法律论证理论——作为法律证立理论的理性论辩理论》，舒国滢译，中国法制出版社，2002 年版，第 343—349 页。

③ MacCormick，D. Neil and Summers，Robert S. ，Aldershot，Hants，Interpreting statutes：n comparative 时均，(成文法解释比较研究)，England；Brookfield，Vt. . USA：Dartmouth，1991. P. 464 - 474，512 - 525.

践中法律论证是不能离开法律推理的。

"法律语言的核心问题是如何说服人"①。法律论证,实质就是一种说理活动,是提出一定有力的理由来支持自己的主张的过程,而这种理由不仅为自己所接受,而且也为说服对象所肯定。由于法律论证属于一种规范论证,规范的存在意味着人们应该采取的某种行动,这属于应然命题,也就是根据法律,人们应该怎么做。所以法律论证不是为了论证某种真理的存在与否,而是为了论证某种规范或个别行为是否正确或者妥当与否。例如法庭论辩固然包含有对事实真相的论证,但是由于法定的证据规则和证明程序的存在,论证形式的合法性直接决定着事实真相的意义,也就是说,"证据"必须借助法定的证据形式和举证方式才能作为证据,也才能用于证明事实。可见,在法律领域中,法律所确定的"应当"的标准比事实更为重要;至于作为判断个别行为实质上正当与否的决定性标准的法律规则,就更是取决于人们认为它具有什么样的含义。而法律推理所要回答的主要问题是:"规则的正确含义及其有效性即是否正当的问题,行为是否合法或是否正当的问题,当事人是否拥有权力、是否拥有义务、是否应负法律责任等问题。"②从这一意义上来讲,法律推理和法律论证目标是一致的。

实际上,国外法学家也有在同义词意义上使用论证(argumentation)和推理(reasoning)。③ 法律推理(legal reasoning)和法律论辩(legal argument)或者法律论证(legal argumentation)往往在同一种意义上使用。或许因此,阿尔尼奥、阿列克西和佩策尼克的那篇著名的法律论证奠基之作采取了(legal reasoning)这一名称。④ 这里固然包含了西方法律文化对这一组词的独特理解,不过,这一组词的确存在功能上的关联。法律推理往往具有证成的功能。"法律推理不单单是导向某种确信的约束性逻辑,它表现为一组论据,其数量、质量和结构都是为了使人确信,而决策者在做出决定之前会判断这些论据的重要性。"⑤法律推理与论证活动往往有某种密切的关联。同时这就意味着,在裁判中,必须运用法律论证的具体规则和形式才能展示具体的推论过程。

3. 法律解释是法律论证的一种特定形式。从一般意义上来讲,解释和论证既有联系,又有区别。将法律解释容纳在法律论证框架下并作为法律论证的一种特定形式主要依据的是法律和法律论证的说理特征。若法律是明确的规范,就不需要解释。如麦考密克所说:"在简明案件中,法官能够诉诸既存的、没有歧义的法律规则。在疑难案件中,法律规则却需要解释,并且证立取决于如何解释。"⑥依此说法,法律解释是针对法律本身和事实的法律意义不清楚才使用的方法,且论证取决于如何解释。

---

① 葛洪义主编:《法律方法与法律思维论文集》,中国政法大学出版社,2003 年版第 7 页。

② 张骐:《法律推理与法律制度》,山东人民出版社,2003 年版,第 19 页。

③ Stefano Bertea, Certainty, reasonableness and argumentation. in Argumentation 18: 465 - 478, 2004.

④ Aulis Aamio, Robert Alexy and Aleksander Peczenik, Thefoundation oflegal reasoning,该文发表于德国的《法律理论》(Rechtstheorie)12(1981)。该文的德文译名为 Die Gundlagen der Juristische Argu-mentation in: W. Krawietz, and Robert Alexy eds, The Metatheorie Jurischer Argumentation, berlin: Duncker and Humblot, 1983,汉语的翻译为"法律论证之基础"。

⑤ [法]雅克盖斯旦、吉勒·古博:《法国民法总论》,陈鹏等译,法律出版社,2004 年版,第 43 页。

⑥ [荷]菲特丽丝:《法律论证原理》,张其山、焦宝乾、夏贞鹏译,商务印书馆,2005 年版,第 72 页。

法律论证作为一种规范论证，主要在于证明某种法律规范适用的正当性，而法律论证所运用的形式和规则要受到现行法的限制，此时，法律本身又不清楚，或者司法者对法律的文字出现多解、歧义或者出现对事实的法律意义存在疑义、异议，这就需要法律解释，这种解释的过程亦就是在有效力的法规范上作法律适用正当性的论证过程。因此，这种法律解释的功能就是法律论证的功能。将法律解释置于法律论证的“框架中，解释只能在一种更为广泛的规范性的宪法理论与政治理论内（它们属于更为广泛的实践论证的论点）得以阐明。”① “法律解释是法律作用于、内化于生活世界的过程，但是这样一个过程绝非法律解释者将法律单向强加于生活世界的过程。而是融合了交涉与议论的过程。通过解释的场域，当事人及社会公众对法律意见被吸收、整合，法律获得反思化机制与空间。增强了其可接受性与被认同度。”②对此，阿尔尼奥还提出了法律解释的程序部分和实体部分证立理论，程序部分提出了法律论辩之合理性规则，实体部分指出了何时法律解释的结果能称之可接受，指出只有某一法律共同体就特定规范和价值达成共识时，法律解释的结果才是可接受的。③

四、法律论证理论研究的三种方法

关于对法律逻辑的研究始于 20 世纪 70 年代初，随着国际法哲学出现的向以数理逻辑和语言哲学为基础的“实践哲学复归”的发展趋势，法律论证理论作为一种新的理论方向悄然兴起。到 20 世纪 70 年代末，经过阿列克西（Alexy）、阿尔尼奥（Amio）、佩策尼克（feczenik）等人卓有成效的努力，“法律论证理论”最终成为一个独立的研究课题，并在其后的 30 年间长足发展。国际法哲学与社会哲学大会（IVR）及其分会即多次将“法律论证”作为中心议题。④

关于法律论证的研究最具总结和概括性的研究成果是，荷兰阿姆斯特丹大学语言交流、论证理论及修辞学系伊芙琳·菲特丽丝（Eveline T·Feteris）博士于 1999 年出版的《法律论证原理——司法裁决之证立理论概览》一书，菲特丽丝（Eveline T·Feteris）将法律论证的研究概括为主要有三种方法亦即所称三种进路：逻辑学的、修辞学的、对话的。⑤

（一）逻辑学的方法

逻辑学的研究方法其代表人物有克卢格（Klug）、哈格（Hage）、普拉肯（Prakken）等人。他们将法律论证的合理性建立在形式标准之上，认为裁判结果正当的必要条件是，基于论证的论述必须被重构为一个逻辑有效的论述。其典型为亚里士多德的三段论逻辑，即大前提——小前提——结论的演绎过程，它要求结论必须得从前提中“合乎逻辑”地推导出来。从另一侧面看，它也隐含着法律裁决必须立基于某个普遍规则、同类案件应得出相似结论的

① Maccormick, D. Neil, Argumentation and interpretation in law, in Moral theory and legal reasoning /edited with an introducetion by Scott Brewer, New York: Garland Pub., 1998. p. 250.

② 王锋 张纬：《事实与规范之间》，《法律方法》第 2 卷，山东人民出版社 2003 年版，第 395 页。

③ ［荷］菲特丽丝：《法律论证原理》，张其山 焦宝乾 夏贞鹏译，商务印书馆，2005 年版，第 119 页。

④，⑤ ［荷］菲特丽丝：《法律论证原理——司法裁决之证立理论概览》，张其山等译，商务印书馆，2005 年版。第 10，11－17 页。

"可普遍化原则"(principle of unirersalizablity)。此外,命题逻辑、谓词逻辑、道义逻辑和晚近发展出的对话逻辑等规范性逻辑也是重构法律论述时可能会用到的形式工具。作为总结,菲特丽丝提出了法律论证的逻辑分析的三个步骤:为论证确立适当的逻辑系统——确立日常法学语言(自然语言)转化为逻辑论述(人工语言)的方法——进行逻辑转化,驳斥了对逻辑方法的各种误解,并适切地指出,逻辑有效性是法律论证合理性的必要而不充分的条件。它一方面构成了证立的基础,因为一切论证最终都必须在判决书中表现为合乎逻辑的论述形式,同时它将论证过程中的各种前提要素尽量明晰化,因而是一种实践性的批判工具;但另一方面它"只涉及前提和结论间的形式关系,而对从实质意义上前提是否能够令人接受,以及在各种法律规则之间作出的选择是否得以证立的问题不置可否。"

(二) 修辞学的方法

修辞学的研究方法其代表人物图尔敏(Tulmin)和佩雷尔曼(Perelman)。修辞方法注重论述在内容上的可接受性及其对语境的依赖,主张论证的目标在于获得"听众"的认可,而这一认可即构成论证有效和裁判正当的基础。

图尔敏(Tulmin)在其代表作《论证的运用》(the Uses of Argument)中,提出了"场域永恒"(field-invariant)和"场域依存"(field - dependent)两个概念。一项主张的可接受性部分依赖于支持这一立场而与内容无关的程序步骤,部分依赖于特定场合中的实质性评价标准。二者合起来构成了对裁判正当性进行评价的完整标准。由于实质性标准在不同的文化场域中各不相同,图尔敏阐述的重心放在了法律论证的步骤上。他认为,一项主张的证立须按固定的步骤依次进行,而法律论证中各种步骤在形式上是类似的。

佩雷尔曼(Perelman)的"新修辞学"理论是奠定在"听众理论"的基础上。他认为。裁判的正当性取决于"普遍听众"的认同,后者构成了论证合理性与价值判断客观性的标准。普遍听众包括两种含义:个人或社会自许为优秀的那种听众("理性的人"、精英);或作为论辩参与者的一切人之整体。① 它并不是一个具体实在的人群,而是由言说者虚构的对象,取决于言说者在特定时刻对被视为普遍接受的内容的理解,因而这一概念通常依赖于历史的、文化的和社会的因素。② 言说者为了获得听众的认可,他必须符合某种论证结构:从某个确定的起点(1) 出发,并经由确定的论证方案(2) 赢得别人对其观点的认可。(1) 论证起点可分为基于现实的共识和基于偏好的共识。基于现实的共识包括事实、真理与推定。事实是那些被认为无需讨论、被所有理性人都接受了的起点,真理涉及将事实与他者联系起来的更为广泛的原则,推定与前两者的区别在于其可被推翻。基于偏好的共识包括价值、层级和论题。价值指对某一事物的偏好胜于另一事物,层级指一种价值从属于另一种价值,而论题则是对前二者的证立。基于偏好的共识仅为特殊听众所认同,故不为普遍实践论辩所采用。(2) 论证方案是从被认同起点到欲证立的主张之间的传递途径,可以分为关联论证和分离

---

① [德] 阿列克西:《法律论证理论——作为法律证立理论的理性论辩理论》,舒国滢译,中国法制出版社 2002 年版,第 205 页。佩雷尔曼并没有对普遍听众清晰加以定义,上述两层含义为阿列克西所归纳。

② [荷] 菲特丽丝:《法律论证原理——司法裁决之证立理论概览》,张其山等译,商务印书馆,2005 年版,第 48 页。而阿列克西则认为普遍听众的概念其实就相当于哈贝马斯"理性的言谈情景",都构成了可普遍化的基础。[德] 阿列克西:《法律论证理论——作为法律证立理论的理性论辩理论》,舒国滢译,中国法制出版社,2002 年版,第 217 页。

论证两种类型。关联论证指将独立的元素组合为一个新的结合体，而对这一结合体进行肯定或否定的评价。例如，将生命的价值与堕胎行为相联系来证明堕胎是不道德的。它又可以分为三种类型：准逻辑论据、基于现实结构的论据和建立现实结构的论据。分离论证意在将已经由语言或传统联系在一起的元素进行区分，以避免出现不相容的情形。例如，将生命的概念分为一般生命与人的生命来论证堕胎的正当性。[①] 佩雷尔曼将法律论证作为以上一般论证的一个特例。他认为，首先，在普遍听众方面，法官作为言说者需要面对争议当事人、法律职业者、社会公众三类群体。其次，在论证起点方面，法官可以将法律规则、一般法律原则和特定法律共同体所接受的法律原则作为起点，其中一般法律原则由于其含义的模糊性在表述上为一个社会所最普遍接受。再次，在论证方案方面，他举例描述了法律解释规则的各种论述形式：矛盾论述、相似性论述、类推论述、充分论述、完备性论证、融贯性论证、心理学论证、历史论证、目的论论证、典型论证和系统论证。[②] 采取哪种论述形式取决于法官对法律概念的理解。对于佩雷尔曼的理论，菲特丽丝总结认为，它只是描述出了论证所面对的各种听众、论证中可能遇到的各种因素以及可能会运用的论述形式，而没有阐明在实践中面对不同听众时，如何具体运用各种因素和形式，因此其分析性大于规范性，不是法律论证的合适工具。

（三）对话的研究方法

对话的研究方法其主要代表有阿列克西、阿尔尼奥、佩策尼克，以及由冯·爱默伦（Van Eemeren）、格鲁特德斯特（Grootendorst）等人组成的“荷兰学派”。对话的研究方法主张通过程序的视角来讨论法律论证，将其法律论证视为经由商谈达成理性共识的一种理性沟通方式，认为论证的合理性取决于商谈程序是否符合某些可接受的形式和实质标准。形式向度关涉“内部证立”，强调应将论述重构为以法律规范和事实为前提，裁决结果为结论的逻辑有效的论述（即司法三段论）；实质向度关涉“外部证立”，证立在内部证立中使用的法律规范和事实本身的正当性。

五、逻辑对于法律论证研究的重要性

司法的理论和实践均以证明法律规范的设立和法律的适用都需要逻辑。法律论证作为一种理性思维活动必须合乎逻辑，必然包含逻辑。“逻辑的视角有着悠久的传统，并且依然主导着关于论证的研究”。[③] 许多学者都肯定了逻辑在法律论证理论中的重要性和作用。如有的学者指出：“论证理论主要源于分析学，这仍为今天几乎所有的论证理论家们所确认。”[④]魏因贝尔认为，作为现代法学理论的两个标志，其一是以凯尔森和哈特为代表的法律结构理论，其二是法律理性论证理论。二者都涉及将逻辑应用于法律的问题。逻辑论辩部分上是逻辑演绎，部分上是佩雷尔曼意义上的修辞论辩。[⑤] 因此，逻辑对于法律论证有着重

① ［荷］菲特丽丝：《法律论证原理——司法裁决之证立理论概览》，张其山等译，商务印书馆，2005 年版。

② 同上，第 52—53 页。

③ Lodder, Arno R, Dialaw: on legal justification and dialogical models of argumentation, Dordrecht; Boston: Kluwer Academic Publicshers, 1999, p. 147.

④ ［德］阿图尔·考夫曼、温弗里德·哈斯默尔主编：《当代哲学和法律理论导论》，郑永流译，法律出版社，2002 年版，第 147 页。

⑤ Weinberger, Ota, Law, instituteing and legal politics, Kluwer Academik publisher, 1991, p 70－71.

要的作用。

回顾逻辑与法律相互联系的发展历史，法学家们对逻辑对法律论证中的重要性和作用，是有过反复的认识。近代法学认为演绎推理的结论是必然的，而具稳定性、确定性、一致性的特征，受到法学家的极力推崇，因此，把建构概念清晰、位序适当、逻辑一致的法律逻辑体系当作追求的目标，所以，逻辑的有效性也就顺理成章地成为司法裁决论证之正当性的标准。但是，自19世纪中叶后期开始，随着概念法学的破产，在自由法学和利益法学的影响下，司法功能发生了很大的变化，司法不再机械、僵化，法官被赋予了更多的裁量权。那种法官如同"自动售货机"，法律与事实严格对应、制定法律完整无缺等观念受到了颠覆，因此，基于三段论为模式的法律逻辑受到法学家们的批判和责难。这种责难和批判主要体现如下四个方面：(1) 逻辑推理只能解决简单案件，而不能解决疑难案件。(2) 法律文本的步骤言行、相互矛盾及缺漏，使得推理无法进行下去，因而需要实质推理加以补充。(3) 真正的法律推理实际没有发生过，所谓的三段论式推理的依法判案，不过是一种包装。(4) 逻辑推理模式使法律出现了机械性和僵化性模式。①

本文认为将适用广泛和复杂的法律论证进行精确的形式刻画，和把法律论证看作简单的逻辑推演过程，视为逻辑学在法律领域简单的应用，都是篇颇和不全面的，其根源是将逻辑简单理解为单一的三段论演绎推理模式。

从有关文献资料上看，"逻辑"的含义是非常宽泛的。在亚里士多德那里是把逻辑视为一切科学的工具，几乎涉及人类思维的所有方面，讨论了范围广泛的逻辑问题，例如概念、范畴问题、直言命题、模态命题、直言三段论、证明的理论与方法、归纳方法、论辩与修辞、谬误及其反驳等。西方古代和中世纪的逻辑，是以对话和辩论的原则和技术作为重要的研究对象的，所以"逻辑学最初是一种论辩之术，后来演变为推理和论证的方法，从而成为科学的方法。"②一般认为，现代逻辑是以19世纪中期出现的数理逻辑为起点的，19世纪以前，在逻辑学的研究特别是教学中，一直延续这种大逻辑传统。19世纪后随着数理逻辑的创立，上述传统逐渐被边缘化。但20世纪以来，鉴于数理逻辑跟人的日常思维相去甚远，于是出现了许多新的逻辑系统，特别是"非形式逻辑与批判性思维"的出现，对逻辑的内涵又进一步增多和扩大。同时，所导引出的以非形式逻辑为基础的法律逻辑，以不断完善、不断深化的态势逐步在逻辑的框架里取得了应有的地位。基于上述对逻辑观念的宽泛理解，本文将逻辑对于法律论证研究的重要性给出这样评述：

一是，法律论证中所运用的推理不简单等于传统的三段论推理。把法律推理看作单纯的逻辑推演过程，视为逻辑学在法律领域简单的应用，主张"一个法律制度是一个封闭的逻辑体系，在这个体系中，正确的判决可以仅用逻辑方法从预先规定的法律规则中推断出来"，③的观点是不全面的、偏颇的。

二是，法律论证中对法律推理的研究更应侧重研究它的实质内容。因法律推理的大前

---

① 谢晖、陈金钊：《法理学》，高等教育出版社2005年版，第476—481页。

② [法] 雅克·盖斯旦、吉勒·古博：《法国民法总论》，陈鹏、张丽娟、石佳友、杨燕妮、谢汉琪译，法律出版社，2004年版，第35页。

③ [英] 哈特《法律的概念》，张文显、郑成良、杜景义、宋金娜译，中国大百科全书出版社，1996年版，第269页。

提法律规范是应然规则，应然规则主要涉及对法律规定和案件事实本身的综合评价。规则是抽象的、一般的，而案件总是具体的、个别的、特殊的，说明规则和案件事实是不相匹配的，如何将其两者恰当的匹配，这就涉及对法律推理的实质内容进行研究，沈宗灵先生提出："逻辑学已不仅是指研究思维规律的科学，不仅是从形式方面去研究概念、判断和推理，而主要是研究它们的实质内容。"①

三是，法律论证所运用的法律推理不等于形式逻辑推理，并不是不要逻辑，并不是它缺乏逻辑性。我们都承认这样一个讨论的前提，即"逻辑是建立在理性考虑基础上的"②那么法律推理也是一种理性思维活动，作为理性思维活动则必须合乎逻辑，必然包含逻辑的。

因此，我们在对法律论证中所运用的法律推理研究中，既要反对法律形式主义把法律推理看作单纯的逻辑推演过程，造成简单化、公式化的倾向，又要反对一切强调"经验"，强调在审判实践中，"法官的禀性起着实质的作用"的法律现实主义倾向。正如沈宗灵先生所批评的那样："就适用法律特别是就加强法制这一意义上说，形式逻辑对法律或司法工作来说是必不可少的。对法律目的的、精神或原则的考虑与形式逻辑不是对立的，而是相辅相成的。反对机械论法学，并不是要求法官代替立法者或容许司法专横。"③

理性是人们追求的目标，合理性是实现理性的桥梁，法律论证是实现合理性的必要手段，而法律论证则必须合乎逻辑。

参考文献：

[1] [德] 罗伯特・阿列克西：《法律论证理论》，舒国滢译，中国法制出版社，2002 年版。

[2] [德] 卡尔・拉伦茨：《法学方法论》，陈爱娥译，商务印书馆，2005 年版。

[3] [德] 尤尔根・哈贝马斯：《交往行为理论：行为合理性与社会合理性》(第 1 卷)，曹卫东译，上海人民出版社，2004 年版。

[4] [荷] 伊芙琳・T・菲特丽丝：《法律论证原理》，张其山、焦宝乾、夏贞鹏译，商务印书馆，200 年版。

[5] [英] 尼尔・麦考密克：《法律推理与法律理论》，姜峰译，法律出版社，2005 年版。

[6] [法] 雅克・盖斯旦、吉勒・古博：《法国民法总论》，陈鹏、张丽娟等译，法律出版社，2004 年版。

[7] [比] 马克・范・胡克：《法律的沟通之维》，孙国东译，法律出版社，2008 年版。

[8] [美] 凯斯・R・孙斯坦：《法律推理与政治冲突》，金朝武、胡爱平等译，法律出版社，2004 年版。

[9] [美] 列维：《法律推理引论》，庄重译，中国政法大学出版社，2002 年版。

[10] [美] 伯顿：《法律和法律推理导论》，张志铭译，中国政法大学出版社，1998 年版。

[11] [美] E・博登海默：《法理学：法律哲学与法律方法》，邓正来译，中国政法大学出版社，1999 年版。

[12] [美] 鲁格罗・亚狄瑟：《法律的逻辑—由法官写给法律人的逻辑导引》，唐欣伟译，商周出版社，2005 年版。

[13] 苗立田主编，《亚里士多德全集》第 1 卷，中国人民大学出版社，1990 年版。

[14] 葛洪义主编：《法律方法与法律思维》1—5 辑，中国政法大学出版社。

① 沈宗灵：《现代西方法理学》，北京大学出版社，1992 年版，第 451 页。

② 转引自〔美〕博登海默：《法理学——法哲学及其方法》，邓正来、姬敬武译，华夏出版社，1987 年版，第 483 页。

③ 沈宗灵：《现代西方法理学》，北京大学出版社，1992 年版，第 451 页。

[15] 陈金钊、谢晖主编:《法律方法》1—7卷,山东人民出版社。
[16] 张保生:《法律推理的理论与方法》,中国政法大学出版社,2000年版。
[17] 葛洪义:《法与实践理性》,中国政法大学出版社,2002年版。
[18] 颜阙安:《法与实践理性》,中国政法大学出版社,2003年版。
[19] 张志成:《逻辑思维与司法实践》,北京大学出版社,2005年版。
[20] 戚渊:《法律论证与法学方法》,山东人民出版社,2005年版。
[21] 梁庆寅主编:《法律逻辑研究》(第一卷),法律出版社,2005年版。
[22] 林喆:《法律思维学导论》,山东人民出版社,2000年版。
[23] 颜厥安:《法与实践理性》,中国政法大学出版社,2003年版。
[24] 陈波:《逻辑学是什么》,北京大学出版社,2002年版。
[25] 雍琦主编:《法律适用中的逻辑》,中国政法大学出版社,2002年版。
[26] 武宏志、刘春杰主编:《批判性思维:以论证逻辑为工具》,陕西人民出版社,2005年版。
[27] 吕世伦、文正邦主编:《法哲学论》,中国人民大学出版社,1999年版。
[28] 刘春杰:《论证逻辑研究》,青海人民出版社,1999年版。
[29] 焦宝乾:《法律论证导论》,山东人民出版社,2006年版。
[30] 梁庆寅主编:《法律逻辑研究》熊明辉《法律论证及其评价》,法律出版社,2005年版。
[31] 郭贵春:《语用分析方法的意义》,《哲学研究》,1999年第5期。
[32] 黄竹胜:《法律论证:概念框架与语义分析》,《广西师范大学学报》,2003年2期。
[33] 葛洪义:《试论法律论证的概念、意义与方法》,载《浙江社会科学》,2004年第2期。
[34] 张继成:《从案件事实之"是"到当事人之"应当"》,《法学研究》,2003年1期。
[35] 熊明辉:《诉讼论证逻辑分析》,博士论文打印稿。

谈谈诉讼论证的几个问题

熊明辉*

摘要：诉讼论证是法律论证的一个子类型，是指诉讼博弈过程中起、应、审三方分别使用的法律论证。主体性、交互性、动态性和目的性是诉讼论证的基本特征。诉讼论证的分析与评价离不开这些基本特征。换句话说，诉讼论证的分析不仅需要找出论证的前提与结论，还应分析其论证者与目标听众、论证目的与论证结构，而诉讼论证的评价除了需要满足一般论证评价的逻辑标准、论辩标准和修辞标准之外，还需要满足法律标准。

一、诉讼论证的基本含义

首先，诉讼论证与诉讼博弈紧密相关。

诉讼博弈是指诉讼过程中起、应、审三方两两之间的论证博弈。其中，有三个博弈方：起方是指诉讼博弈中提起诉讼的一方，它包括刑事诉讼中的公诉人或自诉人及其代理人、民事诉讼或行政诉讼中的原告及其代理人；应方即是指诉讼博弈中应诉的一方，它包括刑事诉讼中的被告人及其代理人、民事诉讼或行政诉讼中的被告及其代理人；审方是指诉讼博弈中的裁判方，它不仅包括法官，而且还可能包括陪审员。相应地，我们诉讼论证可为起方论证、应方论证和审方论证。

起方和应方作为诉讼的博弈方肯定没有什么异议，但许多研究法律博弈的专家通常把诉讼博弈仅仅看作起、应双方之间的博弈。然而，如果把诉讼博弈看作是一种论证博弈，毫无疑问，审方也应当属于诉讼博弈的一个博弈方，因为审方论证必须是建立在理性基础之上，其目的是要理性地说服目标听众，而不是凭借暴力工具让其他博弈方顺从，要经得起听众尤其是普遍听众的检验，也就是说，审方也需要进行论证博弈。

诉讼博弈是建立在起、应、审三方各自提出论证的基础上的，诉讼博弈实际上是一种起、应、审三方两两之间所进行的论证博弈。这里涉及什么是论证博弈问题。论证博弈是指这样一种博弈：一博弈者提出一个论证，而另一博弈者提出一个反论证，然后双方就己方主张进行辩护，同时质疑或企图反驳对方论证，直至双方意见冲突得到理性裁决。如大学生辩论赛、政治论辩、法庭论辩等就属于这种博弈。当然，理性裁决只是一个理想假定。事实上，绝对理性裁决是不可能的，我们能够达到只是一种相对理性裁决。但是，根据凡·爱默伦与汉克曼斯的观点，把问题由充当裁判员的第三方来决定谁是对的，这是一种武断但很文明的解

---

* 熊明辉，男，中山大学逻辑与认知研究所常务副所长，教授，博士生导师。

本文是教育部人文社会科学重点研究基地重大项目“非形式逻辑重大前沿问题研究”（2009JJD720022）的阶段性成果之一。

决方式，事实上它并决消除意见分歧，只不过是搁置了意见分歧[1]。

根据不同的标准，我们可以把诉讼博弈分为不同的子类型。首先，根据诉讼博弈参加者的身份不同，诉讼博弈可分为起应论证博弈（简称“起应博弈”）、起审论证博弈（简称“起审博弈”）和应审论证博弈（简称“应审博弈”）。其次，根据法律诉讼过程的阶段性，诉讼博弈还可分为一审博弈、二审博弈和再审博弈。一审博弈是指起、应、审三方关于案件事实及其法律后果的第一次诉讼博弈，其中起应博弈是一审博弈的主旋律。二审博弈是指起、应、审三方关于一审裁判结果的公正性的博弈，所表现出来的现象是起、应双方的第二次博弈。一方面二审博弈是起、应双方针对一审博弈中的案件事实及其主张的第二次博弈，另一方面又是针对一审裁决结果（审方论证）的一次博弈。在现有法律体系中，起审博弈和应审博弈只是隐性的，但实际上二审博弈中起审博弈和应审博弈才是主旋律，因为起、应双方都是直接针对一审审方论证而展开的，这就是有一审判决之后会出现两个上诉方的原因之一。再审博弈起、应双方针对已发挥效力的一审或二审裁决结果所进行的又一次诉讼博弈。

其次，诉讼论证是法律论证的一个子类型。

法律论证是所有法律活动的一个核心概念。许多人在说法律论证时实际上其指称的对象是法律诉讼过程中的论证，更狭义地说，是诉讼博弈中的审方论证。但以阿列克西、菲特丽丝为代表的当今有较大国际影响力的法律论证理论家都没有把法律论证仅仅局限诉于诉讼博弈过程之中，而是认为诉讼博弈之外也存在法律论证，如法学争论、法官商谈、法庭争议、立法机关对法律规则陈述的讨论以及学生之间、律师之间、政府或企业的法律顾问之间的辩论，还有媒体有关法律规则陈述所进行的争辩等各种各样的法律讨论都包括法律论证[2]。总之，在他们看来，当某人要提出一个法律主张并希望他人接受这一主张时，法律论证就会在其中发挥重要作用，如：在法庭上作为代理人的律师必须用论证来证成他的主张，做出裁判的法官被期望用论证来支持其裁决，在国会上立法者提出议案时应该用论证来支持这个提案，法学家向同伴们证成自己的观点应当借助法律论证，等等[3]。总而言之，法律过程可分为立法、执法和司法三个子过程，在所有这些过程中立法者、执法者或司法者也都会提出自己的法律主张，而且都会提出理由来支持自己的主张并企图说服目标听众。因而，根据他们的理论，法律论证似乎又可分为立法论证、执法论证、司法论证以及这些过程之外的法律论证。因而，传统上法律论证概念的外延是相当宽泛的。然而，许多法律论证理论家在实际讨论法律论证的分析与评价时，往往又仅局限于司法过程中的论证，尤其局限于司法过程中审方提出的裁判论证，从使得传统法律论证概念的外延又过于狭窄。

为了准确刻画诉讼博弈中的法律论证，我们曾提出了“诉讼论证”概念[4]。诉讼论证被定义为诉讼博弈过程中起、应、审三方所使用的法律论证。它不仅包含审方论证，还包括了起方论证和应方论证，从而克服于传统法律论证概念既过于宽泛又过于狭窄的局限性。诉

---

① ［荷］凡·爱默伦与汉克曼斯：《论辩巧智：有理说得清的技术》，熊明辉、赵艺译，新世界出版社，2006年版，第22页。

② Robert Alexy, *A Theory of Legal Argumentation*, Clarendon Press, 1989, p. 211.

③ Eveline T. Feteris, *Fundamentals of Legal Argumentation*, Kluwer Academic Publishers, 1999, p. 201.

④ 熊明辉：《诉讼论证：诉讼博弈的逻辑分析》，中国政法大学出版社，2010年版。

讼论证与法律论证的区别在于：(1) 诉讼论证仅仅是指诉讼博弈过程中的论证，并不包括立法、执法过程中的其他法律论证类型；(2) 诉讼论证包括了起、应、审三方在诉讼博弈过程中所使用的法律论证，超越了传统上法律论证限于审方论证的限制。

二、诉讼论证的基本特征

要讨论诉讼论证的基本特征，必须弄清论证的三个层面。根据传统观点，论证通常被定义为一个命题序列，其中一个命题被称为结论，其余的命题被称为前提。然而，根据广义非形式逻辑观点，论证有三个层面：(1) 作为结果的论证，是指一个命题真取决于其他命题真的命题序列，其中，其真取决于其他命题真的命题被称为结论，其他命题都被作为前提；(2) 作为程序的论证，是指论证者企图用一组陈述的可接受性在批判性讨论基础上让目标听众承认另一特定陈述的可接受性的言语交际行为，其中，企图让目标听众接受的陈述被称为主张，用来支持主张的陈述被称为理由；(3) 作为过程的论证是指论证者理性地说服目标听众接受其主张的过程。形式逻辑学家往往只讨论到第一个层面，非形式逻辑学家们已经把关注点拓展到了第二、三两个层面。正是这三个层面决定了诉讼论证至少具有如下几个基本特征：

1. 主体性。主体性讨论的是谁在做论证的问题。基于形式逻辑的论证分析评价理论根本不考虑谁在做论证。事实上，论证分析与评价总是离不是“论证者”概念。其中，论证者可以是指理性的自然人，也可以是指其他智能体。有时，一个特定的人可能既是论证者又是目标听众。当一个人在进行反省时，他常常会假定自己是持不同主张的人，又该如何论证呢？一个论文撰写者在写作过程中总是会猜想别人会怎么论证这个问题或反驳我的论证呢？有时，目标听众并不是很明确的，如学术论文中的论证，论证者根本无法预见究竟具体哪个人是其目标听众。诉讼论证的主体可分为三类，即起方、应方和审方。

2. 交互性。论证总是被置于批判性讨论背景之下来分析与评价。沃尔顿认为，“从语用学观点来看，论证通常都是用于一个较大目的取向的对话单元之中的子论证序列。虽然论证发生在对话之中，但对话常常又被看作一个大的论证”①。根据沃尔顿的观点，对话可分为说服型对话、辩论型对话、寻求信息型对话、探究型对话、谈判型对话、审议型对话等等。其中，说服型对话(批判性讨论)是最重要的一种②。语用论辩术的提出者范爱默伦和荷罗顿道斯特把这种对话称为批判性讨论，并在此基础上发展一个自然语言论证的分析、评价与建构的语用论辩框架。在说服型对话或批判性讨论中，一方面论证者可能同时又是目标听众，另一方面目标听众可能同时又是论证者。诉讼论证的交互性体现在，诉讼论证总是在一定诉讼博弈框架进行的。

3. 动态性。论证者总有一个初始承认集。这个承认集包括前提集和结论集两个子集。

---

① Douglas Walton, *Argument Structure: A Pragmatic Theory*, Toronto, University of Toronto Press, 1996, p. 40 - 41.

② Douglas Walton, *Informal Logic: A Pragmatic Approach*, 2nd Ed., 2008, pp. 3 - 11.

随着对话的进行，论证者会不断地向这个承认集添加元素或删除元素。当然，这种添加和删除并不是任意的，往往是基于证成、反驳和说服的。因此，论证者的承认集是开放的，是一个动态修正的集合。不过，承认集并不等于信念集，因为修正信念集的难度比修正承认集的难度要大多得。诉讼论证博弈过程，起、应、审三方开始总是有一个初始承认集，但是，只有起方的初始承认集不能为空。随着诉讼论证博弈的进行，起、应、审三方的承认集之交集成为无可争议的事实集，这成为审方做裁决的基本事实依据。但审方的裁决并不必然是建立这个交集基础之上的。

4. 目的性。这里引入了一个"论证目的"思想。论证的目的就是理性地让目标听众接受论证者的主张，从而达到消除意见分歧的目的。如果不考虑理性说服问题，特定主张的提出者完全可以像法西斯主义者那样以武力威胁方式强迫目标听众接受其主张，但在这种情形下目标听众是否接受已与论证无关了。在日常言语交际中，遵守共同认可的言语交际原则和规则（如格赖斯的合作会话等）是理性说服的前提条件。诉讼论证的目的是很清楚的。起、应双方的论证目的就是赢得官司，说服审方支持己方法律主张，而审方的目的是代表法律的威严来做出公正的裁决。

当然，这些特征并不是诉讼论证特征的全部，如诉讼论证还具有可废止性、非单调性、语境敏感性等等，在此就不一一列举了。

三、诉讼论证的三重功能

论证的三个层面决定论证的三重功能。人们通常都认为，论证的唯一功能是为特定争议主张进行辩护，即证成功能。然而，在许多情况下，给出论证的主要目的不仅仅是为建立某种主张而提供充分理由，还需要企图展示与自己主张不一致的主张都是不成立的，企图说服目标听众接受己方主张，即反驳功能和说服功能。诉讼论证更不例外。论证的功能有三重：一是证成己方主张；二是反驳对方论证；三是说服目标听众。证成即是证明特定主张成立之意，它对应的英文术语是"justification"，相当于经典逻辑中的证明（proof）。反驳是指证明论辩博弈过程中对手所提出的论证不成立，它对应的英文术语是"refutation"。说服即是指说服目标听众接受论证者的主张之意，它对应的英文术语是"persuasion"。

论证三重功能的根源可追溯到亚里士多德时代。在亚里士多德那里，三段论是以被视为必然真的前提为出发点的，但现实生活中命题未必都是必然真命题或必然假命题，有些命题只是可能真或似真的，甚至有些命题只是普遍接受的命题或一般情况为真的。这种情况需要引入归纳法并通过论辩来决定前提是否可接受。然而，接受论证的主体应当是谁呢？并非只是论证者。当然，论证者自己必须先相信自己所说的（即格赖斯的真诚规则），这是必要条件。一个人正在说他自己也不相信的话，这意味着什么？论证的可接受性关键还取决于除了论证者自己之外目标听众是否接受论证，即其他目标听众是论证可接受性的评价者，因此，修辞问题随之被提出来了。

与论证的三重功能相对应，诉讼论证的三重功能表现为：（1）证明己方法律主张成立，即证成功能；（2）展示对方诉讼论证不成立，即反驳功能；（3）说服目标听众接受论证者的法律主张，即说服功能。

就审方而言，其目的主要是为了给判决结论提供理由即证明裁判结论成立，有时简称“证成裁决结果”。在诉讼论证的功能中，证成功能和说服功能是至关重要的。诺伊曼认为，“法律者们当论证。作为法官，根据各程序法的明确规定，他们负有义务论证他们的裁决。进行论证的人，必须使人信服。只要涉及获得什么东西……或者从法院获得某种确定的判决，可以考虑的还有其他的、也许甚至是有效的手段——威胁、承诺、贿赂。这些手段也间或被法律者使用，但它们不是法律手段。法律者的武器是论证，作为法律者，他必须设法使其他人信服。这就使答案清楚了：法律者想要使他的对方确信某种法律评价或者某一案件的裁判是正确的。以法院裁判为例：法院应该说服请求它做出的判决是正确的判决”①。麦考密克非常强调诉讼论证的说服功能。他认为，在诉讼博弈过程中，伪善是一个明显的可能。一个律师也许连他自己对所支持的主张都将信将疑，但它完全有可能通过娴熟的论辩技巧来说服审方。一个法官可以做出对有着较好的容貌或良好出身背景的当事人有利的判决，原因只是他喜欢那张脸，或对某个阶层情有独钟。在诉讼博弈中，有时伪善甚至比真诚更能说明问题。一个律师的胜诉动机是为了金钱而不是真的相信理应获胜。在他看来，说服的实践目的就是实现其证成功能，至少表面上是如此。就起、应双方而言，如果一位公民控告他人，例如就其所声称的由他人实施的伤害行为要求赔偿，其主张成功的逻辑条件是能够证成自己的主张。如果对方拒绝承担责任，那么他必须说明对方的主张还没被证成，相应地，自己根据责任所要解决的要求已经被证成。只要起、应双方就实际发生的事情出现了争议，被展现在审方面前的行动必须以证据为基础得出某些关于到底发生了什么的案件事实，必须根据这些事实裁定主张是否得到证成②。

四、诉讼论证的要素与结构分析

论证分析是论证评价的前提。没有给出恰当的分析，就谈不给出合适的评价。根据传统观点，论证分析是要找出论证的前提与结论。然而，引入非形式逻辑之后，我们的论证分析要复杂得多，不仅要识别论证三要素，还要识别论证的结构，这种结构是有别于论证形式的一种宏观结构。

首先，识别论证三要素。

（1）前提与结论。这是论证的第一个层面，其中，论证被视为一个命题序列，其中，其真取决于其他命题真的命题被称为结论，其他命题都被作为前提。结论即是指论证者所提出的主张、立场、观点或论点；前提即是指论证者提出来支持其主张、立场、观点或论点的理由。前提是结论相对结论而言，没有前提，无所谓结论；没有结论，也就无所谓前提。识别论证的第一步是要找到论证标识词。一般来讲，论证标识词有两类：一类是前提标识词，如“因为”、“由于”、“正因如此”、“鉴于”、“根据”、“理由是”、“这么说的理由是”、“支持我的观点的”等。另一类是结论标识词，如“因此”、“所以”、“故”、“由此可见”、“总而言之”、“这样说来”、

① 诺伊曼文，郑永流译：《法律论证理论大要》，载郑永流主编：《法哲学与法社会学论丛，第8卷》，北京大学出版社，2006年，第3—15页。

② Neil MacCormick, *Legal Reasoning and Legal Theory*, Clarendon Press, 1995, pp. 12-14.

"结论是"、"其结果是"等。因此,诉讼论证分析首先要就是找出起方论证和应方论证中的诉讼请求(结论)以及支持其诉讼请求的理由(前提),或者找出在审方论证中的判决结果(结论)以及支持判决结果的理由(前提)。

(2) 论证者与目标听众。每个论证都有一个论证的提出者,简称为"论证者"。目标听众即是指论证者试图要说服的听众。目标听众并不必然是显性的,有时是隐性的或潜在的,如学术论文的目标听众。论证者与目标听众并不必然是两个人,有时可以是同一个人,特别是人在进行反省时,其论证者和目标听众实际上是同一个人。此外,论证者和目标听众也并不必然是人,它可以是人工智能体。在评价论证之前弄清谁在做论证以及其说服目标是指向谁的,这是很重要的。诉讼论证的论证主体(论证者)有起方、应方和审方之分。随着论证者的不同,其目标听众也是有所差异的。起方的目标听众是起方自己、审方和应方,但由于其最终目标说服审方支持己方所提出的法律请求,因此,其主要的目标听众是审方。应方的目标听众是应方自己、审方和起方,但最主要的目标听众也是审方。相比较起来,审方的目标听众要广得多,是由特定听众和普遍听众构成的,其中特定听众包括审方自己、起方和应方,普遍听众即所有诉讼参与人、上级法院法官、法学家等所有理性人组成的法律共同体。

(3) 论证目的。论证目的就是指论证者提出论证的目的。通常来讲,论证者提出论证的目的就是要说服目标听众接受其主张、立场、观点或论点。论证目的因为论证者的不同而不同。在诉讼论证中,起、应方的论证目的主要是要说服审方支持己方诉讼请求,而审方的论证目的是做要公正的、理性的裁决。

其次,识别论证结构。

识别论证不仅要识别前提与结论、论证者与目标听众以及论证目的,还是要识别论证结构。根据论证结构来分析论证性语篇起源于美国逻辑学家比尔兹利(Monroe Curtis Beardsley, 1915—1985)。这种论证分析技巧被称为论证图解技术。1950年,正当人们正热衷于研究和传授面向数学对象的数理逻辑之时,他出版了《实践逻辑》(Practical Logic)一书。该书后来再版时改名为《有条理的思维》(Thinking Straight)。他提出了四种论证结构:简单结构、收敛结构、发散结构和序列结构①。

根据非形式逻辑家们的主流观点,论证结构(argument structure)有别于形式逻辑学家所讲的论证形式(argument form)的,它共有五种类型,即简单结构、序列结构、收敛结构、闭合结构和发散结构。简单结构(simple structure)是指只有一个前提和一个结论的结构,这是最简单的论证结构。序列结构(serial structure),又译为串行结构或线性结构,是指一个前提支持一个中间结论,且这个中间结论作为前提又支持下一个结论,如此等等。收敛结构(convergent structure),又称并行结构,是指由两个或两个以上前提分别独立支持同一结论的结构。发散结构(divergent structure)是指一个前提同时支持着两个或两个以上结论的结构。一个前提同时支持两个或两个以上的结论,这是常有的事。闭合结构(linked structure),又可称为组合结构,是指由两个或两个以上前提共同支持一个结论

① Monroe C. Beardsley, Thinking Straight, Prentice-Hall, Inc., 2007, p. 19.

的结构。

图1 简单结构

图2 序列结构

图3 收敛结构

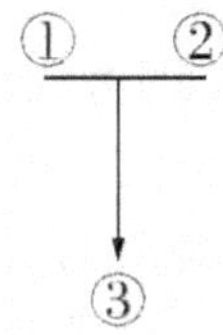

图4 闭合结构

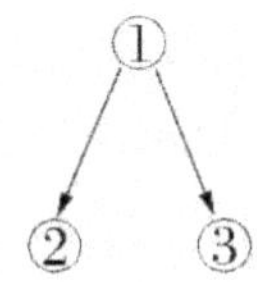

图5 发散结构

有了这五种基本结构，我们就可以分析较为复杂的论证性语篇了。论证结构与论证形式的区别在于，前者比后者宽泛，具体地说，后者只讨论简单结构、闭合结构情形。如对当关系推理、直言命题变形推理、联言推理的分解式就属于简单论证结构；假言三段论、选言三段论、联言推理的组合式就属于闭合结构。

有了这些基本论证结构形式，我们就可以分析比较复杂的起诉书、答辩状、判决书、申诉书、自诉状、上诉状、裁定书等法律文书的诉讼论证了。一旦我们识别出了诉讼论证的前提与结论、论证者与目标听众、论证目的以及论证结构，要进诉讼论证进行评价就不太难了。

五、诉讼论证评价的四标准

论证评价的标准很多，甚至不同学科领域有不同的论证评价标准。但是，这些不同标准之间有着共同的东西。一般来讲，有三组论证评价标准是共同的：一是逻辑标准，二是修辞标准，三是论辩标准。诉讼论证评价的标准除了必然满足一般论证评价的三条共同标准之外，还需要满足法律标准。

首先，让我们来讨论一下论证评价的逻辑标准。从逻辑学角度来看，评价论证的标准有三类：一是演绎逻辑标准。演绎逻辑标准是演绎逻辑研究的对象。根据演绎逻辑标准，一个论证是好的，当且仅当，它是可靠的。“论证可靠”是什么意思呢？一个论证是可靠的，必须满足两个条件：(1) 所有前提都为真；(2) 推理形式有效。这里的推理形式有效，也就是我们通常所说的演绎有效。从最一般意义上来讲，演绎有效性是指：一个论证是演绎有效的，当且仅当，其所有前提均真而结论假是不可能的。二是归纳逻辑标准。归纳逻辑标准是归纳逻辑所研究的对象。根据归纳逻辑标准，一个论证是好的，当且仅当，它是归纳上强的。归纳强度标准是指：一个论证是归纳上强的，当且仅当，所有前提均真而结论正如该论证所主张的那样可能真。根据归纳逻辑标准，一个论证所有前提均为真而结论为假也是可能的。归纳强度是衡量归纳论证好与不好的根本标准。根据归纳强度标准，如果一个论证的所有前提均真而结论不如论证所主张的那样可能真，那么该论证就是归纳上不强的。

三是非形式逻辑标准。非形式逻辑标准是非形式逻辑研究的对象。根据非形式逻辑标准，一个论证是好的，当且仅当，其前提可接受且其结论也是可接受的。与演绎有效性标准和归纳强度标准的不同表现在两个方面：(1) 非形式逻辑学家常常用“可接受”和“不可接受”取代了演绎逻辑和归纳逻辑中作为命题基本特征的“真”和“假”。要判断一个命题的真或假，有时是很容易的，有时却是十分困难的，甚至是不可能的。例如，关于事实命题，我们可以通过观察、实验、查文献等方式判定其真假，但关于价值命题，由于它本身并无真假可言，要判定其真假是不可能的。但无论是事实命题还是价值命题，我们要判定其是否可接受，这总是可能的。(2) 前提与结论之间的支持关系不仅涵盖演绎支持关系，还涵盖了归纳支持关系，甚至还涵盖了既非演绎支持也非归纳支持关系，如沃尔顿的似真支持(plausible support)、皮尔士的回溯支持(abductive support)等等。因此，前提与结论之间的支持关系显现复杂多样化。

其次，让我们来讨论一下论证评价的论辩标准。论辩标准是：一个论证是好的，当且仅当，它是通过理性方式消除了意见分歧。论辩标准主要是非形式逻辑学家等论辩理论家们所讨论的，"好论证"这一概念也正是他们提出来的。在古希腊，虽然分析标准、修辞标准和论辩标准都是论证好坏的评价标准，但是，亚里士多德之后，分析标准、修辞标准和论辩标准分别由逻辑学家、修辞学家和论辩学家独立系统地发展着，而且前者和后两者似乎还互不理解。在亚里士多德那里，本来是从三个不同角度探究论证好坏的评价标准，却被逻辑学家和语言学家们活活地剥离开了。如今，论证评价好像只是逻辑学家们的事情，修辞学家与论辩学家们似乎只关注论证结论的可接受性上去了，因而有时被套了"诡辩"的帽子。对于诉讼论证的评价来讲，这条标准是至关重要的，因为法律审判的目的是要解决法律纠纷。

第三，让我们来讨论一下论证评价的修辞标准。修辞标准是指：一个论证是好的，当且仅当，它是对于目标听众来说是可接受的。修辞标准是用来衡量论证功效的，因此，修辞学家们没有使用"好论证"这个词项，而使用了"有效论证"(effective argumentation)。这里的"有效论证"绝对不是形式逻辑学家们使用的"有效论证"(valid argument)。为了以示区别，我们可把前者称为"修辞有效论证"，后者称为"逻辑有效论证"。为了减少上诉、申诉等情况的出现，降低诉讼成本，诉讼论证的修辞标准是非常重要的。目标听众被说服了，上诉、申诉的可能性就不存在了。

然而，根据逻辑标准、修辞标准和论辩标准，论证评价的结果并不总是一致的(参见下表)。

情　形	逻 辑 标 准	修 辞 标 准	论 辩 标 准
1	前提支持结论	听众接受	意见分歧消除
2	前提支持结论	听众接受	意见分歧未消除
3	前提支持结论	听众不接受	意见分歧消除
4	前提支持结论	听众不接受	意见分歧未消除
5	前提不支持结论	听众接受	意见分歧消除
6	前提不支持结论	听众接受	意见分歧未消除
7	前提不支持结论	听众不接受	意见分歧消除
8	前提不支持结论	听众不接受	意见分歧未消除

其中，第 1 种情形是最理想的，达到了通过理性方式消除意见分歧的目的：一个论证逻辑上可靠，修辞上目标听众接受，论辩上意见分歧得以消除，这正是评价诉讼论证甚至所有论证所追求的目标。在第 8 种情形下，论证逻辑上不可靠，修辞上目标听众也不接受，意见分歧没有得以消除，这也是很正常的事情，当然论证者便是一个彻底失败者。但第 2、3、6、7 两种情形是不可能存在的，因为如前所述通过理性方式让目标听众接受是意见分歧得以消除的充分必要条件。第 4 种情形需要论证者认真反省：既然论证可靠，为什么听众不接受呢？这正好说明了目标听众在论证中的重要性。而第 5 种情形是，虽然论证不可靠，但听众接受了，而且意见分歧得以消除，这种情形有现实生活中是常有的事，这说明在说服性修辞功能有时超越了理性功能而发挥特殊作用。

最后，让我们讨论一下诉讼论证评价的法律标准。为了解决上述三条标准评价出现不一致的情形，诉讼论证评价需要引入一条法律标准。这条标准是由法律制度决定的。任何法官都不可能以本案太复杂或本案太简单而案件不做出任何裁决。同时，案件裁决还受时间的限制。为了确保这一点，也需要引入诉讼论证评价的法律标准。其中，最重要的法律标准就是证明责任标准。不同的诉讼类型有不同的证明责任标准要求。在我国民事诉讼中，证明责任的一般标准是“谁主张，谁举证”；在我国刑事诉讼中，证明责任的一般标准是“控方举证”；在我国行政诉讼中，证明责任的一般标准是“举证责任倒置”。满足法定的证明责任标准是任何好的诉讼论证的必要条件。

综上所述，诉讼论证是诉讼博弈中起、应、审三方使用的法律论证。它具有证成、反驳和说服三重功能，具有主体性、交互性、动态性和目的性等特征，因此，我们需要从作为结果的论证、作为程序的论证和作为过程的论证三个层面对诉讼论证进行分析，其评价标准是一个好的诉讼论证，当且仅当，它满足：(1) 逻辑上前提支持结论；(2) 论辩上法律纠纷得以消除；(3) 修辞上目标听众被说服；(4) 法律上符合有关法律规则。

法律论证中的积极理由和消极理由

杨知文*

法律论证是通过提出一定的根据或理由来证明某种法律决定的正确性和正当性的活动,可以说,“理由是法律论证的基础和力量的源泉。”[①]有学者从法律推理的角度分析说明了司法裁判场合的法律论证所运用的理由问题,认为法律推理是司法者在法律论证中运用法律理由和正当理由的过程,直接来源于实体法和程序法规则的理由是法律理由,判决的合法性最终存在于正当理由中。[②] 区分出法律论证中的法律理由和正当理由,为我们重构和评价法律论证的正当性和合理性提供了有益帮助。然而,笔者认为,把法律论证的理由区分为法律理由和正当理由,进一步的研究应该趋向于分析何种理由可以构成法律论证的正当理由,同时认识哪些理由不应被作为法律论证的正当理由。

之所以要提出这样的一种思考,主要的原因在于笔者对下列问题的一个认识。在笔者看来,目前学者关于法律论证方法论的讨论其指向与志趣多在于司法裁决的“证成”方面,而关于司法裁决的“证伪”方面却付之阙如,如果追问论证理论对于司法裁判最重要的意义,那么“评价”与“检验”也应该是不可少的重要方面。虽然说证成本身可以作为“评价”与“检验”,但是反过来说,若要对司法裁判建构一个全面的衡量体系的话,单依靠“证成”的讨论是不能自足的,法律论证还应当包含“证伪”理论。此外,从现实来看,要证明什么是不好的法律裁决,往往也要比证明什么是好的裁决要容易得多。基于以上观点,本文拟运用法律论证、法理学和逻辑学的有关原理,一方面以法律论证中的积极理由来讨论迄今为止的法律论证理论在实现司法裁决正当性证明问题上的主要观点,另一方面以法律论证中的消极理由来论述在法律论证中不能实现司法裁决正当性证明的各种辩因,并分析这些要素的不同类别及形成原因;最后,通过对法律论证中积极理由和消极理由的总结,旨在阐明建构一种全面的司法裁决理由评判体系。

一、法律论证中的积极理由

本文所称的法律论证中的积极理由,是指能够为司法裁判提供正当和合理的证成的理由,是人们认可和接受司法裁决正当性和合理性的有效根据。我们知道,对于司法活动而言,通过法律论证来实现某种结论的正当性和合理性有其自有的一套要求,只有符合这些要求的法律论证才可能完成对裁判正当性和合理性的证明,符合这些要求的法律论证所运用

---

* 杨知文,男,中国人民大学法学院法理学专业博士研究生。感谢我的硕士导师张继成教授曾对本文写作给予的指导和建议。

① 张晓光:《法律论证中的理由逻辑》,载《经济师》2008 年第 1 期,第 94 页。

② 张保生:《法律推理中的法律理由和正当理由》,载《法学研究》2006 年第 6 期,第 82 页。

的理由就是法律论证中的积极理由。

1. 一般案件法律论证中的积极理由

在法律论证研究中，最为悠久的传统方法就是形式逻辑方法。在这种视角下，形式有效性被当作法律论证的正当性和合理性标准，法律论证可接受性的一个必要条件就是支持该证立的论述必须是逻辑有效的论述，另一个条件是证立的理由依据法律标准是正当的。[①] 这种形式逻辑的方法一直表现为大陆法系国家形成和证明司法裁决的推论模式，据此，某种形式的三段论推理通常被看作是法律论证的核心所在。在一般的简单案件裁判中，司法裁决就是通过把已认定的案件事实置于相关的和可适用的“有效法律规则”统摄之下推导得出的结论。在这种背景中，考察法律论证中的积极理由显得比较明确。直接来源于有效法律体系中的实体规则、认定为真的案件事实及其证据和证据法规则、法官所采用的有效逻辑推理形式都成为正当和合理的法律论证中之重要的积极理由。我国学者张保生教授从考察法律推理首先是运用法律理由的视角说明了这些理由的意义，他指出，审判活动由依据抽象原则发展到直接依据精确规则是一个巨大的进步，它奠定了法治的基础，增强了审判的确定性。[②] 笔者认为，由有效法律规则所保证的法律理由属于法律论证中积极理由的主要组成部分。

通过考量法律推理的逻辑机制来说明司法裁判，有些学者对此进行了发展。他们认为，法律规范不单只是由事实构成要件和法律效果两部分构成，法律规范都包含有立法者的价值判断；任何一个法律构成要件都必然是事实要素和价值要素的复合体，承认这个复合体是承认行为主体应该承担法律效果的充分条件。另外，法院在认定案件事实时，不仅要对案件事实是否符合相关法律规范的事实构成要件做出认定，而且要对事实进行价值判断，亦即判断该案件事实是否与相关法律规范中所预设的价值判断相符合。[③] “价值判断是法律推理的灵魂”，它使得案件事实和相关法律规范的同一性得到确认。[④] 因此，只有法官经过认定待判案件的事实特征符合相关法律规范的事实构成要件，而且对该案件事实的价值判断与法律规范中立法者的价值判断相符合，对该案件事实才可以赋予法律规范所预设的法律效果。笔者认为，这种解读法律适用的观点具有重要的价值，它不仅明确区分了科学推理与法律推理在应用中的不同特点，而且强调了法律活动中的特别之处，这对于全面认识法律论证中的积极理由具有重要意义。据此，我们要关注价值判断在司法裁判中的重要功能，法官对案件事实和相关法律规范所做的价值判断上的一致也是法律论证所必备的积极理由。

以上表明的是在一般案件法律论证中的积极理由，而对于不能通过有效法律规则以逻辑推论直接得出裁判结论的疑难案件而言，司法裁决证明活动则表现为一种“法律发现”和“在开放体系中论证”的过程。一般来说，法律发现的作用场域就是出现在不可直接应用法

---

① [荷]伊芙琳·T·菲特丽丝：《法律论证原理》，张其山，焦宝乾等译，商务印书馆，2005年版，第11页。

② 张保生：《法律推理中的法律理由和正当理由》，载《法学研究》2006年第6期，第84页。

③ 张继成：《从案件事实之“是”到当事人之“应当”——法律推理机制及其正当理由的逻辑研究》，载《法学研究》2003年第1期，第68页。

④ 张继成：《价值判断是法律推理的灵魂》，载《北京科技大学学报》(社科版)2001年第1期，第65页。

律的情况中，依郑永流教授的观点，所谓不可直接应用法律是指案件事实与法律规范不相适应，于此法律判决形成的关键就在于要解决二者之间相适应的问题。[①] 在这种情况下，一个自身封闭的法律可能不能实现以上要求，只有通过“在开放体系中论证”，并以各种可能理由找到不同阶段结论的正当性来获得可适用的法律规范。

2. *在开放体系中论证的积极理由*

应当指出的是，主张打破法律封闭主义观念而在开放体系中论证代表了在法律适用观念上的一种全新态度，它赋予了法律方法论以动态性、开放性的特征，代表着法学的研究领域和思维方式发生了根本性的转变。对此有学者指出，随着人们对事实与规范二分模式的批判，关于事实与规范的新理论模式得到确立，这就是事实与规范不是单纯的截然二分，在法律实践中二者是能动的相互对应的关系，因此，法律适用既要从事实出发来寻找恰当的规范，又要从法律规范出发趋向于具体的法律事实。在司法裁判中主张事实与规范相互对应的意义就在于，它“打破基于事实与规范二分的封闭模式，主张在敞开的体系中论证。”[②]同时，依据哲学诠释学的观点，人们“理解和解释法律就是要透过人类之间与其对象之间的交往行动，规范性的法律文本并不仅仅限于书面的文字形式，而且还包括语言和行动的方式。从这一方面即彰显出，法律的意义世界呈现为一种动态全面的过程。”[③]可以说，方法论上思维方式的转型为在开放体系中论证提供了重要的理论平台，由此我们认为，实践性的法律论证只有在开放体系中才能得以开展，裁判理由成为一个开放性体系中的理由。

与在开放体系中进行的论证相适应，有些学者提出了一种新的法律论证方法，即从商谈程序的视角来考虑法律论证。在这种被称作对话的方法中，法律命题根据理性商谈的特定规则来获得支持，法律论述被看成是一场关于某种法律观点可接受性对话的组成部分；论述的正当性和合理性就取决于商谈程序是否符合可接受性的某些形式标准和实质标准。[④] 例如，德国学者阿列克西以分析哲学为基础和工具，以理性论辩理论建构了自己的程序性法律论证理论并提出了一组普遍实践论证的规则和形式。他主张把法律论证作为普遍实践论证的特殊形式（亦即“特殊命题”），倡导寻求符合理性的法律论辩理论，他指出，理性法律论辩理论并不是、也不可能保证作为结论的法律决定的百分之百的正确性，而只是说，当法律论证符合理性论辩的规则和形式由它达到的结果才可以被称为是“正确的”。[⑤] 我国学者张继成教授依据荷兰学者爱默伦等人的批评性论辩理论把司法裁判应当遵循的理性论辩规则概括为七个方面：(1) 当事人论辩权利保证规则：任何人都不得以任何不正当理由剥夺双方当事人充分行使自己的主张权、举证权、挑战权和防守权等；(2) 举证责任分配规则：司法活动参与者必须充分证立自己的主张，要拿出有力的证据来说明自己的主张具有充分的法律依据和事实依据；(3) 相关性规则：只有提出对其主张具有证明作用的证据，其主张才能得

① 郑永流：《法律判断形成的模式》，载《法学研究》2004 年第 1 期，第 142 页。

② 焦宝乾：《事实与规范的二分及法律论证》，载《法商研究》2005 年第 4 期，第 52 页。

③ 焦宝乾：《法律论证导论》，山东人民出版社，2006 年版，第 110 页。

④ ［荷］伊芙琳·T·菲特丽丝：《法律论证原理》，张其山、焦宝乾等译，商务印书馆 2005 年版，第 16 页。

⑤ ［德］罗伯特·阿列克西：《法律论证理论——作为法律证立理论的理性论辩理论》，舒国滢译，中国法制出版社，2002 年版，第 361 页。

到有效辩护，一方对对方主张的质疑、抨击必须与另一方确实已提出的主张有关时，驳倒对方的主张才有实质意义；(4) 出发点规则：论辩双方以及法官都不能把错误的命题当作证明自己主张的前提，也不能将正确的前提排除在出发点之外，并且不得错误地把另一方未表达的东西当作前提来提出，或者否定对方留有余地的前提；(5) 识别规则：用来支持自己主张的前提必须有判别其是否合法性、真实性、关联性、充分性的证明标准；(6) 一致性规则：法律论证过程中的所有命题不得相互矛盾；(7) 有效性规则：建构法律命题的推理形式必须是逻辑有效的；(8) 结束规则：主张获得决定性证明的一方获得其命题的正当性。①

笔者认为，以理性商谈程序的规则来构建法律论证的场景，为获得具有正当性和合理性的法律判断和合理解决法律争端提供了某种理想的模型。如果说这些论辩规则可以为实现具有正当性和合理性的司法裁决提供有效路径的话，这种法律论证模式是十分有意义的，它为我们建构合理的诉讼制度和法庭论辩程序都提供了有益的方法论基础。如此而言，当法律论证符合理性论辩的规则和形式时，由它达到的裁判结论能够被称为是合理的和具有正当性的。因此，促成并保证人们获得合理司法裁决的包括程序法规则在内的理性论辩规则，都将成为法律论证中的积极理由。

当然，在理性论辩不同阶段上人们证明其主张所使用的种种正当依据和论点，是在开放体系中法律论证积极理由的实质内容。笔者发现，对于这些实质性理由，学者们做了殊途同归的说明，他们的论述向我们展示了理性法律论辩中积极理由所具有的一种开阔和生动的图景。例如，在阿列克西看来，②为了证立（内部证成中）每个具体推导展开步骤所需要的规则，就必须既深入思考事体的特性，也深入思考规范的特性；这是外部证成所进行的事情，在这个证成活动中，所有法律论辩所允许的论述都是可能的。③ 荷兰学者娄德也说到，“对话游戏的参与者并非受限于一组固定的论据、陈述和前提；在对话游戏中，新的事实、规则、理由等可被随意引入其中；提出用以支持陈述的理由不必基于既有的规则的适用。每个理由，若被接受，即可允许作为对陈述的证立。”④德国考夫曼教授也侧重坚持一种较为自由的开放的理由体系，他指出，只存在一成不变的四种“要素”，这业已被证明有误；还要许多这四种要素之外的能说明法律判断的辩因：如法之确定性或正义的保障、结果评价、是非感、实用能力、法之统一性等等，可能的辩因之数量在根本上是无限的；不存在解释标准的一成不变的目录，存在着无数的辩因，在没有什么占主导的理性商谈中，一切应是允许的。⑤

诚然，在开放体系中论证的积极理由呈现出开阔和广泛的特点，也并不意味着我们不能在概括的意义上对其进行分析。对此，有的学者从动态证明的角度理解司法裁判过程，认为

① 张继成：《可能生活的证成与接受——司法判决可接受性的规范研究》，载《法学研究》2008年第5期，第14页。

② 阿列克西认为，法律论证可以区分为两个层面的证成：内部证成和外部证成。“内部证成所处理的是从既定的前提推导出作为其结论的法律判断之有效性”，“法律判断的外部证成不仅检验推导的有效性，而且检验前提的可靠性。”参见[德]罗伯特·阿列克西：《法律论证理论——作为法律证立理论的理性论辩理论》，舒国滢译，中国法制出版社，2002年版，第274页注[25]和[26]。

③ [德]罗伯特·阿列克西：《法律论证理论——作为法律证立理论的理性论辩理论》，舒国滢译，中国法制出版社，2002年版，第284页。

④ 转引自焦宝乾：《法律论证导论》，山东人民出版社，2006年版，第113页。

⑤ [德]阿图尔·考夫曼、温弗里德·哈斯默尔主编：《当代法哲学和法律理论导论》，郑永流译，法律出版社，2002年版，第148页。

裁判的法律理由的整体构建活动必然包含对法律的解释和对事实的认定，而且，这种解释和认定过程又必然是在包含众多法律和事实争点以及一系列“为什么”的提问下，不断后退、不断说明进一步的理由，直至获得某种具有包含分歧意见的“最终依据或理由”，并作出判断选择的过程。因此，裁判的法律理由不仅指作为法律根据和案件事实逻辑结合并支撑裁判结果的综合性的理由，而且还包括支撑对法律条文的字、词、句的理解和说明、支撑对案件事实不同方面的认定以及揭示它们在法律上的逻辑联系的个别理由。① 据此，在一个具体案件的裁判中，法律理由包括对法律做出一定解释的理由，对案件事实做出认定的理由以及揭示法律根据和案件事实具有法律上的逻辑联系的理由。

至此，我们可以把从不同层次上获得的法律论证中的积极理由做出概括。既然法律论证以实现司法裁决的受众接受为目的，法律论证中的积极理由就是实现正当和合理的裁决结论的正面因素。如前所述的具有普适性的法律规则、认定为真的案件事实及其证据、法官所采用的合理论证形式，是法官会普遍选择的法律论证之有效根据；此外，保障并促进人们在开放的体系中获得合理裁决结论的理性论辩规则，以及作为内容的实质论辩根据，都构成了成功的法律论证中的积极理由。

二、法律论证中的消极理由

与法律论证中的积极理由相反，消极理由所指称的是在法律论证中不具备正当性和合理性的论据，它们是不能被用来证明司法裁决的理由，是法律论证应该避免适用的理由。法律论证中的消极理由是人们拒绝接受由其推导的裁判结论的决定性理由。考察法律论证中消极理由的思维根据在于，在我们寻求司法裁决正当理由的积极思维下，也应该考虑避免走进一些可能的误区，我们应该确立一种界限，依靠它们足以能够将一些不正当的“解决方案”排除在外。

笔者认为，研究法律论证中的消极理由具有重要意义。首先，如同本文开篇所言，目前的法律论证理论大都把研究旨趣放在如何获得司法裁决证明的有效理由上，而对如何使法律论证避免适用非正当的和无效的理由问题关注较少，对这个问题需要我们秉持消极理由的观念。以消极理由为论题研究法律论证就可以为人们鉴别法律论证的好坏、拒绝不合理的司法裁决提供支持。其次，对于司法实践而言，研究法律论证中的消极理由可以为法官提供自我评价的工具，促使法官自觉对其法律论证过程和裁决结论进行检验，培养法官自觉限制司法恣意的理性精神。

1. 法律论证中的消极理由类型

从总体来看，在法律论证中由于对不同方面或不同性质的有效论据或规则的违反，形成了多种不同类型的法律论证消极理由，它们都是支持司法裁决正当和合理的无效根据。具体来说，笔者把法律论证中的消极理由归结为以下七种类别。

（1）适用不当法律规范的消极理由

一般来说，在面对一个待判案件时，法官都应该首先考虑从现存法律规定出发来评判案

① 张志铭：《法理思考的印迹》，中国政法大学出版社，2003年版，第405页。

件事实，以期能够为案件的处理寻找到国家制定法上的认识，这也是现代国家制度下法官所拥有的公认职能的要求。在这种法律适用的一般框架下，如果案件事实认定正确，却不能找到与调整其问题相适应的法律规则，或者错误适用了不属于调整此类案件的法律规范，由此而为的司法裁判也就不具备正当性和合理性，被错误适用的法律规范就成为法律论证中的消极理由。同时，尽管认定的案件事实与相关法律规则事实构成要件相符合，但是由于法官错误的价值判断导致了应该适用该规则而没有适用，或者不应该适用却适用了该规则，造成此种结果的错误价值判断就是使裁判趋向不可接受的重要原因，它也成为法律论证中的消极理由。

此外，笔者认为，因适用不当法律规范导致法律论证中消极理由的情形还包括适用本身不具备正当性和合理性的“法律规则”来进行司法的场景，亦即运用“恶法之法”（例如在二战时期德国纳粹集团适用其确立的不正当法律）或运用不具有可普遍化性的法律、已经被废止的法律以及不能从公认的渊源中有效得出的法律来对人们的行为进行定性和裁判的情况。在现代国家中，这种适用本身不正当规范进行裁判的事例还可能有多种表现，例如，在我国现实中发生的某些法院依据违宪或违背上位法律而又不具备特殊适用条件的地方性法规或行政规章进行的判案就是如此。

（2）认定案件事实错误的消极理由

在许多案件中，虽然法官所选择的法律规范和价值判断是正当和合理的，但是由于认定案件事实的证据虚假或不充分，由此导致了所认定的案件事实与客观情况不相符合。在这种情况下通过法律规则和不真实的案件事实做出的司法裁决就会是一种错误的裁判结论。这就是司法实践中造成冤假错案的一个重要原因。例如，在佘祥林案中，当事人佘祥林根本没有杀害他的妻子，而法院根据错误的证据以及在没能实现刑事诉讼法律规定的证明标准的情况下就认定其杀人的事实成立，由此适用刑法中关于故意杀人的规范判处佘祥林十五年有期徒刑，这就是一个十足的冤假错案。

许多冤假错案的教训说明，要使所认定的案件事实能够真实反映案件事实客观情况，证据就必须是真实可靠的，而且通过证据对案件事实的证明也要达到一定的证明标准（例如，我国刑事诉讼法规定，有罪判决的证明标准是必须达到案件事实清楚，证据确实充分）。相反，如果证据不真实可靠，或者只有一些证据是真实的但是不能达到法律规定的证明标准，那么认定的案件事实就可能是不清楚或根本就是错误的；这时法律规则无论有多么的正当、合理，裁判结论都不会具有任何正当性和合理性。所以，虚假的证据、由虚假证据所认定的错误事实、不能达到法律所要求的证明标准的证明以及根据它们所形成的关于案件事实的陈述都将会成为司法者在法律论证中的消极理由。

（3）形式谬误的消极理由

逻辑学认为，某种论证正当和合理的一个必要条件就是其推理必须是逻辑有效的论述。对于法律推理和法律论证而言，这个条件也是应该被满足的，只有当整个论述形式在逻辑上有效时，才能从作为前提的法律规则和事实陈述中得出裁判结论。在司法中，逻辑有效的论述是法官证成裁判结论的合理支撑，但是，当论证中有违反形式逻辑有效规则的错误时，就会产生形式谬误，存在形式谬误的论述及其推理就形成法律论证中的消极理由。

按照形式逻辑有效的原理，对于一个有效的推理来说必须满足一定的规则，是这些规则塑造了正确的逻辑形式（演绎或者归纳论证），相反，违反这些规则即构成形式逻辑谬误。例如，违反了“一个有效的定言三段论必须刚好包含三个词项且每个词项在整个论证中必须有相同的含义”这个规则就会产生所谓的“四词谬误”，等等。对于逻辑有效性在司法裁判中的意义，美国法学家亚狄瑟指出，在法庭上倘若不运用逻辑的形式规则，我们不可能主张自己的立场“公正且持久”，我们不可能单凭法令便做出判断；谨守逻辑形式并避免谬误可以说服别人，并给予司法判决正当性，将迷惑与含混不清的事物一扫而空。①

（4）实质谬误的消极理由

实质谬误主要关涉的是由于推理前提的内容或情境违反一定的规则所导致的论证错误。与形式逻辑解决“说的形式如何”问题不同，实质逻辑要解决的是论证的实质内容问题，即“应该说些什么以及如何陈述”。对于论证中出现实质谬误的原因，笔者认为，从根本上来说主要在于推论使用了不相关的前提。从论证逻辑学上说，在论证中一个前提要成为接受主张的好的理由，首先它应当与所支持的结论相关，这就是前提或理由的相关性问题。如果不符合这种相关性要求就会产生论证上的实质性谬误，因为用以支持这种论证的前提或理由是论述中与结论不相干的前提。

对于法律论证中的实质谬误，亚狄瑟给我们列举了诸多类型，他认为，实质谬误在法律专业里通常通过诸如以下的方式来进行，如“诉诸怜悯”、“诉诸不当权威”、“诉诸群众”、“诉诸恐惧”、“诉诸无知”、“人身攻击”，等等。例如，无论在民事或刑事诉讼，在许多法庭的审判过程中“诉诸怜悯”都很常见，这种论证通过规避有关的争点，只是求取阅听者在情绪上的慈悲、同情心和利他心，以得到所想要的结论。法官或人们之所以会接受这个论证，经常是因为说话者诉诸了怜悯而不是因为法律、事实和论证的力量。② 因此，对于一个正当的具有可接受性的法律论证来说，这些使论证导致实质谬误的各种理由应该被看作是法律论证中消极理由并且应该予以避免。

（5）违反理性论辩程序规则的消极理由

我们知道，程序正义是司法公正的重要组成部分而且其本身具有独立的价值。如果司法过程本身违反了程序性法则，通过这种活动获得的对案件事实的认定和选择适用的实体法律规则也不可能是正当的和合理的，以它们为推论的裁判结论也是不正当的和不具有可接受性的。司法现实表明，程序违法也是导致冤假错案的重要原因，例如通过刑讯逼供迫使当事人认罪、任意剥夺一方当事人的辩护权等都可能带来裁判的不合理或不正确。

对法律论证来说，特别是从理性对话的视角来建构的法律论证，合理和正当的司法裁判过程不仅要遵守已表现为制度的程序法规范，而且还应当遵循能够保证法律论证理想进行的理性论辩规则。任何对有效程序法规范的违反和对理性论辩规则的破坏，都只能形成正当和合理的法律论证中的消极理由。实际上，我国刑事诉讼法有关非法言词证据排除的规定正是为避免在司法中适用此类消极理由的一个具体体现，这个规定要求，采取刑讯逼供或

---

① [美]鲁格罗・亚狄瑟：《法律的逻辑》，唐欣伟译，商周出版社，2005年版，第22页。
② 同上，第229页。

以威胁、引诱、欺骗以及其他非法的方法收集的证人证言、被害人陈述、被告人供述等，不能作为定案的根据。

（6）违反法律融贯性的消极理由

把融贯性理论应用到法律领域是法学研究的重大进步，法律论证的融贯性关注的是裁判理由能否形成一个融贯的整体，在这些理由之间能否形成一个相互支持的结构。[①] 学者麦考密克从一致性和协调性两个方面来理解法律论证的融贯性问题，他认为，一项法律上的根据，应当是既能得到原则支持的，又必须不能同业已确立的拘束性法律规则相冲突。[②] 下面笔者也从这两个方面来说明识别因违反法律融贯性形成的法律论证消极理由的重要意义。

在法律体系内，融贯性首先表现为法律之间的一致性。一致性是法律所应当具有的形式价值，也是“良法”所必须具备的形式上的特殊品质。在司法裁判中，一致性论证要求法官所确立的裁判理由应该与已生效的和有拘束力的制度规则相一致。在疑难案件的场合，尽管法官可以不立基于现有的有效规则来对法律做出解释或是创制新的规则，但是法官有义务不违背既定的法律规则进行解释，也不能创制与之相冲突的新规则，法官仅仅能够给出不与既存法律相矛盾的裁判规则。如果是适用了冒犯既定和有约束力的有效法律规则的裁判规则及其根据，就会造成法律体系内部的矛盾性，这些裁判规则及其根据只能作为法律论证中的消极理由。

法律融贯性的另一特征就是不同法律规范及其相关根据必须具有协调性。协调性经常被用来形容事物之间相互配合的适当性，协调性对于一个成熟的法律制度来说，意指不同的规范只有联结在一起通盘考虑才有意义，它反映了法律制度在整体上以及不同法律规范所共有的价值信念和理念追求，它往往也是人们的风俗、道德观念和生活方式在法律上的表现。依据协调性论证的标准，如果裁判的某些规范和实质性理由不能与调整该类案件法律体系的价值或精神相符合，或者与一般性法律原则相背离，那么这些规范和实质性理由与法律体系就不是协调的。违背法律体系原则和价值追求的规范和实质性理由就是应该被避免提出的法律论证中的消极理由。笔者认为，从法律协调性的角度对法律论证中消极理由的考察，也是各国法院在涉外案件裁判中坚持适用“公共秩序保留”原则的依据。

（7）导致不可欲后果的消极理由

对于司法活动是否要考虑裁判所可能造成的后果一直还是人们所争议的问题。笔者认为，从考虑后果出发的论证应该成为作为理性论辩的法律论证的重要组成部分。通常看来，一定的行为总会导致某些后果的出现，而法官或法院通过司法手段对某个案件做出裁决是一种公共行为，既然它是行为就被限定为它也要带来某些后果。只有那些能够带来我们可以接受的后果的裁决才是我们应该追求的和给予肯定性评价的结论。麦考密克也指出，法律规则并不是要陈述事实，而是要设定行为的一般模式，继而在两个相异的规则之间做出选择，意味着在两种被认为是不同的社会行为模式之间做选择；在具体的社会情景中，适用这

① 蔡琳：《法律论证中的融贯论》，载《法制与社会发展》，2006年第2期，第117页。

② Neil MacCormick, *Legal Reasoning and Legal Theory*, London: Oxford University Press, 1978, pp. 194－195.

项还是那项规则获致的后果会大为不同,正是这种后果的差异决定了区别的内容。所以,法官理应对摆在其面前的各种可供选择的裁判规则所可能造成的后果予以考量,以权衡利弊。①

从后果角度来认识法律论证,对不同裁决的后果评价就成为正当的司法裁判所必须考虑的重要因素。以此而言,能够使裁决带来可欲后果的裁判以及判定这种后果可欲的那些根据,成为人们接受裁决正当性和合理性的积极理由;相反,如果可能的裁判结论将会给人们带来不可承受的后果,这种后果通过包括法律上在内的多种标准被评判为不可欲后果,那么支持这种可能的裁决的各种理由就应该是不可取的理由,是法律论证中的消极理由。当然,评判裁决各种可能后果的性质以及后果可欲与否的标准值得我们专门予以研究。②

2. 批判性检验是法律论证中消极理由的识别方法

以上本文论述了法律论证中消极理由的含义及其类型,接下来需要讨论的是,我们如何才能识别这些情形的消极理由以便在法律论证中避免运用它们呢?笔者认为,要清楚地审视法律论证中的各种消极理由就要对法律论证过程进行以批判性思维为视角的检验,批判性检验是法律论证中消极理由的识别方法。

关于批判性思维的研究近年来逐渐成为逻辑学和教育学等领域关注的热点,在司法领域倡导批判性思维则可以为增强司法者的法律技能作出贡献,因而也应该成为法律理论的研究对象。依据国内目前有关批判性思维教科书的观点,对批判性思维的含义可以做以下表述,即批判性思维是一种有目的的、自我校准的判断,这种判断导致解释、分析、评估、推论以及对判断赖以存在的证据、概念、方法、标准或语境的说明。③ 对于以批判性思维的视角对法律论证过程进行的检验,张继成教授指出,这是判定法律论证是否具有合理性和司法判决是否具有可接受性的试金石和操作性标准,它理所当然地成为合理法律论证的有机组成部分。笔者认为,把批判性检验作为识别法律论证中消极理由的方法,可以培养法官为进行合理的法律论证而避免适用不正当理由的预见性,增强做出正确的裁判结论的自主性和能动性;对于当事人而言,通过批判性检验识别法律论证中的消极理由就能够让自己合理地提出法律主张及其根据,同时有效地拒绝法庭不正当的裁决。

通过批判性检验对法律论证中不同类型消极理由的识别有不同的展开进路。具体言之,对适用不恰当的法律规则的检验可以通过考察立法目的或者法律渊源的正当性和权威性来进行;对认定案件事实虚假的案件,可以通过评估案件证据的质量以及重构得出事实结论的证据链条等来检验;对于形式逻辑的谬误,可以通过检验所运用的某种论证的结构形式获得判断;而对于实质逻辑的谬误,"不仅要检验论证结构,还要检验论证的'文脉',例如考

① See Neil MacCormick, *Legal Reasoning and Legal Theory*, London: Oxford University Press, 1978, p. 129.

② 基于后果的论辩作为一种法律论证形式在司法裁判中的应用,其主要关涉评判裁决各种可能后果的性质以及后果可欲与否的标准问题。对该方面的具体研究可参见杨知文:《司法裁决的后果主义论证》,载《法律科学》2009 年第 3 期;外文文献可以参见 Neil MacCormick, *Legal Reasoning and Legal Theory*, London: Oxford University Press, 1978, pp. 129 - 151; Neil MacCormick, "On Legal Decisions and Their Consequences: From Dewey to Dworkin", *New York University Law Review*, vol. 58, 1983, pp. 239 - 251.

③ 武宏志、刘春杰主编:《批判性思维——以论证逻辑为工具》,陕西人民出版社,2005 年版,第 3 页。

察由谁提出诉讼、其目的何在、论证的诉求对象是谁等问题所组成的整体环境”;①对违反理性论辩规则理由的识别可以通过检视在诉讼过程中司法人员自觉遵守相关程序和保障当事人各种论辩权利的状况来实现;判定因违反法律的融贯性而形成的消极理由,则可以检验论证的内容或实体,有时还需要考察人们可相互理解的某种共同体的生活方式;对于因导致不可欲的后果形成的消极理由的认定,可以通过评判各种可能后果的性质以及后果可欲与否的各方面标准来进行;等等。当然,必须指出的是,各种消极理由的批判性检验方法并不是封闭性的,而是多种开放的路径。

三、结论:建构一种全面的司法裁决理由评判体系

根据本文以上所述,法律论证的正当理由可以从积极理由和消极理由两个方面获得说明,同时它们也直接或间接地决定了作为最终结论的司法裁决正当与否的“理由逻辑”。依本文来说,只有寻求正当和合理的法律规范,依据认定为真的案件事实,遵循有效的论证形式和理性论辩规则,以及适用良好的根据作为这些判断的积极理由,法律论证才能够实现正当性和合理性以及受众普遍接受的目标;而如果法律论证违反了法律的实体、程序规范与逻辑规则,抑或使用不符合法律一致性和协调性要求的因素引起的对法律融贯性的破坏,以及对裁判不可欲后果的追求,都将是法律论证具有可接受性的消极理由,构成人们拒绝司法裁决的充分根据。

笔者认为,认识法律论证中的积极理由和消极理由,为我们评价司法裁判的正当性和合理性拓展了新的视阈,人们对司法裁决的理由问题也有了一个新的评判体系。在笔者看来,对法律论证中的积极理由和消极理由的讨论,其目的旨在就是要以法律论证为方法建构一种全面的司法裁决理由评价体系。这种司法裁决理由的评价体系,不仅能够从“证成”的角度来评判司法裁决正当性的情况,也能够从“证伪”方面来检验对司法裁决的正当性评价的质量,它们都构成了促使人们证明、反思、修正以及支持或否定某一司法裁决所不可或缺的基本维度。其实,我们以此也可以看出,司法裁决的理由评价体系是一种非常复杂和丰富的体系,而且随着现代司法和新型诉讼的发展,特别是在司法能动主义的司法哲学影响下,只有从全面的视角来发展司法方法理论,建构全面的司法理由评判体系,才能进一步推动司法裁决的正当性和合理性的完整实现。正是因为这种对司法推论方法和裁判结论理由全面视角的建构,才能恰当地展现司法活动过程的特性,才能有助于推进司法裁判的正当化进程,实现司法公正。

① [美]鲁格罗·亚狄瑟:《法律的逻辑》,唐欣伟译,商周出版社,2005年版,第222页。

法律视野中的缺省论证

贺寿南*

非单调性是人工智能逻辑中的一个核心概念。把非单调逻辑运用于法律领域已成为当今国际人工智能研究的一个主要方向，许多人工智能专家都研究了基于非单调逻辑的法律论证问题。Dung 很早就研究针对缺省推理的对话式证据理论的使用，把缺省推理当作对话式证据理论的想法。它的大体思路是建立在对话逻辑中产生逻辑结论的博弈理论观念基础上。虽然相当多的著作都做过对法律推理运用非单调逻辑，实际上所有这个工作都是关于法律推理，并且很大程度上忽视了证据推理。

一、缺省论证的逻辑

1. 非单调逻辑

一般说来，逻辑学的目标是确定系统公式集合 Γ 与个体公式 A 之间的后承关系。这种确定通常采用以下两种形式之一。从证明论观点看，每当有一个从作为前提集 Γ 到 A 的演绎时，A 就被认为是 Γ 的后承。从模型论观点看，每当 A 在满足 Γ 中的每一个公式的每一个模型中都成立时，A 被认为是 Γ 的一个后承。

尽管由特定逻辑认可的具体推论根据所出现的联结词及其性质的不同而大不相同，但是后承关系的某些抽象特征在各种逻辑系统中显然是稳定不变的。这种不变性特征之一就是单调性的作用：如果 A 是 Γ 的后承，则 A 就是 $\Gamma\cup\{B\}$ 的后承。这一切意味着，即使前提补充了新增加的信息，由一个前提集合得出的任何结论仍然不变，亦即结论的集合随前提集合的增加而单调地增加。

单调性来自深深扎根于证明论和语义学的基本假定。不仅在经典逻辑是这样，而且在许多哲学逻辑系统中情况也是一样。从证明论观点看，单调性是由于事实上从前提集 Γ 到公式 A 的任何推导也可以算作由扩展的前提集 $\Gamma\cup\{B\}$ 到该公式的推导；前提的增加不能影响推导，因为标准推论规则仅仅依赖出现的信息，并不依赖于不出现的信息。按照模型论观点也可以间接地证实这种单调性：因为每一个 $\Gamma\cup\{B\}$ 的模型就是 Γ 的一个模型，由此可知，如果公式 A 在 Γ 的每一模型中成立，它就必然也在 $\Gamma\cup\{B\}$ 的每一模型中成立。

然而，真实世界充满了不完全信息和不断变化的情况，在解决复杂问题的过程中，也要求不断应用并不保证正确的假设，即使对于一个较简单的问题的求解，也常常难以找到一组一致性的逻辑公式来表示，就是找到，也不能保证在变化的世界中保持一致性。所以，包含

---

* 贺寿南，男，南京大学哲学系逻辑学专业博士研究生。

假设是必要的,假设可作为推理的依据。但在推理过程中,随着新事物的出现,可能到头来会发现原先所作的假设不正确,应予删除,从而造成推理的非单调性:即新知识(事实)的加入会引起已有知识(假设以及基于假设的推理结果)的删除。非单调逻辑是这样一种逻辑,它的后承关系不满足单调性,也就是说,一个前提的增加能够导致已作出结论的收回,从而使结论集合不必随着前提集合的增加而单调地增加。尽管某些哲学逻辑系统,例如相干逻辑,在这个意义也是非单调的,但是这个术语通常专用于在人工智能(AI)领域中诞生的一组逻辑,这些逻辑系统的目标是形式地表述用来指导智能行为的缺省推理模式。

2. 缺省论证逻辑的一般思想

现在大多数非单调逻辑的经典系统,象缺省逻辑,制约逻辑,自认知逻辑,是七十年代末八十年代初发展起来的。非单调推理有三种方式:设 S 为命题,(1) 限定理论:当且仅当没有事实证明 S 在更大范围内存在时,S 只在指定范围内成立;(2) 缺省理论:S 在缺省条件下成立是指当且仅当没有事实证明 S 不成立时 S 是成立的。产生这一假设的背景是:在非单调推理中,知识库不够丰富,难以支持人或系统所需的推理,因此需要想当然地对知识库进行扩张,添加新的内容,扩张的内容即是缺省知识;(3) 自认识理论:如果我知道 S 并且我不知道任何事实与 S 矛盾,则 S 是成立的。换句话说,如果推理者并不相信命题 S 的非,则 S 和推理者的当前知识是一致的。

如果不考虑形式的定义,我们可以把缺省推理粗略看作依赖信息的缺失以及信息的出现的推理,它以下列普遍形式的规则为中介:给定 p,就能推出结论 q,除非有相反的信息。不难看出为什么这类推理的逻辑说明需要一种非单调后承关系。例如,假定用众所周知的真命题"鸟会飞"来表达这种缺省:已知 x 是鸟,因此 x 会飞,除非有相反信息。又假定有人告诉我们 tweety 是鸟,那么鸟会飞和 tweety 是鸟这两个前提就会支持结论 tweety 会飞,因为前提集合没有包含相反信息。但现在设想给前提集补充了 tweety 不会飞的前提(也许 tweety 是企鹅,或者是幼鸟)。这样一来,由于缺省推理导出的原有结论是以相反信息缺失为基础的,而新的前提集则包含了这样的信息,因此 tweety 会飞这个原来的结论就必须撤销。这类缺省推理是非单调的(即加进一条信息就可能迫使取消另一条信息),因为用这种方式推导出来的命题是依赖于在某个命题中缺少某种信念,即如果前面那些缺省的命题一旦加入系统,就必须消除用缺省推理产生的命题。

缺省论证指从给定的信息开始,通过应用缺省推理规则到一组前提中来构造论证。例如:从命题'如果 P,那么通常 Q'和'P',我们能缺省地推导出 Q(间接地假定了 P 事件是一个通常的 P 事件)。例如,命题'谋杀是在谷仓附近发生的'和'在谋杀发生前后嫌疑犯在谷仓中'演绎的包含'在谋杀发生时,嫌疑犯在谋杀场所附近'。所有缺省论证应当分为三种:证成论证(战胜对抗性反证的论证),否决论证(丧失对抗性的论证)和可防御论证(使争议悬而未决的论证)。缺省逻辑就是研究缺省论证的逻辑。

二、缺省论证中的击败关系

缺省论证逻辑,或简称论证系统,是非单调逻辑的典型表现形式。论证系统都遵循这样一个原则,即一个理性的 agent 是否相信某种断言,取决于支持该断言的证据是否能成功地反击那些反驳证据。论证系统的一个基石是“论证间的击败关系”。

当一个论证是演绎的，惟一可能的攻击是它的前提。而缺省论证则不同，即使它的所有前提都被接受，它也能被攻击。例如，论证“嫌疑犯在谋杀发生时在谋杀现场，因为证人约翰说如此”(应用规则“如果证人说 P，那么通常 P”)。攻击它的一种方法是反驳它，也就是说，陈述一个与之矛盾结论的论证。例如：“嫌疑犯不在谋杀现场，因为证人鲍勃说在谋杀发生时，他和他在酒馆，一个人在同一时间不能在两个地方”(应用同一规则)。攻击那个论证的第二种方法是削弱它，也就是说，论证在这个案件中前提不能支持其结论。例如：“约翰是嫌疑犯的朋友，所以他的证词是不可信的”。

Dung 提出了一个非常抽象而普遍的基本论证框架。

定义 1： 一个基本论证理论(AT)是一组(论证$_{AT}$，击败 AT)，这里论证 AT 是一组论证，击败 AT 是关于论证 AT 的二元关系。

——AT 是有限性的，当且仅当，论证 AT 中每个论证至多被论证 AT 的有限数目的论证所击败。

——一个论证 A 严格击败论证 B，当且仅当 A 击败 B，而 B 并不击败 A。

——一组论证免于冲突，当且仅当集合中没有任何论证能被此集合中的另一论证所击败。

反驳论证必须比较它们的论证强度，从而决定哪种论证击败其他的论证。当一个论证 A 比一个反驳论证 B 强，意味 A 严格击败 B，当它们是一样强，意味它们相互击败。一个典型的例子是尼克松性格，有两个论证‘尼克松属于温和派，因为他是基督教信徒’和‘尼克松不是温和派，因为他是一个共和党人’。如果没有任何根据表明一个论证优先于另一个，它们互相击败。一般而言，评价论证强弱的标准取决于问题和领域的性质。例如，证人约翰和鲍勃：如果鲍勃是成年人，而约翰是小孩，有人可能会说约翰比鲍勃更有可能说真话。通过使用不对称的严格击败定义捕捉一个较强的观点。一个通常的例子是 Tweety 会飞，‘Tweety 会飞，因为它是一只鸟’的论证严格击败了‘Tweety 不会飞，因为它是一只企鹅’的论证。

Dung 理论的中心观点是可接受性。它直观地规定了一个不能自圆其说的论证怎样被一组论证攻击。

定义 2： 一个论证 A 关于论证集 S 是可接受的，当且仅当，每个缺省论证 A 被 S 中某个论证严格废止。

假定 A=‘Tweety 是一只鸟，所以 Tweety 会飞’，B=‘Tweety 是一只企鹅，所以 Tweety 不会飞’，C=‘Tweety 不是一只企鹅’，假设 B 严格废止 A 并且 C 严格废止 B。那么 A 对于$\{C\}$，$\{A,C\}$，$\{B,C\}$和$\{A,B,C\}$是可接受的，但是对于 ϕ 和$\{B\}$是不可接受的。

击败概念只是告诉我们两个独立的冲突论证的相关强度；它仍然没有告诉我们：一个论辩要用什么样的论证才能取胜。论证的辩证地位依赖于它与其他可利用论证的相互关系。这里一种重要现象是复原：假定论证 B 击败论证 A，但是 B 本身被另一个论证 C 击败；在这种情况下 C 复原 A。再考虑我们的基于证人约翰和鲍勃的反驳论证。即使我们更喜欢鲍勃的证词，因为他是成年人，而约翰是小孩，使用鲍勃证词的论证可能被另一个论证 C“鲍勃的证词不可信，因为他具有憎恨嫌疑犯的强烈理由”削弱。

三、缺省论证的对话模型

对话指两个或两个以上参与者之间的信息或言语行为交换的序列。典型的对话就是两方之间的问与答。每个对话都有其目的，都需要实现目的参与者的合作。这意味着，每个参与者在对话中有实现其目的的义务，同时也有与另一参与者合作实现其目的的义务。要证明一主张的责任有两个方面：一是就那个主张给出论证的义务，二是在论争中支持这个论证以免受到挑战的义务。第一方面已能在 MacKenzie 式对话系统中进行形式建模，这个系统是调节诸如“主张”、“挑战”、“让步”、“撤回”以及“支持某一命题”之类的言语行为。但是，这类对话系统并不允许抗辩[7]。在人工智能与法律中，有人提出建立法律程序模型把 MacKenzie 式对话系统与抗辩可能性结合在一起。

缺省论证能用论证博弈的论辩形式来陈述，其中公式的证明利用采用了正方和反方两者之间的对话形式。在这类证明中，正方以针对这个公式的一个论证开始，然后双方轮流进行攻击，对话中的每一行动都是由一个论证所组成的，且这个论证满足参与人用某种最小强制力攻击对方的最近一个行动。由于正方期望初始论证得以证成，故其行动必须是严格击败；相反，由于反方想要阻止初始论证得以证成，故他的论证可能只是击败。

定义 1[8]：对话是一个非空行动序列 $M_1, \cdots, M_n, \cdots$。每一 M_i 都具有形式(参与者 i，论证 i)($i>0$)且

(1) 参与者 $i=P$，当且仅当 i 是奇数，并且参与者 $i=O$，当且仅当 i 是偶数；

(2) 如果参与者 $i=$参与者 $j=P$ 并且 $i\neq j$，那么论证$_i\neq$论证$_j$；

(3) 如果参与者 $i=P$，那么论证$_i$ 严格击败论证$_{i-1}$

(4) 如果参与者 $i=O$，那么论证$_i$ 击败论证$_{i-1}$。

第一个条件说的是，先由正方开始，然后参与者轮流进行攻击，而第二个条件是阻止参与者重复攻击。

定义 2[赢，证成]：参与者“赢得”对话，当且仅当，另一参与者无法行动了。论证 A 在论辩(AT)

中得到证成，当且仅当，正方在以从 A 出发的论辩理论(AT)为基础的任何对话中均有一个赢策略。一公式被证成，当且仅当，它是一个证成论证的结论[9]。

规则：

(1) 对称缺省证明规则：如果对己方主张不能履行证明责任，那么己方主张不成立；

(2) 非对称缺省证明规则：如果对己方主张不能履行证明责任，那么对方主张成立。[10]

一个论证是否证明有效能在正方与反方间的论证博弈中检验。正方开始提出他想证明有效的论证，然后每个参与方必须击败另一参与方先前的论证，或者，运行一个优先论证阻止先前论证击败它的目标。此外，正方的击败论证必须是严格的击败反方的论证，也就是说，他们不可能被它们的目标轮流击败。如果其他参与者用完了行动，则参与者取胜。在这个博弈中，如果正方有一个取胜的策略，则最初的论证证明是有效的。如果非有效的论证被

一个有效的论证击败，则他们被否决，否则他们被保护。

我们用一个非形式对话例子来说明它。我们用 P_i 表示正方陈述的论证，用 Q_i 表示反方陈述的论证。正方通过声称 P_1 是一个合理论证而开始争论。

P_1：如果关于手套的证据不是伪造，则证明甲有罪。

反方必须击倒这个论证。假定 O 只能用一种方法做到。

O_1：我知道关于手套的证据是伪造的，所以你的假设不是有效的。

正方可考虑用下面的论证严格击败 Q_1 的论证来反驳。

P_2：关于手套的证据不是伪造的，因为它是警察发现的并且警察不伪造证据。

由于 P_2 严格击败 O_1，所以 P_2 是一个可能行动。如果反方从论证$_{AT}$得不到新的行动，结论是甲有罪被证实。所以正方赢得对话。

假定论证是通过联接一个或更多的下列前提而成：

(1) 乙伪造手套证据

(2) 伪造证据的人是不诚实的

(3) 乙是一个警察

(4) 警察是诚实的

(5) 诚实的人不会伪造证据。

又假定击败由明显方式的特征决定。现在正方论证乙没有伪造手套证据。

P_1：乙是一个警察，所以他是诚实的，因此他不会伪造证据。

O 攻击‘乙是诚实’这个‘子结论’的论证；

O_1：我知道乙伪造证据，这说明他不是诚实的。

P 想使用与 O 攻击 P 的论证相同的方式去攻击 O 的论证：通过发起一个更明确攻击 O 的子结论“乙伪造手套证据”。然而，P 在争论开始就已经陈述了论证，根据定义 1 中第二个条件，这种行动不允许。由于没有其他严格击败论证可利用，所以它不能证明乙没有伪造手套证据，甚至不能说他是诚实的。因此没有任何关于乙是否诚实，是否伪造证据的结论被证明正当。根据非对称缺省证明规则，反方“赢得”对话。

在互动的理性人的决策和谈判过程中，对话式证据理论能作为论辩协议达成的‘逻辑核心’。这些协议规定了卷入论辩的理性人的可能、允许或必须的对话行为，并且规定了论辩终止和评价的标准。这些协议能作为合理性程度来研究。这里最主要的思想是合理性具有一个程序性的方面：如果一个论证能用一种恰当的论辩行为成功地进行辩护，那么它是可接受的。这种研究的主要目的是找出什么使论辩正确，就是说，什么使它公平并且有效。

现实论辩的一个主要特征是所构造的论证的信息主体不是预先给定的，而是在论辩的动态过程中建构的。尽管我们的对话式证据理论与给定的论证集有关，它仍能包含在某些论辩的协议中。如果每个论证能成功地反驳每个攻击，则该协议是公平的；如果每个辩护论证能成功地反驳每个攻击，则该论证有效。

在本文中，我们假定：在争论中，论证的交换是通过一些法律程序进行调整的。然而，我们从它的细节提炼并且简单假定了：辩论由一系列具有不同次序理论的特点情节组成，参与方能通过增加论证从一个阶段到另一个阶段进行行动。然后一个阶段组成论点中陈述的所有论证的前提。辩论的结果通过运用推理系统的论证博弈至最终阶段。我们也运用论证博弈至中介阶段，来检验辩论的结果，如果中介阶段是最终阶段。最终阶段也可能包括判决者陈述的评价论证。例如，他能通过运行一个不合适的论证，来判决可作证据的论证是内在无效的，因而表达那个证据本身太弱而不能支持它的结论。或者，他通过运行优先论证判决证据的辩证有效性，因而，根据证据的合适标准，判断这个证据是否胜过它的反证。在推理系统中，双方（正方和反方）被博弈中不同的但固定的规则所支配：整个论证博弈，正方的反论证必须严格击败（也就是说，消除怀疑），而反方的反论证肯定是弱击败（也就是说，产生怀疑）。所以，如果反方提出质疑，他们的反证总是成功的。然而，我们的例子说明：如果反方具有说服的举证责任，提出怀疑的论证是不充分的，在那种案件中，需要消除怀疑的论证。

在实际的诉讼情形中，由于各种现实条件的局限，各方的对话实际上不大可能达到哈贝马斯的“理想言谈情形”。现代司法追求的超越性使得其与日常理性保持着森严的距离，乃至堵塞了健全的日常理性进入司法的有效途径。然而，实际条件的局限不应成为人们否认对话方法在法律论证活动之意义的理由。

参考文献：

[1] P. M. Dung, An argumentation semantics for logic programming with explicit negation[M]. Proceedings of the Tenth Logic Programming Conference, MIT Press 1993, 616 - 630.

[2] 刘奋荣：《非单调推理的逻辑研究》[D]. 1—5。

[3] 罗仕国：《法律推定的逻辑分析》[D]. 13—25。

[4] 夏幼明等：《基于非单调推理的领域专家知识库的研究》，《计算机科学》，2001 年第 9 期。

[5] Pollock, J. L. (1987), Defeasible reasoning[J]. Cognitive Science 11: 481 - 518.

[6] Dung, P. M. On the acceptability of arguments and its fundamental role in nonmonotonic reasoning, logic programming, and n-person games. Artificial Intelligence 77(1995), 321 - 357.

[7] J. D. MacKenzie. Question-begging in non-cumulative systems[J]. Journal of Philosophical Logic, 1979(8): 117 - 133.

[8] Henry Prakken. Dialectical proof theory for defeasible argumentation with defeasible priorities[J]. Computational Intelligence 14: 498 - 562.

[9] [荷] 亨利. 帕克著，熊明辉译：《论法律论证中举证责任的形式化》，《法律哲学与法社会学论丛》，2005 年第 8 期。

第四编　法律逻辑与教学实践

加强法律逻辑教学　培养法律思维与实践能力

贺志明　刘东南*

逻辑学是一门工具性的基础学科，在联合国教科文组织公布的学科分类中，逻辑学被列为七大基础学科的第二位。逻辑学是一门古老的学科，至今已有 2 000 多年的历史，最早由古希腊思想家亚里士多德创立。法律逻辑作为一门学科则是到 20 世纪才逐渐形成的。列宁曾说过："任何科学都是应用逻辑。"《牛津法律指南》中指出："法律研究和适用法律要大量地依靠逻辑。"作为法律工作者，充分运用逻辑工具是必须的。法律逻辑老师承担着更为重大的任务和社会对其提出了更高的要求，既要遵循教育规律，又要注意法律逻辑自身的特点，让受教育者真正学有所成、学有所用，为社会培养高素质的有用人才。于是，也就法律逻辑教学方面谈点粗浅的看法。

一、明确法律逻辑的特点

法律逻辑是研究思维形式的逻辑结构和逻辑规律，并在此基础上探讨法律领域中特有逻辑现象和逻辑问题的一门学科。它不是形式逻辑加法律例子的简单组合，而是融于法学研究和法学实践之中。

法律逻辑与普通逻辑有一致性，都是以思维形式的逻辑结构和逻辑规律为研究对象，所独特的是法律逻辑是结合法律、法规的具体内容和表达方式来研究思维形式的逻辑形式和逻辑规律的，横跨了普通逻辑和法学两大领域，是一门交叉学科。它能够为法律工作者提供更有针对性实用价值的逻辑知识及逻辑方法。在司法过程中，我国的基本原则是"以事实为依据，以法律为准绳"，而查清事实、核实证据、适用法律一直到审理结案，各个环节都离不开判断、推理、证明、反驳这些思维活动。因此一切法律工作者，从侦查人员到检察官、审判员，从律师到书记员、法医等，都需要掌握法律逻辑学的基本知识，这是他们有效开展工作的必不可少的辅助工具。就法律教学的实践来看，国内外法律院校（系）几乎没有不把法律逻辑学作为学生必修的专业基础课。我们院校也不例外。

二、形成自己的教学特色

缺乏教学特色的课堂，只能导致课堂上教师侃侃而谈，学生各行其是。

---

* 贺志明，男，湖南司法警官职业学院政教部主任，教授；刘东南，男，湖南司法警官职业学院政教部，讲师。

1. 充分了解自己授课的对象，对症下药

有的学生以前数学基础差，曾为数学伤痛了脑筋。本来以为在大学里不要学数学，大可以开心了，但一看到法律逻辑教材上有符号和公式，就死灰复燃，有了畏惧心理，于是怕学法律逻辑，从而产生不想学习法律逻辑的念头。面对这种情况，我们要尽量避免用数学方面的知识来解释法律逻辑，同时要鼓励他们找出正在研究的问题和我们已知的常识之间存在着相应的联系，让他们自己去发现，去总结，去体会，从而产生自己能够解决问题的强烈自信心，并让他们尝试着自己得出正确的结论，领略其中的成就感。有的同学掉以轻心，因为前面学的内容较简单，以为后面也不难，于是不去预习，也不去巩固，更不会去查看相关资料，这样就导致连锁反应，恶性循环，前面的不懂，后面的无法弄懂。要尽量鼓励学生，发扬团队精神，互相关心、互相帮助、扬长避短和取长补短，把不懂的补过来，那后面学起来就不会吃力了，许多问题也变得迎刃而解。

2. 努力做到吃透教材，有力论证

系统地把握好整个教材，其实教材就是这么几大块：演绎逻辑、归纳逻辑、类比逻辑、思维的逻辑规律及其论证。由于法律逻辑是具有法律专业性质的工具性学科，要求理论知识讲得透彻，让学生从点上理解，又从面上系统性把握，给学生创造身临其境的感觉，这就需要通过大量的事例和文案分析来做论证，真正把逻辑理论和司法实践结合起来，做到相互渗透、相互补充，抓住具有法律特色的思维方式、思维规律来进行教学，增强教学的针对性、实用性，缩短逻辑理论和司法实践的距离。

3. 采用可行的教学方法，形式多样

在采用讲授法的同时，注重多种教学方法的运用。采用多媒体教学法，形式直观，声图并茂，感知性强，可以让学生体会其中之意境，有较强的感染力，还可以调动学生的学习兴趣和学习积极性。采用讨论式教学法，是调动学生主动性的一种有效方法，是提高分析问题、解决问题及论证问题等多种能力的方法。爱因斯坦曾说：解决一个问题也许是一种教学或实践上的技巧而已，而提出问题则是从新的角度看待旧的问题，它需要创造性想象，有时大胆想象或标新立异会使学生想象的空间无限延长，推动他们从已知和实践去追求创新，充分发挥其主体作用。采用探究式教学法，给学生提供一定的思考题或预习题，让他们自己去思考、去领悟，而不给予任何提示，引导他们按自己的思路去得出结论，解决问题，而不受老师思维模式的局限，这样也可以让学生进行发散性思维，只要能自圆其说，他们的逻辑水平就有所提高了。力求做到教学方法多样化而不单一，培养学生的真正参与意识和增强他们解决问题的能力。

三、培养法律思维能力和法律实践能力

我们教法律逻辑的最终目的，就是要培养学生的法律思维能力和法律实践能力。即要把法律理论知识转化为法律思维能力。

法律思维能力是法律职业能力结构中的决定性因素。法律思维能力主要体现在：探知法律事实过程中的收集、整理、分析、判断和采信能力；归纳、概括案件争执焦点的能力；确定案件性质和认定案件事实的能力；正确阐释法理和运用法律的能力；严谨的法律推理和论证

能力。

法律实践能力，就是完成各项具体任务的能力。法律实践能力主要体现在：探知法律事实的能力、证据操作能力、法律表达能力和论辩能力以及运用法律程序的能力等，几乎每种实践能力都要以法律思维能力为内核。

法律逻辑研究的是逻辑的基本原理在法律领域中的具体应用，以及法律思维过程中的特殊的逻辑现象。它有助于法律工作者和准法律工作者养成在法律学习、研究和实践等活动中自觉遵循逻辑规则和规律的能力。法律逻辑是训练法律思维能力的必要的有效的工具。法律逻辑对法律思维能力的训练和培养主要表现在：

1. 准确把握和理解概念

美国法学家博登海默所说："法律概念是解决法律问题所必须的和必不可少的工具。没有限定严格的专门概念、我们就不能清楚地和理性地思考法律问题。没有概念，我们便无法将我们对法律的思考转变为语言，也无法以一种可理解的方式把这些思考传给他人，如果我们试图完全否弃概念，那么整个法律大厦将化为灰烬。"可见，准确把握概念是非常重要的。有了明确的概念，才能做出恰当的判断，才能进行合乎逻辑的推理，使人们正确的分析和研究问题，不断获取新的知识，保证各项工作任务的完成。否则，思维就会发生混乱，人们不能正确认识事物，不能有力的论证思想，还有可能导致冤假错案的出现。

法律逻辑正是从结构入手，剖析法律概念的内涵和外延及其逻辑特征，对法律概念进行定义、划分、概括和限制等，这些逻辑方法是准确把握和运用概念的工具。

2. 正确进行推理、反驳和论证

从思维进程来看，法律逻辑为我们提供了由一般到个别的演绎推理，由个别到一般的归纳推理，由一般到一般或者由个别到个别的类比推理，这为我们司法工作和司法实践提供了有力的工具，让我们从已经知道的推出未知的或者由知之甚少到知之甚多。同时还可以运用假说和论证来进行法律论辩。这里要注意法律推理的特征，它是以确定的具体事实和援用的一般法律条款这两个已知前提，运用科学的方法和规则为法律推理结论提供正当理由的一种逻辑思维活动。它具有专门性和权威性、程序性和严肃性以及强制性的特征，便于更好地实现司法公正。同时还要弄清楚法律论证是通过提出一定的根据和理由来证明某种立法意见、法律表述、法律学说或法律决定的正确性与正当性。因此，我们运用好法律推理和法律论证，就可显示出我们的法律思维能力已不同于一般。不过这是一个逐步培养和提高的过程，需要不断地提升、与时俱进。

总之，法律逻辑教学是一项艰巨的任务、一个较为复杂和抽象的过程，对法律逻辑教学的探究也还在不断的探索中，笔者仅仅对它作了浅显的探讨，还有待深入的认识和不断的完善。

参考文献：

1. 列宁：《哲学笔记》，人民教育出版社，1974 年版。

2. David M. Walker, The oxford Companion to law, Published in the United States of American by oxford University Press, New York, 1980.

3. 郭哲:《法律逻辑学教学过程初探》,《湘潭工学院学报》,2003 年版。

4. [美] 博登海默,邓正来,姬敬武译:《法理学——法哲学及其方法》,华夏出版社,1987 年版。

法学院校逻辑通识教育必须关注的几个问题

王建芳*

一、逻辑通识教育的目标

通识教育，General Education，也有学者译为“普通教育”、“一般教育”、“通才教育”，相比而言，通识教育的说法更贴近其本意。通识教育的理论渊源虽然可以追溯到古希腊的自由教育（Liberal Education，又称博雅教育），但直到 19 世纪初美国博德学院（Bowdoin College）的帕卡德（A. S. parkard）教授才第一次将它与大学教育联系起来。

对于通识教育的含义，人们讨论热烈但至今还没有一个公认的、规范性的表述。一般而言，通识教育相对于专业教育。如果说专业教育强调专业技能和职业能力的培养，为学生进入更高级研究或从事相关职业作充分的准备，带有一定的功利色彩，那么通识教育则是一种广泛的、非专业性的、非功利性的基本知识、技能和态度的教育，目的在于培养完整的人。1945 年哈佛大学《红皮书》——《自由社会中的通识教育》（General Education in a Free Society）指出，这种人需要具备四种能力：有效思考的能力；清晰沟通思想的能力；做出适当明确判断的能力；辨别一般性价值的能力。

通识教育与专业教育在特征、目标和要求等方面的差异，使得逻辑通识教育和逻辑专业教育的区分成为必然。在通识教育背景下，逻辑通识教育的目标定位显然不是培养逻辑学专业人才，而在于充分发挥逻辑学的工具性作用，培养学生的逻辑思维素养，也即培养学生的分析、批判、推理和论证的能力。从这个角度看，逻辑通识教育更侧重思维方法教育，更侧重学生运用逻辑知识去分析问题和解决问题的能力训练。当然这不等于说，基本的逻辑知识的学习是不必要的。

二、法学院校逻辑通识教育的着眼点

在法学院校如何更好地培养学生的逻辑思维能力，高质高效地完成逻辑通识教育的目标？法学家富勒（Lon L. Fuller）曾说，教授法律知识的院校，除了对学生进行实在律令与法律程序方面的基础训练以外，还必须教导他们像法律工作者一样去思考问题、掌握法律论证与推理的复杂艺术。考虑到法学院校学生培养的目标和学生专业的特殊性，笔者以为，紧密结合法律实践中存在的问题和法律实践的需要，是搞好法学院校逻辑通识教育的必由之路。在笔者看来，法学院校逻辑通识教育的开展至少要关注以下四个方面的问题：

---

* 王建芳，女，中国政法大学人文学院逻辑学研究所，副教授，哲学博士。

（一）必须关注对法律实践中存在的曲解、误用逻辑问题的分析

由于法律实践的特殊性，法学者与逻辑学者对相关问题的关注点存在很大差异。就大陆法系司法判决推理的主要形式——司法三段论而言，法学者大多强调"法律、事实和裁决要有演绎关系，并不在意它们是不是具体的三段论格式。"①，而逻辑学者更关注其中所涉及的推理模式。由于学科背景和学科需要而造成关注点的不同，这显然无可指摘，但是由于忽略和不关注而导致曲解、误用逻辑问题却不能不令人担忧。

以法学者对司法三段论的认识为例。有学者说：在"以事实为根据，以法律为准绳"的审判原则指导下，法官将法律规则适用于具体案件事实得出判决的逻辑推论过程，遵循如下推理模式：$(T\rightarrow R)\Lambda(S=T)\rightarrow(S\rightarrow R)$。如上推理属于何种类型？有学者指出，"它是形式逻辑的一个公式，叫形式逻辑的三段论。一个严格的逻辑三段论公式第一段：$T\rightarrow R$，叫大前提，第二段：$S=T$，叫小前提，第三段：$S\rightarrow R$，是得出的推论。……大学上形式逻辑课的时候，老师第一堂课就讲这个逻辑公式：大前提、小前提和推论，然后就举例：大前提是'人都要死'；小前提是：'张三是人'；于是得出推论：'张三也要死'。这就是形式逻辑的三段论。而我们的法官，裁判案件，刚好也用这个公式。"②还有学者说：本文所称'司法三段论'特指把逻辑学关于推理的知识，即三段论，运用到法律适用领域中产生的法律推理形式。

显然，上面两种说法都存在一定的问题：在第一种说法中，作者一方面给出的是类似于假言三段论的推理模式，另一方面又强调司法三段论的法律适用过程是通过"逻辑三段论"（实际是直言三段论）来表现的。这种前后不一的表述，反映了作者对逻辑三段论概念理解上的模糊性；在第二种说法中，作者"把逻辑学关于推理的知识"直接等同于"三段论"，这显然是不正确的。

司法三段论是法学领域极其重要的一个概念，也是法学界尽人皆知的一个概念。然而就在这样一个问题上，还存在如此严重的曲解、误用逻辑知识、表述混乱的问题，这不能不令人担忧。类似的问题还有不少，比如，有法学者说："前提是整个演绎推理有效与否的生命线，如果前提成立则整个论断成立，否则则相反。""传统逻辑遭遇批判的主要方面在于逻辑学无法证明前提是有效的……"。③ 在逻辑通识教育的课堂中，如果我们能够针对这些问题展开分析和讨论，势必更有利于学生学习逻辑知识，培养逻辑思维素养，更有利于学生掌握法律推理和法律论证的复杂艺术。

（二）必须关注对法律实践中存在的不合逻辑规则的表达论证的分析

在法律实践中表达论证不合逻辑规则的现象也不少。在法律条文的表述中可以看到不一致的现象，例如：《刑诉法》第191条第3项和第5项："剥夺或限制了当事人的法定诉讼权利，可能影响公正审判的；其他违反法律规定的诉讼程序，可能影响公正审判的。"显然，如果审判过程中"剥夺或限制当事人的法定诉讼权利"，那必定是程序违法。无论判决结果是否与之相关，审判程序必然带有了不公正的因素，而法条的表述却是"可能"，显然不一致。

---

① 张成敏：《文化·法治·法律推理》，《中国人民警官大学学报》，1997年第3期。

② 梁慧星：《裁判的方法》，法律出版社，2003年版，第3页。

③ 栗峥：《司法证明模糊论》，《法学研究》，2007年第5期，第60页。

在一些司法判决书中也存在着表达论证不合逻辑规则的问题，这里主要举两个例子加以说明。例如：某刑事案件的再审判决中写道：

“本院经再审认为：原一、二审认定被告人曹××犯盗窃罪的事实清楚，证据确凿，定罪准确，处刑适当，应予维持。被告人王××明知曹××犯盗窃罪而加以包庇，其行为已构成包庇罪。但在法定追诉期限内，司法机关并未对他采取强制措施，在已达追诉时效期后追究其刑事责任，显属适用法律不当。依照《刑事诉讼法》和《刑法》的有关规定，判决如下：(1) 撤销本院1991年7月9日的刑事裁定和××区人民法院1991年6月3日刑事判决书第2项(即‘被告人王××犯包庇罪，判处有期徒刑1年，缓期2年’——引者注)，维持第1项(即‘被告人曹××犯盗窃罪，判处有期徒刑7年’——引者注)；(2) 宣告王××无罪。”①

从该再审判决结论来看，它一方面认定“被告人王××的行为已构成犯罪(包庇罪)”另一方面却又否认了这种认定：“宣告王××无罪”，显属裁决自相矛盾、不能自圆其说。正确的符合逻辑的表述应是：“被告人王××的行为已构成犯罪(包庇罪)，但鉴于在法定追诉期限内，司法机关并未对其采取强制措施，所以，不再追究王××的刑事责任。”

再如：北京市海淀区人民法院历经三年零七个月审理的“白葆善购买使用美国美顿力公司8423型心脏起搏器和4057型电极导线，起搏器金属导线在右心室中断裂案”，判决书写道：被告对“该产品由于受到当前科学技术的限制，并未达到尽善尽美的程度，对技术不足可能导致的后果应承担事实上的风险责任。”原告在“使用过程中，没有违反使用原则，起搏器导线断裂非原告造成。”“被告愿意补偿原告人民币8万元，本院准许。”“案件受理费6785元人民币，由原告和被告各负担50%。”

显然，这是一份没有说明法律理由，更没有论证的判决。梁慧星对此评论说：“这是一个不当的判决。判决书没有使用法律。……以事实为根据，以法律为准绳，法律准绳在什么地方呢，这张判决书上没有。”②类似的问题在司法判决书中并不少见，正因为如此，我国最高人民法院院长肖扬说：“现在的裁判文书千案一面，缺乏认证推理，看不出判决结果的形成过程，缺乏说服力，严重影响了公正司法的形象。”③

以上问题的产生表明，从字面上理解一种理论往往并不困难，难的是把握它的精髓并把它融会贯通运用到实践中去。无怪乎，常有人说，理论归理论，在实践中转了个弯，学理就可能应用不出来了。正因为如此，笔者以为，在法学院校逻辑通识教育中，关注并加强对这类问题的分析和讨论，势必会极大地提高学生应用逻辑知识的能力，提高学生的逻辑思维素养，提高学生的法律推理和法律论证能力。

（三）必须关注法律实践对已有逻辑理论提出新问题的分析

法律实践的特殊性对已有逻辑理论提出了一些新的问题，这些问题不仅对逻辑理论的发展提出了一些新的要求，而且对逻辑理论的应用也提出了一些新问题。比如一个道义算子的道义系统能否充分刻画法律规范推理，这个问题属于第一种情况，对它的思考就有助于

---

① 转引自雍琦、金承光、姚荣茂：《法律适用中的逻辑》，2002年，第351页。

② 转引自王洪：《司法判决与法律推理》，时事出版社，2002年，第4—5页。

③ 同上，第1页。

道义逻辑系统的改进;无罪推定与诉诸无知论证的关系问题属于第二种情况,与逻辑理论的应用相关。比较而言,逻辑通识教育层面似乎更关注第二种情况的讨论,因此以下以无罪推定与诉诸无知论证的关系问题为例展开论述。

众所周知,诉诸无知论证,又叫"以无知为据",基本形式包括两种:由于不能证明命题 p 真,所以,p 假;由于不能证明命题 p 假,所以,p 真。事实上,不能证明 p 为假不等于 p 就是真的,不能证明 p 为真不等于 p 就是假的,所以诉诸无知论证属论证中的一种谬误。

无罪推定原则是现代刑事诉讼的基石,主要包括"证明责任"、"疑罪从无"、"沉默权"等方面的内容,核心和精髓是"疑罪从无":当控方不能提出确实充分的证据足以证实被告人的罪行时,法庭应当作出证据不足、指控的犯罪不能成立的无罪判决。从逻辑学的角度看,无罪推定的论证形式为:不能证明被告 A 有罪,所以,A 无罪。

无罪推定与诉诸无知论证的论证形式相同?如果不同,差别何在?如果相同,无罪推定的逻辑依据何在?无罪推定是否不合逻辑?在这方面,不少学者都进行过探讨,如有学者认为,"有罪推定和无罪推定都是逻辑上的'诉诸无知'(以无知为据)"。① 还有学者认为,"法庭采用的这种论证(指无罪推定,引者注)不是'诉诸无知'的谬误。"②笔者以为,在法学院校逻辑通识教育的实施过程中,注重对这类问题的搜集、分析和讨论,有利于学生正确地认识逻辑学和法学的学科差异,认识法律推理和法律论证的特殊性,从而更好地掌握法律推理和法律论证的艺术。

(四)必须关注法律实践的需要

法学院校逻辑通识教育的实施,不仅要着眼于法律实践中存在的问题,还要考虑法律实践的需要,并以此为出发点,进行课程内容建设。在笔者看来,对逻辑学学科性质和法律实践需要的兼顾,使得法学院校的逻辑通识教育必须在坚持演绎逻辑本位和树立现代逻辑观念的前提下,重视一些曾经被忽略的内容,比如,对回溯、类比、归纳等非演绎推理的讲解和分析。从法律实践的角度看,回溯、类比、归纳等非演绎推理的学习和应用,对法律推理和法律论证能力的提高有着极为重要的意义,因为回溯推理是侦查实践中广泛用到的一种推理形式,类比推理是非大陆法系司法判决推理的主要形式,而归纳推理在整个司法实践中都是一种重要的推理形式。但相关内容目前所处状况看不容乐观:一些逻辑学者因为这些推理不具有必然性而不加重视;法学者们虽然很感兴趣,但认识却常常出现偏差。比如,在谈到非大陆法系司法判决推理模式问题时,不同的法学者常常会给出不同的描述:

(1)"在司法审判中遵循先例的原则,要求法官对先前的判例进行分析,并从中归纳出判决理由和法律原则,然后利用类比推理将这些判决理由和原则适用于当前的案件,从而使相似案件获得相似的解决。这种司法实践培养了英国法官的归纳能力和类比推理

---

① 张成敏:《论无罪推定的逻辑基础》,《中山大学学报(社会科学版)》,2003 年增刊,第 256 页。

② 丁煌、武宏志:《谬误:思维的陷阱》,延边大学出版社,1990 年版,第 80—81 页。

能力。”①

(2) 英美法系的法律适用方式“总体上就是一个类比推理(或归纳——演绎推理)模式。”②

(3) 判例主义的法律推理的基本类型是例推法(Reason by example),例推法的具体应用分三步:“首先要提炼出个案之间的相似之处;然后总结出先例中蕴含的相关法则;最后再将此相关发则运用到当下的个案之中。由此可见,例推法也可以化解为类比推理、归纳推理与演绎推理三个具体的推理过程。”③

造成法学者对同一问题产生不同认识的原因可能是多方面的,但不可否认其间存在着或是对类比推理、或是对归纳推理、或是对演绎推理的不正确理解。有鉴于此,我们认为,非演绎推理部分的研究虽然还比较落后,就像我们常说的“归纳法是自然科学的胜利,却是哲学的耻辱”,但它们应是法学院校逻辑通识教育不可或缺的组成部分。

以上谈的主要是课程内容建设方面必须关注的问题。实际上,法学院校逻辑通识教育课程体系建设也应该兼顾法律实践的需要。考虑到逻辑推理在法律领域应用层面的广泛性和复杂性,法学院校可以在《逻辑导论》、《批判性思维》课程的基础上增开下列课程,如:面向侦查实践的课程《侦查推理》,面向诉讼证明技巧和能力培养的课程《诉讼逻辑》,面向法律解读、重构、填补、创制的课程《法律推理》等,以进一步提升学生法律逻辑思维的素质与能力。在中国政法大学我们目前构建的是包括《逻辑导论》、《批判性思维》、《法律逻辑》和《诉讼逻辑》四门课程的逻辑通识课程体系。当然,逻辑通识教育课程体系的发展和建设不必千篇一律,可以以多种模式展开。每个学校都可结合自己的实际情况增设逻辑课程,构建逻辑通识教育课程体系,因为不同类型的课程放在不同层次的院校讲授,效果可能会有所不同。

三、结语

着眼于上述几个方面的法学院校逻辑通识教育,至少具有以下几个优势:第一,可以激发学生的学习兴趣;第二,可以深化一些问题的思考。比如逻辑和法律的关系,逻辑在法律中的作用;第三,真正有利于学生逻辑思维能力的培养和提升;第四,能够使学生的逻辑思维能力在今后的学习生活中得以贯彻并不断得到发展,从而有利于学生法律推理和法律论证能力的提高。

法律和逻辑的关系源远流长。早在古埃及和美索不达米亚的司法判决中,在古巴比伦的《汉谟拉比法典》中,在西方罗马法的发展历程中处处可以看到逻辑对于法律的重要影响。在今天,随着逻辑科学的发展,随着法学研究的深入,人们对于逻辑与法律的关系有了越来越多的思考和研究。在这中间,尽管有对逻辑在法律中作用大小的争议,但谁也无法否认法律的建构、运用和实施都不能脱离逻辑,都不能违反逻辑。卡多佐大法官说得好:“逻辑一致

① 张保生:《法律推理的理论与方法》,中国政法大学出版社,2000年版,第346—347页。

② 雍琦、金承光、姚荣茂:《法律适用中的逻辑》,2002年版,第51—52页。

③ 李安:《归纳法在判例主义法律推理中的有效性与论证》,人大复印资料《法理学、法史学》,2007年第8期,第11—12页。

并不因为它并非至善就不再是一种善了。霍姆斯在一句现已成为经典的话中曾告诉我们：'法律的生命一直并非逻辑，法律的生命一直是经验。'但是，霍姆斯并没有告诉我们在经验沉默无语时应当忽视逻辑。除非有足够的理由（通常是某些历史、习惯、政策或正义的考虑因素）……如果没有这样一个理由，那么我就必须符合逻辑，就如同我必须不偏不倚一样，并且要以逻辑这一类东西作为基础。"[①]逻辑学在法学领域的特殊地位和作用，使得法学院校逻辑通识教育的实施和开展具有十分重要的意义。笔者以为，只有正确地认识法学院校逻辑通识教育的目标，在课程内容和课程体系的设计、在相关问题和案例的选取方面多动脑筋，认真思考，法学院校的逻辑通识教育才会具有强大的生命力。

① 卡多佐：《司法过程的性质》，商务印书馆，1998 年版，第 17—18 页。

法律逻辑教学与通识教育四个能力的养成

张晓光*

一、通识教育与通识教育提出

关于"通识教育"这一概念,当前在我国高校中普遍流行。

通识教育是英文"General Education"的译名。旨在高等教育阶段,对全体学生进行基础性的语言、历史、文化、科学知识的传授,个性品质的训练,公民意识的陶冶;用一种适应时代的文化内容来充实自己,扩大自己的知识范围,增强社会责任感和使命感,使生活的意义及价值变得丰富起来。

通识教育的理论渊源可以追溯到古希腊的自由教育(Liberal Education)。亚里士多德最早提出自由教育思想。他认为,一个真正的人的生活特征是 Arete,译成英文的大概意思是 Virtue,即美德。美德包括两方面:"Intellectual"(智力)Virtue,和"Ethical"(道德)Virtue。自由教育(Liberal Education)应该使人在智力和道德这两方面都具备"Virtue"。

最早明确提出通识教育概念的是美国的帕卡德(A. S. Packard)教授。他指出,美国大学为学生提供的"通识教育",包括古典学、文学和科学方面的有关课程的内容,它是学生进行任何专业学习的准备。1945 年,哈佛大学提出了著名的《红皮书》——《自由社会中的通识教育》(General Education in a Free Society),《红皮书》提出通识教育的目的是培养完整的人,这种人需要具备四种能力:有效思考的能力;清晰沟通思想的能力;做出适当明确判断的能力;辨别一般性价值的能力。

著名教育学者李曼丽博士从通识教育的性质、目的、内容三方面把通识教育分为三种类型:一是就性质而言,通识教育是所有大学生都应该接受的非专业、非职业性的教育,通识教育的实质就是对自由与人文传统的继承;二是就目的而言,通识教育旨在培养积极参与社会生活的、有社会责任感的、全面发展的社会的人和国家公民,强调通识教育是关注人的生活、道德和理智的和谐发展的教育;三是就内容而言,指出通识教育要给学生所有学科准确的、一般性的知识,认为通识教育是关于人的生活的各个领域的知识和技能的教育,其涉及范围宽广全面。

现在我们思考的是:通识教育 60 年前在西方社会就开始兴起,60 年后我们引进并提出,这是有它的时代背景的。我认为有这样三个背景情况:

一是,上世纪末开始的我国高校在校生的扩招,随着满足广大青年学子接受高等教育需

---

* 张晓光,男,华东政法大学人文学院,教授,哲学博士,硕士研究生导师。

求的同时，应对如何进一步提高人才培养质量的现实问题。有统计资料显示，高等教育毛入学率从 9.8%增加到 23%，普通高校在校人数从 780 万增加到 1 800 万。

与此相应还有统计资料显示，由于连年扩招，我国大学毕业生待业数从 2001 年 34 万，到 2006 年达 413 万。自从大学生毕业包分配的政策走向终结，大学生就业就是世人关注的话题，有的社会学家警告，当大学生就业成为普遍的老大难问题时，他们将对整个社会形成巨大的冲击。中国政法大学教授蔡定剑说，这是一个需要引导的群体。

如何解决我们所面临的这些问题，有两种主要观点：一种主张要培养适应全球经济时代所需要的劳动力。这是因为新的全球经济的发展对劳动力的需求改变了，过去需要的是专业人才，现在情况不同，新的专业不断出现，旧的专业成批灭亡，因此要打破专业限制，拓宽学生的知识面，以适应新的专业要求的人才。另一种认为中国现在最重要的，并不是年轻人是否能成为合格的劳动者，而首先是他们能不能成为现代社会的合格公民。所谓的“合格”包括对中国社会和文化的认同、世界视野、批判意识、自由和民主观念、基本想象力，后一种观点基本与通识教育的理念相似。一个社会的发展不能光靠利益关系来维持平衡，而更需要一种基本精神支撑，这种精神支撑通俗说来就是某种共同的价值观念。在现代社会，主要是通过学校来建立和培植这个价值认同。

二是，适应我国面临全球化的改革开放。当前是全球化的世界开放的信息化社会。在这开放性的社会中充满着各式各样的竞争，在这些竞争中，最重要的竞争就是人才的竞争，人才竞争中最重要的是具有全面素质的人才竞争。全面素质是多方面的，不仅有知识、有能力、会动手、会交往、识文化、识科学，而且还要识社会、识人类、成为一个有健全的人格，有社会责任感的完整的人。这是因为在当前商业化和现代化的过程中要注意人本的问题，如，我们大力发展工业化，忘记了环保，破坏了自己的家园，这看起来是自然问题实质是人本问题。原因是科技和人是不能分开的，简单一个例子，医生不仅是看“病”的，重要的是看“病人”的。

三是，应对应试教育的体制和人才培养急功近利，过于与市场需求直接挂钩。应试教育的主要特征是以通过考试为目的的一种教育，面对的是考题，应对的是考试。实质是失去了对自然科学、人文社会科学的研究兴趣，丧失了思维能力和深入的研究能力，偏向功利，注重脚下。这种教育不仅违背了教育的本质，更违背了人的发展规律，若在功利的社会背景下，人就会被工具化。因此，大学教育不是职业培训，大学应该是“仰望星空”的。

这是时代背景使然。复旦大学党委书记秦绍德教授说的好，关于“通识教育”，就算 90 年代初，我们也不会提出这个命题。只有发展到现在这个阶段，才会水到渠成地提出这个命题。

二、“命运多舛”的逻辑学

不论是集中反映中国古代逻辑思想的《墨子》，亦即我们本土所产生的逻辑学，还是以三段论为主要特征，亚里士多德创立的西方传统逻辑，在我国的传播都是跌宕起伏，“命运多舛”。

集中反映我国古代逻辑成就的《墨子》，在先秦时期就有广泛的影响。“世之显学，儒、墨也。儒之所至，孔丘也。墨之所至，墨翟也”。① 甚至惊呼：“墨翟之言盈天下”②。但是到了秦统一六国后，墨学开始衰微，汉时，汉武帝接受“罢黜百家，独尊儒术”的政策，墨学被强行中断。自汉至清近两千年都未能改变墨学沉寂、中绝的现实。

随着乾隆、嘉庆年间汉学的兴起，引发了对先秦子的重新研究，中国古代逻辑《墨子》方得重见天日，由于清朝考据之学和诸子学的兴起，墨学的研究才得以复活。复活兴起的标志是：近代梁启超的《墨子之论理学》、章太炎的《原名篇》等著作的出版，为以《墨子》为代表的中国古代逻辑的研究起了先行作用，开创了对中国逻辑研究的先河。20 世纪胡适的《先秦名学》、郭湛波的《先秦辩学史》、虞愚的《中国名学》等第一批中国逻辑史专著的出版，标志着中国逻辑史研究的创立。20 世纪 50 年代沈有鼎《墨经(辩)的逻辑学》和詹剑之《墨家的形式逻辑》开创了深入研究墨经逻辑的新阶段。到了 20 世纪 60 年代初开始汪奠基的《中国逻辑思想史》出版，开创了中国逻辑史研究的全面发展。正在对中国古代逻辑的研究得到全面发展的时候，开始了文化大革命，这种研究又被迫中断了。文化大革命结束，中国古代的逻辑研究又开始兴起，标志性的成果是，80 年代后以李匡武为主编、周云之、周文英为副主编的五卷本逻辑史的出版和温公颐的三卷本逻辑史(《先秦逻辑史》、《中国中古逻辑史》、《中国近古逻辑史》)、崔清田主编的《名学与辩学》，和南开大学中国逻辑思想史研究方向的博士研究生的培养，及其体现中国逻辑思想史研究的一系列博士论文，代表着中国古代逻辑研究在复兴的基础上得到了深入的全面发展。

西方传统逻辑在我国早期的传播，主要是由西方传教士和在国外留学的中国留学生进行传播的。近代时期著名启蒙思想家严复就是典型的代表。代表着“中国共产党出世以来向西方寻求真理的一派人物”。严复(1854—1921)字又陵，又字几道，福建侯官人。1877 年—1979 年赴英留学。在向西方学习的社会潮流中，中国究竟应该择何为要？严复在《论世变之亟》一文中指出：“吾今兹之所见所闻，如汽机兵械之伦，皆其形下之粗迹，即所谓天算格致之最精，亦其能事之见端，而非命脉之所在。其命脉云何？苟扼要而谈，不外于学术则黜伪而崇真，于刑政则屈私以为公而已”。这就是严复所回答的，西方先进的自然科学固然要学，但并非根本，最根本的是应该学习西方科学之方法——逻辑学，以及其民主制度。严复把“黜伪而崇真”的逻辑学视为西学“命脉”，称：“而本学之所以称逻辑者，以如贝根(即培根)言，是学为一切法之法、一切学之学，明其为体之尊，为用之广，则变逻各斯为逻辑以名之”。③ 严复将逻辑看作“一切法之法、一切学之学”，也就是说，只有掌握了逻辑，才能学好其他科学知识。因此，他在西方逻辑传播方面里程碑式的工作，使得该门学科为世人所瞩目。郭湛波在《近五十年中国思想史》中对此的评价是：“自明末李之藻译《名理探》为论理学输入中国始，到现在已经三百多年，不过没有什么发展，一直到了严几道先生译《穆勒名学》和《名学浅说》，形式论理学始盛行于中国，各大学有论理学一课”④。于是有了章太炎、梁启超、章士钊、胡适等人对中西逻辑的比较研究。以至于章士钊在其所著的《逻辑指要》中说：

① 《韩非子·显学》。

② 《孟子·滕文公下》。

③ 《严复集》第四册，中华书局，1986 年版，第 10281 页。

④ 郭湛波：《近五十年中国思想史》，山东人民出版社，1997 年版，第 183 页。

“寻逻辑之名，起于欧洲，而逻辑之理存乎天壤”。他认为：“逻辑起于欧洲，而理则吾国固有……先秦名学与欧洲逻辑信如车之两轮，相辅而行”。①

但是令人惋惜的是，中国学人这种对逻辑的认识未能始终得到人们的理解和重视，20世纪30年代，中国学界出现了对形式逻辑的激烈批评，将其错误的划同形而上学，逻辑遭遇厄运。到了50年代中期至60年代中期，受到苏联哲学届关于逻辑问题讨论的影响，逻辑的境遇稍有好转。特别是1964年春节，毛主席明确指出：“中学生学点逻辑”，逻辑又“热烈”起来了，但1966年以后的近十年中，逻辑学再遭厄运，有些人提出要彻底消除逻辑，甚至提出“解开逻辑的铁锁，消除逻辑的重压”，“打破逻辑法则的专横统治，争取思想的更自由呼吸”的可笑主张，把逻辑完全与形而上学等同，把逻辑完全政治化，以至逻辑教育降至冰点。

文革后，逻辑学的发展、研究当然又出现新的面貌，从关于逻辑学会的建立上就可说明这一点。不仅有我们的法律逻辑学会，还有经济逻辑学会等等。

严复、章太炎、梁启超、章士钊、胡适、郭湛波等一批中国学者对西方逻辑的传入，并和中国本土逻辑进行比较的研究，使人们认识了中西逻辑的差异，认识到了逻辑对于文化发展具有巨大的推动作用。于是又有了金岳霖、沈有鼎、王宪钧、胡世华、牟宗山等学者对逻辑及逻辑哲学的全面、开拓性的研究。

在近代中国民族危亡的时刻，一些有识之士通过学习西方文化，发现西方文化中逻辑理性之价值，他们奔走、呐喊，最终使逻辑学成为中国教育内容的重要组成部分，增添、增强了中华固有文化中逻辑理性成分，为发展现代科学创造良好的文化氛围和直接凭借。今天的形势与近代的形势当然是完全不一样，但是追求现代化，使中国成为一个强国，同样是当代中国人们的奋斗目标。使中国强大，实现现代化一个重要方面就是科学现代化，而科学现代化的实现从根本而言难以离开文化土壤中逻辑理性的充分培植。这在客观上启示人们，逻辑学必须重新引起当代中国教育界，乃至整个社会的关注和重视，特别是在通识教育的过程中，逻辑学所展现的重要作用。

三、关于逻辑学传播命运的思考

不论是中国本土逻辑，还是西方传统逻辑在传播的历史上一直是忽高忽低，跌宕起伏，究其原因是中国传统文化特有的轻理性、重感性、轻自然、重政治的思维偏向所至。

一个民族有没有自己的独特的思维方式？根据中国文化史的学者研究，“各种文化史的研究，各民族文化的比较研究证明，民族统一的形成传统的思维方式是客观存在的。就是说，每个民族都有自己整体的思维偏向，从而形成自己特有的思维类型。”②比如，体现中国本土逻辑的《墨辩》，就是在中国特有的社会历史和文化背景下生长出来的形式和内容，论式与义理，论辩和实践应用相结合的统一体。它凸显了以人为本，注重和强调了人的生存、发展和人的地位、价值的人文精神。墨家所创立的墨辩之学，他的人文精神的核心是“兼相爱”与“交相利”。从墨辩的对象、目的、任务、原则、功用上看，都直接表现着其满足人的需要。

① 章士钊：《逻辑指要》，三联书店，1961年版，第247页。

② 张岱年，成中英：《中国思维偏向》，中国社会科学出版社，1988年，第2页。

墨家的墨辩之学就在于"谈辩"、"言之以理"、"持之有故"，"明是非之分，审治乱之纪，明同异之处，察明实之理，处利害，决嫌疑。"[①]墨家认为利就是义，其对象为天下，为人人，所以"万事莫贵于义"[②]。同时，墨家的推类是在辩的探究中形成和发展起来的，因此，墨家的推类不完全是由已知进入到未知的认知形式，而是使所立辞得以确立的论证手段。这样墨家首先是把判别"是非"当成理论上的首要任务，认为要解决理论上的是非问题，必须先解决国家的治乱、事物的类同类异、名实关系三个方面思想上的是非问题。只有这样，才能从而达到"处利害，决嫌疑"的目的。表现墨家的推类是直接与社会现实斗争联系起来，并服务于自己的政治伦理主张的。从墨家提出的"兼爱"、"非攻"、"尚贤"、"尚同"、"节用"等十大主张来看，无一不涉政治伦理问题来看也说明了这一点。可见，墨家推类所以表现出浓厚的人文性和服务于政治伦理的价值取向。

另外一个原因就是逻辑学理论的形成存有特殊性。因为，在不同的历史和文化背景下的逻辑从它的发生、走向及逻辑思想的表述来讲，必然受到时代、地域、民族、思想和文化、语言等方面的影响，从而造成了不同的民族对逻辑主要反映的推理的类型及表现的方式有着不同的选择，从而形成了各有特色的思维方式和思维习惯。

关于逻辑学的特殊性，周礼全先生在《中国大百科全书·哲学·逻辑》中所撰"逻辑"词条中指出了，逻辑学在世界范围的发展中所显示出的特殊性，这就是三个不同逻辑传统的存在。他说："逻辑作为一个知识体系。总是某一时代，某一民族和某些个人的产物，因而就不可避免地要带有某个时代、某个民族和某些个人的特点。因此，在逻辑发展的历史过程中，就产生了许多不同的逻辑体系并形成了三个不同的逻辑传统，即中国逻辑传统、印度逻辑传统、和希腊逻辑传统。"

关于逻辑学的特殊性，伟大的科学家爱因斯坦也曾对此有所论及。1953 年爱因斯坦在一封信中说："西方科学的发展是以两个伟大的成就为基础的，那就是希腊哲学家发明的形式逻辑体系(在欧几里德几何学中)，以及通过系统的实验发现有可能找出因果关系(在文艺复兴时期)。在我看来，中国的圣贤没有走上这两步，那是用不着惊奇的，令人惊奇的倒是这些发现在中国全都做出来了。"[③]这段话表明，爱因斯坦认为逻辑学在中国和西方的存在状况、演化历程有异。

根据上述思考，我们要认识和理解中西逻辑的差异性，利用西方逻辑之长弥补和推进中国本土逻辑的发展。以及逻辑意识的强化对于推进科学发展的重要意义。关于这一点，美国著名学者费正清(John King Faribank)从反面说明逻辑学对于西方科学的发展所具有的重要作用。他在《美国与中国》一书论及中国近代科学的不发达问题时中指出："科学发展的另一阻碍在于中国学者未能制定出一套比较完整的逻辑体系，使人们能够据此以概念来检验概念，并系统地将一种陈述与另一种陈述进行对比"。[④] 在通识教育中培植这种逻辑的素养尤其显得十分重要。

---

① 《墨子·小取》。
② 《墨子·贵义》。
③ 《爱因斯坦文集》，商务印书馆，1983 年版，第 1 卷，574 页。
④ ［美］费正清：《美国与中国》，张理京译，世界知识出版社，1999 年版，第 73 页。

四、逻辑的功能与通识教育

通识教育的“通”，即通晓、明白；“识”，即智慧、见识。我理解通识教育是一种全面的素质教育，主要着重于人的培养，它的核心理念是培养学生成为一个有健全人格、有社会责任感的完整的人。通识的“识”，不仅是识文化、识科学，而是识社会、识人类。清华大学原校长梅贻琦，他在《大学一解》一文中讲到了通识教育：“通识，一般生活之准备也；专识，特种事业之准备也。通识之用，不止润身而已，亦所以自通于人也。信如此论，则通识为本，而专识为末。偏重专科之弊，既在所必革，而并重之说又窒碍难行，则通重于专之原则尚矣。”在这里梅先生明确提出了培养“通识”人才的目标。

概括来讲，通识教育要回归教育的本质“做人”。做人是一种精神，一种情怀。我们常常听到，学校是培养人才的地方，实际上到最后，往往是“才”，而不是“人”，所谓“栋梁”，也还是“材”，不是“人”，不是精神。那么逻辑的功能与通识教育有什么关联呢？

早在西方逻辑的传播过程中，逻辑的功能就引起中国学者的理性思考。金岳霖先生指出：“逻辑是哲学的本质，逻辑是科学的结构，正是通过逻辑将感觉数据组成事实，而且逻辑是生活寻求满足其愿望的实际工具。”①金岳霖认为“逻辑是科学的结构”，具体而言，他认为逻辑能够为科学提供帮助，主要表现提供大量的纯科学方法、逻辑概括和分析方法，以及组织、系统化科学内容的方法。他认为，科学成功的荣誉主要应归功于它的方法论。金岳霖认为，逻辑不仅与哲学、科学、认识相关，而且与生活亦保持密切的联系。他认为，只要我们活着，“我们追求便利，避免障碍。换言之，我们遵循阻力最小的方向，然而这种方向是历史确定的。人们发现，在我们与世界打交道时，无论我们考虑什么，遵循阻力最小的方向只能遵循自然界或人类思想中蕴涵的某种确切的关系，就是说，遵循逻辑。”②

上述，都与通识教育中的“做人”密切关联。因为，当前是全球化的世界开放的信息化社会。在这开放性的社会中充满着各式各样的竞争，在这些竞争中，最重要的竞争就是人才的竞争，人才竞争中最重要的是具有全面素质的人才竞争。全面素质人才的重要特征就是，他们视野开阔，既能站在时代和科技发展的前沿，又要有语言交流能力和很好的人际交往能力。1998 年，联合国教科文组织召开“迎接 21 世纪高等教育大会”，教科文组织的总干事在大会上讲，学校要让学生学会做人、学会生存，要让学生学知识，要让学生如何掌握这些知识，要让学生学习如何与其他人沟通。人际间的有效沟通又与卓有成效的语言交流能力密切相连。通识教育的发起者、倡导者美国法学家赫钦斯(Robert Maynard Hutchins，1899—1977)，强调指出：“社会学家如果很少或没有逻辑学、数学所要求的精确思维训练，他的作品就会陷入混乱”③。Bartie Giamatti 也认为，通识教育是发展人的思维的一种教育，他使人能够有分析地、创造性地和人性的思维，并且清楚地、逻辑地和优雅地以口头和书面方式表达自己的思维。因此，我们可以肯定地说，没有合乎逻辑的思维，一个人就很难把话讲清楚、说

---

① 金岳霖：《序》，《哲学评论》第一卷第 1—2 期，王路译。

② 同上。

③ 《The Educational Theory of Robert M Hutchins》http：//www. new foundations. com/GALLERY/Hutchins Ⅱ html.

明白，自然也就谈不上有效的人际沟通。而语言交流和人际交往能力培养和提高是需要逻辑思维和逻辑训练的。因此，我们可以认为，逻辑学在通识教育过程中扮演着极其重要的角色，它的工具性和基础性的功能作用更加凸显。

通识教育理念中涵盖一个重要的能力，就是语言交流能力和人际交往能力。上文提到的赫钦斯(Robert Maynard Hutchins，1899—1977)就指出："通识教育不同于专门化的教育或职业教育，它不是功利主义教育，它是刻意发展心智(Mind)，是激活青年的头脑，拓宽他们的视野，使他们发出智力的光辉。教育的目的是揭示共同人性的元素，使人和人、现在和过去联系起来，并提升人类的思维"。① 他在担任芝加哥大学校长期间致力推行这种通识教育理念，锻炼学生语言交流能力和人际交往能力。另一位通识教育的发起者 Bartie Giamatti 在其担任美国耶鲁大学校长期间对学生归纳了通识教育的基本宗旨和价值，他也认为，通识教育的精髓在于强调教育的终身，他不仅是谋求一份工作或者一个职业手段，而是为了打造家庭成员、邻居、社区和国家之间得以相互支持的各种联系。

关于"做人"，通识教育还体现一种理性思考和"批判意识"。Curt J. Ducass([法] 布朗大学教授)对"通识教育"做过这样的解释："'通识教育'是自由教育，人们不仅要享受外部的政治和经济自由，而且要使人摆脱内在的束缚。一是摆脱 Blind Impulse(盲目冲动)的束缚，能够理性思考和自律；二是摆脱 Ignorance(无知)的束缚，从而对人类的发现，成就和能力具备综合的见解和价值的鉴别力。摆脱这两种内在束缚而获得选择自由(Freedom of choice)，就是'通识教育'的目的"。② 理性的思考和批判意识，就是对事物的本质的认识。认识事物的本质就是对事实的穿透和对伪装和表层的剥离。

一测验：要人们签署一份要严格控制的一种叫做"氢氧化物"的物质。这种物质过多会造成流血和呕吐，气态时导致严重烫伤，是酸雨的主要成分，是腐蚀的帮凶，它会降低汽车刹车的效率，在晚期癌症病人的毒瘤里发现了它。询问 50 人，有 43 人坚决支持严格控制这种物质，6 人没表态，只有 1 人知道这是水。

每一个人都是在复杂而变化的社会中探索的，世界和人生给我们带来疑问，疑问引起思考，思考要问为什么，回答为什么要运用分析和推理，选择判断答案要进行审验和评估，找出接受或者拒绝某种信念与决定的根据和理由，这就是逻辑的功能。

一个著名的西方逻辑史中近代意大利科学家伽利略的比萨斜塔试验的故事，就是对此一个最好的说明。科学权威亚里士多德在他的《物理学》一书中讲道："重的物体下落快，轻的物体下落慢"。这一关于"物体落下的速度与重量成正比"的论断影响世界长达近千年。当时没有人对这一论断产生怀疑。因为这是权威人士之言，同时又符合所谓"生活常识"的认知。然而意大利科学家伽利略提出，如果遵循亚氏"重的物体下落快，轻的物体下落慢"的论断，让鸡毛和石头绑在一起，即一个重物和一个轻物绑在一起的话，就会出现两种推断：一方面，重物由于受到轻物拖着，要比原先下落的速度慢了。轻物由于被重物拉着，要比原

① 《The Educational Theory of Robert M Hutchins》http：//www. new foundations. com/GALLERY/Hutchins II html.

② Curt J. Ducasse：《The Colleges Liberal Education & philosophy》http：//www. ditext. com/ducasse/college. htm/#I#I.

先下落的速度快了。这样轻重两物绑在一起后，其下落速度应比原先单个重物下落慢，而比原先单个轻物下落快。而推断的另一方面，轻重两物绑在一起后，应比原先单个重物还要重，下落速度则更快。这样就出现了逻辑矛盾。若从一个命题出发，推出两个相互矛盾的结论，那么这个命题一定是虚假的。这就是著名的比萨斜塔试验。这就是逻辑对谬误的识别，这是理性思考和"批判意识"。

有资料表明，人们在思维活动中，对外界信息的理解、把握，多为寻求肯定的思维偏向。一试验：有四张卡片，其中两张的正面各有一字母分别为元音字母 E 和辅音字母 K；另两张卡片的正面各有一数字，分别为偶数 4 和奇数 7。告诫被试者，每张卡片的一面为字母，另一面为数字，并提出规则"若卡片的一面为元音字母，则另一面为偶数"。被试的任务是，为证明这个规则的真伪而必须翻看哪些卡片？从逻辑的角度看，要检验规则"若卡片的一面为元音字母，则另一面为偶数"的真伪，有元音字母 E 的卡片必须翻看，因为如果该卡片的背面是奇数，则可以否定这个规则。有奇数 7 的卡片也必须翻看，因为它的背面是元音字母，也将否定这个规则。卡片字母"K"和卡片数字"4"没有必要翻看，因为无论它们背面是什么都与规则无关。试验结果表明，只有 10%的被试者作了正确的选择；近 50%的被试者要翻看卡片"E"和"4"；约 35%的被试者认为只需翻看卡片"E"。该结果表明，人们在命题检验中常偏离逻辑要求，表现出强烈的寻求肯定的倾向，而忽视寻找可以证伪的证据。[①] 20 世纪著名的英国哲学家，批判理性主义创始人波普尔，在他的"证伪理论"中指出，某理论可被证伪，这理论即是科学的。因为，人类对事物的认识，一个科学理论的确证，就是在思维的实践中不断的认识、提高和完善。揭示真理的过程，就是不断提出假说，就是在不断的证伪中推动和发展的。如果将一个理论标示为达到"顶峰"，自满自足，没有被证伪的可能，那它就不可能是真理。

这种理性的思考和"批判意识"的养成，也是需要逻辑训练的，逻辑要求我们对思维的对象和外界信息，提出："为什么"、"为什么是"、"为什么不是"具有一种强烈的醒觉，一种问题意识的反思，而不是肯定意识的接纳。这与通识教育关于追求真理、严谨求实、追求理想和人生抱负、理论联系实际、崇尚道德、开阔的世界视野、大度包容、具有强烈的批判意识的精神是一致的。

在通识教育中，复旦大学党委书记秦绍德教授认为，当代中国大学本科教育面临着四个挑战：第一，社会市场化的挑战。整个社会向市场化转型带来了功利心理，浮躁气氛弥漫，人文缺失，市场化改变了社会又全面渗透到大学。学生对课程选择紧跟市场化需求，过分功利化的教育培养不出优秀人才。第二，教育大众化挑战。随着时代进步，优质教育资源供不应求，为了获得优质教育资源，统一考试成为似乎唯一公平的竞争方式，中小学、家庭和社会教育全都围绕升学，严重忽视了学生自由成长。第三，教育模式的挑战。上个世纪 50 年代，我国为了适应快速发展工业化需要，产生了计划经济体制下的专业教育模式。但如今，这种专业教育模式不能适应当前需求。中国社会经济结构日趋复杂，需要大批综合素质人才，即使是专门人才也需建立在综合知识的基础上。第四，全球化文化冲突的挑战。有着强大经

① 赵光武主编：《思维科学研究》，中国人民大学出版社，1999 年版，第 237—238 页。

济实力做后盾的西方文化占据传播优势，国内大学在培养学生全球视野的同时，更需培养学生传承民族意识和中华文化。

我们在开展通识教育中不得不考虑上述挑战或者说障碍。严复把逻辑称之为"一切法之法、一切学之学"，是有些"夸张"，同时逻辑学也不等于通识教育，但逻辑学可以帮你卓有成效的进行通识教育，因为它的工具性、基础性的重要功能是其他基础性学科不可替代的。当然，通识教育还有诸多具体问题，比如课程的设置、师资、现行的教学体制等等。本文想强调的是逻辑学在通识教育中的重要作用，和逻辑学教师的责任，和同仁们共同研究和探讨。

快乐逻辑　趣味"智"造

——愉快教学在法律逻辑学课程中的运用初探

陈鑫泉*

作为一门基础学科，又是法学院校传说中大名鼎鼎的"四大名补"之一，法律逻辑学因其枯燥和难以掌握让人望而生畏，敬而远之。如何才能一改单调、乏味、沉闷、压抑的风格，丰富逻辑课程的教学模式，使更多学生在法律逻辑学的教学中享受到其严谨的思维特点并感受到法律逻辑学的乐趣所在，成了我教学中要攻克的首要难题。经过长时间的教学实践，笔者以亲身体验总结出如下教学模式，极大地调动了学生的求知欲望，顺利地开展了教学实践，并使学生由衷爱上法律逻辑课，"快乐逻辑"的理念由此在教学中深得学生的心。

一、导入引趣

好的开头是成功的一半。以什么样的开场白来吸引学生，使学生集中注意力，进而调动学习动机，是顺利开展逻辑课程教学的先决条件。因此，导入引趣便是营造快乐逻辑氛围的要跨过的第一道门槛。教育心理学研究告诉我们，学习动机中最现实最活跃的成分是认识兴趣。当学生对学习产生浓厚兴趣时，总是积极主动且心情愉快地投入学习。老师巧妙地导入是学生产生兴趣的诱因，一段精彩的导言，不仅能先声夺人，磁铁般地吸引住学生，形成有意注意，激发学生的求知欲，而且能有效地消除其他课程的延续，为新课的展开预备良好的气氛，为正文开讲铺平道路。

为了让学生们更深刻地了解到什么是思维定势，我曾用过如下图片导入新课——

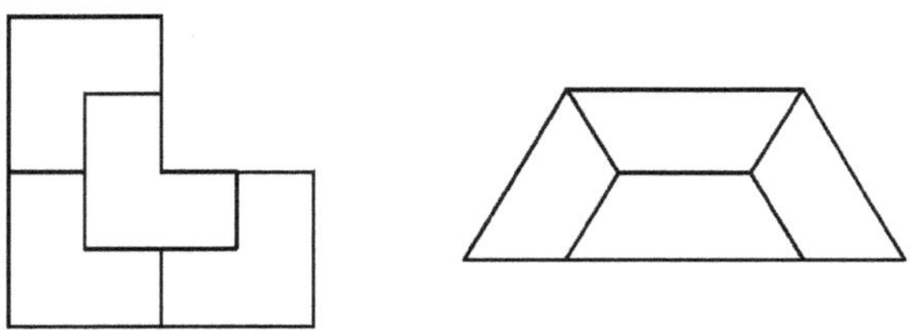

上面两个图形分别把一个图形分割成四个完全相同的部分

现在你的任务是如何把左面这个正方形分割成五个完全相同的部分？

---

* 陈鑫泉，男，西南政法大学行政法学院，讲师。

在图中的上方先演示了如何等分一个多边形，演示之后，当我提问学生如何把图中下方所示的正方形等分成五部分时，竟然有不少同学冥思苦想起来。他们果然落入我预先设的思维定势的圈套。当看到再简单不过的答案时(即横向或者纵向平分为 5 等份)，学生们哄堂大笑，恍然大悟。

瑞士的艾米尔认为：“教授的艺术就是懂得如何引导。”课堂导入的巧妙设计就是点燃学生思维火花的一颗火种。采用学生喜闻乐见的引趣式导入，能借助生动有趣的手段，在短时间内集中学生的注意力，能激发学生探究心理，使其迅速进入学习新知识的角色，从而自然而然地导入新课。

二、课堂激趣

文似看山不喜平，起伏曲折，才能使读者兴趣浓厚，步入胜境，领略无限风光。课堂教学也一样。只有采用新颖有趣的教学方法，才能更好地避免课堂上“催眠曲”令人昏昏欲睡的尴尬局面。课堂激趣就是要适时地点燃学生智慧的火花，让学生在老师的指引下，共同演奏一曲交响乐，这样的课才能上的有起有伏，有声有色。

针对法律逻辑学课程固有的特点，笔者主要通过以下几种方式来激发学生的学习兴趣：

(一) 充分利用多媒体辅助教学，形成动感逻辑课堂

“教育要面向现代化”呼唤着现代化的教学手段。因此多媒体辅助教学便应运而生。南宋的朱熹曾说过：“教人未见意趣，必不乐学。”教学中的所谓的“乐学思想”、“愉悦原则”，就是强调审美的趣味性和美感效应。巧用善用多媒体辅助教学，只有在“趣”字上多动脑筋，教出意趣、情趣，才能使学生如沐春风，如饮甘泉。如讲“概念间的种属关系”的时候，我认真地跟学生们说：“今天我们来看电影片断。”学生们立即兴奋起来，十分投入。于是我播放了周星驰主演的《武状元苏乞儿》的电影片断——“我看阁下从头到尾没有一处不入乞丐的形格！如果我没看错，阁下将会是乞丐中的霸主！”周星驰听闻老者之言欣喜若狂：“乞丐中的霸主?！那是什么?”十分期待之后，老者徐徐道来：“还是乞丐！～”周星驰立马晕倒——看到这里，教室里爆发出一阵狂笑。笑过之后，我再跟学生们循循善诱，以此来讲解概念间的种属关系，全无障碍，十分顺利。

讲三段论的第一条规则时，由于学生们熟知“刻舟求剑”的寓言故事，我便给他们播放了刻舟求剑的 FLASH。看到动画片中的那位愚钝的客官在停船后才下水捞剑，由于此时的“落水处”与彼时的“落水处”已相去甚远，学生们深刻体会了“中项不一致”所带来的尴尬局面，一下子明白了“中项必须保持同一”这一规则的含义。

而至于学生们最爱的流行音乐，也大有逻辑学问可钻研。有次我让学生们看香港 beyond 组合乐队的 MTV——《别再犹豫》，看能否找出多义词。学生们津津有味地跟着哼唱起来，不过中间有句歌词“不想你别去”还是逃过了大多数学生的眼睛。其中的“别”字可作二解：一是“离开”之意，一是“不要”之意。我以此为契机，跟学生讲授“一个词语可以表示不同概念”的知识点，既轻松易懂，又效果显著。

像这样的例子不胜枚举，既可以较好地完成教学任务，又能充分利用现代化的教学手段，增进师生间的交流，使课堂气氛生动活泼。多媒体辅助教学的方式受到了学生们的热烈

欢迎，它以新颖有趣、形象生动取胜，极其富有感染力，为教学工作的顺利开展起到了推波助澜的作用。

（二）精选案例，在推理过程中使逻辑思维得以抽丝剥茧的体现，进而培养学生逻辑思维能力

案例教学法可谓是法律逻辑教学的经典方式，其目的在于讲授法律推理，它是给受训人员提供一种认识分析和解决实际法律问题的一个或一套方案。[4]学生为了得到这样的答案，会在老师的指导下，像职业律师或法官那样认真分析案由，寻找法律上的争议点，从海量的法规判例资料中搜索出相关的法规判例，在认真分析比较后对判例作出终结性判断，并概括提炼出自己的基本意见。它生动具体，能够带动课堂气氛，弥补理论学习的枯燥，使学生产生身临其境、身体力行的真切感受，从而激发学生的学习兴趣，调动学生的主动性和积极性。只要选取的案例得当，学生们自然会表现极大的兴趣，并在案例分析过程中跃跃欲试。于案例教学方面的实践，巧设案例，创设情境，设置悬疑，引人入胜，使学生处于爱听、乐听的心理状态，从而活跃学生思维，变一言堂为群言堂，最终实现致趣、动情、引思的目的，笔者屡试不爽。

（三）三个"结合"，打造最贴近学生生活的逻辑课堂

法律逻辑学虽然高度抽象，但是与我们的日常生活有着密切的联系。如不充分调动学生，使学生感同身受，法律逻辑教学将是枯燥无味的。前苏联教育学家赞可夫说过："从学生的生活经验中举出的例子，将有助于他们在所学习的概念与日常生活中十分熟悉的事物之间建立联系，只有当学生把所学的知识与生活联系起来，才能更好地掌握知识、内化知识。"教材由于受篇幅和编写时间的限制，不能及时将社会生活中的一些典型事例、有趣的事件、新奇的内容编入教材，具有一定的局限性。如果能把社会生活中学生非常熟悉的相关内容及时引入课堂，既可弥补教材的不足，又可以激发学生的学习兴趣，培养学生关心社会生活、注重研究实际问题的习惯，使学生终身受益。

第一，结合时尚资讯。当铺天盖地都是"超级女声"时，笔者不忘将最时尚流行的词汇——"盒饭"引入逻辑课堂，为学生讲述定义的不同种类(名义定义与实质定义)。当为学生讲解到，此盒饭非彼盒饭，放在超女的舞台上，它具体指的是"何洁的 FANS(粉丝)"时，学生们乐了，觉得无比新鲜，想不到法律逻辑课堂可以如此时尚有趣。不仅一下子就掌握了该知识点，更是由此萌生了对法律逻辑课的强烈好感，上课极其认真，全都竖起耳朵，生怕错过了任何一个有趣的知识点。

第二，结合地方特色。针对学校所处的是重庆这样一个独具语言特色的城市，来自五湖四海的学生对当地方言有着自然而然的敏感，适时将重庆言子儿引入逻辑课堂，同样引起了学生们极大的兴趣。例如，区分某些概念是单独概念还是普遍概念时，我列举了"打望"、"摆龙门阵"、"安逸"、"乖"等特色方言时，教室里立即炸开了锅，学生们都兴致勃勃地讨论开来。授课过程中我一直注意逻辑理论知识与实际生活的联系，用生动的地方实例进行教学，从而避免了单纯从概念到概念、从公式到公式、从符号到符号进行推演的单一模式。

第三，结合社会热点。随着房价的飙升，房地产业逐渐成为人们关注的热点。有次看到电视上一个关于"绿地率"和"绿地覆盖率"的报道，我便特意记下，变成跟学生们讲解"偷换

概念”这个知识点的第一手资料。说是有一看楼人问：“这小区的绿地率多少?”某售楼小姐巧妙地转而答之：“我们小区的绿地覆盖率能够达到60%以上。”而实际上绿地率是指小区范围内各种绿地的总和与小区用地的比率，而绿地覆盖率是指绿化垂直投影面积的总和与小区用地的比率，如树的影子、露天停车场可以中间种草的方砖都可算入绿地覆盖率。而这两者并不等同，售楼小姐不过是偷换概念罢了。如此一来，学生们不仅了解了社会热点动态，还因此深刻地掌握了什么是偷换概念，可谓一举两得。

(四) 适时融入课堂机智与教学幽默

课堂教学是情感与智慧的交融汇合，这一美妙境界的达成，离不开课堂机智与教学幽默。适时地融入课堂机智与教学幽默能使课堂产生活力，有利于创造良好的课堂教学氛围。

跟学生们讲到归纳法时，引用了俗语“早霞不出门，晚霞行万里。”当时即有学生置疑：“老师，好像是晚霞行‘千里’吧”。我灵机一动，立即回答：“没错，古时候的人由于交通不便，行千里已经是极限了。但是现在。我们有飞机、飞船、火箭等等，自然就行万里啦。”学生们或为之莞尔，或哈哈大笑。一番“化险为夷”，保证了课堂教学的顺利进行。学生们也乐得法律逻辑课之趣味无处不在。

至于马克吐温广为人知的幽默故事，在法律逻辑课堂上也同样风光了一把。马克吐温将“有的国会议员是狗娘养的”登报改为“有的国会议员不是狗娘养的”，将“有的……是……”变为“有的……不是……”，尽管命题的逻辑含义变了，但命题的日常含义仍然没有改变。类似的幽默都有助于学生在大笑之余加深和拓宽对教学内容的理解。

三、课后蕴趣

在法律逻辑学课程教学过程中，我一直坚信学生不是“等待灌满的瓶子”而是“待撼的火”，因此课后总是有意识地散播点火星，以期点燃学生智慧的火花。

(一) 鼓励发现，将逻辑之趣延伸到生活中。学了该课程后，我让学生自己用逻辑的眼光去寻找生活中的不合理。学生们兴致盎然地收集了很多平时不为人注意的逻辑小错误，结果五花八门，层出不穷。答案虽然千奇百怪，但却让学生们真切地感受到逻辑的魅力，取得了良好的实效。我于是大加赞赏。听到我的表扬和鼓励后，学生们乐了，个个情绪高涨，倍觉逻辑的趣味所在。

(二) 鼓励发问，将逻辑课堂延伸到课后。在提问题方面，我向来鼓励学生大胆发问，并以多米诺骨牌的连锁反应为比喻，鼓励学生刨根问底。但课堂时间毕竟是有限的，又宥于“因材施教”之教学理念，故而鼓励学生课后积极提问。因此，课堂上的教学语言多富有问题性，给学生留下想象的余地，学生才能由“此”想到“彼”，由“因”想到“果”，由“表”想到“里”，由“个别”想到“一般”，收到“一石激起千层浪”的效果，课后提问也就源源不断了。学生在盘根究底的同时体会到学习的乐趣，我也在看到学生不断进步之时乐此不疲。

经过有意识的实践和积累，笔者逐渐领悟了如何自如地将生动有趣这条主线贯穿在法律逻辑学课程中。善于导入引趣、精于课堂激趣、巧于课后蕴趣，是营造快乐逻辑的不二法门。巧妙地“智”造趣味，丰富逻辑的教学模式，让我和学生们在法律逻辑学课程的学习中实现了双赢，该课程以其生动有趣深入人心。正如在百度贴吧中的西南政法大学贴吧里，有一个帖子讨论学校的老师上课情况，有学生如下写道："上陈鑫泉老师的法律逻辑课，都舍不得走神。"我想，这既是对我教学方法的鼓励，也是对我教学效果的肯定。我将不满足于现状，继续努力探索更好的教学方法来回报学生们的热爱，将"快乐逻辑"进行到底！

参考文献：

[1] 教育部西南高校师资培训中心组：《高等教育心理学》，重庆出版社，2006。
[2] 孙菊如：《课堂教学艺术》，北京大学出版社，2006。
[3] 张红霞：《计算机多媒体辅助教学浅谈》，《长治学院学报》，2007 年第 4 期。
[4] 缪四平：《法律逻辑教与学》，《重庆工学院学报（社会科学版）》，2007 年第 7 期。
[5] 徐德清：《趣味逻辑》，上海古籍出版社，2002 年版。

法律思维训练应强化批判性思维教育

缪四平*

法学教育应当通过严密的逻辑推理和缜密的理性分析，向人们展示公平正义的理念及其始终不渝的追求。同时，法学教育还应肩负起培养未来合格法律人才的历史使命。因此法学教师在向法学专业学生传授法律知识的同时，也承担着培养学生法律思维的任务。正如美国法哲学家博登海默所说："教授法律知识的院校，除了对学生进行实在法规和法律程序方面的基础训练以外，还必须教导他们像法律工作者一样去思考问题和掌握法律论证与推理的复杂艺术。"①西方国家不论是普通法系国家还是大陆法系国家，他们对法律人才的培养和选拔都比较重视人才的逻辑推理和说理论证等方面的基本素质和实际能力。与西方国家培养和选拔法律人才方式有所不同，我国对法律人才的培养和选拔重视的是法律知识而不是或主要不是人的思维素质。

法律人才的培养和选拔不重视思维素质，似乎事出有因。因为在过去一段时间内，我们把法律人才看作"专政的工具"，又红又专似乎只要有了"红"，就可以代替"专"。"专"相当于今天所说的法律职业素质和法律职业技能，其中很重要的就是法律思维能力和水平。这种过去的思维习惯在今天仍有影响，尤其表现在对法律人才的要求方面，至今没有将法律人才的思维素质提到一定的高度。不仅法律后备人才的选拔不需要考核思维素质，甚至在法律人才的基础课程设置中也不重视思维素质方面的教育。然而，一个人思维素质如何终将影响其对法律的理解，更事关法律的运作。在建设社会主义法治国家过程中，我们需要培养大批高素质的法律专门人才，而高素质首先体现在政治素质和思维素质两方面。从思维素质方面来讲，开展批判性思维教育，培养和训练学生的批判性思维习惯和技能，应该是培养学生法律思维的有效途径。

在培养学生的批判性思维方面，西方国家的一些做法值得我们借鉴，比如将培养学生批判性思维技能和气质纳入法律人才培养计划，并成为法学教育的长期目标；又如可以采用批判性思维测试，以此作为法律人才选拔的量化指标，将那些具有较强批判性思维的报考者从众多应试者中选拔出来，作为法律后备人才加以重点培养。

一、英美日等国法学教育非常重视法律人才的批判性思维教育

重视批判性思维教育，似乎已成为西方发达国家对法律人才的基本素质要求和职业技能指标。西方国家对法律人才的思维素质要求是相当高的，这从西方国家高等法学教育的

---

* 缪四平，男，华东政法大学人文学院，副教授。

① [美] 博登海默：《法理学：法律哲学与法律方法》，邓正来译，中国政法大学出版社，1999 年，第 507 页。

培养目标及法学专业人才的高难度选拔考试中可窥见一斑。

两大法系的法学教育和法律人才选拔制度虽然存在一定的差异，但重视思维素质培养却是两者共同之处。相对而言，英美法系国家由于采用对抗制审判方式，因而比大陆法系国家更加重视法律从业者的个人素质和职业能力，其对批判性思维教育的重视程度也比大陆法系国家更高。下面，我们不妨对英、美两国和日本的法学教育中重视批判性思维教育的情况作一简单考察。

先看英国。1996 年英国大法官法学教育行为顾问委员会，提出了关于法学教育和培训的咨询报告。我们从中可以看出，英国对大学法学教育和法律从业人员的素质及职业要求是相当高的，在这些较高的要求中可明显感觉到其对大学生批判性思维教育的重视。

这份咨询报告首先重申了 1971 年公布的“奥姆罗德报告书”(Ormrod Report)中的观点，即：“法律从业者需要充分接受全面的和宽广的基础教育，使他们能在未来职业发展中成功地适应不同于以前的新情况；充分了解重要的法律及法学分支；具有分析和综合处理事实材料的能力，及将法律运用于实际的能力；既能与当事人又能与不同学科的专家合作的能力。他们还必须学习实践中必需的职业技能和技术，并掌握其精神实质；他们必须养成一种习惯，对现行法律持批判态度，正确评估其社会效果，关心现行法律，并采取积极态度，适时地发展和改变现行法律。”①这里亦可看出英国对法学专业学生素质教育的重视，包括分析和综合的能力、与人沟通合作的能力以及批判和创新的能力。这些能力无一不与人的思维能力密切相关。而且经过 25 年的教学实践，这些能力的培养仍需要在法学教育中加以坚持。

当然这份咨询报告也注意到了自“奥姆罗德报告书”以来，在法律服务与高等职业教育两方面所发生的变化，尤其是对法律服务从业人员的巨大需求，以及这些从业者获得了更为灵活机动的知识和技能。同时也注意到了远离具体知识或技能的高等法学教育，其重点已经转向普遍可迁移的智力技能形式。考虑到这些变化，这份咨询报告详细阐明了法学教育应该达到的教学目标，并具体确认了高等法学教育必须达到的五项基本指标：②

(1) 理智的真诚和独立的思考：超越传统看法和理解，独立进行批判性思考的能力；自主学习的能力；进行反思的能力。

(2) 核心知识：熟悉普遍的原理，熟悉法律的特性及发展，并且熟悉律师所必需的分析和概括的技巧。

(3) 背景知识：了解法律的社会背景、经济背景、政治背景、哲学背景、道德背景及文化背景。

(4) 法律价值观：信奉法治、正义、公平和高尚道德标准，致力于掌握和完善职业技能。

(5) 职业技能：了解法律实践中的方法，了解实施那些法律实践的各种形式。

上述前三方面的技能特别是第一方面的技能主要属于批判性思维技能的培养。这已成

---

① 郭成伟主编：《法学教育的现状与未来——21 世纪法学教育暨国际法学院校长研讨会论文集》，中国法制出版社，2000 年版，第 356 页。

② 同上，第 357 页。

为英国高等法学教育的目标和必须达到的指标。

英国大法官法学教育行为顾问委员会为大学法学教育设计的法律学位课程，更是侧重于全面学术能力的培养。他们要求学生通过对法律实体内容的深入学习，并利用原始资料，获得可迁移的普遍智力技能，这些可迁移的智力技能其实就是人们通常所说的批判性思维能力。委员会所概括的普遍智力技能共有七项：

（1）构造一个逻辑论证的能力；

（2）抽象处理复杂概念的能力；

（3）系统整理复杂的事实资料的能力；

（4）理智地对文本进行批判性阅读的能力；

（5）随时谨慎地和公正地使用英语的能力；

（6）运用清晰的、一致的和引人注目的方式，与他人进行口头及书面沟通的能力；

（7）重构、评估、分析和运用法律文本及资料（含技术性资料）的能力。①

法律家或法律从业者在从事法律职业时需要具备一定的法律职业技能。这种法律职业技能既包括法律从业者的法律思维能力，也包括将理论付诸实践的行动能力，它们都属于普遍可迁移的智力技能。这种智力技能既是法律职业技术的内化，也构成法律从业者的内在素质。大学法学教育承担着对法学专业学生进行素质教育和职业教育的双重任务，理应对培养学生的法律职业技能给予更多的关注。英国大法官法学教育行为顾问委员会，关于法学教育和培训的咨询报告，从高等法学教育的立场出发，更为重视学生的素质教育，但也对法律职业技能教育给予了足够的关注。特别是在素质教育中融入了职业教育的核心技能，使英国的法学教育成为融素质教育与职业教育于一体的法律职业教育。这一点可供我们学习和借鉴。

再看美国。美国的法学教育也是既重视素质教育也重视职业教育，是素质教育与职业教育并重。

与英国稍有不同的是，美国法学院学生的素质教育，其实更多是在进入法学院之前的高等教育中完成的。美国法学院重视学生思维素质特别是重视批判性思维素质，主要体现在法学院的入学考试当中。美国通过高难度的 LSAT 测试，②将逻辑思维能力特别强的学生从大量的非法学专业报考者中挑选出来，从而使美国法学院聚集了一大批各门专业的顶尖人才。由于美国法学院中汇集了众多的高素质学生，因而其法学教育就可集中精力，将重心放在培养学生的法律职业技能方面，而在培养和训练学生的法律职业技能的过程中同样重视批判性思维教育，只不过是将批判性思维教育融入法律职业技能教育之中。经过这样的教育，更多的法律精英人才从美国法学院中脱颖而出。

此外，美国法学院高度重视法律职业技能教育，也跟美国律师协会对法学院的巨大影响存在一定的关系。美国律师协会对法学院的法学教育有很大影响。只有得到全美律师协会

① 郭成伟主编：《法学教育的现状与未来——21 世纪法学教育暨国际法学院校长研讨会论文集》，中国法制出版社，2000 年版，第 363 页。

② Law School Admission Test（美国法学院入学考试）的简称。

认可的法学院，其毕业生才能进入律师市场，成为法律职业从业者。美国律师协会对未来法律从业者的法律职业技能的规定，也影响着美国法学院的法学教育。

美国律师协会法学教育与律师资格部，下设关于法学院与法律职业特别工作组，他们于1992年提出的《麦考利特报告》(the MacCrate Reports)，对法律职业基本技能作出了详尽的描述。该报告将法律职业基本技能归纳为十类，它们基本上属于批判性思维教育融入法律职业技能教育的显著表现。这十类基本技能是：①

第一类是解决问题的技能。为了制定和评价用以解决一个问题或实现一个目标的策略，一个律师应该熟练掌握以下技能：(1) 识别和判断问题；(2) 确定可选的解决方案与策略；(3) 制定一个行动计划；(4) 实施这一计划；(5) 保持计划制定过程对新信息与新观点的开放。

第二类技能是法律分析和推理。为了分析和应用法律规则与原则，一个律师应熟练掌握以下技能：(1) 识别并系统阐述法律争议；(2) 系统阐明相关法律理论；(3) 详细分析法律理论；(4) 评价法律理论；(5) 批判和整合法律论证。

第三类技能是法学研究。为了识别法律问题并进行彻底、有效的研究，一个律师应具备：(1) 关于法律规则与法律的性质的知识；(2) 具备运用最基础的法学研究工具的知识和能力；(3) 对设置和执行一个连贯的、有效率的检索设计的过程的理解力。

第四类技能是事实调查。为了计划、指导和(在适当之处)参与事实调查，一个律师应熟练掌握以下技能：(1) 决定事实调查的必要性；(2) 制定一个事实调查的计划；(3) 执行调查策略；(4) 以易于获取的形式储存和整理信息；(5) 决定是否结束事实收集的进程；(6) 分析评价所收集的信息。

第五类技能是交流。为了进行有效率的交流，无论是以口头还是书面形式，一个律师应熟练掌握以下技能：(1) 评估交流相对方的观点；(2) 运用有效的交流方法。

第六类技能是咨询。为了就决定或行动过程对当事人提供咨询，一个律师应熟练掌握以下技能：(1) 建立一种虑及律师角色之性质和界域的咨询关系；(2) 收集与待作出的决定相关的信息；(3) 分析待作出的决定；(4) 就待作出的决定向当事人提供咨询；(5) 确知并执行当事人作出的决定。

第七类技能是谈判。为了在一个纠纷解决或交易的环境下谈判，一个律师应熟练掌握以下技能：(1) 为谈判做准备；(2) 召开一个谈判会；(3) 就从谈判对方获得的条件向当事人提供咨询并执行当事人的决定。

第八类技能是起诉和其他纠纷解决程序。为了进行——或建议当事人关于——起诉和其他纠纷解决方式的选择，一个律师应该理解这些程序的潜在功能和结果，而且应该掌握以下事项的基本操作规则：(1) 在审判法庭起诉；(2) 上诉；(3) 在行政与执行法庭辩护；(4) 其他纠纷解决法庭的程序。

第九类技能是法律事务的组织与管理。为了提高执业效率，一个律师应熟练掌握有效率的管理所要求的技能：(1) 为有效率的执业管理设置目标和原则；(2) 建立系统和程序以确保时间、劳动和资源得到有效配置；(3) 建立系统和程序以确保工作在恰当的时间进行和

① 参见杨欣欣编：《法学教育与诊所式教学方法》，法律出版社，2002年版，第6—8页。

完成;(4) 建立系统和程序以有效率地和其他人员进行合作;(5) 建立系统和程序以有效率地管理一个律所。

第十类技能是确认并解决道德困境。为了以恰当的道德标准为当事人进行持续的代理,一个律师应熟悉:(1) 道德标准的性质与来源;(2) 道德标准贯彻的方式;(3) 确认并解决道德困境的步骤。

大陆法系国家对法学教育及法律从业者的素质和能力要求,以往并不像英美法系国家这样明确。但近年来,大陆法系国家在对法学教育进行改革过程中,也在借鉴英美等国的法学教育理念和教学方法。这种法学教育改革主要体现在对法律人才培养目标和选拔机制及对法律从业人员的职业技能的要求上。由于日本是中国的近邻,因而其法学教育改革对今日中国似乎应具有更多的参考价值。

最后看日本。2001 年 6 月,日本司法制度改革审议会向日本政府提交了《日本司法制度改革审议会意见书》,①拉开了日本法学教育改革的序幕。这份意见书设想将法科大学院作为法律职业培养的最重要课题,主张"不能光靠司法考试这一'点'来选拔,而应建立完善把法学教育、司法考试、司法研修有机结合的'过程'法曹养成制度。其核心内容是创办专门培养法曹的职业学校——法科大学院。"②

日本法科大学院的构想,在制度设计上主要以美国的 Law School(大学中的法学院)为模本,同时保留了传统的法律本科教育体制,将法科大学院设置在研究生教育阶段。日本法科大学院的教学目的和理念之一,便是"培养他们扎实掌握法律专业知识的同时,培养他们进行批判性研究和发展创造性的思考能力,使他们具备解决实际问题所需的法律分析能力、法律评论能力等"。③

法科大学院的入学者原则上要求大学本科毕业,但没有专业限制。这份意见书提出"应采取措施使一定比例的非法律专业的大学毕业生和在职人员进入法科大学院","有必要广泛吸收经济类、数理类、医学类等其他领域的人员加入 21 世纪的法曹队伍。"④法科大学院的入学者要通过考试才能够入学。对于入学考试的性质,法科大学院构想研究会议认为,法科大学院入学考试并非要测试考生所掌握的法律知识,而应该是以测试学生的判断力、思考力、分析力、表达力为目的的素质考试。⑤

综上所述,不论是大陆法系国家还是英美法系国家的法学教育,都比较注重法学专业学生的素质教育和法律职业技能的养成。在这种素质教育和职业技能培养中,尤其重视学生批判性思维素质和实际分析问题解决问题能力方面的训练,这一点应该对我国目前的法学教学改革有所启发。我们需要将批判性思维理念引入法学教育,在法学教育中以培养和训练学生的法律思维为基础,开展批判性思维教育。

---

① 《日本司法制度改革审议会意见书——支撑 21 世纪日本的司法制度》,丁相顺译,参见孙谦、郑成良主编:《司法改革报告——有关国家司法改革的理念与经验》,法律出版社,2002 年版,第 79—210 页。

② 丁相顺:《当代日本法律人才培养模式研究》,参见霍宪丹主编:《当代法律人才培养模式研究》(上),中国政法大学出版社,2005 年版,第 123 页。

③ 同上,第 124 页。

④ 同上,第 125 页。

⑤ 同上,第 122—123 页。

二、批判性思维教育有助于培养学生法律职业素质及职业技能

什么是批判性思维？合格的法律人才应该具备哪些方面的思维素质？批判性思维教育对培养法律人才的思维素质有何作用？

20 世纪 80 年代以来，美国、英国、加拿大、澳大利亚、新西兰、菲律宾，甚至发展中国家委内瑞拉，都把“批判性思维”作为高等教育的目标之一。“世界高等教育会议”①发表的《面向 21 世纪高等教育宣言：观念与行动》，其第 1 条的标题是“教育与培训的使命：培养批判性和独立的态度”。第 5 条“教育方式的革新：批判性思维和创造性”中指出，高等教育机构必须教育学生，使其成为具有丰富知识和强烈上进心的公民。他们能够批判地思考和分析问题，寻找社会问题的解决方案并承担社会责任；为实现这些目标，课程需要改革以超越对学科知识的简单的认知性掌握，课程必须包含获得在多元文化条件下批判性和创造性分析的技能，独立思考，集体工作的技能。②

最近几年，我国的教育学、心理学和逻辑学工作者也开始关注国外的批判性思维，并陆续向国内读者加以介绍。综观国内外学者对批判性思维的各种阐释，我们认为：

第一，批判性思维是反省性思维。批判性思维作为一个技能的概念可追溯到美国哲学家、教育学家和心理学家杜威(1909)的“反省性思维”：“能动、持续和细致地思考任何信念或被假定的知识形式，洞悉支持它的理由以及它所指向的进一步的结论”。③ 美国批判性思维运动的开拓者恩尼斯(Robert Ennis)1962 年就认真探索批判性思维概念。他一直在精炼自己的观点。新近的表述为：批判性思维是“为决定相信什么或做什么而进行的合理的、反省的思维”。④ 按他的观点，论证的分析和澄清以及其前提和推论的评价，在批判性思维中是必要和主要的成分，但它们并不是充分的。为了能够教授和检验它们，他以可操作的细节描述了批判性思维者的构成能力和人格特质。国际公认的批判性思维权威，美国“批判性思维国家高层理事会”主席，“批判性思维中心”研究主任保罗(Richard W. Paul)博士也给出了相似的定义，他认为，批判性思维在我们普通的思考模式上新增了第二层思考，第二层思考对我们的普通思考加以分析和评估。⑤ 更通俗点说，“批判性思维是你在思考的时候，考虑自己的想法，以使自己更好地思考。”⑥这些批判性思维专家都充分肯定，批判性思维是一种反省性思维。

第二，批判性思维是好的符合高标准的思维。简言之，就是通过一定的标准评价思维，进而改善思维。柏林(Bailin)等人发展了包括恩尼斯(Ennis)在内的许多主要的批判性思维理论家的洞察，指出，批判性思维是对相信什么或如何行动的问题情景的透彻思考，思维者想要形成理由充分的判断，并获得某种程度的成功，这具体化为优质思维者的品质。这里强

---

① 1998 年 10 月 5 日至 9 日在法国巴黎举行，会议发表了《面向 21 世纪高等教育宣言：观念与行动》。

② 武宏志：《何为批判性思维》，《青海师专学报》(教育科学)，2004 年第 4 期，第 1 页。

③ Alec Fisher. *Critical Thinking: An Introduction*, Cambridge University Press, 2001, p2.

④ Ennis, Robert: *Critical Thinking: A Streamlined Conception*. Teaching Philosophy 14(1). 1991. 6.

⑤ [美] 理查德 · 保罗、琳达 · 埃尔德：《思考的力量：批判性思考成就卓越人生》，丁薇译，上海人民出版社，2006 年版，第 14 页。

⑥ [美] 诺希克：《学会批判性思维》，柳铭心译，中国轻工业出版社，2005 年版，第 2 页。

调的是批判性思维出现的语境(问题情景)、思维者在其深思熟虑中达到好思维的特定标准的意图,以及思维者在某种程度上成功地满足这个标准。① 儿童发展哲学的奠基者李普曼(Matthew Lipman),倾向于把批判性思维定义为"帮助形成好判断的娴熟的、合理的思维。因为第一,它依赖于规范,第二它自我校正,第三它是语境敏感的"。论证是一种经过批判性思维考验而被接受的东西,而如此的思考倾向于产生好论证。② 批判性思维是积极地、熟练地解析、应用、分析、综合、评估支配信念和行为的那些信息的过程。这些信息通过观察、实验、反省、推理或沟通得以收集或产生。在其典范的形式里,批判性思维以超越主题内容的普遍智力价值标准为基础,如清晰性、准确性、精确性、一致性、相关性、可靠证据、好理由、深度、广度和公正。批判性思维由下列技能组成:把握一个陈述的意义;判断是否在推理路线上有含糊之处;判断某些陈述与其他陈述是否矛盾;判断结论是否从前提必然而来;判断一个陈述是否详细而精确;判断一个陈述是否实际上是某些原则的应用;判断是否一个观察陈述是可靠的;判断一个归纳结论是有正当理由的;判断一个问题已被确认;判断某个东西是假设;判断一个定义是充分的;判断一个所谓的专家作出的陈述是可接受的。③ 以上都足以说明批判性思维是符合高标准的合理的思维,即好的思维。

第三,批判性思维是自我校准的思维。关于批判性思维,流传着许多错误的观念。这些观念不清除,不仅影响到对批判性思维的正确理解,而且会妨害一个人的批判性思维技能的发展。"批判"这个词经常带有否定的意思,一个"有批判性的人"是一个喜欢挑剔的人。"批评"某人常常意味着说一些否定的话。但是,"批判"这个词在"批判性思维"中根本没有否定含义。它与单词"标准"(kriterion)相关,它意味着满足合理性高标准的思考。④ 要学会批判性思维就要学会仔细思考问题,即准确、清晰、充分、合理地思考。同时,批判性思维不仅仅是要发现他人思考中的问题,即质疑对方的论证,而且要善于发觉对方论证中的长处,一旦对方出现更好的推论时,即使其观点与自己的不同,也要尽可能地理解和尊重他人的观点,并吸收对方论证中的正确因素,用于修改或校正自己的原有观点。就此而言,批判性思维不单纯是发现他人思考中的问题,更要善于发觉自己思考中的错误,用他人思维之长补自己思考之短,从而使自己的思维更为合理。因此,批判性思维决不意味着否定,而是对自己思维的随时校正。这就是说,批判性思维是自我校准的思维。这也是批判性思维成为好的思维的基础。

法律活动的合理性与批判性思维密不可分。

---

① Bailin, Sharon, Roland Case, Jerrold Coombs, and LeRoi Daniels: *Operationalizing Critical Thinking*: *A Curriculum*, *Instruction and Assessment Model*. Paper adapted from Bailin et al: *A Conception of Critical Thinking for Curriculum*, *Instruction and Assessment*, funded by the British Columbia Ministry of Education and Minister Responsible for Multiculturalism and Human Rights, May 1993. 2. 298.

② Fans H. van Eemeren, Rob Grootendorst and Francisca Snoeck Henkemans: *Fundamentals of Argumentation Theory*: *A Handbook of Historical Backgrounds and Contemporary Developments*. New Jersey: Lawrence Erlbaum Associates, Inc. 1996. 186.

③ Scriven, Michael and Paul Richard: *A Working Definition of Critical Thinking*. http: / / www. sonama, edu/ cthink/ definect. html. 1995. 12. 6; Paul, Richard: *Critical Thinking*: *Basic Questions and Answers*. http: / / www, sonoma. edu/cthink/.

④ [美] 诺希克:《学会批判性思维》,柳铭心译,中国轻工业出版社,2005 年版,第 15 页。

无论是律师提供法律服务还是法官作出裁判，他们的思维活动都离不开对话、论辩和论证。而在对话和论辩中都包含着推理和论证。律师从其自身职业服务对象考虑，总是尽可能地为他的当事人争取权利。为达此目的，律师就要向诉讼相对方同时也是向法官提出自己的论证，即提出自己的主张和根据，并通过一系列论证，力图说服法官接受其诉讼主张。作为居中裁判的法官，面对双方代理律师的对话和论辩，他必须具有较强的批判性思维方能做到公正裁判。如果法官没有批判性思维，他就不能批判性地聆听，也不能对双方的论辩或论证作出正确的评价。甚至有可能被口齿伶俐实则无理的一方律师牵着鼻子走，以致作出错误判断，形成不公正的判决。这样的实例在我国的司法实践中实在太多了。比如云南杜培武案、湖北佘祥林案，之所以最终酿成惊天冤案，可供办案人员开脱的“理由”也许能说出若干条，其实真正的原因只有一条：办案人员缺乏法律职业者必须具备的批判性思维，故对起诉方疑窦丛生的指控及论证缺乏起码的质疑和反思。在这两起案情并不复杂的刑事案件开庭审理过程中，公诉人的论辩漏洞百出，被告人的辩护律师都对公诉人的论辩提出了合理的质疑，稍具批判性思维的人都会意识到律师的辩护中包含着好的推理和论证，而公诉人的论辩无法对其最终结论提供有力支持。在这种情况下，庭审法官假如是具有较强批判性思维的人，那么他就会对诉辩双方的论辩经过批判性思考，得出令自己信服的评判结论，而不会一味地站在公诉人立场上附和公诉人的观点，以致不问青红皂白而从感情上对辩方律师义正词严有理有据的辩护一概斥责为“纯属狡辩，不予采纳”。[①] 反过来讲，假如庭审法官已经意识到公诉人的论证明显缺乏充分性或者已被辩方律师的论证所驳倒，但却违背良心地最终做出支持公诉人主张的裁判决定，那么这样的决定肯定会令做出如此裁判的法官寝食难安，不得安宁。因此，就这两起冤案在思维方面的经验教训而言，笔者倾向于将两起冤案的成因归之于法官的批判性思维低下，或者一点都不具备批判性思维素质，正是由于法官的批判性思维素质的缺乏，才最终酿成举国震惊的大冤案。

其实，不仅法官需要具备较强的批判性思维技能和气质，其他法律人才或从事法律事务的其他法律工作者，同样也要有较强的批判性思维。如代理律师，倘若缺乏批判性思维，他就不能正确辨别当事人的叙述中何者为真何者为虚，以至被当事人牵着鼻子走。如若再以这种并不可靠的当事人陈述作为自己制定法庭辩护策略的依据，可想而知，这样的辩护到了法庭上将会遭遇何等尴尬。其他如检察官和公安侦查人员也需要较强的批判性思维。在对案件调查过程中，他们都要批判性地聆听，然后通过批判性反思，从纷繁复杂的现象背后找到事实真相。

批判性思维正是法律人才内在素质的体现，它对提高法律人才的法律思维素质有直接的作用。加拿大批判性思维和非形式逻辑研究代表人物之一约翰逊（R. H. Johnson）将批判性思维定义为，“以适当的标准或规范为基础，判断一个智力产品，包括信念、理论、假说、新报道和论证”。[②] 另一学者沃德（Robin Wood）从非形式逻辑的角度对批判性思维作出如

---

① 关于杜培武案中辩方律师为杜在“一审”和“二审”中所作的无罪辩护，参见王莘主编《逻辑思维训练》中“杜培武‘杀人’案的逻辑分析”，北京大学出版社，2006 年版，第 232—252 页。

② R. H. Johnson: *The Problem of Defining Critical Thinking*. In S. Norris (ed.): *The Generalizability of Critical Thinking*, New York, Teachers College Press. 1992. 49.

下界定：批判性思维是使用推理洞悉何真何假的过程，包括熟悉逻辑和逻辑谬误；公正而开放的头脑；能区分事实与意见；不经过审查不放过任何东西，不经过考察不接受任何东西；包括向自己和他人提出质疑；自我校正。也有学者认为，批判性思维是理解、评估论证和发现论证缺陷的能动的和系统的努力。费舍尔(Alec Fisher)和斯克里文(Michael Scriven)认为，批判性思维是"熟练地、能动地解释和评估观察、交流、信息和论辩"。① 可见，批判性思维实乃培养法律人才法律思维素质的基础。它不仅有助于培养学生法律职业素质，而且有助于训练学生法律职业技能。可以这样说，较强的批判性思维正是合格法律人才的必备条件之一。

三、在法律逻辑及法学专业课程教学中推广批判性思维教育

我国传统的法学教育方法是以讲授为主的大陆式的教学方法。法学专业教材大多以政策、法律条文为蓝本，或者为政策、法律作注释。法律院系的教学内容注重法典和制度，紧扣法律条文，教学方法以理论讲授为主，研讨判例为辅。与此相适应，教师讲授方法多是课堂灌输，"一言堂"，学生很少参与讨论。在这样的教学环境下，学生用不着独立思考，更谈不上批判性思维。正如著名法学家方流芳所说，在我们的传统观念下，"法学教育被当作真理的传授，而不是激发怀疑和批判精神的一种方法。因此，教授的任务是灌输，而不是鼓励学生怀疑现成的理论、探究理论的背景。"②

近年来，一些法学院校开始尝试采用案例讨论、模拟法庭等新型教学方法。但总体上看，以讲授为主的灌输式教学方法仍然是主要方法。不仅法学本科如此，法学研究生的教学也大抵如此。这种单一的教学方法造成理论与实际的脱节。虽然这种教学方式教出来的学生，其理论知识可能学得比较扎实，但这种知识脱离实际。更要命的是，仅仅懂得法律知识而不会法律思维或者不善于进行批判性思维，这样的学生最终会因缺乏社会常识和分析解决问题的方法而无法操作法律事务，或者不会与人沟通，因而难以成为适应社会需要的法律人才。

针对目前法学教育中存在着轻视素质教育和法律职业技术教育、法学教育与法律实践相脱节等现实问题，不少学者提出了改革对策，譬如有人提出引入美国法学院的案例教学法、开展法律诊所教育、废除法学本科教育而将法学教育升格为研究生教育，等等。我们认为，这些教学方法的引进，对于提高法学专业学生的思维素质和职业素质尽管都是必要的，但这些改革措施都是技术层面的，我国高等法学教育目前急需的是观念的更新。在这方面，西方国家教育改革的成功经验值得我们借鉴。

美国在20世纪70年代兴起的批判性思维运动，直接推动了美国高等教育的改革。其主要经验就是将批判性思维教育确立为高等教育目标，学校致力于培养学生的批判性思维习惯和各种批判性思维技能，并为此设立了批判性思维和非形式逻辑等课程，加强学生的批

---

① Alec Fisher and Michael Scriven: *Critical Thinking. Its Definition and Assessment*. Point Reyes, CA: Edgepress, 1997, 20.

② 方流芳：《中国法学教育观察》，载《中国法律教育之路》，中国政法大学出版社，1997年版，第43页。

判性思维教育。同时,还对专业课程任课教师进行批判性思维强化训练,使他们先于学生获得较强的批判性思维能力,从而在各门专业课程教学中贯彻和推广批判性思维训练,通过专门的批判性思维课程及各门具体课程的批判性思维训练,来综合培养学生的批判性思维能力,这使美国高等教育改革取得显著成效,学生综合素质明显改善,素质教育名副其实。可见,引入批判性思维教育理念,尤其是将批判性思维作为教育目标,以批判性思维引导教育体制改革和教学方法创新,并将批判性思维能力作为学生素质测试的主要指标。这不仅有利于提高我国高等教育的整体教学水平,使呼喊多年的素质教育口号落到实处,而且也能明显提高法学高等教育的教育质量,使法学专业学生的批判性思维和法律思维能力显著增强。因此,将批判性思维教育引入法学教育,应该可以为我国法学教育实现素质教育和职业教育的双重教育目标提供成功经验和有益启发。

如何将批判性思维教育融入法学专业课程教学之中,使之成为培养学生法律职业素质和法律职业技能的有效手段?

我们打算以法律逻辑教学为例说明如何在课堂教学中引入批判性思维教育,加强批判性思维技能训练。

方法一:改纯理论性的讲解为理论与实例相结合的课堂教学法。美国法学院的案例教学法值得借鉴。案例教学法强调培养学生分析问题和解决问题的能力。我们在课堂上进行必要的讲授时,可通过实际案例分析以展示办案活动的全过程,从而激发学生学习法律的兴趣,并培养学生的法律思维能力及法律分析能力。

方法二:改教师讲、学生被动听为学生问、教师解答或相互提问与回答的灵活教学法。美国法学院的苏格拉底式问答法,引进课堂教学后,不仅可以调动学生学习法律思维的主动性和能动性,而且可以启发学生积极思考问题。通过教师的循循善诱和启发引导,让学生学会怎样提出恰当的问题,怎样依据现有资料和相关数据解决面临的问题,从而提高课堂教学效果。

方法三:改单纯课堂教学为课堂与模拟法庭教学相结合的教学方法。通过教师课前对有关案例的精心准备,组织模拟法庭教学,让学生独立操作具体案件,学会同当事人打交道,掌握办案过程中的取证、代理、审判、辩护、商务谈判、调解、仲裁等知识和技巧。这样的模拟法庭教学,可以让学生一方面学到相关的法学理论知识,特别是程序法上的知识,另一方面又从实际操办案件中领悟和掌握法律操作技能,进而培养学生法律思维能力。

总之,我国高等法学教育作为素质教育,其目标可分解为两个方面:即培养高素质的公民,培养高素质的法律人。①

无论是培养高素质的公民还是高素质的法律人,都离不开批判性思维教育。我们要把批判性思维教育融入各门专业课程教学中,使批判性思维训练同法律思维训练结合起来,共同提高法学专业学生的法律思维素质,为国家培养更多的法律后备人才。

---

① 参见张文显主编:《世纪之交的中国法学——法学研究与教育咨询报告(1990—2005)》,高等教育出版社,2005年版,第214页。

简述法学教学中的法律思维训练

郑显芳*

司法工作者若没有严谨的逻辑思维，就难以进行严密的逻辑推理，也很难对复杂的案件和事实准确地理性判断并正确处理。为使未来的司法工作者，即法学专业学生形成良好的法律思维，不管是一般高等院校还是民族高等院校，只要是法学教学，其中都应当贯穿逻辑思维训练。

一、法学教学中法律思维训练的必要性

思维训练的目的不是为了寻找到答案，而是要使思维模式由简单向复杂转化，即培养多角度、多层次、多方式看问题、发现问题、分析问题并解决问题的思维习惯。① 司法工作者需要这种能以小见大、从平常中发现问题实质的思维习惯，以便在遇到复杂问题时能简便快捷地有效处理。可见，法学教学中逻辑思维训练十分必要。

（一）法律思维训练是法学教育的客观要求

司法工作者必须具有严密的逻辑思维能力，因为侦查破案处处都离不开逻辑推理，审理案件、适用法律的过程中，更要求司法人员具有较强的推理能力和论证能力，②所以在法学专业学生进入大学开始学习法学之初，就要对他们进行系统的逻辑思维训练，否则他们很难胜任将来的司法工作。另外学生缺乏系统的逻辑思维训练，学习民法、刑法、诉讼法等法学学科时对相关知识的理解就不会那么深刻，学习后要实践中运用也会有难度。为此，各高校法学专业都在大一第一学期开设法律逻辑课。但是，这些逻辑课仅使学生了解到最基本的逻辑知识，成为学生接受系统思维训练的基础，要使法学专业学生具有严密的逻辑思维能力还需要进行深入系统的思维训练，并将思维训练活动贯穿法学教学始终。

（二）法律思维训练是学生构建复杂思维模式的有效途径

学习逻辑不仅仅是学习其中的知识，重要的是逻辑知识的运用和学生复杂思维模式的构建。通过单纯学习逻辑知识来训练逻辑思维，不仅枯燥乏味，效果不明显，而且也没有多少人愿意在日常生活和工作中对每一个问题都先想想它是属于什么逻辑知识，是否符合逻辑规则。所以要避免学习逻辑知识与思维能力培养脱节，同时构建学生复杂思维模式，学生必须联系实际问题进行系统思维训练。法学专业教学内容与现实生活联系紧密，在法学教学过程中进行思维训练，可以使学生理论联系实际，在对复杂的社会生活事件的分析中构建

---

* 郑显芳，女，西南民族大学法学院，讲师。

① 《思维力》，百度百科[K/OL]. http://baike.baidu.com/view/836461.htm.

② 雍琦：《法律逻辑学》，法律出版社，2005年版。

复杂思维模式。

（三）法律思维训练有利于提高学生分析问题和解决问题的能力

教学中经常发现学生记住了一大堆法律知识，但面对复杂案件，多数学生仍是束手无策。有的不知道从什么地方下手分析，不知道该用哪些法律知识来解决这个问题；有的学生虽然侃侃而谈，但条理不清，不能抓住案件主要问题；有的学生说到最后观点却自相矛盾。可见学生们还缺乏分析和解决复杂问题的能力，要改变这种状况必须对学生进行系统思维训练，提高学生逻辑思维能力。实际上法学教学中通过案例分析我们可以告之学生一些分析问题和解决问题的切入点和基本思路，如首先应将案件中不同的法律关系整理出来，分析案件主要问题涉及其中哪些法律关系，然后从不同的角度分析这些主要法律关系应用哪些法律知识处理，这样抽丝剥茧，层层深入，问题就迎刃而解了。

（四）法学教学中进行思维训练有利于解决法律思维训练的素材

思维训练必须有大量的逼近思维现实的训练素材，以保证其丰富性和实用性。[①] 由于现实生活中有大量丰富的案例，把这些案例根据法学教学内容的安排引进教学中来，既作为讲解法学知识的案例，同时又作为思维训练的素材，从而将教学和思维训练有机结合起来，避免为思维训练又单独去设计那些枯燥的不切合实际的思维题，一举多得。

二、法学教学中法律思维训练现状

（一）思想上对法学教学中进行思维训练已有共识

基于逻辑思维能力对司法工作者的重要性，各阶层普遍认识到应在法学教学中培养和提高学生的思维能力。所以，现在我国各大高校的法学专业无一例外都专门开设了法律逻辑学课程，以期通过这门课程的学习来培养学生的逻辑思维能力。但是，各大高校因为各自课程设置不太一致，所以，法律逻辑学的教学情况差距很大。有的高校只在法学专业大一第一学期开设法律逻辑学，总共 52 个学时；有的政法大学在法学专业大一第一学期只学习普通逻辑，在学生掌握了普通逻辑的基础上，再在第二学期开始学习法律逻辑学，其后还在大二和大三期间，分别为学生开设专项思维训练课，让学生学习法官思维、检察官思维和律师思维。很明显，虽然各个学校都不同程度重视对学生进行思维训练，但同为法学专业学生，由于思维训练的内容不同，这些学生思维能力的差距却很大。

（二）实践中较少在法学学科教学中实施思维训练活动

虽然各大高校及其教师思想上对法学教学中进行思维训练都有共识，但实践中做得却不尽如人意。由于思维训练不是教学大纲内容，所以除了专门的法律逻辑课外，其他法学学科的教师们在自己的教学中多数都不会将思维训练贯彻其中，因为这样费时费力却无功可言，还可能导致教学任务不能完成或学生期末成绩不好。另外，思维训练结果并不作为考察学生学科成绩的指标，多数学生也没有意识到思维训练对自己将来工作的重要性，所以法学专业的学生们也不太重视对自身思维能力的训练。

---

① 谷振诣：《论证与分析——逻辑的应用》，人民出版社，2001 年版。

三、法学教学中进行思维训练面临的主要难题

虽然法学教师们在思想上普遍认为应当在教学中对学生进行思维训练，但教学实践中却较少实施思维训练活动。据调查，法学教师对思维训练有共识但不重视的主要原因在于各法学学科的知识体系过于庞大，在教学中既要让学生掌握这么多法学知识，同时又进行思维训练，实在非常困难。因此，法学教学中进行法律思维训练面临的主要难题有以下几个方面：

（一）知识教学与思维训练时间上难以兼顾

法学教学中知识教学与思维训练时间上很难兼顾，如经济法教学中，要在一学期规定的68学时中学完所有经济法内容几乎是不可能的，现在还要求教师在这68学时中对学生进行系统的思维训练，那更是难上加难。实践中，为了完成教学任务，赶教学进度，多数法学教师在上课时"满堂灌"，因为这样可以使教学内容按照教师事先安排的时间展现给学生，在规定时间内完成教学任务。"满堂灌"的教学方式形式上完成了教学任务，但实际上教学目的却没有完全实现。因为思维训练对法学专业的学生来说应当是第一位的，有了良好的法律思维，即使有的知识没有在学期内学完，学生也有能力在具备了该课程一定基础后在课后自己学习其他知识。由于这种教学方式没有主动的思维训练活动，学生只是被动地接受知识，不会积极主动地调动自己的思维，思维能力难以提高。如果学生没有接受过专门的法律思维训练，不仅学生的思维能力难以得到提高，而且对学生进一步学习和将来从事司法工作都会产生不利影响。但若教师教学中安排专门的思维训练活动，教学任务又不能完成。

（二）知识教学与思维训练内容上难以协调

法学教学中知识教学与思维训练内容上有时难以协调。如经济法教学内容涉及经济法主体、市场秩序规制、宏观经济调控和社会分配等多个方面，每个内容下面又涉及不同的单行法，如经济法主体制度中需要了解公司法、合伙企业法、个人独资企业法和外商投资企业法等内容，市场秩序规制法中又必须掌握垄断法、反不正当竞争法、消费者权益保护法和产品质量法等内容。由于这些教学内容量大面广，每个单行法又自成一体，而思维训练需要循序渐进，有条理地进行，所以要在这些法学内容的教学中贯穿系统思维训练，有相当的难度。

（三）知识教学与思维训练形式上难以统一

法学教学中知识教学与思维训练形式上有时也难以统一。知识教学注重知识的教与学，教学重心在知识层面，所以多数教师会采用讲授的形式来传授知识；而思维训练注重学生思维能力的培养，训练的重心放在学生思维模式的构建和分析解决问题实际能力的培养上，所以思维训练过程中多采用引导学生主动思考问题的形式进行。由于知识教学与思维训练重心不一，形式有别，进一步增加了法学教学中思维训练的难度。

（四）部分法学教师对学生开展思维训练活动"心有余而力不足"

由于多数法学教师只熟悉某一法学领域，他们可能经济法学方面的知识非常精通，而逻辑方面的知识却不太系统。另外，中国传统高等教育中，除了MBA之类的课程较注重逻辑思维方面的培养外，其他专业在教学过程中都不太重视逻辑的学习和思维的培养，所以，部

分法学教师在思想上可能从来没考虑过要对学生进行思维训练。另外，由于思维训练的成果不易量化，短时间内绩效不容易显现，也会导致一些教师不太在意。因此要使每一个法学教师在教学过程中都从思想上真正重视对学生进行思维训练现在还非常困难。

四、加强法学教学中思维训练的措施建议

（一）采用专项思维训练法

由于思维训练主要集中在以下几个方面的能力训练上：分析和概括能力、抽象思维的理解能力和批判性思维能力，①法律思维训练还要专门考察和分析检察官、法官和律师不同的思维结构和特点，所以在法学教学的不同阶段可以对学生进行不同的专项思维训练。如公司与合伙企业、个人独资企业之间的共性和区别，就可以让学生认真分析后总结出来，而不是教师在课堂上“一盘子端出来”，让学生抄笔记课后去记。这样学生既依靠自己的头脑理解了这几类企业之间的共同点和区别，理顺了庞杂的经济法知识体系之间的内在联系，又训练了分析和概括问题的能力。

另外，课堂上可以引导学生运用已学知识对已有定论的热点案件的处理过程和最终结论进行评析，总结其中法官、检察官和律师的不同思维模式。这样既让学生巩固了已学知识，又可以使他们熟悉具体案件中不同法律职责的人的思维特点，还能训练和提高学生的抽象思维和批判性思维能力，一举多得。

（二）采用案例教学与思维训练法

由于思维能力需要靠自己的头脑理解许多东西才能得到提高，所以法学教学中应尽可能让学生多用自己的头脑理解大量的东西才行。但理解纯知识性的东西不容易形成长期记忆，这样知识学习和思维训练的效果都不佳。为此，我们应在法学教学采用生动活泼的教学方法，既传授知识，又进行思维训练。实践中，案例教学与思维训练法效果最好。因为思维训练必须有大量的逼近思维现实的训练素材，以保证其丰富性和实用性，②而案例教学与思维训练法恰好是利用丰富的实际案例，将要讲解的法学知识放进不同的案例中，让学生在自己分析案例的过程中学会抓住关键问题，在大量纷繁复杂的案件线索面前准确地理出案件的主要脉络，并运用所学知识解决问题，使学生既学到知识，又提高思维能力。这种方法兼顾到了知识教学与思维训练的需要，解决了二者在时间、内容和形式上存在的矛盾，所以是法学教学的最佳教学法。

（三）将思维训练纳入法学学科教学大纲

基于思维训练在法学教学中的重要地位，为了提高广大师生思想上对教学中思维训练的重视程度，应将思维训练作为每一门法学课程的必要内容，规定在教学大纲中，确保师生在教学活动中都重视思维方面的训练。同时，还要培养学生勤动脑的习惯，引导学生自主培养自身思维能力。

为了实现法学教学中思维训练的目的，学校还应组织教师进行业务学习，掌握更多的逻辑知识和思维训练方法，以便教师能方便自如地在传授知识的过程中完成对学生的思维训练。

---

①,② 谷振诣：《论证与分析——逻辑的应用》，人民出版社，2001年版，第40,42页。

第五编　法律逻辑与司法实践

论法官在法律规范冲突中的选择适用权

郭　哲*

一、"李慧娟事件"凸显的法律问题

2003年底，洛阳市中级法院在一份民事判决书中，认定《河南省农作物种子管理条例》的有关内容"无效"。河南省人大常委会主任会议认为，该法院在其民事判决书中宣告省人大常委会通过的地方性法规有关内容无效，超出了人民法院审判权，其行为违背了宪法规定，要求有关方面处理直接责任人和主管领导。① 此案在当地人大和法院系统引起了很大的反响。为此，河南省高级人民法院在关于此事的通报上指出，人民法院依法行使审判权，无权对人大及其常委会通过的地方性法规的效力进行评判。在河南省人大和省高级人民法院的直接要求下，洛阳中院作出撤销李慧娟审判长职务，并免去助理审判员的处理决定。②后经学者们的多方呼吁，李慧娟才未被撤职。

这一典型案例宣布地方性法规无效除触犯了地方立法机关的"尊严"和"权威"等法律以外的因素外，仅从法律适用层面看，主要涉及法院如何对待发生冲突的法律规范的法律方法问题。

以法律方法的角度观之，法律冲突规则属于法律解释和适用规则，解决法律冲突属于法院在个案的法律适用权的范围，法院在个案中选择适用上位法而不适用与上位法相抵触的下位法，本来是法律适用的应有之义。即使法院宣告地方性法规无效有失妥当，也可以通过二审等制度内的合法渠道纠正，有关机关没有必要动用自己的优势地位或者所谓的"监督权"，对审案法院大动肝火或者对办案法官大加挞伐。但是，问题之所以没有如此简单，除因法院尚无完整的司法权和必要的或者足够的司法权威等因素外，还因为在法治国家很平常的法律方法在我国却尚未被普遍接受和视为当然。

---

* 郭哲，女，湖南大学法学院，副教授，法学博士，硕士生导师。

① 2003年1月25日，河南省洛阳市中级人民法院开庭审理了伊川县种子公司委托汝阳县种子公司代为繁殖"农大108"玉米杂交种子的纠纷，此案的审判长为30岁的女法官李慧娟。在案件事实认定上双方没有分歧，而在赔偿问题上，根据河南种子条例第三十六条规定，"种子的收购和销售必须严格执行省内统一价格，不得随意提价。"而根据《中华人民共和国种子法》的立法精神，种子价格应由市场决定。法规之间的冲突使两者的赔偿相差了几十万元。

此案经过法院、市人大等有关单位的协调，法院根据上位法做出了判决："种子法实施后，玉米种子的价格已由市场调节，《河南省农作物种子管理条例》作为法律阶位较低的地方性法规，其与种子法相冲突的条(原文如此)自然无效……"。

② 《北京青年报》2003年11月9日转载《大河报》的报道。

法院应当如何处理法律规范之间的冲突问题,即倘若地方性法规与国家的法律相抵触,法院将如何面对或者何以自处?这是一个很普遍的争议问题,即对于法律规范之间的不一致或者相抵触,法院(乃至行政执法机关)是在审判(或者行政执法)中直接作出判断,在能够确定如何适用时直接选择适用,无需一概由有权机关裁决,还是只要有不一致或者相抵触,就一概送请有权机关裁决?对此在实际适用中不同部门是有歧见的。有人认为需要一概送请有权机关处理,法院不能在审理案件时直接进行选择适用,有人认为只要能够按照法律适用规则作出选择适用,就在个案中直接确定所适用的法律,无需送请有权机关裁决。① 当然,法律规范冲突不限于下位法与上位法之间的冲突,同位法及准同位法之间的冲突也是常见的。多个法律规范调整相同事实,却具有不同的甚至截然相反的法律后果,就构成了法律规范的冲突。随着社会关系的日趋复杂和当今社会法治的发达,法律渊源数量庞大,且制定时间先后不一,致使法律规范冲突在所难免,甚至屡见不鲜。问题的关键是如何建立和实行一套处理法律规范冲突的机制。

二、法官在法律规范冲突中的选择适用权

在法律规范发生冲突时,法院依据法律适用规则选择确定所适用的法律规范并解决冲突,这是任何法治国家均允许的做法,也是一种古老的做法。实际上,自罗马法至当今各国实践,不管是法律明文规定还是作为一种法律上的公理,像上位法优于下位法、特别法优于普通法、后法优于前法等法律适用规则,其本身都是为解决法律规范冲突而设定和适用的具体法律规则。我国司法实践早已采用这些规则。立法法又在借鉴国外法律适用的通行规则和总结实践经验的基础上,对法律适用规则作出了系统的明文规定。立法法第五章专门规定了"适用与备案",其内容可以归纳为适用规则、裁决机制与备案审查三个方面。其中,前两者均属于法律规范的具体适用规则(个案中的选择适用);后者则属于对不合法或者不适当的立法的彻底纠正(变更或者撤销)。这说明,我国法律设计的解决法律冲突的途径是三元的机制。

我国立法说明明确指出,"执行机关不能根据效力高低确定如何适用"是送请有权机关裁决的前提条件,或者说立法法有关条款规定的"不能确定如何适用"时送请裁决的反面解释是,如果能够确定如何适用,就无需送请有权机关裁决或者解释。那么,在个案中如何认定"不能确定如何适用"或者"能够确定如何适用"?立法法规定的上位法优于下位法等适用规则就是衡量是否能够直接选择适用的具体规则。例如,倘若法官在审判中能够直接判定下位法的有关规定与上位法相抵触,即可给予适用上位法的规定,无需送请裁决。这也说明,选择适用与送请裁决是排斥性的选择关系,只能选择其一,不能同时并用。换言之,立法法以及其他有关法律规定不同法律规范的效力等级及选择优先适用的法律规范的规则的目的和功能,就是交给了执行机关自行解决规范冲突的钥匙,赋予直接的选择适用权。只有在依据适用规则不能解决冲突时,才通过送请有权机关裁决的方式处理。

① 孔祥俊:《法律规范冲突的选择适用与漏洞填补》,人民法院出版社,2004年版,第178页。

备案审查则是釜底抽薪式地彻底解决法律冲突的程序和途径，通常与特定情况下的具体适用规则并行不悖。例如，倘若某项地方性法规与法律的规定相抵触，法官在个案中可以直接选择适用法律的规定，有权机关也可以通过改变或者撤销地方性法规规定的方式彻底解决冲突，两种途径互不排斥。①

以上述《河南省农作物种子管理条例》与《中华人民共和国种子法》有关规定的冲突为例，倘若法官审判案件中认为地方性法规的规定与法律的规定相抵触，可以按照立法法规定的上位法优于下位法的适用规则直接适用上位法的规定，此时因不存在“执行机关不能根据效力高低确定如何适用”的前提而无需按照裁决程序送请有权机关裁决。而若变更或者撤销地方性法规的有关规定，则不再属于审判权的范围，只能按照立法法的备案审查程序由有权机关（全国人大常委会）处理。前者属于个案中的选择适用，后者属于备案审查，除非法官的认定与有权机关裁决的结论不一致，否则两者互不排斥。

法院在不一致或者相冲突的法律规范之间作出选择时，能否直接说明选择适用的理由，如下位法某某规定与上位法某某规定相抵触？从裁判应当说理的角度而言，如果法院在不一致或者相冲突的法律规范之间进行了取舍，当然应当在裁判理由中阐明取舍的原因和依据。但是，由于各地司法环境差异较大，一些法院因在裁判文书中评判下位法（如地方性法规）与上位法的抵触而受到责难，或者其自身因担心受到责难而不敢在裁判文书中进行选择适用的评价，致使说理不充分或者未予说理。这些问题实际上都不属于是否应该在裁判理由中作出评价问题，而是司法环境的外部影响问题。出于保护法官的需要，可以不要求不适用下位法的裁判文书必须作出如此直言不讳的说理。随着法治水平的提高和司法环境的改善，这种问题将迎刃而解。

三、选择适用权非违宪审查权

在我国，有人往往将法律规范的选择适用与违宪审查混为一谈。例如，在下位法与上位法抵触时，倘若法院直接选择适用上位法，就构成了对于下位法是否与上位法相抵触的司法审查或者违宪审查。实际上，这种司法审查不是违宪审查意义上的司法审查，而仍然仅仅是在个案中行使法律适用权，也即其当然属于法律适用的范畴。

现代法治国家对于违宪审查有不同的制度设计。现代违宪审查制度的一个核心差异是，对于违反宪法的法律，法官有无适用的义务。在制度设计上，违宪审查有集中审查制与分散审查制之分。前者乃是由专门设立的违宪审查机构（宪法法院或者宪法委员会）负责违宪审查职责；后者乃是任何法院均可以审查法律是否与宪法相抵触。大陆法系国家主要采取集中审查制；美国及其他一些普通法系国家采取分散制。②

就我国宪法和立法的制度设计而言，我国属后一种情况，即尽管立法法第 78 条规定“宪法具有最高的法律效力，一切法律、行政法规、地方性法规、自治条例和单行条例、规章都不

---

① 董皞：“面对法律冲突的法官”，载《法制日报》2003 年 11 月 20 日，第 8 版。

② Carlo Guarnieri and Patrizia Pederzoli, “The power of Judges a comparative study of courts and democracy”, Oxford Univerity Press, P. 142 - 143.

得同宪法相抵触”。由于宪法的规定通常都很原则,即便其权利义务的设定,往往都很难直接实施,其实施需要附加一系列具体条件,判断法律与宪法是否相符在操作上具有很高的难度。尤其是,法律的违宪问题是一个具有高度政治性的问题,就目前我国国家权力架构而言,不适宜普通法院进行判断,即便将来如何处理该问题,亦涉及宪政结构是否变动的重大问题。因此,目前我国法院没有违宪审查权,不宜将立法法第78条的规定作为认定法律是否违宪的适用规则,因而也就根本不存在不适用违宪的法律的问题。

但是,对于法律之下的法律渊源,通常不会涉及其是否与宪法抵触问题,判断其与上位法是否抵触通常不具有太大的操作困难,法官在审判案件时可以按照其效力等级决定其直接适用问题,即行使选择适用权。无论从国外的司法通例、我国立法法有关规定的原意以及多年来的司法实践,均完全可以认为对法律规范冲突的选择适用权是司法权的必要组成部分。因为,法院能够直接确定的法律适用,自然无需求助于制定机关,只有在确因法律规定本身的原因不能解决如何适用时,才有必要交由有权机关裁决。这种选择适用权属于法官对法律规范的“有思考的服从”,仍然属于法律的具体解释和适用的范畴,不是行使违宪审查权,根本不存在触动高压线的问题。倘若将其归人违宪审查,不仅把违宪审查的门槛降低了,而且把法院的现实地位提高了。倘若认为法官压根儿无权确认和解决法律规范冲突,那也是与立法法的规定不符。①

四、法官如何行使选择适用权

1. 在整体法律秩序中寻求法律答案

解决法律规范的冲突既是审判案件的必要,又是法官的司法职责。任何法律规范都不是独立或者孤立存在的,而是整个法律秩序的组成部分。在一部法律内部之间或者与其他法律的许多规范之间都存在内部与外部的紧密联系,这种有机联系构成了整体的法律秩序,这种整体又称为法律体系。正是由于这种法律秩序的整体性,法律适用通常不是对每个具体规范的适用,而是对散布在法律秩序的各个法律部门中的相关规范的适用。法律适用者寻找的不是适用于具体案件的某个规范的答案,而是整个法律秩序的答案。法官裁判案件不能局限于将争议事实仅仅涵摄于某个法律规范的事实构成之中,必须将特定的法律规范与整个法律秩序作为相互联系的内容与价值评价相统一的整体来适用,必须在整体法律秩序中瞻前顾后和左右逢源,不能只见树木而不见森林,在解决具体法律问题时通常依据并维护“法律的统一性”、“宪法的统一性”和“法律秩序的统一性”。② 这也就是司法所具有的维护法制统一的特殊功能。例如,倘若国家法律规定种子价格由市场决定,而地方性法规则规定种子实行省内统一定价,那么种子市场的规则就无法在全国范围内实现统一。如果法官在裁判案件时依据地方性法规,其结论必然与国家法律的要求相悖,从整个法律秩序的角度看这种结论就是错误的。特别是,法律秩序的和谐统一往往是一种理想,现实生活中的法律规范总是难以避免妥协折衷、价值评价矛盾、错误和规范漏洞,法官通过整体性地解释和适

① 孔祥俊:《法律规范冲突的选择适用与漏洞填补》,人民法院出版社,2004年版,第189页。

② 卡多佐:《司法过程的性质》,商务印书馆,2000年版,第54—55页。

用法律规范甚至填补漏洞，实现和维护法律秩序的和谐，维护法的安定性和法制统一。正是由于规则解决法律规范的冲突，乃是法官裁判案件的应有之义。

2. 尽量通过法律解释避免冲突

应当尽量按照法律解释规则，甚至可以适用文义解释以外的体系解释（合宪解释）、扩张解释、限缩解释等法律解释方法，尽可能对下位法作出与上位法相一致的解释。穷尽了解释方法而实在不能作出相一致的解释时，再认定相抵触问题。

例如，《道路交通事故处理办法》（1991 年 9 月 22 日国务院发布）第 13 条规定："交通事故造成人身伤害需要抢救治疗的，交通事故的当事人及其所在单位或者机动车的所有人应当预付医疗费，也可以由公安机关指定的一方预付，结案后按照交通事故责任承担。交通事故责任者拒绝预付或者暂时无法预付的，公安机关可以暂时扣留交通事故车辆。"该条规定了"暂时扣留交通事故车辆"。公安部《道路交通事故处理程序规定》（1992 年 8 月 10 日发布，主要是为实施该《道路交通事故处理办法》而制定）第 28 条第 1 款规定："预付抢救治疗费直接向医院交纳，凭据由预付的当事人保存。对不预付或无力预付的，公安交通管理部门可以暂扣交通事故责任者的车辆，暂扣的期限由各省、自治区、直辖市公安厅、局规定。"该条规定了"暂扣交通事故责任者的车辆"。从文义上看，上述两个规定中的"交通事故车辆"与"交通事故责任者的车辆"的含义显然是不同的，后者的范围要大于前者。因为，"交通事故责任者的车辆"，既可以是"交通事故车辆"，又可以是交通事故责任者与交通事故无关的其他车辆，其范围大于"交通事故车辆"。

对下位法规定的"交通事故责任者的车辆"的解释要根据其立法目的。倘若制定者无意扩展暂扣车辆的范围，只是因为表述上的疏忽而用词不当，那就属于解释问题，即在解释时衡量与上位法相应规定的对应关系，按照上位法的外延解释下位法的规定，以此消除法律规范之间的冲突。倘若制定者有意扩展暂扣车辆的范围而不是措辞技术上的疏忽，那就构成了下位法与上位法的抵触。认定下位法与上位法的冲突同样是一个解释问题，即其本身同样是按照上位法与下位法之间的体系关系得出的结论。而且，通常而言，执行者应当按照尽量与上位法相一致的解释方法解释下位法的相应规定，以避免下位法与上位法相冲突而导致的下位法规定的无效。这就是合宪解释方法。只有存在实在无法避免的原因，才不得不按照认定其构成冲突的方式进行解释。对"交通事故责任者的车辆"作目的性限缩解释更为合适，这种解释可以避免认定下位法与上位法相抵触。

当然，除法官依据适用规则解决法律规范冲突外，法律规范冲突的裁决机制及备案审查制度均具有维护和谐的法律秩序和法制统一的功能。倘若法官的正当法律适用权不能得到保障，甚至因正当适用法律而动辄得咎，法院依法独立行使审判权就徒托空言，法制的统一和尊严就失去了一道重要的保护屏障，因而对法官正当行使的法律适用权不能随意打压。即便个别裁判在法律规范冲突的认定和处理上有错误，完全可以通过法定程序予以监督，决不能动辄诉诸对法官个人的惩罚。

因此，对于不一致或者相冲突的法律规范，法院在审理案件时不但可以、而且应当首先按照法律适用规则选择所应适用的法律规范。在自身能够认定的情况下，既无需事事请示上级法院定夺，也无需动辄送请有权机关裁决。当然，倘若在选择适用上确实把握不准，或者确实受到了很大的外部压力当然可以逐级请示。只有在根据法律适用规则无法确定选择适用而必须由有权机关裁决时，才送请有权机关裁决。

结　语

在我国，法律规范冲突和法治不统一的现象还很严重，特别是下位法突破上位法的规定或者限定的现象更是严重。肯定法院在审理案件中的法律规范选择适用权，除直接维护法治统一外，还可以对下位法的制定机关形成一种预先的外在约束和压力，减少越权立法现象。

许霆案的逻辑考问

张静焕*

许霆案是近期在社会上引起广泛关注与争论的一起普通刑事案件。其中罪与非罪、此罪与彼罪等一系列问题引发了人们广泛而激烈的辩论。从无期徒刑到5年有期徒刑，不同的出发点和落脚点都产生了不同的意见。该案判决是审理该案法官理性思维的结果吗？民意和上级领导的想法是否决定了该案的判决结果？一般而言，激辩过后沉寂下来的思考也许更为合理。许霆案的争论中，人们首先应在法律的理性与轨道上来看待，然后在法律逻辑的框架内实现公正，这是人民法院所追求的法律效果与社会效果的统一。

一、许霆案：案情和判决理由

（一）案情

2006年4月21日晚21时许，被告人许霆到广州市天河区黄埔大道西平云路163号的广州市商业银行自动柜员机（ATM）取款，同行的郭安山（已判刑）在附近等候。许霆持自己不具备透支功能、余额为176.97元的银行卡准备取款100元。当晚21时56分，许霆在自动柜员机上无意中输入取款1 000元的指令，柜员机随即出钞1 000元。许霆经查询，发现其银行卡中仍有170余元，意识到银行自动柜员机出现异常，能够超出账余额取款且不能如实扣账。许霆于是在21时57分至22时19分、23时13分至19分、次日零时26分至1时06分三个时间段内，持银行卡在该自动柜员机指令取款170次，共计取款174 000元。许霆告知郭安山该台自动柜员机出现异常后，郭安山亦采用同样手段取款19 000元。同月24日下午，许霆携款逃匿。广州市商业银行发现被告人许霆交易异常后，经多方联系许霆及其亲属，要求退还款项未果，于2006年4月30日向公安机关报案。公安机关立案后，将许霆列为犯罪嫌疑人上网追逃。2007年5月22日，许霆在陕西省宝鸡市被抓获归案。2007年11月29日，广州中院以盗窃罪判处许霆无期徒刑。许霆案经媒体报道后，引起舆论广泛关注。2008年1月9日，该案经广东省高院裁定，发回广州中院重新审判。2月22日，广州中院另行组成合议庭再次公开开庭审理该案。3月31日，广州市中级人民法院做出了再审判决，以盗窃罪判处许霆有期徒刑5年，处罚金两万元，并追缴其犯罪所得173 826元，发还受害单位。①

（二）判决理由

广州市中级人民法院在重审判决书中论证到："被告人许霆以非法占有为目的，采用秘

---

* 张静焕，女，海南大学法学院，副教授。本文在写作过程中曾得到中南财经政法大学法学院张继成教授和海南大学法学院吴奕副教授、黎其武博士的指导，在此对他们的无私帮助表示感谢，但本人文责自负。

① 许霆案重审判决书，广州市中级人民法院刑事判决书（2008）穗中法刑二重字第2号。

密手段窃取银行经营资金的行为，已构成盗窃罪。许霆案发当晚21时56分第一次取款1 000元，是在正常取款时，因自动柜员机出现异常，无意中提取的，不应视为盗窃，其余170次取款，其银行账户被扣账的174元，应视为盗窃，许霆盗窃金额共计173 826元。公诉机关指控许霆犯罪的事实清楚，证据确实、充分，指控的罪名成立。许霆盗窃金融机构，数额特别巨大，依法本应适用'无期徒刑或者死刑，并处没收财产'的刑罚。

鉴于许霆是在发现银行自动柜员机出现异常后产生犯意，采用持卡窃取金融机构经营资金的手段，其行为与有预谋或者采取破坏手段盗窃金融机构的犯罪有所不同；从案发具有一定偶然性看，许霆犯罪的主观恶性尚不是很大。根据本案具体的犯罪事实、犯罪情节和对于社会的危害程度，对许霆可在法定刑以下判处刑罚。依照《中华人民共和国刑法》第二百六十四条、第六十三条第二款、第六十四条和最高人民法院《关于审理盗窃案件具体应用法律若干问题的解释》第三条、第八条的规定判决如下：被告人许霆犯盗窃罪，判处有期徒刑五年，并处罚金二万元；追缴被告人许霆的犯罪所得173 826元，发还受害单位。"①

从判决书中可以看出该案的"定罪三段论"和"量刑三段论"。

定罪三段论：

> 凡是以非法占有为目的，秘密窃取公私财物，数额较大，或者多次盗窃公私财物的行为就是盗窃罪。
>
> 许霆以非法占有为目的，秘密窃取了公私财物，数额较大。
>
> 所以，许霆犯了盗窃罪。
>
> 量刑三段论：
>
> 凡是盗窃金融机构，数额特别巨大的，处无期徒刑或者死刑。
>
> 许霆盗窃金融机构的ATM机，数额特别巨大。
>
> 所以，许霆应当被判处无期徒刑或者死刑。

"定罪三段论"和"量刑三段论"的大前提是法律规范命题，不需要论证；小前提是对案件事实作出大前提可以涵摄的判断，因此判决书需要论证：许霆属于"盗窃金融机构"和许霆属于"秘密窃取"。判决书的论证如下：

1. 许霆属于"盗窃金融机构"

自动柜员机是银行对外提供客户自助金融服务的专有设备，自动取款机当然不是金融机构，但机内储存的资金是金融机构的经营资金。根据最高人民法院，《关于审理盗窃案件具体应用法律若干问题的解释》第八条"刑法第二百六十四条规定的盗窃金融机构，是指盗窃金融机构的经营资金、有价证券和客户的资金等，如储户的存款、债券、其他款物，企业的结算资金、股票，不包括盗窃金融机构的办公用品，交通工具等财物的行为"的规定，许霆的行为属于盗窃金融机构。因此，只要承认自动取款机中的款项是金融机构的经营资金，就难

① 许霆犯盗窃罪案重审判决书，广州市中级人民法院刑事判决书(2008)穗中法刑二重字第2号。

以否认许霆的行为属于盗窃金融机构。

2. 许霆属于“秘密窃取”

因为对许霆的恶意取款行为是否符合盗窃罪的秘密窃取的特征存在不同看法，有罪的观点对应定何罪存在争议。一种观点认为许霆使用本人的实名银行卡到有监控系统的自动取款机上取款，输入的是自己的密码，因此取款行为是公开的，不符合盗窃罪所要求的秘密特征，主张应该定侵占罪和信用卡诈骗罪。法院认为：盗窃罪的秘密具有相对性，是指行为时财产所有人或占有人不知晓，即使财产所有人或占有人事后知晓也应当认为符合盗窃罪的秘密特征。根据这一解释，即使许霆使用本人实名的银行卡取款，事后银行能够追查到许霆，只要许霆在取款当时银行不知晓，就应当认为是秘密窃取。

综上所述，广州市中级人民法院认为，许霆是在正常取款时，发现自动柜员机出现异常，能够超出余额取款且不能如实扣账之后，在三个时间段内 170 次指令取款，时间前后长达 3 个小时，直至其账户余额仅剩 1.97 元为止，然后携款逃匿，其取款的方式、次数、持续的时间以及许霆关于其明知取款时“银行应该不知道”、“机器知道，人不知道”的当庭供述，均表明许霆系利用自动柜员机系统异常之机，自以为银行工作人员不会及时发现，非法获取银行资金，与储户正常、合法的取款行为有本质区别，且至今未退还赃款，表明其主观上具有非法占有银行资金的故意，客观上实施了秘密窃取的行为。许霆的行为符合盗窃罪的主客观特征，构成盗窃罪。①

二、立法者为许霆创设的可能生活

构建法律推理活动时，所依据的大前提必须是现行有效的法律、法规中的相关条款，或者是依据现行法律而作出的司法解释。而作为法律推理大前提的裁判依据的生成主要受以法律规范为核心的规范体系的制约，而其中起主导作用的则是以法律条款为核心的成文法规范。② 理性化的法律制度有着逻辑严谨的形式合理化的运算规则，任何进行运算的人都被要求遵循这些规则。在一个社会的司法领域中，如果不能保证绝大多数相同或相似的案件事实产生相同或相似的判决结论，只能说明法律制度的理性化——具体地说是它的形式合理化还没有完成。在民主意识普及的现代社会，社会公众似乎不大可能容忍法律和法院在多数案件上都表现出翻手为云、覆手为雨般的反复无常，特别是在民命攸关的刑事诉讼过程中，就更是如此。形式合理性、确定性和法治三者之间具有非常紧密的逻辑联系。唯有形式合理化的法律制度，才能够提供合理化的确定性；而唯有合理化的确定性才能够支撑起法治的大厦。③

“一个完整的法律规范就是立法者为符合法律构成要件的当事人创设的一种可能生活（模型）。其中法律构成要件给出了当事人由现实生活状态进入未来可能生活状态的主客观

---

① 许霆案重审判决书，广州市中级人民法院刑事判决书（2008）穗中法刑二重字第 2 号。

② 参见陈金钊：《论审判规范》，载《比较法研究》1999 年第 3、4 期。

③ 参阅郑成良：《论法律形式合理性的十个问题》，《法制与社会发展》，2005 年第 6 期。

条件，法律效果就是立法者为那些符合这些构成要件的所有当事人创设的可能生活（模型、样态）。”[①]法条和法律规范不同，法律条文与法律规范间是形式和内容的关系。一个法律条文可能构成数个法律规范；一个法律规范的要素可能由不同的法律条文来表现的，甚至是由不同规范性法律文件的不同法律条文来表现的。拉伦茨指出，“法律中的诸多法条彼此并非只是单纯并列，而是以多种方式相互指涉，只有透过它们的彼此交织及相互合作才能产生一个规范。”[②]当法官对个案进行裁判时，有时一个法条就是一个完整的法律规范，有时几个法条才构成一个完整的法律规范。本案中“一个完整的法律规范”如何理解？立法者为许霆创设了什么样的可能生活（模型）？个体的行为究竟如何评价是一个复杂的问题。在现有的法律框架内，原审法官是否需要积极寻找某种合理的方法解决许霆案中出现的法律规范与案情现实之间的冲突，是否有方法来解决规范与案情之间的矛盾冲突，能否合理地解决许霆案的量刑畸重问题。

依照《刑法》第二百六十四条规定，盗窃金融机构数额特别巨大的，法定最低刑是无期徒刑。许霆盗窃银行财产17万余元，属于最高人民法院规定的盗窃数额特别巨大的情形。从法条的规定及严格遵循规范的要求来看，许霆案中这些特殊的情形在《刑法》第二百六十四条中没有回旋之地。对照第二百六十四条，原审判处许霆无期徒刑顺理成章。许霆案无疑有特殊情况。陈兴良教授指出，就许霆案而言，适用特殊减轻的理由有三：一是银行明显存在过错。这一过错虽然不能成为许霆无罪的理由，却可以成为适用特殊减轻的根据。二是违法程度较轻。许霆是利用自动取款机的故障而窃取财物，这和采用破坏自动取款机甚至非法潜入金融机构的盗窃行为相比，客观违法程度较轻。三是责任程度较轻。银行的过错产生了巨大的金钱诱惑，从而诱发了许霆的犯罪。从期待可能性上来说，由于存在着自动取款机故障这一附随状况而使得期待可能性程度有所降低，由此可以减轻许霆的责任。[③] 其实，减轻量刑的根本原因在于刑法第二百六十四条立法落后，不能适应当前社会发展情况，与刑法第五条关于“刑罚的轻重，应当与犯罪分子所犯罪行和承担的刑事责任相适应”所规定的根本原则相抵触。

刑法第六十三条第二款规定：“犯罪分子虽然不具有本法规定的减轻处罚情节，但是根据案件的特殊情况，经最高人民法院核准，也可以在法定刑以下判处刑罚。”这就是我国刑法中的特殊减轻制度。这里的特殊情况，虽然立法的初衷是指案件的特殊性如涉及政治、外交等情况[④]，但在司法实践中已有适用于一般的判处法定最低刑仍然偏重的案件，报请最高人民法院核准得以适用特殊减轻的先例[⑤]。因此，对于许霆案应当考虑适用特殊减轻。而且，逻辑上，所有的刑事案件在量刑的时候都必须考虑刑法第六十三条。它体现了司法的能动

---

① 张继成：《可能生活的证成与接受——司法判决可接受性的规范研究》，《法学研究》，2008年第5期。

② ［德］卡尔·拉伦茨：《法学方法论》，陈爱娥译，商务印书馆，2003年版，第144页。

③ 陈兴良：《许霆案的法理分析》，载《人民法院报》，2008年4月1日第5版。

④ 参见胡康生、郎胜主编：《中华人民共和国刑法释义》第3版，法律出版社，2006年版，第61页。转引自陈兴良：《许霆案的法理分析》，载《人民法院报》2008年4月1日第5版。

⑤ 参见：《程乃伟绑架案——特殊情况下减轻处罚的适用》，载最高人民法院刑一庭、刑二庭编：《刑事审判参考》第4卷·上，法律出版社2004年版，第119页。转引自陈兴良：《许霆案的法理分析》，载《人民法院报》2008年4月1日第5版。

性和个案的特殊性，兼顾到了社会效果和法律效果。

西方有学者指出，“我们不要受技术唯理性驱使得太远，我们这个社会的法制化是技术唯理性的一部分，以至于忘记了人类和人类的基本关怀。”[①]其实这还不仅仅是一个不能忘记人类基本关怀的问题，还是一个不能忘记逻辑理性的问题。所有人都知道：同样的事情同样处理，不同的事情不同对待。例外肯定存在，当例外发生时，我们要么区别对待，要么说明理由。马克斯·韦伯及哈贝马斯指出，现代化的进程就是合理化的进程。[②] 如果许霆案应该考虑《刑法》第六十三条，那么，在最终没有采用《刑法》第六十三条特殊减刑条款时就需要说明其原因。

问题是，在许霆案中，当法官发现使用《刑法》第二百六十四条对许霆定罪量刑存在明显的不合理时，是否应该考虑采用《刑法》第六十三条或者其他方法来消除《刑法》第二百六十四条适用于许霆案的某些不合理之处？公诉人说，“许的遭遇，生活中我们每一个人都可能会遇到，每一个人都会碰到这样那样的诱惑，这时，就需要我们有一颗从善的心。不义之财不可取！此案其实也是在告诫我们，别人的东西不能拿，即使是无人看管的也不行！”不错，但是，用什么来告诫人民？无期徒刑？逻辑上必须如此吗？刑法学者认为，从立法论上来说，量刑畸重缘于过重的法定刑。但是，一方面，不能因为判处无期徒刑过重，就否认许霆的行为属于盗窃金融机构。另一方面，既然判处无期徒刑过重，就必须合理运用刑法的相关规定，对许霆判处低于无期徒刑的刑罚。对此，有两个可供选择的途径：(1) 适用刑法第六十三条第二款减轻处罚。在适用该款时，应依法定程序先作出减轻处罚的判决，然后逐级上报至最高人民法院核准。(2) 认定许霆的行为属于盗窃金融机构，但不认为其盗窃数额特别巨大。[③] 法官是否必须做出选择呢？

三、司法者对许霆创设的可能生活

“判决结论就是法官根据法律规则和案件事实为当事人建构的一种可能生活(＝判决结论)。如果某当事人的行为事实与法律构成要件相符合，那么法律效果中所设定的某种特定可能生活就会变成该当事人在今后某个特定时空段内的具体的现实生活。”[④]如果刑法第二百六十四条就是“一个完整的法律规范”，当许霆的行为事实与刑法第二百六十四条的法律构成要件相符合，那么刑法第二百六十四条的法律所设定的某种特定可能生活，就会成为许霆在今后特定时空段内的具体的现实生活。但是，法律规定了例外——《刑法》第六十三条第二款。这也是法，是立法者为符合法律构成要件的当事人创设的一种可能生活(模型)，是本案“完整法律规范”的一部分，是法官审判此案必须考虑的法律规则。

至此，法官判案的思维过程很清晰了，即刑法第二百六十四条和《刑法》第六十三条第二款的规定都是本案的裁判规范。但是重审判决书中还是有一点思维混乱。法院重审判决书

① [德]阿图尔·考夫曼、温甫里德·哈斯默尔主编：《当代法哲学和法律理论导论》，郑永流译，法律出版社，2002年版，第23页。

② [德]哈贝马斯：《交往行动理论》，洪佩郁、蔺青译，重庆出版社，1996年版，第193—207页。

③ 张明楷：《许霆案的定罪与量刑》，载《人民法院报》2008年4月1日第5版。

④ 张继成：《可能生活的证成与接受——司法判决可接受性的规范研究》，《法学研究》，2008年第5期。

表明："许霆盗窃金融机构，数额特别巨大，依法本应适用'无期徒刑或者死刑，并处没收财产'的刑罚。"难道刑法第六十三条不是法吗？接下来重审判决书表明："鉴于许霆是在发现银行自动柜员机出现异常后产生犯意，采用持卡窃取金融机构经营资金的手段，其行为与有预谋或者采取破坏手段盗窃金融机构的犯罪有所不同；从案发具有一定偶然性看，许霆犯罪的主观恶性尚不是很大。根据本案具体的犯罪事实、犯罪情节和对于社会的危害程度，对许霆可在法定刑以下判处刑罚。"其实这里也是依刑法第六十三条第二款而作的判决，为什么不提"依法"了？在法官的意识中，刑法第六十三条是法吗？如果是，原审法院量刑的时候就应该考虑；如果不是，本案的重审判决就没有依据了。

媒体是这样引述再审判决理由的：许霆构成盗窃罪，符合盗窃金融机构罪的主客观要件。因社会危害性不大，情节较轻，经最高院批准，遂作出上述判决。那么，人们如果尊重法院的再审判决，并相信判决理由是坚守司法独立品格的应然所在，那么同为"社会危害性不大，情节较轻"、但又尚未引发舆论关注的其他"恶意取款案"，也理应根据"同案同判"予以对待。① 另外，由于我国是制定法国家，许霆案的再审判决对其他案件在理论上并无拘束力。但在事实类似、依据的又是同一部法律的情况下，如果同案不同判，势必加剧民众对法律和司法的不信任，也将对"法制统一"原则造成冲击。如果定罪量刑，并非依司法规律，而仅仅因受新闻舆论关注度的多少来作决定，那么不论许霆案的改判是否合乎实体正义，都难称是司法的胜利。② 所以，探讨本案的司法规律是必要的。

从逻辑的角度看，量刑不公正的根源在于思维的不全面。按照我国刑法第五条关于"刑罚的轻重，应当与犯罪分子所犯罪行和承担的刑事责任相适应"的规定，刑罚的有无及程度大小是建立在罪行及刑事责任基础之上的。罪行是案件事实上升为符合法律规定的构成要件内容的法律事实，其是客观存在的，由此而衍生的刑事责任在考虑法律事实的同时，必须认真对待法定从轻或从重情节，必须认真对待能够反映行为人人身危险性的各种酌定因素，也必须认真对待社会发展与立法相对滞后的现实情况，这种周全的定罪和量刑模式可以真正实现罪责刑相适应原则。依此而得出的量刑结果才能是公正的，才能够实现个案中的个别正义。当然，量刑不公正的根源也在于错位的司法理念。中国刑事法在传统上重定罪轻量刑，一贯畅行的司法理念是定罪准确已诠解了司法公正的全部内涵，这在很大程度上影响了和限制了法官对量刑行为及量刑的社会效果的追求。为谋求量刑公正的程序性保障，目前有学者提出在修改我国刑事诉讼法时，应借鉴英美法系的做法，将定罪程序和量刑程序分离，扩大被告人辩护的机会，提高被告人辩护的针对性，才能实现量刑公正。目前，这种观点不符合我国立法、司法现状及司法适用传统和习惯，否定此观点并不等同于否定量刑程序的重要性，科学的诉讼程序设计和保障会提高定罪的质量、量刑的公正。③

---

① 《新闻晨报》2008 年 3 月 31 日报道，云南也曾发生过一起与许霆案类似的何鹏案，何鹏最终被判处的同样是无期徒刑，且如今何鹏已服刑七年。听说许霆案再审将结案，何鹏的父母特地从云南赶到了广州听取宣判。此外，还有宁波的唐氏兄弟从出错的 ATM 机上恶意转款 200 多万一案，在当地公检法之间来回旅行了几次后，至今仍悬而未决。http：//news. china. com/zh_cn/domestic/945/20080401/14759364. html.

② http：//news. china. com/zh_cn/domestic/945/20080401/14759364. html.

③ 参阅徐岱：《罪行相当缘何量刑悬殊》，《检察日报》2008 年 12 月 18 日，第 3 版。

四、归责：作为一种沟通过程

"公众舆论最终甚至可以给法律制定者口授法律"。[①] 许霆案尘埃落定，或许不久会被人们遗忘，但许霆案背后涉及的法律与公众舆论之间的合理性问题并不应该被迅速遗忘。如哈贝马斯所称，"合理性归根结底就是通过论证演说（等方式）促使自愿联合和获得认可的力量的中心经验。通过吸取这种中心经验，不同的参与者克服了自己最初仅仅是主观的见解，并且借助合理地鼓动起来的信念的共同性，同时也借助客观世界的统一性，以及他们自己生活联系的内在主观性得以确立"[②]

"立法者和法官创设和建构否定性可能生活只是一种手段，其目的不仅仅是为了对违反法律规则的当事人进行惩罚，对受到伤害的当事人予以救济，更重要的是恢复被破坏的社会秩序，为一个国家或民族建构一种具有积极意义的肯定性可能生活，促进社会进步与发展。"[③]许案是一个遇到例外时如何补救的问题，是一个逻辑上法官能否在法定刑以下量刑、法律上思维能否全面的问题。有人说，许案的关键问题是：法院审判人的良心吗？答案是：当然不审判。但是，立法者在创设可能生活的时候要审视人的良心。正如王海明教授所指出：行为应该如何的规范虽然都是人制定的、约定的；但是，只有那些恶劣的、不科学的规范才可以随意制定、约定。反之，优良的规范绝非可以随意制定，而只能通过主体的需要、欲望、目的，从行为事实如何的客观本性中推导、制定出来：所制定的行为应该如何的规范之优劣，直接说来，取决于对行为应该如何的价值判断之真假；根本说来，则一方面取决于对行为事实如何的客观规律的认识之真假，另一方面取决于对主体的需要、欲望、目的的认识之真假。[④]

考夫曼认为"语言透过两种方式创造法律：透过规范订立的行动，及透过法律判决的行动"[⑤]"法律就好像是一群图像，透过它我们对于那些我们共同体认为重要的，被想象的特性的有效归属，能够加以理解。这种图像体系的讨论性及讯息性的作用，主要是看传统所能接受的标准为何。法律规范是一种有实际性、有效性语言结构，是一种以达到在同一个社群生活的意见一致或理解对手的沟通技术。"[⑥]

在民众看来，许霆的行为与人们思维常识中的盗窃金融机构的行为有较大的不同。百姓通常理解的"盗窃金融机构的行为"，应是那些潜入银行金融机构内，破坏金融机构安保设施等严密监控所实施的犯罪，而非许霆利用提款机出现故障取走钱款的行为。

对于许霆案，考夫曼的疑问是"就好像在啤酒垫案中，酒店的客人，把女服务生放啤酒瓶的垫子所画的横线，用橡皮擦涂掉。而这个横线，是女服务生为了以后算账特别记下来的。

① [德]哈贝马斯：《理论与实践》，郭官义、李黎译，社会科学文献出版社，2004年版，第95页。
② [德]哈贝马斯：《交往行动理论》，洪佩郁、蔺青译，重庆出版社，1996年版，第25页。
③ 张继成：《可能生活的证成与接受——司法判决可接受性的规范研究》，《法学研究》2008年第5期。
④ 王海明著：《新伦理学》（修订版），商务印书馆，2008年版，第126页。
⑤ [德]考夫曼：《法律哲学》，刘幸义等译，法律出版社，2004年版，第186页。
⑥ 同上，第171—172页。

客人在做这个行为时，大概没有想到这是一种文书犯罪行为。他或许顶多想到'操纵'、'骗子'、'甩个耳光'等等。我们的问题是：这种普通人的意识，如何跟法律产生关联？"①

"在'啤酒垫案'中必须将行为人对于'操纵'所想的与'伪造文书'的连结在一起，但这必须当人们也要相对的，将这个法律的概念与行为人的想象联结在一起才有可能。也就是说，要指出法律在'伪造文书'中亦将'操纵'的案件包括在内，并指出其原因。""行为人的语言必须被'理念化'而法律的语言则必须被'一般化'。"②

这样，考夫曼认为在许霆案中必须将行为人对于"ATM 机恶意取款"所想的与"盗窃金融机构"的联系在一起，将这个法律的概念与行为人的想象联结在一起才有可能。也就是说，要指出法律在"盗窃金融机构"中亦将"ATM 机恶意取款"的案件包括在内，并指出其原因。

考夫曼说：一个在刑法上有关一个人有罪的审判仅有可能是——良知的审判。过度专业化与职业化的法官会透过法律概念的有色眼镜去观察行为者的世界，因而发生某种扭曲。正因如此，才有必要在职业法官之外引入非职业法官。考夫曼将非职业法官称为一个在不懂法律的外行人及受过教育的职业法官间的翻译者。职业法官必须使非职业法官了解法律，而非职业法官使职业法官了解行为人。在《法律哲学》第八章考夫曼提出了一个命题："归责作为一种沟通过程。"③考夫曼强调指出：社会共同生活的规则，并不是透过法律来告诉国家的人民。人民学会这些规则，是在日常生活的沟通里并相互间操作。

在司法判决中，唯一可以替代武断的格言、替代仅仅因为法官的权威或特权而被有争议的当事人所接受的方式，是一种合理的陈述，这一陈述认真阐明了各种原因，并揭露了相关的或逻辑的联系。20 世纪初，领导世界数学界的巨匠希尔伯特提出了当然可以相信的理论"无论什么样的命题，它是否成立，都有判断可能的公理理论"。但是，哥德尔却发现："公理系的无矛盾性证明，不能在那个公理系的内部"，这就是哥德尔"不完全性定理"。如果把不完全性定理说得通俗易懂就是"自己不能评价自己"。如果没有一个人曾经要向别人解释他做出此决定的原由，逻辑活动将永远得不到发展；但是人们将会用一些特有的方法，即无法表达清楚的直觉及印象、感觉。因此，当有过相当多的经历要去向一个要求理由的人解释其如此决定的理由，或者是为了开脱责任而解释，并且得不到这一解释就不会满意，只有如此，人们才开始给人类自己一种用合理的方法说明得出一个结论的过程。④ 但是，需要注意的是，法律论证不要画蛇添足，政治和民愤都需要法制化。民愤是立法的时候已经考虑的，不是执行司法的时候才关注的。既然法律规定量刑的时候可以考虑民众的情绪，那么，逻辑上依据法律量刑就可以了，不需要再把民愤写进判决书中。写进去，反倒让人觉得民愤真的可以影响司法。其实，法律的本质是依法治理。对话式的论证时可以避免片面性，达到全面地思维，增强说服力，在全面思考的基础上权衡、选择，是法官公正判决的基础。证明与反驳结

---

① ［德］考夫曼：《法律哲学》，刘幸义等译，法律出版社，2004 年版，第 178 页。

② 同上，第 196 页。

③ 同上，第 178 页。

④ 约翰·杜威《逻辑方法与法律》，李娟译，法律方法与法律思维网 http://www2.scut.edu.cn/juris/bignew/index.html.

合的方法才能避免独白式论证。理性论辩+全面看问题+合理论证+勇于承担=考夫曼的“宽容”。[①] 宽容应该首先是给予法官的。前提是,给予法官“高度的精神自由与形成确定意见的能力”。对于此案,考夫曼在《法律哲学》一书中给出了价值规则:

1. 不要把‘理性的’这个词解释成为一个完全形式的范畴,而是把它理解为一个内容上的理性(睿智、智慧)。[②]

2. 应该追求的不是最大可能多数人的最大可能的幸福,而是避免多数人的最大不幸,因为只有后一原则,才是可普遍化的,而不是幸福(这个概念对每个人都不相同)。[③]

3. 论证的优位有疑问时,最大容忍限度有其优先性。[④]

诚然,许霆案主要是一个立法滞后的问题——相对于贪污受贿等犯罪,许霆定盗窃罪判刑太重。但任何时候都有立法过时的问题,拉伦兹指出:“即使在作‘法律政治式’的论述,法学仍有其遵守的界限,因为法学必须取向于现行法秩序的基本原则,虽然这些基本原则本身具有发展可能性,同时会因历史的演变而受影响,在这个含义上,这些原则对于未来具有‘开放性’。假使法学不想转变成一种或者以自然法,或者以历史哲学,或者以社会哲学为根据的社会理论,而想维持法学的角色,它就必须假定现行法秩序大体看来是合理的。”[⑤]几乎总存在例外,因此刑法规定了第六十三条,在没有穷尽所有救济途径的情况下,不能因为立法的问题而推卸司法的责任(虽然刑法第六十三条规定程序上比较烦琐,但这也属于立法的问题)。在罪刑法定的原则下,我们也必须要求法官只能在现行法律体系内评判案件。

---

① 考夫曼指出:“而言,积极意义的宽容则是,确信地肯定他人——而且在真理问题上,把他人当作是一个相同价值的人类”,“宽容可以让别人保有他是什么以及应该如何。”“宽容的结果必须是承认。容忍则代表侮辱”。“惟有宽容的人适合在复杂事务上有所行事。他开怀地面对开放的情况,他考量到别人或许有比他更好的资讯,他知道,新的情况需要新的解释,但他也意识到,复杂性一直只是多种解释,而这些解释绝非是终局的、绝对的。在面对变动中的世界,他开放地反应,他设法保持开放。他如此地处理复杂的事情,使我们的世界更加人性化。”但是,“宽容不是一件简单的事情。”“宽容的前提是,高度的精神自由与形成确定意见的能力。宽容需要沟通能力以及特别是倾听、接受别人与认真对待他人的美德。”没有外在的压力才可以有“高度的精神自由”,思维上具备自我说服的能力才可以“形成确定的意见”。才可以在面对现存疑难与问题无法解决的情况下,不是听天由命,陷入感情以及漠不关心或毫无感觉的情境之中,而是在自由之中,承受这些问题。参阅[德] 考夫曼:《法律哲学》,刘幸义等译,法律出版社,2004 年版,第 454—471 页。

② [德] 考夫曼:《法律哲学》,刘幸义等译,法律出版社,2004 年版,第 143 页。

③ 同上。

④ 例如:一个抽烟的人说,我喜欢抽烟,而且我喜欢时我就抽;另一个抽烟者说,我喜欢抽烟,但一个有责任意识的人,只在不干扰他人时才抽;一个不抽烟的人则说,没有人有权因为抽烟而危害我的健康,因此我要求在公共场所禁烟;另一个不抽烟的人说,我接纳他人的自由,因此让抽烟的人抽烟,只要这个人考虑到不抽烟的人。明显,第四个论证有着最大的容忍限度。参阅[德] 考夫曼:《法律哲学》,刘幸义等译,法律出版社,2004 年版,第 144 页。

⑤ [德] 卡尔·拉伦兹:《法学方法论》,陈爱娥译,商务印书馆,2005 年版,第 77 页。

个案裁判规范之构建是司法裁决证立的关键

胡志坚*

在简单刑事案件的司法实践中，司法人员依照普遍的包含构成要件及法律效果的实证法规范(1) $(x)(Tx \rightarrow ORx)$ 以及针对(1)之“全称个别化”推论(UI)，即可得出(1') $Ta \rightarrow Ora$ 这一条件句，在此基础上，经由(1')及契合于构成要件之概念的个案事实描述 Ta，依据 MPP 的推论规则，即可导出 Ora 这一最终的裁判结论。亦即在简单案件中，对判决结论的证明可以直接从对既定规则的推论中获得。然而在疑难案件中，由于构成要件中的概念 T 与具体个案事实的描述 Sa 在直观表象上并不完全一致，从而难以确定“个体 a 是否属于概念 T 的外延”，并据此推论出 Ora 的结论。此时为避免逻辑上有缺陷的跳跃推论就必须进行涵摄，即通过层层的法律解释，进一步探求、丰富和精确化“文本”在个案中的含义，并据此不断地裁剪“事实”，以弥补“文本”与“事实”之间的罅隙，在二者之间努力建立起理性的逻辑关系，以作出 $(x)(Sx \rightarrow ORx)$ 或相反的个案(类案)裁判规范，从而为个案裁判提供正确的推论前提。麦考密克认为，“在疑难案件中，由于要面对‘解释’、‘区分’以及‘相关’等问题，所以必须求助于二次证明。”①

然而，在刑事司法实践中，当应然层面的法律规范遭遇个案事实，法规范中特定的抽象概念又是如何与经由证据所认定的个案事实描述相勾连，并据此转化为具有现实法律效力的具体裁决的呢？这往往是具体司法实践中产生意见分歧的实质性根源，同时也是司法裁决证立理论必须面对的一个关键问题。本文拟尝试对此进行初步的研究。

一、建构：法律规范——制度事实

一般而言，针对个罪的完整的刑事实体法规范均由若干法条所组成，其中据以定罪的基础性法条则由行为模式(构成要件)和法律后果所联系起来的假设命题构成。然而，法律规范作为一种应然命题并无直接的经验指涉。那么，司法裁决证立实践中，作为实然的描述性命题又是如何与作为应然意义上的规范性命题相勾连的呢？

哲学家 J·R·Searle 首先区分了两种不同的规则，即“规制规则”和“构成规则”。前者指那些规制先前已存在的行为形式之规则，而后者不但规制且创造或界定了新的行为形式，其存在是逻辑地先于所规制的行为形式的。Searle 认为“制度”是指构成规则的系统。所谓

---

* 胡志坚，男，浙江省宁波市江北区人民检察院检察员，最高人民检察院检察理论研究所兼职研究员。

① ［英］尼尔·麦考密克著：《法律推理与法律理论》，姜峰译，法律出版社，2005 年版。

“制度性事实”就是指预设这种制度的事实。① 在此基础上，规范制度论(新制度论)者提出了“法律作为一种制度性事实”的构想。麦考密克认为，任何制度均具备(个例)产生规则、效果规则和终结规则这三种规则。透过其中的产生规则所规定的特定种类的事件或行动，就会产生某个制度的个例。此个例始发生产生规则所要求之行动或事件，终于发生终结规则所要求的行动或事件。并且，制度的概念，在逻辑上优先于任何该制度之个例自身的存在。② 进而得出了“‘法律规则’作为制度事实的存在是法律体系的主要特点之一”③这一结论。魏因贝格尔则在批判 Searle 有关“与简单事实不同，对于制度性事实可由实然命题导出应然命题”以及“制度乃由构成性之规则所组成”等主张的基础上指出，由于缺少一个自始就已经存在的应然的条件，故并不能由制度性事实的特性证立可由实然导出应然，从而否定了可由描述性命题得出应然性命题的可能性。并认为，“所有的制度——包括游戏在内——除了包含有界定制度之范围与可能之行为态样的定义性规则外，也一定包含有规范性之规则，这些规则表达了应然及允许，有时也表达了授权……制度是由定义性以及规范性之规则共同组成；只有统合两种规则始能形成制度。”④

以研究语言哲学著称的分析哲学家塞尔认为，任何事实都是在特定的制度(语境)中才成为该事实的。人类通过集体意向性赋予事物以地位功能，从而建构了社会的和制度性的实在。制度性事实建构规则的逻辑形式为：X 在 C 中算作 Y。⑤ 据此，我们便可以在司法裁决证立领域得出如下命题：客体事实在法律(语境)中算作法律事实(判决书中的事实结论)。由于“我们据以同意将一个 X 项算作具有 Y 地位的那个行动已经是一个象征性行动了”，所以，“语言的象征性方面对于建构制度性实在来说是本质性的”⑥。Y 项(法律事实)在法律语境中作为一种象征性行动结果代替了 X 项(客体事实)。这样，法律事实便摆脱了那个客体事实的时空结构，从而成为一种独立的制度性存在。司法程序是将客体事实的意义抽象为符合实体法规范要求的制度性事实的过程。⑦

考夫曼亦认为，“事实上，刑法的构成要件都是‘不法类型’：即类型化之非价的生活事实。”⑧

司法裁决证立实践中，正是基于由法定构成要件所型构的类型化的制度性事实(不法类型)，从而为规范事实与个案证据事实的同质化判断提供了基础。

二、类比：制度事实——证据事实

实证法规范借助“(个例)产生规则、效果规则和终结规则”所建构的类型化的制度性事

① 转引自陈阳升：《制度与言说——试谈生命伦理在法律制度上的论证》，http：//www3. nccu. edu. tw/～93651058/Bioethics%20and%20the%20Law/dl/950512－1. doc(2007. 10. 2).

② 转引自颜厥安著：《规范、论证与行动——法认识论论文集》，元照出版社，2004 年版。

③ [英] 尼尔·麦考密克、[奥] 奥塔·魏因贝格尔著：《制度法论》，周叶谦译，中国政法大学出版社，2004 年版。

④ 转引自颜厥安著：《规范、论证与行动——法认识论论文集》，元照出版社，2004 年版。

⑤ [美] 约翰·塞尔著：《心灵、语言和社会——实在世界中的哲学》，李步楼译，上海译文出版社，2006 年版。

⑥ 同上。

⑦ 李力、韩德明：《解释论、语用学和法律事实的合理性标准》，载《法学研究》，2002 年第 5 期。

⑧ [德] 亚图·考夫曼著：《类推与事物本质——兼论类型理论》，吴从周译，学林文化事业有限公司，1999 年版。

实(不法类型)并非一种现实性,而只是法的可能性。"规范永远只是许多可能产生的案件之标准而已,绝非因此就是一个现实发生的案件之判决。"①因此,法律规范命题的意义指称并非独立于案件事实就能确定,从而成为一个外在于现实的自洽的系统。"规范作为一种应然,根本无法从自身产生真实的法,它必须加入存在。只有在规范与具体的生活事实、当为与存在,相互对应时才能产生真实的法。或者简言之:法是当为与存在的对应。"②"任何普遍的规范的意义,只有在其具体化中或通过具体化才能得到真正的判定和确定。"③

真理既包含着符合,也包含着融贯。真理的符合论主张认识的真理性在于命题与事实相一致。在本文的题旨中即是指,依照法定程序及证据规则经由涉案证据所证实的个案事实描述,与由法定构成要件所型构的类型化的制度性事实(不法类型)之间的对应和同一。因此,所谓规范与事实之间的互动,实质上是由法律规范中的行为模式所构建的类型化的制度性事实与个案证据事实之间的相互对比和判断,是一种由特殊到特殊的类比推论。而"类比并不是寻求个体间的相同性,只是相似点的比较。与列举不同,类比并不取决于例子的量,而是取决于个体间的相似点的质。"④这个"质"即是深藏于个案事实描述及个罪制度性事实(不法类型)背后的"事物的本质"。它是"不法类型"据以产生和确立的基础。

"真理不是一个现成句子或一个现成的可能事态和事实相符,真理总是具有揭示性的,所以它是在一个较高的层面上让我们看到较低层面上影绰未彰的东西。"⑤对经由法定构成要件所型构的不法类型的合理诠释,是一门理解的艺术。海德格尔曾经指出,"理解的经常任务就是作出正确的符合于事物的筹划,这种筹划作为筹划就是预期,而预期应当是'由事情本身'才得到证明。"⑥考夫曼认为,"'事物本质'是一种观点,在该观点中存在与当为对应互相遭遇。它是现实与价值互相联系('对应')的方法论所在。"事物的本质"具有关系的性格:它是存在与当为之间,生活事实与规范性质之间实际上存在的关系。"⑦"规范意义上的法律与生活中的事实不是相同的事物实体,而只是'本质'上相同的关系。"⑧"为了能等置规范与案件,必须存在意义关系中的同一性。"⑨迈克尔·穆尔在《解释的解释》一文中亦认为,"当解释与意义(这是有意义现象的本质特征)相符时,它就是有效的。"▮王泽鉴先生则指出,"所谓'法理',指法律的原理,包括平等原则及事物本质等。""事物本质之用于法律解释,或法院造法是一个值得深入研究的问题。"▮

---

① [德]亚图·考夫曼著:《类推与事物本质——兼论类型理论》,吴从周译,学林文化事业有限公司,1999年版。

② 同上。

③ 洪汉鼎著:《诠释学——它的历史和当代发展》,人民出版社,2001年版。

④ [美]鲁格罗·亚狄瑟著:《法律的逻辑——法官写给法律人的指引》,唐欣伟译,法律出版社,2007年版。

⑤ 陈嘉映著:《语言哲学》,北京大学出版社,2003年版。

⑥ 转引自[德]汉斯—格奥尔格·伽达默尔著:《诠释学Ⅰ——真理与方法》(修订译本),洪汉鼎译,商务印书馆,2007年版。

⑦ [德]亚图·考夫曼著:《类推与事物本质——兼论类型理论》,吴从周译,学林文化事业有限公司,1999年版。

⑧ [德]亚图·考夫曼:《正义理论——一个难题史的考察》,刘辛义译,载《中兴法学》第7卷。

⑨ [德]阿图尔·考夫曼、温费里德·哈斯默尔主编:《当代法哲学和法律理论导论》,郑永流译,法律出版社,2002年版。

▮ [美]迈克尔·穆尔:《解释的解释》,载[美]安德雷·马默主编:《法律与解释——法哲学论文集》,张卓明、徐宗立等译,法律出版社,2006年版。

▮ 王泽鉴著:《法律思维与民法实例——请求权基础理论体系》,中国政法大学出版社,2001年版。

然而，司法裁决证立实践中，要在“制度事实——证据事实”的层面上把握其意义关系的同一性并非易事。因为运用证据认定案件事实的过程中就已充满了风险，而在针对个案证据事实探寻规范的客观意旨的道路上则更是布满了丛丛荆棘。这一切均源自于由法律规则所型构的个罪制度性事实本身的客观含义并非固定不变的这一事实，即使在规则的文字未加变动的情况下。尽管依照罪刑法定原则，司法人员对构成要件的解释不能超出刑法语义的射程。然而，由于刑事立法作为法的安定性与实质正义性的调和物，其间除“记述的概念”之外必然还充斥着大量的“规范的概念”。由于“规范的构成要件要素，是难以甚至不可能从字面含义发现刑法的真实含义的要素。”况且“即使是记述的概念，也可能因为边界模糊而不具有明确性。”①加之在不真正不作为犯的义务来源、某些目的犯的主观目的以及对过失犯罪的结果预见可能性和结果回避可能性等的认定时，事实上均存在着不成文的构成要件要素，等等。因此，法律规范经由概念等语言媒介所型构的犯罪类型必然呈现出一定程度的开放性，据此，“我们有可能将在法律起草者有意识的意志中从未出现过的东西作为立法者的意志来加以确定。”②或者相反。亚里士多德曾经指出，“如果法律是一种普遍的规定，并且在这里有可能出现一些普遍规定所不掌握的情况，那么在立法者有所忽略并由于简单化而出现失误的地方，对立法者的过错进行纠正就是正确的。……公道就是公正，而且优于某种形式上的公正，……纠正法律普遍性所带来的缺陷，正是公道的本性，因为法律不能适应于一切事物，对于有些事情是不能绳之以法的，所以应当规定某些特殊条文。对于不确定的事物，其准则也不确定，正如罗斯博斯岛的营造师们的弹性规则，这种规则不是固定不变的，而是与石块的形状相适应，条文对事物也应如此。”③由此，在对制度事实和证据事实进行类比的司法裁决证立实践中，一切僵硬的、形式化的东西都注定难以终局性地解决所有的难题。因为法律的生命力就恰恰是建立在丰富的解释能力的基础上的。伽达默尔认为，“任何实际运用总已包括了解释。因此，司法实践、先例或迄今为止的执法都一直具有一种法律创造的功能。”尽管“我们绝不可能太偏离语言约定，这正是语言的生命。”④由于刑事实体法中的“构成要件是一种将社会生活中出现的事实加以类型化的观念形象，并且进而将其抽象为法律上的概念。”因此，司法裁决证立实践中应当围绕规范意旨和目的，“必须通过解释来明确构成要件的规范性意义，并由此而使构成要件的抽象性、形式性向具体性、实体性靠近。”⑤

真理的融贯论将真理理解为判断之间、命题之间以及信念之间的融贯性。由于在任何情况下，一个判断的真理性都要求以某种超出它自身之外的东西为条件。为此，要检验一个命题是否为真，我们就须把它放在一个命题集合中，考察它与其他命题的关系。然而，一个命题怎样就可以说是与其他命题相融贯呢？最弱的立场会回答：不自相矛盾，……强融贯论立场则主张：没有一个真命题会处在真理系统之外。⑥

---

① 张明楷：《规范的构成要件要素》，载《法学研究》2007年第6期。

② ［德］G·拉德布鲁赫著，王朴译：《法哲学》，法律出版社，2005年版。

③ 亚里士多德：《尼各马可伦理学》，1137b13～33。

④ ［德］汉斯-格奥尔格·伽达默尔著：《诠释学Ⅱ——真理与方法》（修订译本），洪汉鼎译，商务印书馆，2007年版。

⑤ ［日］小野清一郎著：《犯罪构成要件理论》，王泰译，中国人民公安大学出版社，2004年版。

⑥ 陈嘉映著：《语言哲学》，北京大学出版社，2003年版。

Peczenik 认为，如果满足下列条件，一个信念的体系就是一个奠基于论证的、融贯的体系：（ⅰ）它是逻辑上无矛盾的。（ⅱ）它拥有高度的无矛盾可能性。（ⅲ）它的组成信念彼此之间，有着相当数量相互强烈逻辑蕴含的关系。（ⅳ）只有很少数无法说明的异常状况。（ⅴ）它提供了某种对于世界相对稳定的理解方式，且此种理解方式能维持融贯性（意指，在一个相当长的时间内将持续满足（ⅰ）—（ⅳ）的条件）。（ⅵ）它满足了观察的要求，亦即，它必须包含一套法则，这套法则足以提供人们在合理范围内形成自发性的、多样性的认识信念，包括内省性的信念。① 其实，司法裁决证立实践中被广泛运用的体系解释就是一种典型的以维持法体系的一致性与融贯性为根据的解释方法。

在针对制度事实与证据事实进行类比的司法裁决证立实践中，运用真理融贯论的主要问题或许还不仅仅在于命题的融贯，而更在于只有在融贯中裁决才能符合多种事实。因此，惟有深刻把握并始终围绕由法定构成要件所型构的类型化的制度性事实（不法类型）背后所体现出来的规范的目的和意旨，才能透过司法实践中形形色色个案事实的表象，确保裁决与先例以及体现在一般法律原则中的法律价值相融一致，从而正确地区分罪与非罪，此罪与彼罪的界限。

三、结论：个案裁判规范之构建是司法裁决证立的关键

在刑事实体法规范为司法裁决证立实践提供了如果 p 那么 q 这一推论前提的基础上，经由类比我们获致了制度事实 p 与证据事实 $p1$ 间存在着“意义关系的同一性”（或相反）的结论，进而得出了“如果 $p1$ 那么 q”或“如果 $p1$ 那么 $-q$”的命题。其中，“如果 $p1$ 那么 q”或“如果 $p1$ 那么 $-q$”即是个案裁判规范。它就是被考夫曼称为“在当为与存在间，在规范与生活事实间对应的统一性”的所谓“真实的法”②

个案裁判规范“如果 $p1$ 那么 q”或“如果 $p1$ 那么 $-q$”具备以下几个特征：

(1) 个案裁判规范源自法律规范。个案裁判规范“如果 $p1$ 那么 q”或“如果 $p1$ 那么 $-q$”是在实体法规范“如果 p 那么 q”以及制度事实“p”等置于证据事实“$p1$”（或相反）的基础上推论的结果。

(2) 个案裁判规范是司法人员针对法律规范及个案事实，通过法律解释、法律论证、价值衡量等法律方法构建的。“由成文法向判决的转换需要一个中间环节。这一环节就是法律解释的目标——裁判规范。与一般的法律规范比较，裁判规范是法官在规范与事实的互动关系中构建的。……是法律解释、法律论证、价值衡量等法律方法应用的结果。”③

(3) 个案裁判规范是应然与实然，规范与事实之间相互对应的统一关系。它在法律规范的框架内，透过事物的本质，使我们更加显性和直观地看到了个案证据事实与法律结果之间内在的逻辑关系。

(4) 个案裁判规范具有可废止性。实体法规范“如果 p 那么 q”具有普遍性，是任何司法

① 转引自颜厥安著：《规范、论证与行动——法认识论论文集》，元照出版社，2004 年版。

② ［德］亚图·考夫曼著：《类推与事物本质——兼论类型理论》，吴从周译，学林文化事业有限公司，1999 年版。

③ 陈金钊主编：《法律方法论》，中国政法大学出版社，2007 年版。

人员应当遵循的权威法源，而个案裁判规范则可能基于司法人员对规范及事实的错误解释和/或推论而具有可废止性。例如，二审法院的改判就是建立在部分甚至全盘否定一审法院法官所建构的个案裁判规范的基础上的。

(5) 个案裁判规范是由若干命题所组成的命题集合。根据(1)，个案裁判规范源自法律规范。而任何针对个罪的完整的刑事实体法规范均由若干法条所组成，且这些由不同的法条所规定的内容各自均构成犯罪成立的必要条件。因而，与此相对应，个案裁判规范也必然是由一组与各犯罪构成要件及追诉时效等规范内容一一对应的命题所组成的命题集合。

麦考密克针对司法裁决证立的要旨及论证结论的正当化问题曾经指出，“一个原告或一个检察官(P)要控告某人(D)，他能否获得法律的最大支持，取决于他能否举出某些事实 p 以及援引规则‘如果 p 那么 q’。”“只要法律规则可以(至少有时可以)表示为如果 p 那么 q 的形式，并且在某些案件中，只要被发现的‘事实’明确无误的就是那个‘p’，那么通过演绎推理逻辑，就可以从作为前提的法律命题和事实命题中有效地推导出一个法律结论。这样，那个对法律结论的做出起关键作用的法律决定过程，通过演绎逻辑就可以正当化了。”①可见，司法裁决证立的关键是：如何在证明“p”是否等置于“$p1$”的基础上，构建“如果 $p1$ 那么 q”或“如果 $p1$ 那么$-q$”这一针对个案事实描述的裁判规范。

个案裁判规范作为司法人员依据规范与事实，运用法律解释、法律论证等法律方法所构建的“活法”，是司法裁决证立实践中据以推论出最终裁判结论的直接的大前提，它实质性地决定着个案裁判结论的正误。同时，个案裁判规范的科学建构问题作为沟通司法裁决证立领域理论研究与实务操作的结合点，也应当成为相关法律人所共同关注的课题。

① ［英］尼尔·麦考密克著：《法律推理与法律理论》，姜峰译，法律出版社，2005 年版。

刑事证据收集的逻辑进程

张 静*

我国刑事诉讼中的证据是指以法律规定表现出来的能够证明案件真实情况的一切事实，是侦查人员依照法定的程序收集、审查、能够证明案件真实情况的证明资料和凭据，也是案件信息的载体。简言之，证据是蕴涵了案件信息①的物质载体。证据不是“事实”也不等于“事实”，它是一个静态的“物”或“事物”，是犯罪过程的某种遗留或反映，但不是犯罪过程本身。② 证据是以其所蕴涵的案件信息来证明犯罪过程的。以物证为例，“物证”的特点是自己不会说话，不像“人证”那样直接通过言词提供证据信息，也不像书证那样，是人的某种思想或行为的记载。任何物证都必须经过人的发现而固定、勘验、收集、保全、检查、鉴定，运用各种有效方法提炼出其中的证据信息，并把它与案件的关联和证明意义阐释出来。鉴定结论就是鉴定人对某种物证进行科学鉴定后，提炼出来的证据信息。这种信息对于待证事实的证明意义，要经过法庭审查后，才能得到法官的采信。在案件侦查实践中，刑事案件证据的收集远比想象中的境况复杂，也比现有证据理论所涉猎的领域更宽。其中，证据的收集往往被人理解为“证据客观存在”而“提取”。但是，由于证据信息并不“显而易见”，所以虽然证据“客观存在”但却往往不易甚至不能被认识，发现和收集证据的逻辑进程曲折而艰难。

一、证据收集的话语基础——证据信息

如前所述，证据是蕴涵了案件信息的物质载体，证据所蕴涵的案件信息（简称证据信息）具有如下特征：

（一）证据信息具有物质属性

刑事犯罪行为是客观存在的社会现象。刑事案件从发生到侦破，同其他事物一样，都是沿着自身固有的规律发展变化的，它不以任何人的意志为转移，具有物质属性。刑事案件是由与犯罪活动密切相关的时间、空间、人、物、行为等基本要素和与犯罪活动相关的外部要素构成的动态系统。这些构成要素处于不断发展变化、相互作用的运动之中，刑事案件中的因果关系所反映的就是构成刑事案件各要素间的相互联系、彼此制约的关系。在刑事案件中，这些构成要素必然存在，缺一不可，因而反映各要素间彼此制约、相互联系关系的因果关系同样必然存在。引起与被引起是因果关系的本质属性，时间上的先后相继是因果关系的外

---

* 张静，西南政法大学，副教授，硕士生导师。

① 徐静村教授将证据中蕴含的可能能够“证明案件真实情况”的信息称为证据信息，而将证据信息中与案件事实有关联并对查明案件发生发展过程有证明作用的那部分信息称为“案件信息”。

② 徐静村：《证据理论革命与司法鉴定——以刑事证据为视角》，《中国司法鉴定》，2008 年第 1 期。

在表现。如果某一犯罪现象客观存在，那么在此之前必然存在引起这种特定现象的原因，原因与结果之间具有特定的联系。这种联系是其本身所固有的，是不以任何人的主观意志为转移的，故而刑事案件的因果关系具有物质属性的客观实在性。证据线索是刑事犯罪活动固有因果关系的客观反映，是因果关系的外部表现形态，因而证据线索同样具有客观实在性。犯罪行为发生后，证据线索就以某种特定的形式必然存在，不会因任何人的主观意志而转移或者灭失。证据线索的物质属性为侦查主体揭露犯罪事实，实现侦查活动目的奠定了物质基础。

（二）证据信息是人们认识犯罪活动的核心媒介

刑事案件的因果关系所揭示的就是刑事案件各要素间的物质运动规律，因果关系的存在为人们认识犯罪行为的客观运行规律，揭露和证实犯罪事实真相提供了可能。辩证唯物主义同时认为，物质运动必须要采取一定的形态。犯罪行为是一种客体对另一种客体发生剧烈冲突的表现形态，是一种特殊的、复杂的物质运动形态，它存储于人们的记忆和犯罪现场之中。侦查活动就是通过研究犯罪行为人在实施犯罪行为的过程中所形成的物质运动形态，进而揭示犯罪活动的本质。证据信息是刑事犯罪活动自身固有的因果关系的外部表现形态，它是最主要的反映犯罪行为物质运动规律的犯罪行为形态，证据的物质性决定了证据信息的特定性，不以任何人的主观意志和愿望为转移或发生变化，这使得证据信息成为人们认识犯罪活动的一个重要媒介。侦查主体在侦查活动中可以通过对证据信息的收集、价值认知评价和利用，进而实现对犯罪行为的客观认识与评价。

证据信息对侦查取证活动具有引导及方向性的作用。在一起刑事案件的侦查中，侦查人员通过现场勘查和调查访问获取了一定的信息，但尚未足以证明案件事实，许多问题有待于澄清，但限于侦查人力、物力和财力，侦查人员不可能超越主观条件的限制进行无限的侦查，必须在纷繁的案件现象中寻找一个方向，并沿着这一指向确定一定的侦查范围及若干侦查目标，逐步深入地开展侦查工作，这个方向的确定可赖以依靠的依据就是证据信息。

（三）证据信息的多样性

证据信息的广泛性包括两个方面的意思：一是指证据信息来源具有广泛性。证据信息作为一种反映与案件有关的人、事、物的信息，其载体是多样的，它可以来自案件现象所反映的任何方面。凡是同案件有某种联系的事实，不论是直接联系还是间接联系，都有可能成为证据信息的来源。其次是证据信息数量的广泛性。一起刑事案件的外在表现是多种案件现象，而一个案件现象又有多重的侧面，每一侧面都可能以证据信息表现出来，只是这些证据信息的数量是相当广泛的。每一个信息载体所承载的信息往往是复合信息，各种信息混杂在一起，它们可能是从不同侧面反映案件事实，也有可能是某些无关信息的汇集。司法鉴定活动往往确定其中的某些重要信息与案件之间的联系，其他的信息则要通过其他手段、方法加以揭示。如爆炸案件中，技术鉴定主要解决爆炸物种类、引爆装置类型。而如果爆炸物品非常特殊，那么这个事实又反映了犯罪人取得该爆炸物品的特殊条件，这个信息的进一步获取则需要通过调查访问等方法实现。证据信息的广泛性对开展侦查活动有利亦有弊，有利之处在于侦查人员能多方位地研究案件，多角度地审视案情，多途径入手侦查案件，获取证据；不利之处在于因其数量多，优劣真假互相掺杂，使侦查人员难以准确把握，增加了侦查取证的复杂性，使侦查人员的一部分劳动成为无效劳动。

（四）证据信息的隐含性

尽管在前面提到过，证据线索在每一起刑事案件中都是大量存在的，但往往却发现不了它，搜集不起来，这就是因为证据线索具有隐含性。所谓隐含性是指证据线索在刑事案件中或者是侦查工作中并不是直接地表露着的，它常常是隐含在客观现场之中；隐含在现场上的痕迹、物品之中；隐含在知情人的头脑记忆之中，这种隐含性决定了要想发现获取证据线索，必须要花费一定的时间和精力，通过一定的方法和手段才可能成功。这在客观上也造成了侦查工作中有许多线索无法被发现和被搜集。

二、收集证据的逻辑起点——证据信息的获取

侦查过程中证据的收集，是侦查人员运用法律许可的方法和手段，发现、收集、提取证据和固定与案件有关的各种证据材料的活动，也是信息收集工作在诉讼过程中的具体化。随着信息时代科学技术的发展，给证据的信息收集带来的新情况、新问题越来越多、越来越复杂。证据并不当然在呈现在侦查人员面前，证据的收集其起点在于准确获取证据信息，并对其进行分析和聚合。为此，证据的信息收集应当具有真实性、时效性、针对性、合法性。

（一）证据的信息收集必须具有真实性

证据的信息收集必须客观、全面，从客观实际情况收集，从不同的角度去收集能证明据有案件事实情况的一切证据资料，综合判断、真正了解案件的真实情况，为正确处理案件奠定基础。如现场指印，并不是所有在现场遗留的指印都是犯罪人的。对于现场中存在的大量指印，必须经过细致的排除工作，才能加以提取。

（二）证据的信息收集必须具有时效性和准确性

时效性可以理解从接收、传递、利用信息的时间间隔。任何信息都具有时效性。证据的时效性是人命关天的大问题，刑事案件的犯罪分子，为了逃避惩罚，往往千方百计毁坏、隐匿伪造证据，司法人员及时的收取证据，直接关系到对案件的侦破概率和造成的后果。时效决定信息采集的更新周期，体现的就是对信息及时收集、传输处理，并及时采取相应措施。准确性即科学性，是信息内容质量是最为重要的部分。准确的证据信息对诉讼主体具有更为重要的意义，这就需要诉讼主体在收集证据信息时，能够根据证据信息本身所含有各种要素进行分析和判断。准确的内容是建立在事实或试验依据基础是上并已得到确认，对信息要及时地收集、整理快速，传输顺畅，才能体现信息的时效性。

（三）证据的信息收集必须具有针对性

针对性，即目的性，信息有不同的创建目的和面向对象，信息内容是否针对其目的与对象，采取了相应的措施，也是信息收集内容评价的一个重要方面。在诉讼过程中，证据的信息来源和渠道增多容易造成混乱，而诉讼主体各方需要在大量信息的基础上经过分析、研究，挖掘案件对自己所需要的证据信息，这也决定了必须要有针对性的收集信息。

（四）证据的信息收集必须具有合法性

合法性是对证据的形式收集、出示、和查证都由法律给予规范和调整，作为定案根据的证据必须符合法律规定的标准，为法律所允许。

三、证据收集的基本方法——证据信息的筛选

证据信息与犯罪证据属于两个完全不同的概念，但是二者之间存在着非常密切的内在联系，主要是通过侦查活动表现为互补性，而在形式上看犯罪证据是证据信息的载体。即犯罪证据可以通过证据信息为侦查活动提供线索，反过来侦查活动通过证据信息的指引，可以获得必要的犯罪证据。从证据之间的相互关系上看，证据信息是连接犯罪证据之间的“桥梁”。

例如，1992 年 3 月，×市公安局接报，在电话公司前的一电缆井内发现一具无头女尸。经侦查人员勘查，在抛尸现场提取了大量的物品①：一具无头女性身段、包裹尸块的塑料袋、床单绳索等(床单左上角被人剪了一个长方形洞)。这些物品在后来的侦查工作中确认，是杀人碎尸案件证据。在侦查工作之初，侦查人员在全面分析的基础上，对这些物品中存在的证物证据信息进行了全面分析。注意到了本案中的特殊方面，即床单被人剪开一个洞。侦查人员随即进行了分析推断：案发现场地处闹市且人流不断，说明犯罪人应当对现场熟悉，并能够迅速抛尸逃离现场，据此推断杀人现场应当距离现场不远；床单被人剪开一个洞，反映出行为人希望以此“剪断”自身与案件的联系或者抛尸现场与杀人现场之间的联系。而剪掉床单就可以做到这一点，说明床单上应当有文字。据此推断，杀人现场可能是医院、招待所之类的场所。于是，侦查工作便在“距离现场不远”的“医院、招待所”进行细致地排查，发现了一名叫谭龙的男子，曾在案发前一个月左右住过该招待所，并在退房时偷窃了该所两张床单的事实。经进一步深入侦查证实，此案确系谭龙所为，因经济纠纷将被害人苏枚杀害，并将其碎尸后，分别用床单和塑料袋等包裹抛尸，企图消尸灭迹。

在上述案件中，我们可以清楚地看到证据信息是如何引导侦查取证工作展开的，也可以看到证据与证据之间联系的实现路径。更为重要的是，在侦查工作之初，对初步掌握证据材料的证据信息的筛选是至关重要的。在侦查取证的实践中，收集证据工作应当重视和加强案件最初的基础环节，同时遵循证据调查的基本步骤，才能提高侦查取证效率。

第一，明确证据调查的任务。由于刑事案件种类繁多、案情复杂程度不同，每一起案件的证明要求存在很大差异。在不同的案件中，侦查人员已知事实要素和未知事实要素的组合各不相同，有的已知“何事”、“何时”、“何地”；有的已知“何人”、“何情”、“何故”；有的已知“何物”、“何事”、“何地”。在很多情况下，虽然都是已知“何人”，但有的只是已知当事人，有的已知的是证人，甚至是关系人。对于不同的案件来说，“何事”、“何情”、“何故”等案件结构要素的内容也各不相同。此外，侦查人员介入侦查的时机和角度也往往有很大差异，其侦查取证的任务也不同。因此，对不同案件来说，侦查取证应当明确取证思路和方面。

第二，分析已知证据。在明确调查取证任务之后，不应当仓促开始调查，而应当首先分析已知的证据。这是取证工作的实践基础。分析已知证据的目的，是要揭示证据信息。一般来说，案件的侦查并不是“白手起家”，往往最初都能够掌握一定数量的案件材料。这些材

---

① 很多人认为这是在现场提取到的物证。但是，目前的情况不能说它们都是证据，因为这些物品与案件之间的联系还没有得到确认。因此，建议使用“物品”表述。

料既是案件侦查提起的法律依据，也是侦查取证工作的物质基础。在分析中主要任务是将证据材料中的各种信息加以揭示，找出“疑点”、“特点”，为提出证据假设创造条件。

第三，提出证据假设①。侦查人员在分析已知证据之后，要进一步提出证据调查假设。即根据具体的调查任务和已知的事实推断未知事实及潜在证据（指有可能存在且尚未被发现的证据），以便采取侦查措施去发现和提取。一般来说，任何案件都可以有多种关于证据的假设，侦查人员应当从中找出最合理或者可能性最大的假设，并以此为基础确定证据调查的途径。从某种意义上讲，筛选证据调查假设的同时也就选择了证据调查的途径。

第四，提取证据。发现证据和提取证据是收集证据的两项工作，而审查证据则是为进一步收集完善证据必须环节。提取证据，就是运用某种方法和手段去获得已经发现的证据。提取证据的方法多种多样，不同种类的证据往往需要使用不同的方法来提取。在提取证据时，既有取证程序和方法要求，也有取证的法律规则限制。收集证据应当遵循的基本要求是：客观、全面、及时、细致、规范。

① 何家弘：《证据调查(第二版)》，中国人民大学出版社，2005年版。

司法鉴定工作中鉴定人逻辑推理合理性的评断标准

沈臻懿*

司法鉴定是科学认识证据的重要方法和手段，是以科学技术为生命的，司法鉴定过程就是一个科学认识的过程。① 认识过程的实现需要依靠鉴定人运用科学技术或者专门知识对诉讼涉及的专门性问题进行鉴别和判断。鉴定意见取决于鉴定人个人的认识和判断，因此从客观检查、检验结果阶段到形成鉴定意见阶段必然存在鉴定人依据个人认识和判断而进行的逻辑推理过程。司法鉴定工作中鉴定人的逻辑推理必然包含着鉴定人个人的认识和判断，从而使逻辑推理带有主观性的一面。这就要求对鉴定人在鉴定工作中的逻辑推理应用进行规范并使之符合司法鉴定科学性、客观性的要求。本文通过对司法鉴定工作中鉴定人的逻辑推理进行一定分析，探悉鉴定人逻辑推理合理性的若干评断标准，以求教于识者。

一、概述司法鉴定工作中鉴定人逻辑推理的运用

所谓逻辑推理就是指运用已知正确的概念和判断为根据或理由，通过推理的形式从理论上确定另一个判断正确性的一种逻辑方法。② 当逻辑推理运用于司法鉴定中，作为一种实践的逻辑推理应用，即由鉴定人根据鉴定材料和检查、检验结果，经过个人的认识和判断对鉴定事项进行的分析和说明，并据此得出最终的鉴定意见。可以说，鉴定人在司法鉴定工作中的逻辑推理方法，是以现有的鉴定材料和检查、检验结果并结合鉴定人自身的认识和判断来推理已经发生了的未知事实或鉴定事项。例如通过对于尸体的解剖和检验经分析说明推断死亡原因、死亡时间；通过活体的伤口经分析说明推断致伤物和致伤方式；通过对字迹进行比较经分析说明判断检材、样本笔迹是否为同一人书写等。这些都需要鉴定人结合自身的逻辑推理形成最后的鉴定意见。

司法鉴定工作中逻辑推理的主体只能是具体实施鉴定的鉴定人，该逻辑推理的过程和依据一般都是鉴定人思维意识的反映并以书面的形式记载于鉴定文书中，以论证的方式展现出来。司法鉴定工作中鉴定人的逻辑推理过程一般可以分为分析、鉴别和判断、说明理由三方面，逻辑推理贯穿于其中并令鉴定人形成确定的鉴定意见。“分析”是前提，鉴定人需结合委托方提供的鉴定材料及检查、检验结果进行分析，根据鉴定事项的要求寻找与之相关的特征，以笔迹同一认定为例，在分析阶段的任务即在于寻求检材笔迹与样本笔迹的符合点和

---

* 沈臻懿，华东政法大学，硕士研究生。

① 杜志淳、霍宪丹：《中国司法鉴定制度研究》，中国法制出版社，2002 年版，第 8 页。

② 王海君：《对司法鉴定若干问题的认识》，《中国司法鉴定》2004 年第 1 期，第 58 页。

差异点。“鉴别和判断”是关键，在该阶段中鉴定人会大量运用逻辑推理进行鉴定工作。从判别鉴定材料与鉴定事项的联系程度，到利用科学技术和专门知识对分析中所得出的符合点、差异点进行鉴别和判断，这中间都离不开鉴定人的逻辑推理判断，从已知的事实——鉴定材料和检查、检验结果去推理、判断未知的事实——鉴定事项，并对委托方提出的鉴定事项的要求进行解答。“说明理由”是核心，鉴定人在形成鉴定意见的过程中，应当用文字形式在鉴定意见书中说明形成结论的依据和理由。这就需要鉴定人在“说明”阶段中，用准确、清晰的文字表达阐明鉴定人逻辑推理、判断的依据，将鉴定人逻辑推理的过程用文字形式在鉴定意见书中予以释明。

当然，不同的鉴定业务中，鉴定人逻辑推理的程度也不尽相同。在侧重于司法鉴定人实际经验和知识结构的鉴定业务如文书鉴定、法医精神病鉴定中，鉴定人的逻辑推理往往是形成鉴定意见的主要判断依据。而偏重于技术仪器检测的鉴定业务如微量鉴定、法医物证鉴定中，鉴定人也需在客观检测、数据的基础上通过一定的逻辑推理形成结论性意见。

二、鉴定人逻辑推理中存在的现实问题

在司法鉴定工作中，必然存在鉴定人运用鉴定材料和检查、检验结果进行分析说明并认识鉴定事项的过程，而这一过程中就有鉴定人的逻辑推理贯穿于其中。然而在实践中，由鉴定人结合逻辑推理所形成的鉴定意见在某些案件中引起极大的争议。这中间既包括对鉴定人逻辑推理过程本身的争议，又包括对逻辑推理所依据的鉴定材料、鉴定主体资格、鉴定程序和鉴定方法、标准的争议。因此，笔者以近年来涉及司法鉴定争议较大的部分案件为例，揭示出现阶段鉴定工作中鉴定人逻辑推理过程中存在的一些现实问题。

（一）“杜培武”案

杜培武系云南省某戒毒所民警，在其妻子与情人被人杀害后，警方认为杜培武有作案嫌疑而将其逮捕。侦查阶段中侦查机关进行了数次不同种类的鉴定项目，包括气味鉴定、泥土微量鉴定等。正是由于这些鉴定中看似肯定性结论的认定，直接导致了一场冤假错案的发生，并引发了该案的极大争议。

1. 分析说明依据的鉴定材料客观性、关联性、合法性存在问题。该案定案证据之一即为“气味鉴定”。该鉴定是以汽车中“刹车踏板”、“油门踏板”上的足迹遗留的泥土为检材与杜培武的鞋袜气味进行甄别，结果是“反映一致”，从而推理并认定案件是杜培武所为。但案件的现场勘查中没有“刹车踏板”、“油门踏板”附有足迹泥土的记载或事实，而鉴定所依据的鉴定材料在案件现场中又不存在。此外，该案于 1998 年 4 月 20 日发生，直至 1998 年 8 月 3 日才进行气味甄别，中间间隔将近 4 个月左右时间。按照鉴定工作的基本原则，提取的鉴定材料应当在第一时间进行送检。这些问题的存在说明鉴定材料的真实性、关联性、合法性存在严重问题，鉴定人依据该鉴定材料所作逻辑推理后得出的鉴定意见又岂能正确？

2. 鉴定意见的论证缺乏充分性，可靠性。“杜培武”案中的“泥土微量物证”鉴定中，“泥土鉴定”以汽车内“刹车踏板”、“油门踏板”上的足迹遗留泥土为参照泥土来源与杜培武所带的钞票上的泥土和杜培武衣领上的泥土相比较进行鉴别，结果是“鉴定类同”、“ 矿物质含量

类同”，从而认定是杜培武所为。先不论鉴定中所依据的鉴定材料从何而来，仅从鉴定本身的推理和论证中就可以发现，鉴定人仅凭“种属类同”的检验结果就直接推理案件即为杜培武所为。这中间暴露出论证充分性和可靠性的严重不足，也是当前鉴定工作中鉴定人逻辑推理中存在的一大现实问题。

（二）“佘祥林”案

1994 年 4 月 11 日，湖北省京山县雁门口镇派出所接报案称发现一具女尸浮于水面，警方经侦查后将佘祥林确定为犯罪嫌疑人。随后京山县公安局法医出具的鉴定结论称，死者系佘祥林妻子张在玉，系被钝器击伤后沉入水中溺水窒息而亡，并从腹内提取有硅藻之类。在未经 DNA 鉴定的前提下认定死者即为佘祥林的妻子。鉴定人在鉴定过程中暴露出逻辑推理存在的严重缺陷最终间接导致一起震惊全国的冤假错案发生。

1. 鉴定人逻辑推理时运用鉴定程序缺乏规范。根据现代法治理念的观点，程序公正是实体公正的保证。鉴定过程中缺乏规范的鉴定程序，导致的结果必然是鉴定人进行的推理判断也缺乏合理性。该案中鉴定人作出认定死者系佘祥林妻子的依据仅仅是张在玉的亲属描述的张在玉身体上的一些特征，如身上有生小孩做手术时留下的刀疤等等，与尸检情况一致后鉴定人即推理并认定死者为张在玉。根据鉴定程序规范的要求，鉴定人在实施鉴定时应当运用完整、充分的鉴定材料进行鉴定。显然，该案鉴定中鉴定人在实施鉴定过程中所依据的鉴定材料是不完整、不充分的，也与鉴定工作所应遵循的程序性规范背道而驰。

2. 鉴定人采用的技术方法和标准存在问题。该案的法医鉴定中，除鉴定程序缺乏规范之外，鉴定人在确定死者身份中采用的技术方法和标准上亦存在极大问题。一般确定高度腐烂尸体的身份时都应当运用到 DNA 检测的技术方法和标准，而该案中鉴定人显然没有采用更为合理的技术方法和标准进行鉴定工作。鉴定人在分析说明过程中进行符合逻辑的推理前提即是鉴定材料和检查、检验结果的合理性，而在缺乏恰当的鉴定方法和标准的前提下得出的检查、检验结果又谈何合理性？据此进行判断推理的过程又岂会有合理性的因素包含在内？

（三）“方一栋”案

2004 年 2 月 20 日，3 岁的方一栋由外公外婆送到余姚市工业幼儿园。中午时分，园方发现方一栋脸色苍白，嘴唇发白后即将其送到医院。经医院证实，方一栋在入院前已死亡。为查明死因，警方于 2 月 22 日在余姚市殡仪馆对方一栋进行了尸体解剖。3 月 19 日，受余姚市公安局委托的宁波市公安局作出了《甬公刑法尸检(2004)第 26 号鉴定书》，认为方一栋的死因是“非化脓性间质性肺炎致急性呼吸衰竭死亡”。值得一提的是，因为涉及病理学解剖，宁波市卫生技术学院讲师张某某也参加了鉴定，并实施了对鉴定结论起关键作用的病理检验，但当时张某某并没有取得司法鉴定执业证书。

鉴定人主体资格以及解决专门性问题的资质存在问题。鉴定人是实施鉴定工作的主体，也是鉴定中进行逻辑推理的主体。鉴定人的主体资格和解决专门性问题的资质直接关系到其作出逻辑推理的合理性。我国的鉴定人资格取得不同于英美法系的庭中确认制，而是实行鉴定人执业资格庭前确认制。根据《关于司法鉴定管理问题的决定》、《司法鉴定人登记管理办法》等法律法规的规定，司法鉴定人应当经省级司法行政机关审核登记，取得《司法鉴定人执业证》,按照登记的司法鉴定执业类别,从事司法鉴定业务。而该案中所反映出的矛盾较大的现实问题即是实施具体鉴定工作的鉴定人无鉴定主体资格和解决专业能力的资质。有关机关授予鉴定人主体资格是对鉴定人鉴定资格和执业资格的肯定。如果从事鉴定工作的鉴定人不具备鉴定主体资格,即不具备被有关机关所认可的鉴定能力,其作出的逻辑推理合理性何在?

三、鉴定人逻辑推理合理性的评断标准

不可否认,鉴定人作出的逻辑推理在司法鉴定工作中有较多的应用,并通过书面文字的形式记载于鉴定文书中。鉴定人的逻辑推理如符合一定的要求,则具有合理性的运用价值。但推理毕竟是由人所实施,必然会有主观因素存在其中。鉴定人可能因为各种原因在推理判断中产生主观臆断,导致的直接后果即是鉴定意见的客观、公正性被破坏。为了确定司法鉴定工作中鉴定人的逻辑推理是否具有合理性的一面,便于当事人、事实裁判者对鉴定人的逻辑推理进行审查和评断,就有必要对司法鉴定工作中鉴定人的逻辑推理是否具有合理性进行评断,即必须具备评断鉴定人逻辑推理合理性的具体标准。

(一) 评断鉴定材料是否具有关联性,客观性、合法性

鉴定材料是鉴定人在鉴定工作中进行逻辑推理的前提,即鉴定人依据鉴定材料进行分析、推理和判断,并用文字的形式体现在鉴定文书中。鉴定材料的评断,实际上就是评断鉴定人进行鉴定所依据的材料与案件事实的客观联系程度、鉴定材料的客观真实性以及鉴定材料来源、收集的合理性。这就要求供鉴定人进行合理推断的鉴定材料必须同时符合关联性、客观性和合法性的标准。对于鉴定材料的评断,可以从程序和实质两方面入手进行全面评断。程序方面即评断鉴定材料是否具有合法性,而实质方面则是评断鉴定材料是否具有客观性和关联性。

1. 鉴定材料合法性的评断标准。应当评断鉴定材料来源、收集和获取的程序是否具有合法性,即是否符合程序性法律的规定,通过合法途径获得的鉴定材料。如鉴定材料的获取是否通过非法的途径获得;鉴定材料的发现、收集、送检等一系列环节是否严格依照规范进行操作;对需要到现场提取检材的,是否由不少于二名司法鉴定人提取并通知委托人到场见证等。通过非法手段获得的鉴定材料就会导致鉴定人依据其作出的分析推理同样不具备合理性的内涵。

2. 鉴定材料客观性的评断标准。鉴定材料的客观性评定属于实质性的评断过程,往往需要通过具体的技术方法和技术标准进行评断。鉴定材料的客观性主要包括以下几方面内容:(1) 检材和样本发现、固定、提取、送检的方法是否科学、内容是否客观真实;(2) 委托方提供的检材和样本是否客观存在;(3) 当事双方是否对鉴定材料的真实性无异议或对鉴定材料中的主要内容无异议;(4) 检材和样本是否在一定时间内基本保持稳定、是否发生损毁或变质;(5) 检材和样本在接收、传递、检验、保存和处置环节中是否科学、严密,是否在运送和保管的过程中被污染等方面内容对鉴定材料的客观性进行考察。

3. 鉴定材料关联性的评断标准。鉴定材料实质性的评断,还包括考察鉴定材料是否同案件具有客观联系的事实。就鉴定材料关联性的实质而言,是客观性的一种联系和动态的

反映。因此，在对鉴定材料关联性进行评断时，就必须在评断鉴定材料是否具有客观真实性的基础上，深入考察、评断鉴定材料与鉴定事项之间的客观联系。评断鉴定材料与鉴定事项之间有无必然联系的存在，鉴定人是否运用与鉴定事项联系最为密切的鉴定材料进行分析说明并推理判断。

（二）评断鉴定主体解决专门性问题的资质和专业能力

根据司法部《司法鉴定人登记管理办法》的界定，司法鉴定人是指运用科学技术或者专门知识对诉讼涉及的专门性问题进行鉴别和判断并提出鉴定意见的人员。据此可以判断，鉴定人所应当具备的科学技术、专门知识、实践经验，直接决定了鉴定人在鉴定中运用的逻辑推理是否符合科学性、客观性、合理性的要求。鉴定人是作出具体逻辑推理的主体，而最终的推理结果是否具有合理性很大程度上就取决于进行推理的\主体。因此，对于鉴定人是否具备解决专门性问题的资质和专业能力也就成为评断司法鉴定工作中的逻辑推理是否具有合理性的重要标准。

1. 鉴定人的鉴定资格和专业背景。鉴定人的鉴定资格和执业资格应当符合《关于司法鉴定管理问题的决定》和《司法鉴定人登记管理办法》等法律法规的相关规定。评断标准主要集中作出逻辑推理的鉴定人是否符合法律法规确定的资格条件以及技术职称、专业学历背景，是否具有司法鉴定执业证书且在一个鉴定机构中从事执业活动。同时亦应评断鉴定人在从事具体某一司法鉴定并进行逻辑推理、判断的过程中是否超出自身业务范围或处于被省级司法行政机关给予停止执业的期限内或者已丧失鉴定资格，如存在上述情形，亦应当评断鉴定人作出的推理判断从法律角度层面就不具备合理性。

2. 鉴定人的职业道德和职业纪律。主要体现在鉴定人不受干涉、独立地进行逻辑推理全过程。鉴定人遵守职业道德、职业纪律、尊重科学、自我约束的态度将直接影响到鉴定人作出的逻辑推理中的合理性。在具体进行评断时就应当考察鉴定人在鉴定的推理、判断过程中有无弄虚作假的成分、有无关系鉴定、人情鉴定，违法鉴定的情况存在，一旦存在，则独立进行逻辑推理的基础也将荡然无存。此外，评断鉴定人的逻辑推理是否具有合理性，还应当从遵从法律和遵守职业纪律出发，考察鉴定人是否遵守法定回避制度情形。

3. 鉴定人作出的同类鉴定案件数量和法院采信率。司法鉴定是一项注重理论与实践并重的学科，鉴定人在实践中作出的同类鉴定案件的数量亦是评断鉴定人逻辑推理合理性的重要标准。该评断标准在侧重于鉴定人实际经验和知识结构的鉴定业务如文书鉴定、法医精神病鉴定中体现尤为明显。一个具有丰富实践经验、完成过较多同类鉴定案件的鉴定人往往比一个刚从事鉴定工作的鉴定人在分析鉴定材料、进行逻辑推理时更能把握鉴定内容的本质性问题，推理判断更深入也更具理性。此外，鉴定人所作出的鉴定意见被法院的采信率也是记录鉴定人是否具有良好工作经历的重要依据之一。从法院对鉴定人的鉴定意见采信率中同样可以评断鉴定人逻辑推理中的合理性。

（三）评断鉴定程序是否规范、鉴定方法和标准是否恰当

司法鉴定中合理的逻辑推理并非凭空而来，更非鉴定人的主观臆断。合理的逻辑推理需要依靠鉴定前期的一系列保障措施，这中间就包括逻辑推理依据的鉴定材料的客观真实性、鉴定人解决专门问题的资质和能力。在此基础上还需要鉴定实施过程中鉴定人对于鉴

定程序和鉴定方法、标准的规范、恰当应用。因此，鉴定人在鉴定中运用鉴定程序是否规范、鉴定方法和标准是否恰当亦成为评断鉴定人逻辑推理是否合理的重要标准之一。

1. 评断鉴定程序的规范性。鉴定程序是为确保鉴定活动的有序进行和有关鉴定各方权利义务而制定的统一规则、步骤和方法。[①] 鉴定过程中程序的规范性对鉴定人进行的逻辑推理是否合理起到了强烈的约束作用。规范的鉴定程序能限制鉴定人推理判断的主观臆断性，约束鉴定人在合理性的基础上进行逻辑推理。鉴定的程序性规范贯穿于鉴定的全过程，包括司法鉴定的委托和受理、鉴定的实施和鉴定文书的出具等环节。在对鉴定意见书分析说明部分的逻辑推理合理性进行评断时，就应当严格依据司法部《司法鉴定程序通则》的规定，从鉴定程序所贯穿的各个环节进行考察和评断。评断鉴定人在从事鉴定工作的过程中有无严格遵循《司法鉴定程序通则》规定的程序性规范进行操作。例如对于鉴定程序中的鉴定人回避进行考察、评断时，就要注意到回避制度是否规范行使对鉴定人作出的逻辑推理是否具有合理性有着直接的联系。鉴定人如有应当回避而未回避的情形产生时，其在进行逻辑推理的过程中必然不能处于全然超脱的中立地位、以理性的角度进行推理判断，取而代之的是鉴定人受各种因素的影响而使逻辑推理偏离合理性的轨迹。

2. 评断鉴定方法和标准的恰当性。鉴定人在鉴定中适用的鉴定方法和标准的恰当性，应当是指以某一具体案件及具体鉴定事项为基础来评断鉴定人是否严格遵守了技术操作规范和正确适用了鉴定标准，主要包括两方面内容：一是是否选用并遵守了适当的技术操作规范，二是判断结果时选用的鉴定标准是否正确，适用的具体条文是否准确等。[②] 这一评断标准的依据在于鉴定方法和标准的恰当性、科学性将保证鉴定人能够对鉴定材料作出符合客观真实的检查、检验结果并有助于鉴定人参照恰当的标准对检查、检验结果进行合理的逻辑推理。因此，对于鉴定方法和标准恰当性的评断应当考察鉴定技术方法是否充分建立并在其所属专业领域获得普遍接受；鉴定方法是否得到证实、出错率是否确定；鉴定方法是否在该专业领域权威教材及杂志上介绍及发表过。同时考察鉴定标准是否是该专业领域的国家标准和技术规范；是否是司法鉴定主管部门、司法鉴定行业组织或者相关行业主管部门制定的行业标准和技术规范；是否是该专业领域多数专家认可的技术标准和技术规范。以此来作为评断鉴定方法和鉴定标准恰当性的基础标准。

（四）评断鉴定意见的论证是否充分、可靠

鉴定人在鉴定过程中的论证主要通过逻辑推理的方法并以分析说明的形式在鉴定意见书中体现出来。在对于鉴定材料、鉴定主体资格、鉴定程序和技术方法、标准等逻辑推理合理性的保障前提进行评断后，对于鉴定意见的论证是否充分、可靠的评断也就成为衡量鉴定人逻辑推理合理性的核心标准。司法鉴定的论证，是检验一份鉴定意见书质量高低的重要标志之一，也是检验鉴定人逻辑推理是否合理的重要依据。在鉴定意见不能由检查、检验结果直接反映的鉴定中，如法医精神病鉴定中的刑事责任能力、民事行为能力鉴定中，就需要鉴定人综合客观的鉴定材料、检查、检验结果和自身的专门知识，运用相关学科的科学原理

---

① 尹金凤：《谈对司法鉴定结论的审查》，《辽宁警专学报》，2007 年 3 月第 2 期，第 25 页。

② 王世凡：《论司法鉴定结论证明力的审查判断》，《中国司法鉴定》，2007 年第 3 期，第 17 页。

和理论依据经过鉴定人自身大脑的逻辑推理活动才能最终形成确信的鉴定意见。因此，就需要对鉴定人做出的鉴定材料和检查、检验结果的分析，科学原理和理论依据的具体应用，鉴定意见如何形成等逻辑推理过程进行论证。

评断鉴定意见的论证中是否包含合理的逻辑推理实质上就是对论证充分性、可靠性的评断。包括：(1) 鉴定人对于鉴定材料和检查、检验结果的分析是否充分；(2) 鉴定人依据鉴定材料和检查、检验结果进行的推理过程是否符合该专业领域的科学原理和理论依据；(3) 鉴定人的推理是否基于鉴定客体的本质特征基础之上；(4) 鉴定人对于鉴定中出现的特征符合点和差异点的解释是否合理、具有说服力；(5) 鉴定人对于鉴定过程中发现的问题是否已予以充分说明，是否能够排除可能的怀疑；(6) 鉴定人作出的推理是否能经过实践的重复证实；(7) 鉴定人推理凭借的依据与推理形成的结论之间是否矛盾；(8) 鉴定人经过推理后得出的结论是否清晰明确而非模棱两可；(9) 鉴定人在鉴定意见书分析说明中所使用的语言是否具有严密性，是否具有强有力的逻辑性。鉴定意见论证的充分性、可靠性评断，即是评断从鉴定材料、检查、检验结果到鉴定意见之间这一阶段中狭义的鉴定人逻辑推理过程是否合理。而对于广义的司法鉴定工作中鉴定人逻辑推理合理性的全方位考察和评断，则需通过鉴定材料的“三性”、鉴定主体解决专门性问题的资质和专业能力、鉴定程序和鉴定方法、标准、鉴定意见的论证等多个角度综合进行评断。

律师辩护中的逻辑问题

张　虹*

一、事实胜于雄辩，事实也需要雄辩

古罗马修辞学家和教育家昆提利安(Quintilian)说"辩护，乃是上帝赏赐给人类的最神圣的最高的礼物，她需要借助多方面的艺术。虽然，在辩护过程中，这些艺术并不出头露面，但它们却是一股神秘而伟大的力量，人们都会感受它们存在的价值，一种悄无声息地存在着价值"美国南北战争时期的总统亚伯拉罕·林肯曾有一段执业律师生涯，他在小阿姆斯特郎被控谋财害命一案的讼辩中所精心设计的逻辑氛围，采用了逻辑论证中的反证法，成功揭穿了控方证人的伪证。下面是林肯质证福尔逊的一段对话：

林肯："你是否亲眼看见被告开枪杀人？你认清是小阿姆斯特郎吗？"

福尔逊："是的。"

林肯："你在草堆后面，小阿姆斯特郎在大树下，相距有二三十米，你能看清楚吗？"

福尔逊："看得很清楚，因为当时月光很明亮。"

林肯："你肯定不是从衣着等方面认清的吗？"

福尔逊："不是从衣着方面看清楚的，我敢肯定看清了他的脸蛋，因为月光正照在他脸上。"

林肯："具体时间能肯定吗？"

福尔逊："完全可以肯定，因为我回到屋里时，看了时钟，那时是11点1刻。"

林肯："我不能不告诉大家，这个证人是个彻头彻尾的骗子！"林肯不容置疑的口气使举座皆惊。林肯接着说："证人一口咬定10月18日晚上11点钟在月光下认清了被告人的脸。请大家想一想，10月18日那天是上弦月，到了晚上11点，月亮早已下山了，哪里还有月光？退一步说，也许证人把时间记错了，就算提前一些时候，月亮还没有下山。但那时月光应是从西边往东边照射，草堆在东，大树在西，如果被告脸朝大树，月光可以照在脸上，可是证人就根本看不到被告的脸。如果被告脸朝草堆，那么月光只能照在被告的后脑勺上，证人又怎么能看到月光照在被告的脸上呢？又怎么能从距离二三十米的地方看清被告的脸呢？"

林肯在法庭的这一段辩论中，蕴涵如下的论证：

如果证人的话是真的，那么就不应该与实际情况相矛盾；

---

* 张虹，女，西南政法大学行政法学院，副教授。

既然证人说的与实际情况相矛盾；（或者，在10月18日晚上11点，这时是看不见月亮的，或者更早一些，这时也是根本不可能见到“月光照在被告的脸上”。）

所以，证人是一个彻头彻尾的骗子。

林肯采用的论证中的反证法，这种论证方法的运用过程是：先设立一个与论题构成矛盾关系的命题作为反论题（证人的话是真的），然后把它作为充分条件假言命题的前件，引申出必然联系的后件（如果证人的话是真的，那么就不应该与实际情况相矛盾），再以论据证明后件虚假或包含矛盾（既然证人说的与实际情况相矛盾），借助充分条件假言推理的否定后件式，便证明了反论题假。再根据排中律，由反论题假推出原论题真（证人是一个彻头彻尾的骗子）。林肯最后和盘端出月相变化的自然规律，这是科学的，不容置疑的论据，在加上林肯精心设置的逻辑之网，巧妙创造逻辑氛围，证人再也无法反口，成了瓮中之鳖。庭审逻辑不可逆转，法庭宣告证人作伪证，被告无罪释放。从这一个经典的辩例中，可以感受到，事实是辩论的必要前提，即所谓的“事实胜于雄辩”根基不容动摇，但我们从这更能感受到“事实需要雄辩”。那么，律师如何巧妙的在辩护中扩大自己的优势？如何筹划雄辩的过程？如何把握时机创造逻辑氛围。等等这些争锋较智的法庭论辩中，都离不开严密的逻辑论证方法。

“尽管在法律面前所有的律师都是平等的，但是他们在法庭辩论中不断显示着各自才能的高低优劣。这种才能的悬殊甚至反映在法庭的裁决里，这在某种程度上是在所难免的。”

这一切都说明了，谁掌握了事实，谁就拥有真理；谁更为有效而充分地论证辩护，谁就是法庭上的真正的强者！

二、法庭辩护中的逻辑问题

律师的必备素质是什么？让我们鉴赏一下美国最高级的华盛顿律师戈德夫利·艾扎克的风格：“有一点我要说明白：本律师事务所在华盛顿没有任何权势。你们要想雇聘有权势的人，只好请到别处去。……我们所有的，是与政府各部、各法院打交道的良好成绩，因此我们受到这些部门和法院的尊重和信任。我们认为这是一笔宝贵的财富。”戈德夫利的“宝贵财富”替他招揽了诸如美孚石油公司、美国广播公司、福特基金会、时代出版公司、通用电力公司、杜邦公司、格雷斯造船公司等显赫的委托人。英国大法官帕里在他的著作中《辩护律师·的七大素质》一书中指出：一个优秀的律师，必须同时具备七大素质——诚实、勇敢、勤奋、幽默、雄辩、判断力、友谊。

诚实放在了素质的第一位，诚实是人类崇高而又纯洁的美德之一，如果律师缺少这一素质，即使今天能打赢一场官司，也无法拿稳他明天的饭碗。因此，诚实的律师宁可输掉一场官司，也要努力保住自己的名誉。

律师必须很好地掌握语言，驾驭语言，从这七大素质看，语言运用占接近30%，可见其重要性。“官司”的胜败与否，语言虽然不是决定因素，但是，律师这种职业又确实有专擅言辩、长于辞令、精工文状的特点。法律诉讼中“讼”字，就是指争辩、争议、辩解、辩护。当律师用语言形式表达这些诉讼的思维内容时，就离不开思维的方法和手段，而思维的方法和手段最主要是论证的方法,即逻辑的论证方法。

(一) 论证的逻辑特征

前提是原始的、必然真的、无可争议的;结论是从前提中必然地得出的。由这两个特征所决定了的第三个特征是:如此得出的结论是不可能假的;由这三个特征所决定的证明的论证目标是:追求论证的可靠性和有效性。

法庭论辩的论证的逻辑特征是:对立论者(回答者)来说,从前提(回答者作出回答的根据)推出结论的过程可以是必然的(因为论辩者也用三段论进行论证),也可以是或然的(如使用归纳法的论证),然而,无论其推理过程是必然的,还是或然的,都不能保证结论(回答者主张的论题)是必然真的。因为推理所给出的前提是普遍接受的意见,前提可能假,则结论不可能必然真;对驳论者(提问者)来说,前提(提问者推理的前提、回答者主张的论题)既不是必然真的(必然真的命题是无可争议和没必要反驳的),也不是必然假的(必然假的命题是没人主张的),从前提推出结论的过程可以是必然的(如用归谬法使回答者陷入自相矛盾),也可以是或然的(如用归纳法证明回答者说了虚假的话,即证明回答者的观点只在特定范围内或特定条件下适用,而不是普遍地必然地适用)。由这两方面复杂的特征所决定了的第三方面的特征:论辩的问题或论题必然具有争议性,谬论和诡辩不可避免。由这三方面的特征所决定的论辩的论证目标是:追求论证的可接受性和论证性。

(二) 在辩护语言中营造严密的逻辑氛围

传说中能决狱断讼的独角兽已了无踪迹,但以法庭来揭示诉讼的是非曲直,实现公平公正却是现实的。法官和检察官在维护法律的公正的同时,律师同样肩负着扶正法律天平的荣耀使命。早在1649年,英国下议院的一位议员就指出:应当把辩护的权利交给每一个人。只有这样,我们的法律才是真正公平的。那么律师辩护语言中的逻辑氛围如何把握,如何创造?

① 开庭的陈述编织一张严谨完整的逻辑之网

在开庭审理之前,律师要做大量枯燥乏味的收集资料工作,要绞尽脑汁,精心设计辩护词,要字斟句酌,反复推敲法庭用语。一旦站在法庭上,他就可以雄辩滔滔,所向披靡。风度的展示,运用法律的威仪,让人肃然起敬。你曾经的努力,种种的付出,将会在这里领取最高的奖赏。

律师在开始辩护词中既能简明扼要把案情和盘托出,又能对必要的证据加以画龙点睛的说明,能使主审法官能够充分理解他所表达的含义。

"精于诉讼程序的辛格而顿法官曾向辩护律师指点迷津:应该用高度精练的几句话就把案情的要点概括出来,使得法庭上的陪审团成员对案情的整个轮廓有个大致的了解,至于详细的事实,不妨留在后面的庭审阶段中渐次推出"。

② 法庭辩论中立论的诉讼请求和驳论的辩护形成严密的逻辑结构

法庭论辩是一种言词对抗艺术,它以雄辩美而跻身于论辩艺术星空。

"雄辩"实际上就是一种言词对抗与角逐。在古希腊语中,论辩一词原意即为事实上的演讲对抗,中国先哲墨子认为"辩,争彼也",其共性是,言词对抗性。在刑事法庭辩论中是控辩双方的对抗。公正平等是现代司法的精神,均等的对抗,有序的论争,公平的太阳才能普照大地。

当律师已经确立了一个极富打击力的辩题，也就开始塑造法庭辩护中的灵魂。我们必须站在自己的诉讼立场上，从维护己方合法权益的角度，坚决而明确提出我们对辩题的基本观点或看法。逻辑学中将命题解释为对事物情况的陈述，而对命题所陈述的事物情况的断定则是判断。法庭论辩中对命题的理解一般是指论辩者对辩题形成某种观点后给的断定，也就是一种判断。相反如果法庭论辩的命题仅仅是对辩题事物情况的陈述，就不能构成论辩者的某种见解或看法，而只是在重复的陈述辩题。比如：辩题"被告不构成故意杀人罪，"将其陈述为"如果被告人没有杀人的故意和行为，则被告人不构成杀人罪"这一辩题，它在法庭上没有意义，是一个真假未辩的辩题。在法庭上提出的每一个辩题，首先必须是真实可靠的，否则是经不起法庭激烈的辩论的，同时辩题采用的定义必须严谨、清楚确切。在法庭辩护中辩题是论辩的核心，没有辩题，导致论证无的放矢，论证无从谈起；而没有明确的命题又必然导致论证的混乱不堪。

一个鲜明有力的辩题，总是论辩者深入的观察，敏锐的思维，宽阔的知识，深刻的思想，丰富的情感的结晶，是事，理，法，情交融而绘织的一面闪耀的战旗！

法庭辩护中必须掌握法庭论辩的基本逻辑结构，遵守一般逻辑思维规律、娴熟地掌握证明与反驳的基本原理、方法，这样才能在法庭辩护中守必固，攻必克，才不至于沦为诡辩、强辩。

三、法庭辩护中论证的方法

"法庭论辩的逻辑是钢铁般的。而将智慧和创造的烈焰鼓得更旺，将胜辩的利剑锻造得锋利无比的，只有'证明'与'反驳'这两位逻辑巧匠。"证明和反驳，是任何论辩的中也是律师辩护中不可缺的论证逻辑方法，从逻辑上讲，只有正确的论证方法，才能紧密地将论据与论题有机地结合起来。在论证中，论题类似于推理的结论；论据相当于推理到前提；论证方式也就相当于推理方式。实际上，论证就是对推理的综合运用。这一系列的思维过程，就是为了解决"怎样论证"的问题，只有合乎逻辑推理规则和规律，论证才严密，立论才可靠，胜辩才有希望；只有运用严密的合理的论证方法，才能避免强词夺理、主观武断，达到驳论的目的，即所谓的"不破不立"，"破中有立"从而赢得辩护的成功。

下面介绍几种法庭辩论中的逻辑论证方法，它也是法庭辩护中常用的论证方法：

（一）直接证明法

直接证明法就是直接论证一个命题为真的方法。在法庭上它往往表现为运用直接证据或法律条款展开论辩。

（二）直接反驳法

直接反驳法是直接论证一个命题为假的方法。用事实和证据讲法理，直接论证对方论题或论据的虚假，抓住对方的错误实质，主动出击进行反驳，以期掌握辩论主动权，夺取制高点，促使对方陷入被动。

（三）反证法

反证法是先假定原论题为假，通过论证推出该假设论题的逻辑矛盾，从而证明原论题为真。这是从反面证明命题为真的间接证明方法。其结构形式为：

论题：A
证明：假设非 A 真，
如果非 A，那么 B，
已知非 B，故非 A 假，（运用充分条件假言推理的否定后件式）
根据排中律
所以 A 真

对某些命题直接证明其“应该如此”较困难，但用反证法证明其“非此不行”往往能达到立论的目的。

（四）淘汰法

淘汰法是通过论证除原论题以外的其他可能性为假，从而证明原论题为真的间接证明的方法。它的结构形式为：

论题：A
已知：A 或 B 或 C，
论证 B、C 均不成立（运用选言推理的否定肯定式），
所以：A 成立。

运用淘汰法特别要注意设定的选言命题必须穷尽各种可能性。

（五）归谬法

归谬法是假设被反驳的论题为真，并从此推出明显荒谬的结论，从而证明被反驳的命题不能成立的方法。它是一种间接反驳方法。其结构形式为：

证题：A 假
证明：假设 A 真
如果 A，那么 B 但 B 假，
所以 A 假。（运用充分条件假言推理的否定后件式）

正面指出对方的错误观点的实质所在，固然是有力的反驳，但对荒谬的论题光靠指出实质有时反而显得无力，这时恰当地运用归谬法会收到很好的效果。归谬法是形式逻辑的归谬法在法庭辩论中的使用。即先假定对方的观点为真，然后从这个假设为真的命题推导出一个或一系列荒谬的结论，从而得出对方观点为假的辩论方法。是一种极富攻击力的反驳。

（六）独立证明法

独立证明法是通过证明原论题的矛盾命题为真，从而实现对原论题反驳的间接反驳方法。

（七）归纳证明法

归纳证明法是论据与论题的联系方式为归纳推理形式的证明方法。是直接证明的一种。

在立论中罗列事实、证据来支持某一论题。

（八）矛盾法

矛盾法就是利用对方论题与论据之间的矛盾，以子之矛，攻子之盾，从而证明对方论点的虚假。例如，“自相矛盾”典故的由来就反映了这一论辩的方法。商人的“吾盾之坚，物莫能陷也”和“吾矛之利，于物无不陷也”的论题互为矛盾，旁观者用一语“以子之矛，攻子之盾”给予了有力的反驳。

这些是常用的论辩的方法，可运用在法庭辩护当中。当然证明和反驳方法还有很多，特别是在具体运用中，这些方法不是单独采用，往往是多种证明方法，多种反驳方法以及多种推理形式的综合运用。法庭论辩的目的在于辩明是非，分清责任，控方是以维护国家利益为根本，辩方是站在公民的合法利益角度出发，都在寻求法律天平的平衡点，法庭辩护的价值在于依法结案。思想家老子在《道德经》有句名言“知人者智，自知者明。”论辩双方了解对手，知道自己，根据不同的状况采用不同的逻辑辩论方法，这是法庭辩论同时也是法庭辩护取胜的“法宝”之一。

参考文献：

[1] 林正编注：《皇家辩士》，青海人民出版社，1997 年版。
[2] 王政挺主编：《中外法庭论辩选萃》，东方出版社，1990 年版。
[3] [英] 理查德·杜·坎恩：《律师的辩护艺术》，陈泉生，陈先汀编译，群众出版社，1989 年版。
[4] 林正编注：《法庭之王》，青海人民出版社，1997 年版。
[5]《中国大百科全书》(法学版)，中国大百科全书出版社，1984 年版。
[6] 郭谷新，陈立明：《法庭的论辩艺术》，中国检察出版社，1999 年版。

浅论新律师法实施后的公诉逻辑

赵　刚*

新修订的律师法于2008年6月1日起施行。新修订的律师法强化了律师的诉讼主体地位，通过扩大和完善律师的会见权、阅卷权、调查取证权和法庭言论豁免权等权利，有效地解决了刑事诉讼中律师执业存在的会见难、阅卷难、取证难等难题，使控辩双方趋于平等，控辩式庭审方式日趋巩固。在日趋激烈的控辩平等对抗的条件下，公诉人要加强公诉逻辑的研究和训练，有效应对新律师法修订后带来的机遇和挑战。本文在此作对公诉逻辑进行粗浅研究，以期对提高检察机关的公诉水平有所裨益。

一、新律师法对控方固定、审查和运用言词证据能力提出更高的要求，需要控方重视公诉逻辑训练

新律师法与刑事诉讼程序有关的主要集中于第33、34、35条、37条的规定，通过扩大和完善律师的会见权、阅卷权、调查取证权和法庭言论豁免权等权利，对刑事诉讼法典第36、37、96条及相关的司法解释关于律师的受限制的会见权、阅卷权和调查取证权的规定作了重大突破，昭示了刑事诉讼向控辩平等对抗的控辩式庭审方式变革的方向。新《律师法》的实施，增强了律师的权利，使对案件的掌握，由以前的公诉人占优势向律师倾斜，辩方权权利的扩大也就是相对限制了控方的权力，彻底改变了"公诉权高于辩护权"的公诉模式，在客观上也使审判前侦控结论的不确定性增加，对控方收集、固定和审查证据提出更高的要求，主要影响是：一是言词证据的客观性和稳定性减弱。言词证据的外延包括犯罪嫌疑人、被告人供述和辩解、被害人陈述和证人证言，其致命弱点是容易受各种主客观因素影响而出现虚假或失真。在职务犯罪案件上表现较为明显，检察机关内部自侦部门和捕诉部门常常因此类案件频频出现的翻供翻证而产生处理上的分歧，因言词证据在侦捕诉阶段发生变化而引起撤案、不诉或退回补充侦查是常见现象。新律师法扩大了律师介入侦查和公诉阶段的各项权利，单轨制侦查由于律师调查取证权的扩大逐步向英美法系的双轨制侦查靠拢，律师不同于私人侦探的重要特征是律师调取的证据经法官认定后可以作为法庭证据予以采集，直接影响诉讼结果，因此公诉部门面对的是侦查人员和律师基于各自不同的立场、角度所调取的存在显著差异的两套言词证据或其他证据，必将会给控方审查言词证据的可采信带来困难。同时，在审前程序由于犯罪嫌疑人、被告人可能会利用律师提供的法律帮助增强反侦查和对抗公诉的能力，这给审查犯罪嫌疑人、被告人的供述和辩解增加了难度。二是辩护律师阅卷权的扩大，造成证据开示呈单向性，信息的不对称为公诉人出庭指控犯罪增加难度，使

* 赵刚，男，天津市大港区检察院。

败诉机率增加。新律师实施后使侦控诉机关所掌握的证据材料，从现有刑事诉讼法所规定的“半公开”状态转为“公开”状态；从诉讼性文书转向案卷实体材料。律师自审查起诉之日起有权查阅、摘抄、复制控方掌握的全部案件材料，同时辅之以扩大的会见权和调查取证权，律师不仅可以获悉侦控获取的全部证据，而且还通过自行调查取证获得了侦控所不掌握的对犯罪嫌疑人、被告人有利的无罪或罪轻证据，对犯罪嫌疑人、被告人通过提供侦控全程法律帮助和提供辩护而对其心理状态有更加全面、充分的了解和掌握，拟定的辩护方案也更有针对性，从而使得控辩双方对证据信息的掌握具有不对称性，侦控机关在案件材料的掌握上丧失优势。同时法律没有规定辩护律师有向控方主动展示其收集、掌握的有利于犯罪嫌疑人、被告人的辩护证据的义务，从而可能造成辩方与控方相比的案件信息获得权的单方面扩大。一些辩护人可能为了获得在庭审中“出其不意”的效果，而将关键性的辩护证据留到开庭时才出示，证据突袭会造成公诉人的被动，为公诉人出庭指控犯罪增加难度，增加了败诉几率。三是法庭言论豁免权强化了辩护律师出庭意见发表权，加剧了控辩对抗，控方应对不当会丧失庭审主动权，陷于被动。新律师法规定的律师庭审言论豁免权使辩护律师出庭意见发表权得以强化，律师可以毫无顾忌地在庭审中发表各种意见，尤其是一些社会影响大和公众比较关心的案件，少数律师可能为了增加曝光率，散布一些没有事实根据或者法律依据的推测性、夸张渲染性的言论哗众取宠以占据庭审主动权，可能加剧庭审控辩双方对抗的激烈程度，对公诉人出庭公诉能力提出更高的要求，应对不当则控方会陷入被动和进退两难的尴尬境地，直接影响检察机关的公众形象。四是短期内控辩双方关系会更加紧张，彼此会加大猜疑、对立和防范。控辩双方受“控辩即为对手关系”观念影响，在历史上就有双方互信程度低的现象，彼此都具有警惕、防范、对立的潜意识。在此意识支配下，彼此互不透露案件的关键证据，不探讨案件存在的疑点，更不会求证和解决案件中存在的问题或缺陷，即使交换意见，也是点到为止；反之亦然。在提起公诉的时候，为了防范辩护律师，控方在复印移送主要证据的时候，也会有所选择。司法实践中存在律师介入后犯罪嫌疑人无理翻供、证人无理翻证的现象，和律师因涉嫌证据作假而被控方指控犯罪等都加剧了彼此的不信任。新律师法在短期内不会消除这种历史的宿怨，反易引发新的猜疑和对立。控方怀疑辩方滥用权利，害怕证据突袭；律师害怕控方隐藏证据或挟私报复。其结果一则不利于控方掌握无罪或罪轻证据，准确查明案件事实和适用法律；二则控辩双方将关键事实、证据、问题保留，搞庭审突袭，常导致案件审理的中断，降低诉讼效率；三则辩方害怕得罪控方而被追究刑事责任，因害怕诉讼风险而不敢承担刑事辩护业务使刑事辩护率下降，不得于保障犯罪嫌疑人和被告人的人权。综上，控方的职权主义色彩有所淡化，日趋于当事人化，日趋激烈的控辩对抗中要求加强控方固定、审查和运用言词证据的能力，而这不仅要求检察机关在宏观上要建构适应控辩式庭审方式的现代公诉模式，在微观上还必须要求控方重视公诉逻辑学习与训练，积极应对法庭辩论中控辩双方平等武装和平等对抗带来的新形势。

二、在审前程序进行精心准备，搞好庭审预测

凡事预则立，不预则废，做好庭前预测是搞好法庭辩论的前提，为此在审查起诉阶段就应考虑到出庭的需要，进行认真的逻辑研判，拟好答辩提纲。具体准备工作：一是在侦控一

体化的基础上发挥检察指导侦查的作用，对侦方证据进行逻辑判断。检察院有权从公诉的角度就同级其他侦查机关正在进行的案件作出必要的指示。对于重大、疑难、复杂的刑事案件，其他侦查机关在进行初查的同时，应通知同级人民检察院派员到场。接受指派的检察官有权提出侦查的线索、方向、应予收集的证据以及证据如何保全。侦查人员应听从检察官的一般指挥权和具体指挥权。对于没有正当理由拒不听从指挥的，检察官可以要求该侦查机关负责人更换侦查人员，并有权提出相应的制裁建议。侦查逻辑的前提由于客观情况的复杂多变不能做到绝对真实可靠，而推理形式的灵活多样也难以保证其必须符合形式逻辑的推理规则，所以侦查结论具有或然性，结论不一定为真，这就要求控方在公诉逻辑的角度审查侦查假设和侦查推理是否符合逻辑思维规律，据此作出否定、肯定或不能排除合理怀疑三种结论，从而决定起诉、不起诉或退查。二是虚心让辩护律师在规定的期限内提出书面意见，做到兼听则明。当辩护律师在审查起诉阶段接受委托后，一般要来公诉部门与公诉人见面、复制案卷材料等，公诉人可以通知辩护律师在适当的期限内对案件提出书面意见。公诉人在审查案件的时候，随着审查工作的不断深入，案件越来越清楚或者产生的疑问越来越多，公诉人则可以针对案件的具体问题听取辩护律师的意见。起诉逻辑的基本规律之一是充足理由律，即起诉书中确定被告人的犯罪行为以及造成的后果，在法律上应当承担的责任等均具有充分的理由而且理由必须真实，理由与指控的罪行有必须的逻辑联系，从理由能推出所要指控的罪行。控方听取辩方的意见后，可以反思自己的起诉理由是否充足，是否还要补充相关材料或者作不起诉处理，防止庭审陷于被动。在此基础上将审查起诉阶段听取辩护意见制度化，规定陈述意见的内容和形式，将律师书面意见归入卷宗，随案移送法院，同时建立对律师意见反馈制度；三是检察机关可以进行相关的检察改革，为控辩双方开通证据展示交流的平台。要建立证据展示制度，特别是要明确证据开示的双向性原则，明确辩方负有向控方开示其自行调取的相关证据的义务，对其准备在庭审阶段出示的证据必须包括在开示的证据范围内，对于未经证据开示的证据原则上不能在法庭出示，不能搞证据突袭。证据展示制度的过程也是一个排除合理怀疑的逻辑思维过程。展示后控辩双方应当制作证据交换清单，对证据的证明效力及其证明的案件事实交换意见后制作无异议证据清单，并提交法庭。经过证据展示，控辩双方发表意见后可以明确对证据的认识，从而将有争议的和没有异议的证据区别开来，对没有争议的证据双方可以商请法院当庭认证，无需举证和质证。

三、法庭辩论阶段运用公诉逻辑把握庭审主动权

在法庭辩论阶段，公诉人与律师具有对立性的逻辑地位，罪与非罪、此罪与彼罪、重罪与轻罪的矛盾成为公诉与辩护这对诉讼矛盾的具体表现形式。两者的逻辑思维方式有着鲜明的对立：控方的重心在于证明被告人的行为构成犯罪并应依法追究其刑事责任，因此其侧重于证明的思维方法；而辩方的重心在于给被告人进行无罪辩护或罪轻辩护，因而其侧重于反驳的思维方法。从司法实践来看，辩方的方向主要是“六辩”：在罪与非罪上作无罪辩；在主观罪过上作过失辩；在犯罪性质上作轻罪辩；在责任划分上作从犯辩；在事实证据上作否定辩；在犯罪起因上作过错辩。新律师赋予辩方法庭言论豁免权强化了辩护律师出庭意见

发表权，在法官中立的条件下控辩双方围绕庭审主动权的争夺将日趋激烈，控方要及时洞悉辩方的辩点，抓住涉及案件定罪量刑的事实和证据这个主要矛盾和关键问题，掌握庭审主动权，避免出现控方思维跟着辩方思维疲于应付的被动局面。具体对策是：一是举证要根据充足理由律形成证据体系。司法实践有孤证不立的法谚，只有多个相关证据形成一个完整的证据体系才能有力的证明犯罪，否则证据薄弱或有漏洞则违反充足理由律形成“有缺陷的推理”。所以控方在举证过程中要加强举证的规范化，系统性，完整地再现和阐明证据本身所具备的三个基本法律特征：客观性、关联性和合法性。控方要根据同一律、矛盾律和排中律确定举证范围，在全面分析案情和证据基础上审查和排除对于指控犯罪可有可无或无关紧要的“多余”证据和不确实、有矛盾的“虚假”证据，实现控方采信的证据锁链在主要事实情节上形成相互吻合，相互印证，并且合理排除相互之间的矛盾，实现证据的有效组合、科学使用。同时控方依法只承担证明被告人有罪，包括起诉书认定的罪轻和罪重的证据，而不承担证明被告人无罪的责任，因为公诉人在法庭上的角色只是指控犯罪，而由辩方承担证明被告人无罪和罪轻的举证责任。二是严格遵守形式逻辑的基本规律和各项规则做好质证工作。质证是法庭辩论的重要环节，是控辩双方针锋相对的公开性辩论的开始。控方要用指控犯罪的各种证据回答论辩被告人或其辩护人的质疑，同时对辩方向法庭提供的证据进行质疑，随之提出根据控辩双方对证人证言的质证情况向法院提出质证意见。公诉人举证以后，辩方往往对控方的举证提出异议，控方将被告人供述和证人证言、书证、物证等证据相结合，有理、有据、有节的阐述公诉方证据的真实性、合法性、关联性。在强调公诉方证据具有可采信性的同时，还可以主动要求辩护人就其观点向法庭出示证据，不能出示证据证明其观点的，法庭则不应予以采信。控辩双方首先要直接提出关于被告人罪与非罪、此罪与彼罪、重罪与轻罪、从轻与从重、减轻与免除处罚等一系列关系着被告人权益的观点。控辩双方都要围绕着自己提出的观点，通过集中辩论得到直接的证明，反驳对方提出的己方又不能接受的论题和论点。三是抓住辩方破绽以驳代立。控方的思维方式是以立为主，但也不排斥以驳为辅。针对辩方对控方证据和意见的反驳，抓住其发言中的诸多逻辑矛盾以驳代立，达到反证的效果。司法实践中常见的辩方逻辑矛盾主要是：辩护内容不一致的矛盾，如一方面承认被告人有罪，又对该案犯罪部分构成要件予以否定；辩护的论证前提不真实，如片面地虚构某一事实情节并由此虚假前提推出结论；辩护观点之间互相排斥形成的交叉矛盾，如一案多被告人之间的各自辩护人为减轻罪责，形成辩护结论之间的矛盾冲突；被告人辩解与辩护人辩护之间的矛盾；辩方曲解法律或断章取义。控方要针对辩方矛盾与失误适时反击，把辩护焦点转移到辩方，迫使对方被动防守，从而给法官和听众提供判明案情的正确逻辑思维引导，加强公诉人指控和揭露犯罪的逻辑影响力。

参考文献：

[1] 雍琦著：《审判逻辑简论》，四川人民出版社，1990 年版。

[2] 于绍元，傅国云，姚向东著：《诉讼逻辑》，法律出版社，1995 年版。

[3] 郑启芳：《谈谈法庭辩论中应注意的几个问题》，《检察实践》，1999 年第 6 期。
[4] 郑雁冰：《搞好法庭辩论应当注意的几个问题》，《检察实践》，2002 年第 4 期。
[5] 张静：《论侦查推理中的或然性推理》，《福建公安高等专科学校学报》，2004 年第 4 期。
[6] 张利兆，童章遥：《公诉工作如何应对律师法修改》，《检察日报》，2008 年 3 月 25 日第 3 版。

法律解释中的逻辑要素

姜福东*

一、由一起保险条款争议案①说起

【案例】2003 年 11 月 24 日，投保人王某某以妻子刘某某为被保险人向中国人寿保险股份有限公司××县支公司(以下简称保险公司)投保康宁终身保险并附加意外伤害医疗保险。康宁终身保险的保险金额为 20 000 元，附加意外伤害医疗保险的保险金额为 3 000 元，保险费合计为每年 1 478 元。2003 年 11 月 27 日，王某某交纳了首期保险费。同日，保险公司签发了保险单，保险单载明的合同生效日期为 2003 年 11 月 27 日。2004 年 9 月，刘某某患病住院，被县中医院和重庆西南医院诊断为风湿性心脏病。2005 年 4 月 18 日，刘某某向保险公司申请理赔被拒，遂于 2005 年 7 月 5 日起诉至重庆市丰都县人民法院，请求判令保险公司给付重大疾病保险金 40 000 元。

保险公司在一审中辩称：保险单附有中国人寿保险股份有限公司康宁终身保险条款。该条款第四条第一项规定："被保险人在本合同生效之日起一百八十日后初次发生、并经本公司指定或认可的医疗机构确诊患重大疾病时，本公司按基本保额的二倍给付重大疾病保险金，本合同的重大疾病保险金给付责任即行终止。"第二十三条规定："重大疾病，是指下列疾病或手术之一：一、心脏病(心肌梗塞)；注释 1：心脏病(心肌梗塞)指因冠状动脉阻塞而导致部分心肌坏死，其诊断必须同时具备下列三个条件：1. 新近显示心肌梗塞变异的心电图。2. 血液心脏酶素含量异常增加。3. 典型的胸痛病状。但心绞痛不在本合同的保障范围之内。"康宁终身保险相关条款将重大疾病中的心脏病限定为心肌梗塞，而刘某某所患风湿性心脏病不属于保险合同约定的重大疾病范畴，请求法院驳回刘某某的诉讼请求。

重庆市丰都县人民法院经审理作出一审判决：保险公司向刘某某给付重大疾病保险金人民币 40 000 元。保险公司不服，认为一审法院对康宁终身保险合同条款中的重大疾病出现了理解偏差，将本不属于重大疾病范畴的风湿性心脏病扩大解释为重大疾病，导致判决结果错误，随即上诉至重庆市三中院。重庆市三中院终审判决：驳回上诉，维持原判。

【法理评析】本案中，双方当事人订立的保险合同合法有效，双方没有异议。争议的焦点在于：对康宁终身保险条款第二十三条重大疾病第一项及其注释的不同理解，亦即风湿

---

* 姜福东，男，山东大学威海分校法学院，博士研究生。

① 参见胡苑玮：《偷换概念的保险格式条款 法院不支持》，载重庆法院网，最初发布时间：2006－07－26，http://www.cqcourt.gov.cn/Information/InformationDisplay.asp?NewsID=25676。

性心脏病是否属于保险合同约定的重大疾病范畴。该保险合同格式条款对重大疾病的表述方法采取了列举式规定,其中第一项为心脏病(心肌梗塞)。事实上,心肌梗塞只是心脏病的一种,也就是说,心肌梗塞是心脏病这一“种概念”的“属概念”。如果该条款制定人的本意是要将承保的范围限定在心肌梗塞这种病上,那么直接表述为心肌梗塞就明确了,而不必使用心脏病这一“种概念”;或者在心肌梗塞前加上限定语亦可,如心脏病(仅指心肌梗塞)。由于心肌梗塞只是心脏病的一个属概念,而不是内涵与外延均与心脏病相一致的可替代性概念,因而保险公司的主张存在着偷换概念的逻辑错误,“注释 1”存在着同样的逻辑错误,易使一个具有正常语言逻辑思维的人产生误解。加上“注释 1”欲使用排除法对心脏病作进一步限定时,仅排除了心绞痛这一种心脏病,而没有将其他种类的心脏病排除在合同约定的承保范围之外,更易使人推出“心肌梗塞是对心脏病的列举规定”这一结论。

另外,即使存在如保险公司所主张的那种理解,按照法律的规定,也应当对该条款做有利于被保险人的解释。《合同法》第四十一条规定:“对格式条款的理解发生争议的,应当按照通常理解予以解释。对格式条款有两种以上解释的,应当作出不利于提供格式条款一方的解释。格式条款和非格式条款不一致的,应当采用非格式条款。”《保险法》第三十条规定:“对于保险合同的条款,保险人与投保人、被保险人或者受益人有争议时,人民法院或仲裁机关应当做有利于被保险人和受益人的解释。”也就是说,当对格式条款的理解发生争议时,根据相关法律的规定,应依以下原则处理:一、按照通常理解予以解释。二、对格式条款有两种以上解释的,应当做出不利于提供格式条款一方的解释。三、当格式条款和非格式条款表述不一致时,应当采用非格式条款。因此,法院作出被保险人刘某某所患风湿性心脏病属于保险公司承保的重大疾病范畴这一解释是正确无误的。

可见,本案处理的关键就在于:保险合同格式条款存在着偷换概念的逻辑错误,亦即心肌梗塞本应是心脏病这一“种概念”的“属概念”,而保险公司却把心肌梗塞解释为心脏病的一个可替代性概念,试图以此将被保险人刘某某所患之风湿性心脏病排除于保险公司所承保的重大疾病范畴之外。这是法院运用逻辑分析方法来定分止争的一个典型案例。那么,究竟什么是逻辑方法?逻辑要素在法律解释中的地位如何?应该如何理解法律解释中的逻辑及其方法论功能?

二、经典法律解释学说中的逻辑要素

众所周知,在法律方法论学说史上,最值得一提的莫过于,德国法学家萨维尼阐释了法律解释的四要素说,也被称为法律解释的四准则(Canones)说,一举奠定了经典法律解释学说的基石。在萨维尼看来,法律解释应当包括四项准则或要素,即语法要素、逻辑要素、历史要素和体系要素。在这其中,逻辑要素究竟是指什么意思呢?从笔者掌握的国内法学界的相关研究资料来看,基本上没有人专门针对法律解释的逻辑要素做出完整而明确的诠释。大陆学界法律方法论领域的研究者,往往只是简单地引介萨维尼的法律解释四要素说即是语法、逻辑、历史和体系要素,而对于其中的逻辑要素到底意指何物,则尚未做深入的探讨。甚至在台湾一些著名学者如杨仁寿、黄茂荣等的法律方法论著作中,对逻辑要素具体所指也多是语焉不详。下面,笔者将对近年来一些德国法学家中文译著涉及萨维尼法律解释要素说的部分进行探究，以期阐明法律解释的逻辑要素之含义。

1. 根据雅格布·格林(Jakob Grimm)课堂笔记所记载，萨维尼在其法律方法论讲义(1802年)中指出，解释的任务是重构在制定法中宣示的意图，只要它可以从制定法中来认识。解释必须有三重成分，即逻辑的、历史的和语法的。为了能够获知制定法的意图，必须考虑它产生的历史情况。而且，解释还必须既认识个别文字的特性，又要认识它对整体的意义。在制定法词句中，在它的逻辑、语法的关联中，和从体系关联能推导出的含义中，得到表述的作为立法者命令的内容，才允许法官尊重。法官只能领会，而不能创造性地续造制定法。①

2. 根据卡尔·恩吉施的解释，萨维尼在其《当代罗马法体系》一书(1840年)第213及下页中谈到了法律解释的四个要素，即语法的、逻辑的、历史的和体系的要素。语法的解释是指"根据语言意义的解释"。历史的解释是从历史的关联，特别是从"产生史"中进行的解释。逻辑的或体系的解释则是"从思想的关联中进行解释"，这种解释"把握着一个规定在制定法中的地位及其与其他规定的关联"，他称之为逻辑——体系解释，其强调的是法律规定的内在关联，"即规定所处的地位，以及它与其他规定的关系。"②逻辑的——体系的关联，不仅涉及"在各自具体思想关联中的法律概念的意义"，也不仅涉及"一个法律规范在制定法中的外在地位"，它最多涉及"借生在具体法律条文中的一系列法律思想，这些法律思想与整个法律体系的其他组成部分存在着各式各样的关系"。③

3. 根据卡尔·拉伦茨的梳理，法学方法论为法律解释者提供了一些可作为准则的解释标准，比如萨维尼就区分了文法、逻辑、历史及体系的解释因素。卡尔·拉伦茨在此基础上阐释了自己的所谓"解释的标准"：字义；法律的意义脉络；历史上的立法者之规定意向、目标及规范想法；客观的目的论的标准；合宪性解释的要求。这些标准部分与萨维尼的理论互相重叠。其中，意义脉络的标准，与萨维尼所言之逻辑要素和体系要素既不完全相同，又具有相近之处。"意义脉络的标准首先要求考虑上下文脉络的关系，这是理解任何意义相关的谈话或文字所不可或缺的。此外，它也意指规整脉络中许多条文间事理上的一致性、对法律的外部安排及其内在概念体系的考虑"。④

4. 根据阿图尔·考夫曼的诠释，法律解释的四准则"首先是语法解释，其对象是词语，'它是从立法者思维走向我们的思维的通道'。然后是逻辑要素，它的对象是思想的划分，即逻辑关系，在这种关系中，每一部分相依而存。第三是历史要素，'它关涉法律制定时通过法律规则规定的情况适合现有法律关系'。最后是体系要素，'它涉及重要的内在关联，这种关联将一切法律制度和法律规则连成一个大的整体'。"⑤

---

① 拉伦茨指出，萨维尼的法律解释观后来在其《当代罗马法体系》中得到了进一步发展。萨维尼强调，四个法律解释的要素——语法要素、逻辑要素、历史要素和体系要素并不是四种解释，而只是不同的活动，如果解释要成功的话，它们必须联合发挥作用。萨维尼还承认了目的解释：在制定法使用的表述不确定的情况下，应该像援引制定法的特定目的(只要它是可以证明的)一样多地援引立法的内在关联。如果不能证明特定目的，允许追溯到更普遍的理由。参见张青波编译：《拉伦茨对法学方法论前史的评述》，载吉林大学理论法学研究中心网，http://www.legaltheory.com.cn/info.asp?id=10768。

② 参见[德]卡尔·恩吉施：《法律思维导论》，郑永流译，法律出版社，2004年版，第87—88页。

③ 同上，第91页。

④ [德]卡尔·拉伦茨：《法学方法论》，陈爱娥译，商务印书馆，2003年版，第207页。

⑤ [德]阿图尔·考夫曼、哈斯默尔主编：《当代法哲学和法律理论导论》，郑永流译，法律出版社，2002年版，第160页。

5. 根据H·科殷的理解，现代法律科学既利用“古老的令人崇敬的、语法的——逻辑学的”解释方法，也利用“社会学的和价值论的”解释方法。社会学的和价值论的解释方法“追求一种规章的正义内涵”，而传统“语法的——逻辑的解释则考虑规章的历史条件。”①

6. 根据伯恩·魏德士的看法，法律解释就是对法律文本撰写者的思想的理解。他借用萨维尼的话说，解释的首要目的是考虑立法者的立场，对静态的文字中所隐藏的丰富思想进行再研究。他指出，萨维尼是这样解释其四要素的：语法要素，即对立法者所使用的语言法则进行解释；逻辑要素，即思维的划分，也就是思维的各个部分相互依赖的逻辑关系；历史要素，即法律与其颁布时的现实状态的相关性；体系要素，即一切法律制度和法律规则构成的庞大的统一体的内在关系。②

7. 根据乌尔里希·施罗特的见解，萨维尼的法律解释论将完善的法律的解释与有缺陷的法律的解释加以区分。“在对完善的法律的解释框架中，解释者不得不考虑以下的解释要素：在语法解释中，解释者应重构由立法者使用的语言规则；在解释的逻辑要素中，应重构法律的思维(概念)；在解释的历史要素中，应由解释者介绍，法律规则如何介入预设的法律状态中；在解释的体系要素中，法律制度和法律规则的内在关联当发挥作用。”③

综合上述德国学者对萨维尼法律解释要素说的介绍、理解和诠释，我们主张，法律解释的逻辑要素至少包含以下意蕴：

1. 以萨维尼为代表的经典法律解释学说意在重构立法者的思想，逻辑要素作为一种法律解释的活动，与其他要素(语法要素、历史要素、体系要素)一起，共同致力于重构立法者思想之任务和目标。萨维尼本人说，法律解释是“存在于法律中的思想之重构”。④ 关于这一点，卡尔·恩吉施、阿图尔·考夫曼、伯恩·魏德士以及乌尔里希·施罗特等都有类似的说法。

2. 逻辑要素似乎更加专注于立法者制定的文本(亦即制定法自身)所具有的逻辑自足性，其意在强调反映于制定法文本中的立法者思维的划分及其地位、思维与思维之间的相互关联、相互依赖以及前后一致性。正如佩策尼克所主张的，“‘制定法的逻辑解释’这一术语意指：人们由经过考虑的制定法中得出符合逻辑的结论。除了别的事情，人们得注意制定法是不是逻辑一致的。因为逻辑一致性乃是最基本的要求、最起码的合理性，也是融贯性的一个前提条件。当然，由于制定法常常是模糊不清的，可能在这个解释当中是具备逻辑一致性的，而在那个解释当中则不具有逻辑一致性。如果出现后一种情形，人们可以想办法消除逻辑不一致性，特别是通过运用冲突规范解决之。”⑤

3. 逻辑要素不仅仅指向制定法文本解释的逻辑性，而且还相应地指向法律发现过程的逻辑性。正如佩策尼克所强调的，制定法的逻辑解释这一术语，除了涉及制定法本身的逻辑

---

① 参见[德] H·科殷：《法哲学》，林荣远译，华夏出版社，2002年版，第232页。

② 参见[德] 伯恩·魏德士：《法理学》，丁小春、吴越译，法律出版社，2003年版，第313页。

③ [德] 乌尔里希·施罗特：《哲学诠释学与法律诠释学》，载[德] 阿图尔·考夫曼、哈斯默尔主编：《当代法哲学和法律理论导论》，郑永流译，法律出版社，2002年版，第381页。

④ 参见[德] 阿图尔·考夫曼、哈斯默尔主编：《当代法哲学和法律理论导论》，郑永流译，法律出版社，2002年版，第160页。

⑤ Aleksander Peczenik. On Law and Reason. Boston: Kluwer Academic Publishers, 1989, p379.

一致性问题，也包括了涵摄的问题。他还列举了一些凸显涵摄重要性的推理规范。如：每一针对个案的司法决定，以及每一针对此决定所作出的法律家建议，都必须是从一个普遍规范之中——伴随着附加的理性前提——逻辑地推衍出来的。此外，还有一些准逻辑格言：无人负有义务去做根本不可能做到的事；无人可以转让超出其自身所能拥有的权利；制定法不能溯及既往。①

4. 当然，由于逻辑要素连同语法要素、历史要素、体系要素等一起所构成的法律解释要素说倾向于完美的、静态的法律体系之理论预设，过多地聚焦于静态的文字所蕴含的立法者的思想，而相对忽视了司法过程中事实与规范之间错综复杂的互动关系，对法律发现的过程作了机械性处理，将法律解释的认识狭隘地囿于传统的涵摄思维模式。经典法律解释的逻辑要素的局限性也正在于——对逻辑的认识，未能超越亚氏逻辑，即亚里士多德的形式逻辑三段论，更无法反映现代逻辑革命对法律逻辑所产生的重大影响。

三、重新认识法律解释中的逻辑及其方法论功能

（一）萨维尼的经典法律解释学说将逻辑作为法律解释的四个必备要素之一，凸显了逻辑在法律及法律解释过程中的重要的方法论价值。逻辑的形式理性特征迎合了人们努力实现具有稳定性、确定性和可预测性的法治社会的理想——规则之治；同时，逻辑的工具性特征也是人们实现法律解释合法性与合理性的重要手段。按照陈金钊教授的说法，逻辑具有“固法”的功能——从法律方法论的角度看，逻辑规则在解释法律、论证法律的时候有固定法律意义的功能。所以，法律学人必须认真地对待逻辑尤其是形式逻辑。② 一般说来，法律文本（典型的如法典）越是精确而完善、结构越是严谨，逻辑要素在法律解释中所起的作用就越大；相反，法律文本自身漏洞越大、矛盾冲突越多，逻辑要素在法律解释中所起的作用就相应降低。例如，本章开篇所引述的保险条款争议案例，就是围绕保险合同这种官方认可的法律文本的逻辑性而展开解释的，法院恰当地厘清了心肌梗塞这一概念与心脏病这一概念之间的种——属的基本逻辑关系，指出保险公司的解释犯了混淆概念、偷梁换柱的错误，违反了逻辑的基本规律——同一律的要求，并结合格式条款的解释原则，很好地解决了当事人双方的争端。

毋庸讳言，经典法律解释的逻辑要素不可避免地具有一些历史局限性，比如过分拘泥于文本，而相对忽略了法律发现过程事实与规范之间错综复杂的糅合方式；不过，这并不能成为否弃它的理由。事实上，对于司法过程中的许多案件，法官一般借助于逻辑要素（再辅以文义、体系等其他法律解释的要素）就可以得出比较妥当的法律结论。在司法领域，如果法律的规定十分明确，案件事实也很清楚，那么依靠逻辑手段就可以得出明确的判决结论。这一点，是毋庸置疑的。司法过程中大量的简单案件，都是通过传统逻辑手段、特别是演绎三段论就能够加以解决的。当然，如果法律的规定不明确，或者案件事实不清楚，那么简单地依靠逻辑手段，显然是不足以解决问题的。但是，即便这样，也不能否认逻辑在解决案件争

---

① Aleksander Peczenik. On Law and Reason. Boston: Kluwer Academic Publishers, 1989, p379 - 381.

② 参见陈金钊：《逻辑固法——对法律逻辑作用的感悟》，载《重庆工学院学报（社会科学版）》，2007 年第 7 期。

议过程之中所起的基础性作用。逻辑照样在发挥作用,至少可以在一定程度上辅助法官明确法律规定、确认法律事实。

就目前而言,刑法典是比较成熟而完备的法律文本。在刑法解释中,尽管逻辑要素不是在任何情况下都能帮助法官准确理解、解释和应用法律,获致合法而妥当的个案判决结果;但在大多数情况下,确实能够在很大程度上有效地帮助其解决问题。这里,笔者试举一个在国内刑法学界饱受争议的案件,即某军警抢劫案。① 简单地说就是:某一真正的军警人员显示军警人员身份而进行抢劫,是否适用我国刑法第 263 条第 6 项之规定?我国刑法第 263 条规定:以暴力、胁迫或者其他方法抢劫公私财物的,处三年以上十年以下有期徒刑,并处罚金;有下列情形之一的,处十年以上有期徒刑、无期徒刑或者死刑,并处罚金或者没收财产:(一)入户抢劫的;(二)在公共交通工具上抢劫的;(三)抢劫银行或者其他金融机构的;(四)多次抢劫或者抢劫数额巨大的;(五)抢劫致人重伤、死亡的;(六)冒充军警人员抢劫的;(七)持枪抢劫的;(八)抢劫军用物资或者抢险、救灾、救济物资的。

针对该案而言,主要出现了两种意见。② 一种意见以张明楷教授为代表,认为:冒充军警抢劫,严重危害了社会生活利益,所以刑法要求加重处罚;而真正的军警抢劫更是严重危害社会生活利益的行为,当然要进行处罚。张明楷这样诠释刑法第 263 条第 6 项(冒充军警人员抢劫的)——"冒充"一词可以解释为"假冒、充当",亦即真正的军警抢劫可以解释为"充当军警人员抢劫"。如此一来就既没有破坏罪刑法定的刑法解释基本原则,又可以有效保护我们的重要生活利益。另一种意见以梁根林教授为代表,认为:刑法第 263 条关于加重处罚的规定是一个封闭性的规定,而不是像其他条文那样采取"有其他严重情节、造成其他严重后果的"概括性之规定。立法上所采取的这种列举式、封闭式的规定,在对其进行解释时,应该依据该规定在日常生活中的最大含义来解释,必须符合罪刑法定的原则。如果不能将其纳入该规定可能的最大含义范围之内,就不能进行扩张解释。本案中,真正的军警人员进行抢劫,虽然是一种严重的犯罪,但是由于刑法没有针对此种情形作出明确的规定,只规定了"冒充军警人员抢劫的",而按照日常生活中的最大意义来理解,"冒充军警人员抢劫的"无论如何也无法涵盖"真正的军警人员抢劫的",显然这是一个法律漏洞。根据罪刑法定原则,禁止法官做第一种解释,尽管这么做会出现对真正的军警人员抢劫的处罚反而轻于对冒充军警人员抢劫的处罚之尴尬局面。

笔者赞同梁根林教授的解释,无法认同张明楷教授将"冒充"解释为"假冒、充当"的主张。张明楷教授对本案的解释,是不符合基本的逻辑规则的解释。从经典解释学说的逻辑要素之要义来看,其意在重构立法者的思想,而且假定了制定法自身具有一定的逻辑自恰性。刑法第 263 条关于加重处罚的规定,乃是一种列举式、封闭式的规定,而非开放性、概括性的规定,不宜随意进行扩张解释。否则,就可能陷入类推解释(类推推理)的泥淖,违反罪刑法定的基本原则。即使可以将"冒充军警人员"解释为"假冒、充当军警人员",人们也不能将"充当军警人员"等同于"真正的军警人员"。两者之间虽然可以进行相似性的类比,但我

---

① 参见梁根林主编:《刑法方法论》,北京大学出版社,2006 年版,第 61 页。
② 同上,第 61、364 页。

们却不能无视它们之间相异性大于相似性的实质。张明楷的解释，不恰当地扩大了刑法第263条第6项(冒充军警人员抢劫的)的外延，将“真正的军警人员”涵括在“冒充军警人员”的范畴之内，使“真正的军警人员抢劫”也成为“冒充军警人员抢劫”这个“类”的一个“子类”，违背了逻辑的外延理论——因为“真正的军警人员抢劫”这个“子类”，显然不宜包含于“冒充军警人员抢劫”这个“类”之中。更为严重的是，这种扩张解释实际上是一种过分的、应禁止的类推解释或曰类推推理，它违背了“遇有疑义，禁止做不利于被告人的类推解释”的罪刑法定原则，用佩策尼克的说法，叫做违反了制定法不能溯及既往的所谓“准逻辑格言”。

上述对军警抢劫案的分析，凸显了逻辑要素在法律解释中的方法论功能。与此同时，它也提醒我们，法律解释的逻辑要素，并非仅仅涉及法律文本自身的合逻辑性问题，更要紧的毋宁是：其关涉法律发现过程的合逻辑性，亦即在具体案件与一般规范对接的过程中发现针对个案的法律这一过程的合逻辑性问题。而法律发现过程的合逻辑性恰恰是法律方法论的一个核心问题。

(二) 如前所述，萨维尼的经典法律解释学说，对法律发现的过程作了比较机械的处理，将这一过程狭隘地囿于传统的涵摄思维模式，未能超越亚里士多德的形式逻辑三段论，更没有反映出现代逻辑革命对法律逻辑所产生的重大影响。这是一个历史的局限。随着现代逻辑的不断革新，人们对于法律解释过程中的逻辑要素，也有了比传统学说更加深刻、更加丰富的认识。

逻辑学是一门古老的科学，逻辑理论的历史大致经历了传统逻辑和现代逻辑两个阶段，后者的发展又经历了从经典逻辑到非经典逻辑的变革。因此，不同的法律理论，可能其所依凭的逻辑理论与逻辑基础并不相同。① 如果不能认识到不同时代的人们对于逻辑范畴的不同理解，那就无法解释人们对于法律发现过程中逻辑的要素所发挥的功能何以存在重大分歧。萨维尼的经典法律解释学说基本上是以亚氏逻辑和经典逻辑(亦即数理逻辑)为基础的。它致力于追求确定性、稳定性的法律科学，这一点应当获得肯定，但其不完全符合法律发现过程的复杂多变的本质特点，随着现代社会生活的日益复杂化以及人们对于逻辑规律的认识不断趋于深化，传统逻辑要素越来越不能适应法律发现过程的客观需求，即无法用形式逻辑的框架充分而合理地解释事实与规范之间对接过程中出现的种种复杂现象，人们对逻辑要素提出了更高的要求，法律解释需要寻找新的逻辑基石。弥补旧的形式逻辑学说之不足的非形式逻辑、现代广义模态逻辑等理论遂纷纷出现，使得当今法律逻辑呈现了一个多元化发展的态势。法律解释的逻辑要素的内容也随之日益丰富而复杂化了。

法律发现过程的合逻辑性是法律方法的一个核心问题。我们知道，逻辑研究的对象是思维，是思维的形式结构与规律。但由于逻辑特别注重研究推理及其有效性标准，因此，下述说法也是可以接受的：逻辑是研究推理形式的有效性的科学，它的中心任务在于提供鉴别推理有效与否的模式与准则，以便把有效的推理与非有效的推理区别开来，从而教会人们正确地推理，避免、揭露与驳斥错误的推理。② 法律解释的逻辑要素所指向的关键问题，其

---

① 参见张传新：《多元法律逻辑的发展与比较》，载陈金钊、谢晖主编：《法律方法》(第七卷)，山东人民出版社，2008年版，第85页。

② 陈波：《逻辑哲学》，北京大学出版社，2005年版，第144页。

实就是法律推理及其有效性问题。但是，当今时代非形式逻辑的兴起表明，把法律逻辑仅仅局限于亚氏传统逻辑与经典逻辑所关注的推理的形式结构和有效性，是不恰当的。人们逐渐认识到，究其本质而言，法律推理（法律解释的逻辑）的本质不是单调性逻辑，而是非单调逻辑。[①] 经典的演绎逻辑具有单调性，意思是说如果你有一个有效推理，不管你增加多少个新前提，推理仍然保持有效。而法律推理作为一种实践推理，却具有非单调性，即如果加入新的信息使得推理所处的情形发生改变，则理性的结论也将随之改变。[②] 非单调性又叫可废止性、可反驳性、可辩驳性或缺省性。现代逻辑研究表明：法律推理是一种缺省性推理，具有可辩驳的特征。首先，法律上的理由是可辩驳的，一些法律结论由于新的信息加入进来而被证明是不合理的。其次，法律规则也是可辩驳的，因为法律规则无论如何严密，都有可能存在法律漏洞或法律上的例外情况。第三，法律推理中的案件事实同样具有可辩驳性，随着新证据的加入，人们原先关于事实的看法会发生改变。[③]

从现代法律逻辑的研究进展来看，法律推理的过程远不是传统逻辑简单的演绎推理所能够刻画得了的，也不是经典逻辑纯粹形式化的推理结构所能概括得了的，其毋宁是一个卡多佐所形容的“酿造化合物”的复杂过程。考夫曼认为，法律发现过程的结构处于一种类推、归纳、设证和演绎共同作用的状态，演绎推理只不过是这个发现过程的最后一个环节。“传统的法学方法论注意到的只是法律发现的最后行为，即包摄，而它使得所有在包摄之前的一切程序都陷入迷雾混沌不清。因为这点未被反思过，所以所有这个过程都停留在模糊的感觉中。”[④]在考夫曼看来，法律发现过程的科学性不在于把这个过程化约成为涵摄的逻辑推论，相反，它的科学性只在于：澄清这个过程的复杂性，而且合理地反思所有在该过程中不是以形式逻辑得出的一切事物。法学方法的本质，不在于一个逻辑推论，而在于一个比较——很可能是在案例中的比较。[⑤] 卡多佐也有类似的主张，他指出，人们可以称司法过程“是一个类比的过程，逻辑的过程，或者是哲学的过程。但无论你怎样称呼它，它的精华都是从一个规则、一个原则或一个先例引申出一个结果。……这种方法（卡多佐使用的是哲学一词，在这里哲学实际上与逻辑同义。——笔者注）从强到弱分等级，一头指的是三段论，而另一头仅仅是指类比。”[⑥]美国学者斯科特·布鲁尔则认为，法律推理经常采用的是省略三段论的形式。省略三段论是这样的一种推理（不管它是否有效，也不管它是演绎的还是非演绎的），它的推理形式不能很清楚地从它最初的陈述中看出来。一旦法官提供的法律推理的省略三段论不清楚，就很可能有问题。把省略三段论还原成逻辑推理的完整形式是一项解释性工作，使之明白易懂。很显然，对法律的省略三段论解释的首选是这四种基本的逻辑推理

① 单调性是与非单调性相对的一个概念。所谓单调性是指：如果公式 p 是从一个前提集中推出的，那么，它也能够从前提集的每一个子集中推出。单调性是演绎推理的重要特征。参见陈锐：《法律推理论》，山东人民出版社，2006 年版，第 328 页。

② 参见梁庆寅、张南宁：《法律特殊语境下的逻辑》，载梁庆寅主编：《法律逻辑研究》第 1 卷，法律出版社，2005 年版，第 11 页。

③ 参见陈锐：《法律推理论》，山东人民出版社，2006 年版，第 329—330 页。

④ ［德］考夫曼：《法律哲学》，刘幸义等译，法律出版社，2004 年版，第 132 页。

⑤ 同上。

⑥ ［美］本杰明·卡多佐：《司法过程的性质》，苏力译，商务印书馆，2003 年版，第 28 页。

形式：演绎、归纳、假说和类比。解释的任务就是从中选择一种最好的，可以把所有的问题都考虑在内。[①] 无论是考夫曼，还是卡多佐、斯科特·布鲁尔，他们都认识到了法律解释（推理）过程中演绎、归纳、假说和类比（考夫曼将假说称为设证，把类比叫做类推）等各种逻辑推理形式各自发挥的不同的方法论功能，而摒弃了传统逻辑学说唯演绎推理（三段论）至上的机械主义法律解释论。

四、对霍姆斯"逻辑——经验命题"的反思

谈到法律解释的逻辑要素，就不能不提及小奥利弗·温德尔·霍姆斯大法官那个著名的"逻辑——经验"命题。霍姆斯大法官曾经指出："法律的生命不在于逻辑，而在于经验。对时代必然性的感知，流行的道德和政治理论，对公共政策的直觉，不管你承认与否，甚至法官和他的同胞所共有的偏见对人们决定是否遵守规则所起的作用都远远大于三段论。法律包含了一个民族许多世纪的发展历史。它不能被当作由公理和推论组成的数学书。"[②]霍姆斯的这段话，尤其是"法律的生命不在于逻辑，而在于经验"这个命题经常被后世的人们所津津乐道，被很多人作为批判逻辑的有力证据，很多人也由此将霍姆斯视为法律界反逻辑的一面旗帜。然而，今天，已经有越来越多的有识之士指出，这是对法律发现过程中的逻辑要素及其方法论功能的一个误读。

美国学者斯科特·布鲁尔指出，由于霍姆斯"不恰当地把'经验'放在'逻辑'的对立面，使得好几代的律师、法官和法学教授（不管是否沿着霍姆斯的道路）事实上没有把严格的逻辑形式研究放在法律课程中的适当位置。"[③]但是，笔者要强调的是：这不是霍姆斯惹的祸，而是后人无视霍姆斯所处的那个时代人们对于逻辑与经验关系的狭隘认识，而引申出的一个的片面理解。

其实，霍姆斯将逻辑与经验对立的做法，首先是与那个时代人们对逻辑与经验关系的认识有关。当时的人们普遍将逻辑视为"三段论"——前述霍姆斯的那段话充分证实了这一点。由于人们对逻辑的范围及其功能的认识主要局限于亚氏逻辑，而没有深刻认识法律发现过程的复杂性远远超越了三段论，所以将三段论范畴以外的一些说不清的复杂现象都归诸于"经验"的范畴。按照陈波教授的介绍，由于受根深蒂固的绝对主义逻辑观的影响，人们认为逻辑是纯形式的、没有内容的。实际上，从经验论者的视角来看，逻辑归根结底是起源于经验的，比如密尔就认为，逻辑命题与数学命题这种所谓的科学知识体系，从根本上说是以经验为基础，它们都与事实（实在）有关，其所依赖的经验乃不过是重复多次的经验或者说经验的一般化而已。[④] 就此而言，逻辑与经验并非对立的两面。当然，二者也不是直接的联系，而是间接的关系。逻辑归根到底是起源于经验，但一般起源于关于日常语言用法以及基

---

① [美] 斯科特·布鲁尔：《从霍姆斯的道路通往逻辑形式的法理学》，载[美] 斯蒂文·J. 伯顿主编：《法律的道路及其影响——小奥利弗·温德尔·霍姆斯的遗产》，张芝梅、陈绪刚译，北京大学出版社，2005 年版，第 140 页。

② [美] 斯蒂文·J. 伯顿主编：《法律的道路及其影响——小奥利弗·温德尔·霍姆斯的遗产》，张芝梅、陈绪刚译，北京大学出版社，2005 年版，第 123—124 页。

③ [美] 斯科特·布鲁尔：《从霍姆斯的道路通往逻辑形式的法理学》，载[美] 斯蒂文·J. 伯顿主编：《法律的道路及其影响——小奥利弗·温德尔·霍姆斯的遗产》，张芝梅、陈绪刚译，北京大学出版社，2005 年版，第 138 页。

④ 参见陈波：《逻辑哲学》，北京大学出版社，2005 年版，第 87 页。

于这种用法的思维的经验。[①] 一部分思维的经验,被过去的人们固化下来,形成稳定的规律性的东西,就是逻辑。比如我们通常讲的传统逻辑的四条思维基本规律——同一律、矛盾律、排中律和充足理由律,比如演绎推理、归纳推理、类比推理等思维的形式结构。一部分思维的经验,被新近的人们发现并作为规律性的东西总结、提炼出来,也成为逻辑的重要组成部分。比如,查尔斯·桑德尔斯·皮尔士第一个提出来把假说推理作为逻辑推理的一个基本形式,并把它提高到和演绎推理、归纳推理同样的地位。[②] 一部分思维的经验,尚未有人进行系统的整理和抽象,目前还没有上升至逻辑的高度或层面,人们或许还用经验一词来称呼它们,但是可能有一天它们会被总结出来,从而成为逻辑家族的新成员。

其次,霍姆斯也并不是反对法律解释中逻辑的作用,因为在霍姆斯那里,逻辑不过是法律形式主义的替罪羊。他对概念主义和科学主义很反感,不赞成将法律看作是一个概念体系、看作是一系列公理,从中可以演绎出作为推论的法律原则和作为定理的规则,然后把这些规则运用到实际司法过程中,就产生了确定的法律结果。霍姆斯认为,这必然会导致僵化,即把任何案件看作是没有特殊性、没有时间和空间特点的、与社会生活完全脱节的、可以像欧几里德的几何学那样推导出判决来。[③] 正如哈特正确指出的,霍姆斯真正不满的,不是逻辑,而是一种特定的解释方式,即奉行法律形式主义的法官要么看不见,要么装作看不见对规则的一般性条款进行不同的解释是被允许的。[④]

恰恰相反,霍姆斯大法官非常重视法律推理中的逻辑的作用。他认为,逻辑在法律的形成过程中起着显著的作用,但不是唯一的作用;同时,它也为法律研究之评价提供了重要的标准,但同样不是唯一的标准。[⑤] 比如,斯科特·布鲁尔就指出,在 McBoyle v. United States 案中,霍姆斯大法官事实上自己就提供了一个很好的反类比推理的样本。[⑥] 被告 McBoyle 将一架明知是别人偷来的飞机从伊利诺伊州运到俄克拉荷马州,由于被控违反了美国联邦机动车盗窃法案而被判有罪。McBoyle 不服判决,上诉至最高法院。该案的焦点在于:被告将在一个州偷来的飞机运往其他的州,是否被排除于禁止跨州运送机动交通工具(motor vehicle)的规定之外。也就是说,本案中跨州运送的飞机,是否属于联邦机动车盗窃法案第 2 条所规定的"客车、卡车、小型货车、摩托车或者其他没有列举的在轨道上行驶的机动的交通工具"之列?

霍姆斯认为,关键在于如何理解机动交通工具(motor vehicle)这个词在"其他没有列举的在轨道上行驶的机动的交通工具"中的意思。从词源学的角度讲,vehicle 可指所有陆上、海上和空中的交通工具。但是,在日常语言当中,对于 vehicle 这个词,我们所能想象得到的

---

① 参见陈波:《逻辑哲学》,北京大学出版社,2005 年版,第 62、66 页。

② [美] 斯科特·布鲁尔:《从霍姆斯的道路通往逻辑形式的法理学》,载[美] 斯蒂文·J. 伯顿主编:《法律的道路及其影响——小奥利弗·温德尔·霍姆斯的遗产》,张芝梅、陈绪刚译,北京大学出版社,2005 年版,第 145 页。

③ 参见陈锐:《法律推理论》,山东人民出版社,2006 年版,第 188—189 页。

④ 参见[美] 托马斯·C. 格雷:《霍姆斯论法律中的逻辑》,载[美] 斯蒂文·J. 伯顿主编:《法律的道路及其影响——小奥利弗·温德尔·霍姆斯的遗产》,张芝梅、陈绪刚译,北京大学出版社,2005 年版,第 173 页。

⑤ 同上,第 170 页。

⑥ McBoyle v. United States, 283 U. S. 25(1931). 参见[美] 斯科特·布鲁尔:《从霍姆斯的道路通往逻辑形式的法理学》,载[美] 斯蒂文·J. 伯顿主编:《法律的道路及其影响:小奥利弗·温德尔·霍姆斯的遗产》,张芝梅、陈绪刚译,北京大学出版社,2005 年版,第 156—158 页。

就是在陆上行使的交通工具。他通过列举一些案例证明：应该在日常意义上来理解vehicle，"其他没有列举的在轨道上行驶的机动的交通工具"应该指的是在陆上行驶的交通工具，亦即会跑的交通工具，而不包括不常见的会飞的东西。联邦机动车盗窃法案第2条列举了客车、卡车、小型货车、摩托车等多种不同的机动车，却只字不提飞机——这种在该法案通过时(1919)已经十分常见的东西。霍姆斯主张，鉴于对飞机这个词的使用已经越来越精确，最好把它归为另外一个类别。本案中跨州运送的飞机不应划归在法案第2条所规定的交通工具的范围之内，因此，被告不应受到刑罚处罚。

斯科特·布鲁尔指出，在本案中，霍姆斯其实自始至终都在运用逻辑知识、进行逻辑推理。"他的推理可以说是对同类规则的运用，它要求推理者运用类比或反类比推理判定某个以含糊的语词表达的'种'概念是否可归为'同一个属'下；也就是说，这个种概念和其他列举的种概念之间是否具有相似性关联。如果飞机和'客车、卡车、小型货车、摩托车'有相似性关联，那么，飞机就属于所规定的'其他没有列举的在轨道上行驶的机动的交通工具'的范围之内；如果没有这个关联，那么，就不在这个范围中。"[①]斯科特·布鲁尔认为，从霍姆斯的司法意见来看，他历经了反类比推理的全部三个步骤。[②] 首先，在第一个步骤，霍姆斯将目标案件中的飞机和源案件中法律条文所列举的交通工具进行了比较。在这个步骤中，他意识到飞机乍看起来是符合法案第2条所规定的交通工具的范畴的，但是他外推出一条规则：交通工具(vehicle)一词应在日常语言意义上来理解，在陆上行驶是其必要条件。其次，在第二个步骤，霍姆斯试图证实或证否这条外推出的规则。他依靠客观的理解和规范的支持证实了第一步外推出的规则，即法案第二条"其他没有列举的在轨道上行驶的机动的交通工具"所指的是会跑的、而不是会飞的东西。最后，在第三个步骤，霍姆斯用这条已经证实的规则对手头的案件进行演绎推理。换句话说，因为经由反类比推理，只有跨州运送在地上行驶的交通工具应该受到惩罚，飞机不是这样的交通工具，所以本案被告不应受到惩罚。

这是一个反类比推理的典型例子。"在反类比推理中，推理者可能会怀疑特定语境中的一些词或者短语的使用范围，会通过一些样本试图发现它们和目标案件之间的相似性关联，至少乍看起来是这样的。法官外推出一个反类比保证的规则，可以提供充分的证明说明源样本中对案件的处理方法和目标案件是不同的，不能用来处理目标案件(这是反类比保证规则的假说推理)。对所有外推出来的结论，推理者必须确认或者否认它是个规则。然后，在步骤三，推理得出源案件和目标案件不能以同样的方式处理的结论。"[③]反类比推理和类比推理基本上具有相同的结构，实际上是假说推理的一个形式，而假说推理，如前所述，已经属于现代逻辑学说当中一个非常重要的组成部分，尽管在法学界尤其是大陆法系学界，人们还不怎么重视它。假说推理严重依赖直觉的灵感，但它仍然是遵循理性规制的过程。这些理性规制主要来自假说推理所处的解释性语境。解释必须既"符合事实"，又可以根据推理者

① [美]斯科特·布鲁尔：《从霍姆斯的道路通往逻辑形式的法理学》，载[美]斯蒂文·J.伯顿主编：《法律的道路及其影响——小奥利弗·温德尔·霍姆斯的遗产》，张芝梅、陈绪刚译，北京大学出版社，2005年版，第157页。

② 同上，第158—159页。

③ 同上，第156页。

拥有的(科学的、法律的等等)理论证实或者证否。[①] 假说推理也是符合逻辑、符合理性的法律思维规律。由此可见,霍姆斯不仅并不反对逻辑,而且在法律发现的过程中他还实际运用已为现代法律逻辑学所深刻揭示的反类比推理,这不能不说是对那些声称霍姆斯反逻辑的人们的一个强有力的驳斥。

① [美]斯科特·布鲁尔:《从霍姆斯的道路通往逻辑形式的法理学》,载[美]斯蒂文·J. 伯顿主编:《法律的道路及其影响——小奥利弗·温德尔·霍姆斯的遗产》,张芝梅、陈绪刚译,北京大学出版社,2005 年版,第 153 页。

论灵感思维与刑事侦查

刘汉民*

所谓灵感思维是指人脑对某个问题百思不解而在内部或外界因素的触发下突然顿悟的一种思维形式。这个“顿悟”正像俗话所说，“踏破铁鞋无觅处，得来全不费功夫。”也就是说灵感在久久的思考后，突然得到了解决问题答案。所以达尔文在论述灵感时说：“我能记得路上的那个地方，当时我坐在马车里，突然想到了一个问题的答案。”不难看出，灵感思维不像逻辑思维需要通过推理做出判断，而是在思考某个问题陷入僵局后，通过内部或外部的因素的激发所直接做出的解决问题判断。因此，灵感思维被人称为“智慧的火花。”灵感思维在刑事侦查中已广泛运用，而且发挥了重要的作用。故进一步研究灵感思维及其在刑事侦查中的运用，对于加快破案的速度，促进社会的安定团结，推动社会主义和谐社会建设有着十分重要的意义。

一、灵感思维的哲学特征

灵感思维有着自己独特的哲学特征。了解灵感思维的特征，有助于我们更好的运用灵感思维。灵感思维有如下哲学特征：

（一）偶然性与必然性的统一

灵感思维中的顿悟是偶然的，什么时候得到答案并没有时间的规定，任何人既不可能预料她何时到来，也不可能左右她什么时候到来。因此费尔巴哈论述说：“热情和灵感是不为意志所左右的，是不由钟表来调节的，是不会依预定的日子和钟表并发出来的。”费尔巴哈的论述客观而又深刻的阐述了灵感思维的偶然性。但是灵感思维的顿悟又是必然的。因为任何人对某一问题长久的思考，功夫不负有心人，其必然会得到答案。显然，灵感思维是必然性与偶然性的有机统一。也就是说，其坚持不懈的思考必然能得到解决问题的答案，但是在什么时候、什么情况下得到答案，这是无法确定的，也就是偶然的。恩格斯说：“被断定必然的东西，是由纯粹的偶然性构成的，而所谓偶然的东西，是一种有必然性隐藏在里面的形式。”显然，恩格斯的论述也十分精辟地论证了灵感思维偶然性与必然性统一的哲学特征。

（二）久思性与突发性的统一

灵感思维主体在思考某一问题时经过了长时间的努力，虽然没有找到答案，没有解决问题，甚至可以说出现了僵局或者说步入了尴尬的境地，但是掌握了这个问题的大量的资料，并对资料进行了认真详尽的分析。这些通过分析所做出的判断储存在脑海中，一旦遇到内

---

* 刘汉民，男，广东警官学院理论部，教授。

部或外部条件的触发，就突然产生了顿悟。不难看出，久思是顿悟的基础或条件，突发是久思的结果。没有久思，就没有突发。任何人不可能在没有长期思考的条件下突发灵感或者说突然顿悟。无论是科学家的科学发明，还是文学家的神来之笔，抑或刑事侦查人员突然破获某个长期未破的案件，都是经过长期思考而又突然获得的成果。显然，久思性与突发性的统一是灵感思维的一个重要的特征。

（三）潜意识与显意识的统一

潜意识是主体自身意识不到并不能加以控制的意识，它包括各种各样的先天的本能和后天的长期积累起来的储存在头脑中的知识或经验。由于灵感思维主体长期思考某一个问题，就必然积累一定的关于某个问题的信息知识或经验，这种关于某个问题的信息知识或经验由于一时未能解决要解决的某个问题，于是就自然转化为潜意识，储存在思维主体潜意识的海洋之中。显意识是主体能够清楚地意识到的、有目的、能控制的意识。当思维主体遇到内部或外部的信息知识或经验，即显意识与储存的潜意识全部或部分吻合，于是即刻就产生了顿悟，获得了解决某一个问题的钥匙或方法。黄辉先生在《论灵感思维的本质、特征及实践意义》中指出，“从根本上说，灵感思维是思维主体在时间的基础上获得了某种事物或问题的大量信息并对这些信息进行了较长的思考仍未认识该事物的情况下，调动潜意识活动达到一定程度与显意识通力协作，使对事物的认识产生顿悟或突然质变的一种高级创造性活动。”不难看出，灵感思维是潜意识与显意识的高度统一或融合的结果。没有潜意识的活动不可能出现顿悟；没有显意识的作用，同样不可能产生顿悟。只有潜意识达到一定得程度并在显意识的激发之下，才能产生顿悟，因此我们不能不说潜意识与显意识统一同样是灵感思维的一个重要的特征。

（四）模糊性与明晰性的统一

灵感思维的顿悟并不是十分清晰的，往往在一开始呈现出模糊状态。但是这种模糊状态为解决问题提供了明确的方向。比如侦查人员在某一个案件的侦破过程中获得顿悟，这个顿悟或者是启示案件的性质，或者是提供办案的线索，或者是提示破案的方法。显然，这个顿悟不可能是十分明晰的，但是她为破案确定了明确的方向。然后侦查人员根据顿悟所提供的方向制订明晰的侦查方案，并采取具体的措施，从而达到侦破案件的目的。显然，灵感思维如果没有模糊性，就不可能有明晰性。其明晰性是建立在模糊性的基础上的，同时明晰性也是模糊性必然发展的结果。灵感思维的模糊性与明晰性统一于灵感思维的全过程中的特征，不但符合事物从模糊到明晰的发展规律，同时也符合思维主体的从不明晰到明晰认识规律。

（五）单一性与综合性的统一

灵感思维主体所思考的问题就其主题来说一般都是单一的。比如科学家思考的问题就是某个课题的研究，其绝不会去研究某课题以外的问题。刑事侦查人员在接到某案的侦破任务后，其思考的就是这个案子的侦破问题，也绝不会去思考与案子无关的问题。但是科学家研究某个问题思考往往围绕这个课题要从多个方面进行研究，即便是顿悟后，也得围绕顿悟所指明的方向进行思考，直至研究出解决问题的多种方法或措施，从而获得科学研究的成果。刑事侦查人员在破案过程中获得顿悟后，则根据顿悟所提供的线索或方法调查取证、询问被害人和证人，讯问犯罪嫌疑人，并进行有关司法鉴定等。我国著名科学家钱学森院士指出，“灵感是综合性的。人脑的综合功能是非常重要的。”钱学森院士的论述深刻地证明了灵感思维单一性与综合性的特征。也就是说，灵感思维主体思考的主题是单一的，但灵感思维及其根据灵感思维解决问题的过程是综合的。

二、灵感思维在刑事侦查中的作用

灵感思维在刑事侦查中有着十分重要和突出的作用，不少的刑事侦查专家借助灵感思维破获了大量的案件，甚至破获了一些冷案或者死案。因此他们称灵感思维是破案的思维重要武器。

（一）运用灵感思维，突破案情僵局

在刑事侦查的过程中，往往会遇到僵局。在这种情况下，运用灵感思维就有可能突破僵局，使案情进入“柳暗花明又一村”的境界。石家庄郊区某地从2005年至2008年上半年，断断续续发生了50多起盗窃案件。居民的面包车、轿车、拖拉机被盗，工厂的电缆线也被盗。老百姓人心惶惶。这些案件发生后，矿区公安分局刑警大队都派人到现场进行了调查。由于犯罪嫌疑人手段狡猾，现场没有提取到任何有价值的痕迹物证，这些案件一度时期几乎都没有侦破。矿区公安分局为了突破案情，组织力量，加强侦查。在案情分析会上，刑警大队长高永亮确定了犯罪嫌疑人的几个特点：作案手段老练，现场不留下任何痕迹，反侦察能力很强；赃物可能是连夜销往外地，因为在设卡堵截中从未发现赃车的踪迹；犯罪嫌疑人对现场环境熟悉。这些特点综合起来，案件的突破口应放在那些本地有前科的重点人员身上。通过大量的走访调查，一条重要的线索出现在民警面前。矿区贾庄镇A村的张春自从2005年因为盗窃入狱刑满释放后一直无正当职业，但出手阔绰，收支明显不符。张春和狱友赵银、同村的无业青年刘树雷交往甚密，他们三人活动反常，经常晚上出门。经过进一步摸排，张春等人在几起机动车被盗案发时间均不在家。张春等人有重大作案嫌疑，民警随即把他们纳入了侦察视线。但是由于张春多次受到公安机关的打击，反侦察意识很强，如果没有人赃俱获，案件难以破获。于是，刑侦人员集中力量寻找赃物，然而不知赃物销向何处？就在对张春等三人进行进一步侦察的时候，张春突然受伤了。专案组排查、走访，依然没有得到任何有价值的线索。时间又过了半年，案件还是没有突破。就在这时，刑侦大队长高永亮想到不久前听说的一件事，张春同村人说，张春的腰早好了，有人看见他在没人的地方手里拿着双拐走的飞快，一到人多的地方，张春就拄着拐走路，还经常有意无意地向别人透露自己腰疼得厉害。高永亮顿时醒悟，这是张春有意装出的假象，必定还会作案。于是他立刻报请分局批准，改变了侦查方案，派人秘密跟踪和控制张春的一切行动。不到一月，果然张春被人赃俱获。盗窃团伙就这样被彻底摧毁了。

显然，这一系列盗窃案件长久没有破，形成了僵局。然而大队长高永亮运用灵感思维，调整了侦破方案，改寻找物证的侦查方案为秘密跟踪和控制犯罪嫌疑人的侦查方案，从而使犯罪嫌疑人张春的盗窃团伙人赃俱获，终于突破了案件僵局。由此可见，灵感思维在案件陷入僵局的时候，其突出作用是十分明显的。

（二）运用灵感思维，侦破长久未破的“冷案”

刑事侦查中往往有些案件长期未能破获，因此被称为“冷案”或者“死案”。但是这些“冷案”或者“死案”只要储存在刑侦人员的脑海中，就有被侦破的可能。这是因为尽管是“冷案”或“死案”，但是在刑侦人员的脑海中已形成了潜意识，他们在办理其他的案件中只要遇到与潜意识相关的显意识，就立刻突发灵感，找到破案的新的线索，从而突破“冷案”或“死案”。世界神探李昌钰曾经办个一个18岁的女孩子被谋杀的案件。10多年前的一天中午，这个18岁的少女到一个购物中心的室内停车场将车停在7楼，可是别人在9楼的楼梯口发现她的尸体。一刀刺在左胸部，被刺穿心脏而死。女孩子衣服裤子都很整齐，没有任何性犯罪的情形，她的鞋子不见了，皮包不见了。这个案子一直没破，无疑是“冷案”或“死案”。10多年后，被害人的父亲找到了李昌钰。请求李昌钰侦破这个案件。李昌钰询问案件的情况。了解到被害人当天进停车场是12点34分，尸体被发现是12点45分。同时找到了当时车上的纸盒子，发现纸盒子上有一枚血指印，但是由于时间久远，血指印已经变成咖啡色了。李神探重新用化学药剂、激光找到了半个指纹。这半个指纹变成很重要的物证。但是在指纹档案中搜查，没有这个人。可见这个犯罪嫌疑人没有作案前科。又过了10多年，李神探也没有侦破这个案件。但是这枚指纹已深深地刻在李博士的脑海里，当然也存在指纹档案库中。一天，李博士在办理另一个案子，发现了一枚指纹，于是眼睛为之一亮，终于发现了线索，抓到了犯罪嫌疑人，30多年的冷案就这样破获了。

十分明显，尽管历经了30多年的时间，但是由于李神探对这个案件尤其犯罪嫌疑人的指纹的证据在脑海中已形成了强烈的潜意识，所以当在侦查另一个案件发现指纹有相似之处时，这种潜意识瞬息间就被激发为显意识，于是案件有了新的线索。然后将两枚指纹进行比照，30多年的“冷案”在灵感思维的支配下成功地告破了。由此可见，所谓的冷案或死案只要有灵感思维的指引，也是完全可以侦破的。

（三）运用灵感思维，开辟审讯的新路径

在审讯中，有的犯罪嫌疑人认为没有直接证据证明其犯罪，而刑事侦查人员尽管掌握了多条线索，但也没有直接的证据，在这种情况下无疑按照原来的审讯方案继续审讯下去，不可能实现审讯的目的。因此，此时如果刑事侦查人员根据掌握的资料，充分调动潜意识，就有可能突发灵感，从而重新调整或改变原审讯方案，开辟审讯的新路径，就完全有可能突破案情，实现审讯的目的。徐汇区刑侦支队支队长陈永辉在审讯犯罪嫌疑人周某碎尸案时，连续几次审讯周某都拒不回答问题，如果继续按原定审讯下去，无疑无法实现审讯的目的。怎样才能使周某交代自己的罪行呢？陈永辉苦苦地思索这个问题，突然他想起了曾经在调查中，有人反映周某是一个出名的孝子，而且家庭观念极为浓厚。于是陈永辉立即调整了审讯方案，决定停止审讯，先到周某的家中看望其母亲和妻子女儿。于是，陈永辉和侦查员为周某的女儿买了新衣新鞋、学习用品，还特地为他的老母亲采购了爱吃的糕点、饮料。侦查员连夜赶往安徽，进门就把周某在外打工的3 000元积蓄送到他妻子手上。回到上海后，陈永辉再次审讯周某。首先他们把此次安徽之行的录像放给周某看。当周某看到女儿和侦查员们一起把一枚枚硬币放进小猪储蓄罐里，当他听到妻子声泪俱下要他老实交代的话语，内心受到极大震撼。他泪流满面，马上交代了整个作案经过，还主动坦白了几年前在厦门和安徽犯下的两起久侦未破的碎尸案。

不难看出，陈永辉支队长在审讯陷入困境的情况下，恰当的运用灵感思维及时地调整了审讯的方案，采用人性化的手段，关怀犯罪嫌疑人周某的亲属，因而深深地感染了周某，不但破获了这个案件，而且还侦破了往日未破的积案，扩大了侦查的成果。由此可见，当审讯案件目标难以实现时，运用灵感思维触发潜意识与显意识的融合，从而调整或改变原审讯方案，就有可能突破审讯的困境，实现审讯的目的，甚至开拓审讯的新境界。

三、灵感思维在刑侦中运用的常用形式

从刑事侦查人员在侦查实践中运用灵感思维的实际情况来看，灵感思维的形式也是多种多样的，常用的有如下三种：

（一）久思突发灵感

所谓久思突发灵感是指刑事侦查人员久久思考某一个案件突然找到了答案，或者久久思考而想起了某一事物受到启发突然找到了破案的方法。这种突发灵感的形式没有外部因素的触发，完全是思维主体潜意识运作的结果。也就是说思维主体在思考某一个案件，达到了极其入迷的境界，由于脑海积累了丰富的办案经验，因而思考到一定得程度突然得到顿悟，或者想到了与本案的相关的因素而产生了意想不到的而又恰恰是苦苦追求的答案。例如，2007 年 2 月 6 日，山东省栖霞市小观村一位果农上山修剪果树，在高速公路桥下地面，发现一具全裸女尸，于是急忙向 110 报警。栖霞市公安局刑侦技术人员迅速赶赴现场。尸体仅头部被用两个塑料袋包裹，技术人员对现场勘查，未发现可疑足迹及车辆行驶痕迹。报案人及其他果农证实：2 月 5 日傍晚，经过现场时未发现有异常，而 2 月 6 日上午发现了尸体，抛尸时间应为 2 月 5 日夜间。既然不是地面移尸，那是不是从高速路上抛尸呢？果然，技术人员在高速路桥栏杆上发现了血迹，经提取化验与死者血型一致，最终确定该女尸系从高速路桥上抛下。根据尸体蜷曲程度分析，该女尸应是车辆搬运。技术人员对高速路隔离带进行了勘查，未发现踩踏、触摸等痕迹，证实抛尸车辆是自莱阳向烟台方向行驶。协查尸源信息发出后，没有任何情况反馈，通过网络查找、指纹检索也没有任何收获。案情陷入了僵局。坐镇指挥的市公安局局长唐焕恩苦苦思索着为什么找不到破案的线索，怎样才能找到破案线索的问题。突然，他的思路豁然开朗，“从查找物证方面寻找突破口。”于是他立刻召开会议，布置侦破工作。侦查人员在局长的指挥下，根据塑料袋包裹上的电话号码很快就找到了线索，破获了这个难以破获的案件。

显然，唐焕恩局长之所以找到了灵感，确立了破案的新的方向，这是他在思考这个案件时，扫描到了以前破案的经验。于是该案件所形成的潜意识，与以前所办案形成的潜意识，即经验发生碰撞，于是突发灵感而找到了破案的新的办法。可见，久思出灵感这是由侦查人员的长期积累的经验或积淀在脑海的案件的相关因素而必然产生的结果。

（二）梦中爆发灵感

梦中爆发灵感这也是刑侦人员灵感思维常用的一种形式。所谓梦中爆发灵感是指

刑侦人员苦苦思索某一案件未能找到答案而在睡梦中突然获得了侦破案件的方法或线索的灵感思维形式。英国心理学家伊凡斯认为，梦不是偶然形成的睡眠副产品，而睡眠的目的也许恰恰是为了做梦。对一个人来说，清醒时着手的工作会在梦中继续，如果他在苦苦思索一个问题，梦就可能向他提供有用的意见。毫无疑义，刑侦人员在苦苦思索某一案件的侦破问题，因此睡梦中在继续睡前的思考，这就必然会产生灵感，从而解决睡前未能思考出问题的答案。例如，某县黄家弯村村民周某某全家中毒，周某某和其叔周某林死亡，其妻陶某某和其孙子经抢救脱离危险。可是没过几天其儿子中毒死亡，其孙子再度中毒，气息奄奄。通过现场勘察和对他们所吃的食品进行化验，他们所吃的糯米圆子有"毒鼠强"成分。大家认为周某某之妻陶某某有重大作案嫌疑，因为她中毒最轻。于是对陶某某采取了留置措施。然而，陶某某大叫冤枉。主管刑侦的领导通过反复的分析认为陶某某没有作案的动机，尽管她的丈夫打她，但是她与孩子和孙子的关系很好，绝不会去谋害自己的孩子和孙子。于是对陶某某解除了留置措施，但案情陷入了僵局。一连几个晚上，负责刑事侦查的领导都没有睡好觉。他的头脑里一直不停地思考着案发前后的每一个细节。一天晚上，他在睡梦中想起投毒者很可能将毒物投放在糯米粉中。睡梦中得到的这一线索顿时使他欣喜若狂。他立刻披衣起床，顺着思路想到晾晒糯米粉的簸箕，而恰恰在送检的物品中没有簸箕。于是他连夜带领刑警赶往陶某某家，将挂在墙上的簸箕送到市局检验，结果查出残留在簸箕上的糯米粉中有"毒鼠强"成分。通过调查，该中毒案件系邻居黄某某报复投毒。显然，这位领导通过灵感思维找到了线索，然后又根据灵感所提供的线索扩大范围，从而突破了案情的僵局，破了这个大案。

不难看出，主管刑侦的领导持续不断地思考中毒案件的各个细节，其潜意识达到饱和的境界，以致梦中继续思考，因而爆发了灵感，终于找到了破案的线索，从而侦破了案件的僵局。显然梦中爆发灵感是刑侦人员在久久思考的基础上所获得的必然结果，如果没有睡前的思考，就不可能有梦中灵感的爆发。

（三）外部事物触发灵感

所谓外部事物触发灵感是指思维主体在久久思考某一问题未找到答案而暂时搁浅，然而在某种特定的环境中发现某一事物突然激活了潜意识而找到了解决问题的方法的灵感思维形式。外部触发灵感这种灵感思维的形式必须具备两个必要条件，第一是久久思考某个问题未找到答案而暂时搁置，但是对某个问题在脑海中已经形成了较为强烈的潜意识，而是必须有特定的场合，而且这个特定的场合的外部事物与思考的问题有相关的因素。因为这个相关的因素可以激活潜意识而产生顿悟，如果没有与思考的问题有相关的因素，就不可能产生顿悟。湖南郴州市在一段时期内连续发生了4起抢劫、轮奸案件。根据报案者提供的线索，作案工具是一部白色的面包车。侦查人员根据这一线索查看有关录像资料，未发现作案车辆。到底白色面包车辆的牌照号码是什么呢？侦查人员调查了有关目击证人，也未找到线索。一天一位侦查员路过一个停车场，突然发现一辆白色面包车的牌照用报纸遮盖着。侦查员立刻想到这是反常的现象，没有问题为何要用报纸遮盖牌照号码，这莫非就是抢劫、轮奸案件的作案工具车辆。于是侦查员立刻记住了车辆的牌照，然后到交通管理部门找到了该车的车主,很快就破获了这起重大的抢劫、轮奸案件,使犯罪分子得到了法律应有的惩罚。

不难看出,侦查员在特定的场合发现车辆的牌照被遮盖起来,这与作案车辆牌照因素相关,于是立刻激发了脑海里储存的该案作案工具车辆的潜意识,从而产生了顿悟,找到了侦破该案的钥匙,从而破获了案件。不难看出,这种外部触发灵感的形式也是侦查员破案的一种非常重要的灵感思维形式。

四、侦查灵感思维能力的培养和提高

侦查灵感思维是侦查人员一种必备的思维形式,如果作为侦查人员没有侦查灵感思维,或者侦查灵感思维能力不强,那么破案的效率就会受到不同程度的影响。从侦查员的办案实践来看,大凡破案能手都具有很强的侦查灵感思维能力,而他们的侦查灵感思维能力又是通过自身的艰苦努力而培养起来并提高的。因此,刑事侦查人员都应该向侦查能手学习,努力培养和提高自身的侦查灵感思维能力,从而不断提高侦查的效率,那么刑事侦查人员怎样培养和提高自身的侦查灵感思维能力呢?

(一) 持之以恒,不断积累破案经验

灵感是建立在经验的基础之上的,如果仅有久久的思考而没有经验的积累,灵感也是很难光顾的。这是因为久思能够搜寻在脑海中储存的经验,案件的有关情况一旦与经验相符或者外界与案件相关因素与经验吻合,就会立刻产生灵感。上海公安局徐汇分局刑侦支队长陈永辉被人称为“灵感神探”,他运用灵感思维破获了近千起“凶杀案”,这是他持之以恒,不断积累经验而不断提高灵感思维能力的结果。他几十年如一日刻苦钻研学习刑事侦查思维。陈永辉有记笔记的习惯,不管是已经结了的案件,还是破不了的死案,任何案子他都要记上一笔,既记案件的事实,又记破获案件的经验。这些年来,他已经记了300多本笔记,他的灵感思维的能力也如同笔记本的厚度,变得越来越扎实深厚。因此他在侦破案件时经常“灵感”顿现,从而大大提高了破案的效率。陈永辉的经验启示我们,侦查人员只要持之以恒地积累经验,就会不断地提高自身的侦查灵感思维能力,提高侦破的效率。

(二) 不怕艰苦,始终坚守破案的信念

灵感思维必须有一个久久思考的艰苦过程,对于侦查人员来说,有时由于案件的复杂性,案件很难一时破获。对于这样的案件,侦查人员绝不能放弃,而是要将案件的情况储存在自己的脑海中,并且坚信案件时一定能够破获的。只有这样,灵感才会不期而遇。如果一旦放弃,灵感就不可能光顾了。所以,俄国著名画家列宾说:“灵感是由于顽强的劳动而得到的奖赏。”列宾的话既说明了灵感思维的艰苦性,也说明了灵感思维的成功的必然性。因此侦查人员只要不怕艰苦,就一定能够不断地培养和提高自身灵感思维的能力,从而收获灵感思维的智慧之花的破案果实。

总之,只要我们充分认识灵感思维的特征,掌握灵感思维的方法,并运用于侦查实践之中,就一定能够提高侦查的效率,及时地打击犯罪,为建设和谐社会主义社会不断作出新的贡献。

参考文献

[1] 张敏:《思维与智慧》,机械工业出版社,2003 年版。
[2] 费尔巴哈:《费尔巴哈著作选集,下卷》,三联书店,1962 年版。
[3] 马克思,恩格斯:《马克思恩格斯选集,第四卷》,人民出版社,1972 年版。
[4] 黄辉:《论灵感思维的本质、特征及实践意义》,《中共四川党校学报》,2002 年第 6 期。
[5] 钱学森:《给杨春鼎同志的信》,《逻辑通讯》,1983 年第 13 期。

逻辑理论和方法在刑侦工作中的应用

倪北海*

胡锦涛总书记指出:“在全部公安工作中,队伍建设是根本,也是保证。”公安队伍整体素质的高低,是决定公安事业成败的关键。面对新形势新任务,对公安队伍素质建设不断提出新的更高的要求,加强公安队伍教育训练工作重要而又迫切,在公安队伍建设和教育训练工作中,侦查员基本功训练教育更是刻不容缓,熟练掌握侦查逻辑学基础知识,应当是一名合格侦查员必备的基本功。

第一、熟练掌握侦查逻辑学基础知识,是一个侦查员必备的基本功

刑事犯罪是一种可以被认识的客观事物。刑事案件的侦查过程,就是侦查员运用各种手段对其认识的过程。认识是人脑对客观事物的能动反映,侦查逻辑正是研究侦查思维的科学,因此,熟练掌握刑事侦查逻辑学的基础知识,就成了侦查员必备的基本功。

在刑事侦查活动中,侦查员面对的往往只是案件现场和案件情况。这里,无论是现场勘察还是现场调查,都只是一个获取案件材料的一个过程。而要对案件现场和案件情况形成侦查员的主观认识,必须严密的逻辑思维。

湖南省靖州县飞山旅社 308 房曾发生一起特大盗窃案件,江苏省靖江市航运公司职工刘某、支某二人携带的 14 650 元木材款(公款)被盗,装钱的小提袋被划乱后丢在现场。

派出所干警赶来现场,勘察时发现,308 房窗户没有撬压痕迹,窗外没有攀爬痕迹,房门完好无损;走访服务员,服务员反映江苏老板出去后,并没有人找她开门,于是认为,“7.17 案件”是报案人为了贪污公款而报的假案,案件侦办被搁置下来。半月后,刘、支二人来到靖州县公安局刑侦队查问案件侦办结果,刑侦干警接待二人并详细询问案件发生情况后。来到现场了解案情,所获相差无几。但据此,值班民警头脑中形成了这样一个不相容选言判断:

“要么是失主报假案,要么是服务员说假话”

逻辑上矛盾的东西,必有一真,必有一假,为了查清这个“真”与“假”,值班民警再次找来失主,反复讯问案件发生前的情况,包括他们与人的交往、来购买木材的过程细节、带钱来靖州的原因等,特别就被盗的木材款的来源、面额等进行了细致盘问。

---

* 倪北海,男,湖南省怀化市刑警支队支队长。

核实说明,7月17日,失主二人住进靖州县的飞山旅社时,的的确确带来了14 650元现金。而从现场提取的被划乱的提袋来看,在刘、支等四人离开房间后,的的确确有人来过318房,只是提袋上的划痕让人感觉蹊跷。据此,值班民警认为:7月17日,在飞山旅社318房,的的确确发生了盗窃14 650元的特大案件,尽管提袋上的划痕暂时无法解释。

不相容选言判断,如果肯定其中一个选言肢,即可否定另外一个选言肢,结论:

"'7.17案件'是真案"。

"如果'7.17案件'是真案,那么,服务员就说了假话"。

当晚,传唤服务员,通过耐心细致的说服工作,服务员如实地反映了她当晚所见的情况:

原来,就在刘、支四人离开旅社不久,她在318房见过一名可疑人,警惕地问那人,那人回答:"我是和江苏老板一起做生意的,他们吃饭去了,我给他们取样东西"。听了这话,服务员以为他和江苏客人是一起的,放心地离开了。江苏老板从外面吃饭回来,惊慌失措地告诉她放在318房14 650元现金被盗,服务员一来害怕赔钱,二来害怕单位找麻烦,派出所干警找她了解情况时,她一个劲地撒谎:江苏老板出去后,没有看见任何人来过318房!

了解到这一情况,值班民警感觉,这位陌生的年轻人作案嫌疑重大。袭击目标那样准确,时机选择那样恰当,一个必要条件假言判断在脑海中迅速形成:

"只有了解失主等四人活动(吃饭)的人,才有可能作案。"

接着,值班民警又将失主找来,详细调查他们来靖州前后的活动和交往情况。失主声称:7月13日去贵州远口购木材,17日带款来靖州,除一同过来的几个人之外,其他没有人知道。

这时,一个充分条件假言判断油然而生:

"如果是这样,那么,这伙人就有重大作案嫌疑。"

同时,一个选言判断在民警们的头脑里出现了:

"这伙人中,必有一人参与作案。"

于是,侦查员围绕这伙人开展深入细致调查,终于发现,与之同行的会同县杨某等二人犯罪嫌疑重大,对"两杨"家中展开搜查,终于发现部分赃款,认定二人的犯罪嫌疑。但是,案件发生当时,"二杨"并没有离开刘、支二人,再说,小唐所见的窃贼也不是"二杨"。那么,肯定还有第三者参与行窃。接下来便是抓紧对"二杨"的审查,同时开展对"二杨"关系人的调查。二人只好如实交代,行窃的那位年轻人名叫梁某,男、24岁,会同县坪村乡新屋村人,长期以做木材生意为名在外流窜,与他们关系密切。

当晚，梁某归案。

三人交代：7月13日，当他们了解到江苏靖江两位老板欲来靖州等地购买木材后，立即着手策划盗窃或诈骗二人的方案。7月17日，梁某尾随"二杨"及失主来到靖州，伺机作案。当晚，"二杨"随刘、支出门时，将事先准备好的纸团塞进318房锁孔，致使房门无法上锁。饭前，杨某借故上厕所，利用瞬间时机，与梁某秘密接头，将房间号及准备情况告诉梁某。而后，梁某直接去了318房。原来，梁某是行窃的老手，考虑原装钱的提袋目标明显，故将钱从袋中取出，放进自己早准备的提袋里。欲盖弥彰，又用刀子在原来装钱的袋子上划了一道大口子。

此案侦破过程中，刑侦队的侦查员发现失主报案反映的情况与案件现场调查勘察发现的情况是矛盾的，特别当他们研究现场装钱的黑色提袋上的那道口子后，也感觉的确有些蹊跷，但他们并没有简单地认为"7.17案件"是假案，面对矛盾的反映，他们形成了一个不相容的选言判断："要么失主报假案，要么服务员说假话，"然后根据不相容选言判断的两个选项言肢，必有一真必有一假的关系，先询问核实失主反映的情况，在确认被盗款来源清楚，失主不可能报假案的基础上，认定"7.17案件"是真案，然后抓住案件侦破的其他关键，使专案侦查呈现出新的转机。对于案中其他一些疑虑、难点，他们根据现场勘察和调查获取的案件材料，采取"各个击破"的侦查谋略，通过一个个新的判断新的推理，对案件形成准确、全面、系统的认识，并最终呈现并抓获犯罪嫌疑人，彻底弄清案件真相。"7.17案件"的成功侦破，正是专案侦查员运用严密的逻辑思维取得的结果。

所以，从此案侦破可以看到，案件的侦查过程也是一个逻辑思维过程。是侦查员根据案件现场提供的条件、情况，通过逻辑思维，对案件形成理性认识的过程。这里，无论是查明案件真相，揭露犯罪事实，还是寻找破案依据，收集犯罪证据，是分析刑事犯罪特点，还是研究刑事犯罪规律，无一不是如此。

逻辑学是研究人类思维的科学，逻辑学研究的关于思维形式、方法和规律，是客观事物在人们主观意识中的反映，是通过社会实践无数次重复，在人的意识中固定下来和总结出来的东西，因此，在人们的思维过程中，只有严格遵守逻辑思维的形式、方法和规律，才能够保证思维认识的正确性。

随着人类社会的进步和科学技术的发展，刑侦技术和技术侦查在刑事侦查活动中得到广泛运用。比如DNA鉴定、微量物证鉴定等等，不仅有科学依据，而且结论准确可靠，完全可以作为破案的依据和认定犯罪的证据。特别近些年来，技侦、网侦手段在刑侦工作中得到广泛运用，发挥了十分重要的作用。

但是，在刑事案件侦查的全部活动中，仍然离不开案情分析，调查取证、摸底排队，审查讯问这些最基本的侦查活动，离不开侦查员对案件的主观认识。仍然需要侦查员缜密的逻辑思维，需要侦查员根据案件的信息，形成概念、作出判断，进行推理。即使DNA鉴定、微量物证检验以及其他侦查手段等等，也需要运用逻辑思维。

刑事侦查活动中，一般十分强调严谨的工作作风，其实，严谨的工作作风也必须严谨的逻辑思维，没有严谨的逻辑思维不可能有严谨的工作作风。在以往的刑事侦查活动中，不少案件之所以不能及时破获，日久之后，一些案件变成疑难案件而最终搁浅，个别案件甚至成为冤、假、错案,并不就是这些案件案情特别复杂、侦破的难度特别大,而是因为我们的参战干警,缺乏严谨的逻辑思维和严谨的工作作风所致。而刑事侦查逻辑学的基础知识,则正是培养侦查员严谨的逻辑思维能力和严谨的工作作风的重要工具。

综上所述,我们认为,对于一个侦查员来说,并不是要不要学习侦查逻辑的问题,而是应当如何学好侦查逻辑,不断提高逻辑思维水平,在侦查实践中,更好地运用侦查逻辑的问题,所以,学习和熟练掌握侦查逻辑基础知识,不仅能够提高我们侦查员的理论水平与实践能力,同时,对于提高整个公安刑事案件的侦查水平,都具有十分重要的作用。

第二、熟练掌握侦查逻辑学基础知识,能起到检查、避免和减少侦查思维活动中逻辑错误的作用

学习逻辑知识,在侦查实践中能够做到熟练运用逻辑知识,一个明显的作用就是:可以避免和减少侦查思维活动中的逻辑错误。艰苦的侦查实践表明,案件侦查过程中会出现不少失误,但检查这些失误的原因,则往往是侦查员思维中的逻辑错误所致,侦查思维活动中的逻辑错误,主要是指不能正确运用逻辑方法或不能严格遵守逻辑规则、规律导致的思维错误。这些错误通常是:

1. 运用“思维形式”不当出现的错误

运用“思维形式”不当出现的逻辑错误,既有运用概念、判断、推理不当的错误,也有不能正确理解和运用逻辑思维范畴的错误。比如“7. 17 案件”,派出所民警赶到现场,看到现场门、窗和墙头没有破坏、攀爬痕迹,就认为这是一起假案,其实,他们是形成了这样一些判断,运用了这样一个推理:

> “如果发生盗窃案件,现场外面必有攀爬痕迹,现场门锁必有破坏痕迹;
> 现场外面没有攀爬痕迹,现场门锁没有破坏痕迹;
> 所以,没有发生盗窃案件。”

这是一个充分条件假言推理,依照其规则,否定后件,就能否定前件。这个推理的逻辑形式是正确的。但是应当看到,这个充分条件假言判断的前提判断是一个经验判断而不是理论判断,也就是说,前提“如果发生盗窃案件,现场外面必有攀爬痕迹,现场门锁必有破坏痕迹”不是依靠科学理论,而是依靠侦查员实践经验形成的判断。经验判断一般只能得出或然性结论,不能得出必然性结论。所以,这一推理所得结论只是或然性的,而或然性结论并不能作为认定是否发生案件的客观依据,所以,从逻辑上讲,这个推理所得的结论即“没有发生盗窃案件”是不可靠的。

2. 运用“思维规律”不当出现的错误

思维规律是侦查员正确认识和反映刑事犯罪活动和刑事案件客观情况必须遵循的规律,是构成侦查逻辑的重要理论基础。在刑事侦查思维实践活动中,思维规律发挥着十分重要的作用。体现着侦查员在刑事侦查中思维运动内在本质的联系和必然趋势,是刑事犯罪和刑事侦查的规律在侦查思维中的反映。

案件认识过程中，必须通过感性认识到达理性认识，最后达到认识案件多方面本质的目的。理性认识阶段的思维被称为理论思维，理论思维又分为知性思维与理性思维两种不同的逻辑形态。知性思维是思维对案件作“抽象的思维”阶段考察时，表现的形式与规律，是抽象思维的能力，是理性思维的初级阶段。而理性思维对案件作“具体的思维”阶段考察时，表现的形式和规律，是辩证思维能力，是理性认识的高级阶段。而在知性思维阶段，其思维规律是“同一律”，在理性思维阶段，其思维规律则是“对立同一思维规律”，二者是有明显区别的。

侦查活动中，当案件侦查进入艰难的“久侦不破”阶段，如何具体地、全面地、联系地和发展(变化)地看待案件现象，往往需要更加注重运用“对立同一思维规律”。

比如“7.17案件”侦查过程中，如何看待发生盗窃案件与案件现场没有攀爬痕迹、门锁没有破坏痕迹、遗留现场的装钱的“黑提袋”以及黑提袋上那道刀痕这一客观上的矛盾，就让侦查员颇费思索。如果说发生了盗窃案件，罪犯进出现场应当有(攀爬或破坏)痕迹，可现场又找不到任何痕迹；罪犯盗窃现金，一般应当迅速逃离现场，即提着提袋赶快溜走，可罪犯并没有带走小提袋；而且不仅将黑提袋丢弃在现场，还划上一刀大口子。如何运用“对立同一思维规律”，具体地、全面地和变化地看待这些矛盾现象。据案犯后面的交代：直截盗走黑提袋，他知道楼梯口有服务员值班，害怕暴露目标；而划乱它，则正是为了制造一个假相，给人以错觉。案犯这一交代是可信的。而如果案件发生后，侦查人员在勘察和访问现场的当时，能够运用“对立同一思维规律”，将楼梯口有服务员和案犯伪装现场等考虑进去，那么，他们也许就不会得出“7.17案件是假案”的结论，致使案件侦查搁浅了。

总之，当案件现场现象出现诸多矛盾或案件“久侦不破”时，往往需要侦查员对案件进行深入的辩证思考，运用“对立同一思维规律”来琢磨和分析案件。

3. *运用逻辑方法不当出现的错误*

方法是要达到目标必需的途径和必要的手段、工具。侦查思维的逻辑方法，就是侦查员在刑事侦查活动中，为了认识案件情况所采取的思维实践的方法。

运用逻辑方法不当出现的错误主要有由于不理解、不深入、不细致、不全面、不客观所导致的认识的主观性和片面性。

现场勘察时，由于种种原因，侦查人员要客观、正确地反映和认识案件现场遗留的痕迹物证，往往有一些难度。有些应当收集的证据没有及时收集，有些证据没有获得正确的认识或使用，这里也有一个逻辑思维的问题。

案件发生后，侦查员进入现场，就已经进入了案件认识阶段，但是要尽快地让客观的案件进入主观思维，形成“思维的具体”，就必须运用学习和掌握侦查逻辑基础知识，采用“分析与综合”、“抽象与具体”等多种逻辑方法，具体地、全面地、联系地和发展地认识案件现象，避免发生应当采集的痕迹、物证不能及时采集，可以运用的痕迹、物证不能运用的逻辑错误。

其实，侦办“7.17案件”时，当现场寻找不到明显的“进出口”、又没有人找服务员开门，认为服务员也不可能参与作案的时候，侦查员就应当思考这样一个问题：此案目标选择准确，时机选择恰当，是不是一起有预谋有准备的“闯空作案”的案件；而如果像这样有预谋有准备的案件，一般来说就应当有“内应”；再说，罪犯为了逃避打击，会进行比较周密的案前思索与准备，而就此案来说，罪犯应当策划如何快速进入现场的问题。也就是说，如何运用逻辑方法，完整地再现“7.17案件”的作案过程，就成了查破此案的关键所在。所以说，逻辑方法在侦查思维活动中，有着十分重要的作用。

第三、熟练掌握侦查逻辑学基础知识，能够起到加快思维“速度”的作用

“抓住战机，快速反应”是刑事侦查工作的重要方针，也是刑事侦查重要的工作方法，更是树立良好公安形象的基本要求。

就刑事案件侦查来说，“抓住战机，快速反应”，不仅体现在“出警”要迅速，更重要的是侦查员特别是现场指挥员赶到现场后，思维要敏捷，对案情的认识要迅速、准确，也就是要让专案侦查人员的思维尽快进入“思维的具体”，正确认识案件各个方面的不同本质，采取相应的有效的侦查措施，及时破获案件。“7.17案件”发生在7月17日，直到8月2日才真正展开侦查工作，虽然时间已去半月，调查所得情况亦无变化，破案条件明显不及案发当时。但是，由于刑侦队干警具备娴熟的侦查逻辑基础知识，紧紧抓住破案关键，从接到情况到抓获犯罪嫌疑人，仅用了二十多个小时。而要是派出所侦查员具备一定的逻辑知识，则侦破过程一定更为简单快捷。

如何做到思维敏捷，熟练掌握逻辑学基础知识，即帮助创新刑案侦查逻辑思维模式；又能帮助灵活运用辩证思维基本原理和智慧地看待案件现象。

思维模式，又称思维因式，是人们在认识客观事物过程中形成的一种比较稳固的思维结构，是人们认识事物各个不同方面的属性和本质的逻辑程序，一种习惯性的经验思维的“流水线”。

比如，面对的同样是“7.17案件”，原专案人员赶到现场后，他们仅凭现场矛盾现象，草率地认为是失主“为了贪污公款而报的假案”，而没有对矛盾的案件现象进行细致的研究分析，也就是说，由于缺乏必要的逻辑知识，他们不能正确运用不同的思维模式，从案件各个不同方面进行综合性、联贯性的思考，从案件的不同情况、不同因素，对案件形成比较完整准确的认识；或者说对案件矛盾现象出现的原因进行多方面思考，积极发现和寻找其符合客观条件、客观情况的主要原因，对案件认识形成自己独有的意见，导致了整个案件侦查的失败。

当然，侦查思维实践中，思维模式因人而异，人们的知识水平和认识经验不同，思维模式也会有区别。比如面对同样一起案件，有的侦查员注重的是现场勘察，是痕迹、物证，从案件的横向联系上求得对案件整体性的认识，有的则注重现场调查，注意从案件发生前、后事物的发展变化去积极寻找案件发生的原因，从事物发展的纵向方面去认识案件的过程。凡此种种，各不相同。总的说来，一个人的侦查经验越丰富，侦查专业基础知识越雄厚，其思维模式的层次就越高，案件认识就会越深刻。

灵活运用辩证思维原理，就是要求侦查员辩证性原则要求侦查员的思维必须运用“对立同一思维规律”来看待案件的一切现象，以“矛盾分析方法”对待案件的所有情况。

“对立统一”是自然、社会和思维领域中的最一般的规律，它所揭示的是任何事物都包含着内在的矛盾性，事物内部的矛盾双方又统一又斗争推动事物的发展。

在刑事侦查思维活动中坚持对立统一的辩证性原则，必须坚持以下观点：

首先必须体现“全面的观点”，就是要将案件所有表面现象和个性特征全部摄入自己的侦查视线。体现“联系的观点”。不是孤立地出现和存在每一起刑事案件和刑事案件的每一个情况，不是停留在对案件的某一局部的认识而忽略对其全局的认识，而应当从联系的观点出发，认识案件的每一具体情况的具体联系。对案件情况进行认识。体现“发展的观点”。辩证唯物主义认为：联系构成运动，显示运动，运动就是变化，运动就是发展。每一起刑事案件的发生，都是事物发展到一定阶段所出现的一种情况，一种结果。每一起案件内部各个组成部分，也是相互联系和发展的。比如案件现场形成之后，由于种种原因，会不断遭到破坏；群众反映案件情况，因为情感的作用或其他原因，往往会带有一种主观的或不正确的东西，不能作如实反映等等，也会影响侦查员对刑事案件的认识。所以坚持辩证性原则，必须运用发展的观点，从发展的角度去认识案件和案件情况。

智慧地看待复杂的案件现象，就是要求侦查员认真学习和熟悉案件认识的逻辑构成。在案件认识即“具体——抽象——具体”过程中，灵活运用各种不同的思维方法、思维形式、思维范畴。运用一切可以运用的逻辑手段来认识案件现象。

总之，学习和掌握刑事侦查逻辑学的知识，在案件侦办过程中，灵活运用各种不同的思维方式、方法和模式，快速地形成概念、作出判断和进行推理，准确而深刻地认识案件多方面的本质，对于提高侦查员的办案速度和办案水平，有着十分重要的作用。

第四、熟练掌握侦查逻辑学基础知识，能够起到提高思维“质量”的作用

思维质量即侦查思维成果的优劣。一般是指侦查员对案件形成的高水平的判断，是侦查员判断能力的体现。俗话所说的“一语破的，入木三分”，就是指高水平的思维成果，它是高水平思维能力的一种体现。

在刑事侦查过程中，“思维质量的高低”主要体现在思维成果（结果）即对案情判断的准确性、深刻性和全面性等几个方面。如果对案件能够进行准确、深刻而全面的认识，对于缩小侦查范围、明确侦查工作重点、确定重大犯罪嫌疑对象，都有着十分重要的作用。反之，出现认识偏差，往往容易造成工作失误，甚至致使案件侦查“误入歧途”，或者钻进死胡同（破不了案或出现冤、假、错案）。“7.17 案件”，前面的有些认识之所以出现偏差，大多还是因为缺乏逻辑知识，不能准确、深刻、全面地思考和认识案件现象所致。

准确认识案件 逻辑意义上的准确性，一般是指思维的结果通过实践的检验，完全与客观事实一致。在刑事侦查活动中，通过对案件情况作出判断，然后依据判断开展侦查活动，能够及时破案的，认识判断就是准确的。一般情况下，使用逻辑思维准确分析案情，是通过逐渐增加概念和判断的内涵、缩小概念和判断的外延来达到的。

比如侦查“7.17 特大盗窃案件”，随着认识的不断深入，对其“性质”的判断也在不断变化，而且随着判断内涵的不断增加，外延的不断减少，认识也就越来越精确：

1. “‘7.17 案件’是一起案件”；
2. “‘7.17 案件’是一起盗窃案件”；
3. “‘7.17 案件’是一起团伙盗窃案件”；

4. "'7.17案件'是一起有预谋有准备的团伙盗窃案件";

这样,通过概念(判断)内涵与外延的反变关系,以不断扩大内涵的量来不断缩小外延的量,提高判断的准确性。在侦查活动中,概念和判断的准确性提高了,侦查范围缩小了,自然,工作难度也就缩小了,办案成功率就会提高,就会加快办案速度,节约办案成本,减轻侦查员的工作和心理负担。

深刻认识案件 逻辑意义上的深刻性,一般是指案件认识过程中,通过概念、判断,形成的对案件多方面不同本质深入而直接的认识。"7.17案件"侦查过程中,侦查员关于此案罪犯必须具备的"1. 了解刘、支二人携带14 650元巨款;2. 了解刘、支二人住在飞山旅社318房;3. 掌握刘、支二人行踪,特别是准确了解他们外出就餐的情况;4. 有条件接触旅社服务员,获取318房钥匙"的四个条件,和"二杨"有重大作案嫌疑"1. 声称贵州省黎平县水口镇有'一批木材',要刘、支二人携带巨款来靖州的是杨海燕;2. 刘、支二人携带14 650元现金住在飞山旅社318房,只有'二杨'最清楚;3. 只有'二杨'掌握刘、支二人外出就餐的时间;4. 如果不是服务员开房让罪犯进房,那么也就只有'二杨'可以在出门前在门锁上做手脚"的四条理由,就是对"7.17案件"最深刻本质的认识。

全面认识案件 在刑案侦查过程中,特别是一些"久侦不破"的疑难案件,往往会存在许多矛盾的案件现象,面对这些矛盾的案件现象,侦查员必须运用逻辑思维来进行思考,正视矛盾,正确分析和认识矛盾,注意全面揭示案件的各个不同的本质特征,千万不要只注意矛盾的一个方面而忽视矛盾的另一个方面,产生认识的偏差。

总之,思维质量的高低,取决于一个侦查员的侦查思维的能力。学习、掌握和灵活运用侦查思维的规律、规则、方式、方法,对于提高侦查员的思维能力和思维质量有着至关重要的作用。

高质量的思维活动在认识具体案件过程中,不仅能够加快思维速度,提高正确思维的效率,更重要的是,它对于复杂的或"久侦不破"的疑难案件,能够准确地认识其多方面的本质,起到"攻坚克难"的作用。

第五、熟练掌握侦查逻辑学基础知识,能够通过开拓和启迪侦查新思路,起到"析疑解难"的作用

侦查逻辑所研究的是侦查思维,有思维方式、思维方法和思维规律方面的知识,而这些知识,都是刑事侦查活动中需要经常用到的基础知识。这些基础知识,不仅能够帮助我们启迪和开拓新的侦查思路,特别在案件"久侦不(难)破"的情况下,能够起到"析疑解难"的作用,取得"攻坚克难"的成功。

就思维形式而谈:思维形式即概念、判断、推理、范畴的基础知识,无一不是刑事侦查活动中"析疑解难"的好工具。

比如就概念来说,概念的内涵与外延的反变关系,内涵越丰富,外延越精确;概念间的矛盾关系与概念间的反对关系问题,概念间的矛盾关系并不是现实中事物的矛盾关系,现实中的矛盾关系往往是概念间的反对关系即辩证矛盾等等。就是在刑事侦查活动中经常运用的

逻辑知识。

比如使用选言判断和选言推理，选言判断的选言肢是否穷尽，侦查员通过思考是否遗漏选言肢，即可寻找新的侦查途径。选言肢有遗漏，及时地“拾遗补缺”，细思苦想，寻找和发现被遗漏的新的选言肢，就为开辟性地工作提供了新的途径。

而联言判断和联言推理，运用联言判断来“析疑解难”，主要是通过不断增加判断的联言肢来收到效果的，它可以更加准确地提供侦查范围，更加精确地打击刑事犯罪。比如“7.17案件”确定重点嫌疑对象，专案人员将犯罪应当具备的“1. 了解失主携带 14 650 元巨款；2. 了解失主住在飞山旅社 318 房；3. 掌握失主行踪，特别是准确了解他们外出就餐的情况；4. 有条件接触旅社服务员，获取 318 房钥匙”。四个条件形成一个联言判断，然后形成一个必要条件假言判断，对确定重点嫌疑对象发挥了很大的作用。由此，可以明确确定重点嫌疑对象，大大缩小侦查范围，为快速破获案件赢得宝贵的时间。

逻辑范畴更是反映学科对象的各个基本方面的属性、关系和行程，作为思维形式的逻辑范畴，是人们用来认识客观现实的具有普遍性的概念，因此具有普遍的方法论的意义。侦查思维的逻辑范畴，它的作用显得尤其直接和重要。在刑事侦查实践中，人们运用逻辑思维抽象认识刑事案件，其实就是运用各种不同的逻辑范畴来认识案件的不同本质。

刑案侦查过程中的思维活动，必须运用逻辑范畴；一旦脱离逻辑范畴，人们不仅无法思维，整个案件的侦查也将无法深入下去。而这些判断一旦形成，则为下步侦查工作提供了方向。当然，对案件认识的正确与否，也就是说这些判断是真是假，还得通过侦查实践检验才能确定。

“析疑解难”的另外一个艰巨任务就是发现新特点，解决新难题。而逻辑知识正是发现新特点、解决新难题的重要工具。随着社会的不断进步，科技的不断发展，刑事犯罪的规律特点也经常发生变化。刑事侦查活动中，逻辑方法就是帮助侦查员对刑事犯罪特点产生新的认识与看法的重要工具。比如观察方法，信息方法，比较方法，特别是逻辑的与历史的方法，抽象与具体方法等，强调的就是对刑事犯罪刑事案件，不仅要认识它的现象，对案件作出表面的、静态的、经验的描述，更需要运用辩证逻辑方法，对它进行动态的、理论的深刻分析，不断探索其新的本质。

第六、熟练掌握侦查逻辑学基础知识，起到识别和揭露犯罪嫌疑人的诡辩的作用

不少刑事罪犯，为了逃避打击，或制造假相，或编造假证，有的犯罪嫌疑人甚至在铁的事实面前硬着头皮说假话。对此，只有正确地识别它，才能彻底揭露它。而侦查逻辑，无论是逻辑方法、逻辑方式，还是思维形式、思维规律，都是识别、揭露假相和诡辩的最有效的方法。其作用主要是识别和揭露作用。

现场勘察中的识别。现场勘察中的识别，主要是通过现场痕迹物证，识别是不是真正的刑事案件现场。侦查实践中经常碰到的情况有：不是案件而是事件的，比如自然溺水死亡、投水自杀与他杀案件；熟悉现场的人所作的案件而伪造成不是熟悉的人所作案件的，比如盗窃案件现场，内部人作案而伪造成不熟悉现场流窜作案的；是案件而伪装成不是案件的，比

如夫杀妻或妻杀夫这样类似的案件，等等。这样一些案件(事件)，都需要侦查员在现场勘察中，根据现场情况，运用逻辑思维，辩证地识别案件现象，以形成正确认识。

"7.17案件"现场并没有伪装，罪犯只是在现场装钱所用的小提袋上面划上一刀就令人费解，让人无法看透，此案说明，侦查员在研究案件时，根据现场提供的情况，进行识别性的分析认识。

调查侦查中的识别。调查侦查中的识别主要是看侦查员在调查侦查中，对于自己获取的案件信息所采取的态度。调查侦查中的识别，对于侦查员来说，有着更为重要和现实的意义。在现场调查中，侦查员往往能够获取到许多案件信息，特别是一些有重大影响的刑事案件，信息量更大。信息量大固然不是坏事，但信息需要处理，需要选择，太大的信息量往往会增加侦查员的鉴别困难，哪些信息与案件有关，哪些信息与案件无关？哪些信息反映了案件本质，哪些信息反映的只是案件表面现象，还有那些相互矛盾的信息，让人捉摸难定；有一些牵强附会的假信息，弄不好还会将我们的侦查视线引入歧途。

还有，"专案耳目"，是我们刑事侦查工作的"法宝"、"支柱"。物建和使用专案"专案耳目"，既是侦查员的基本功，也是一个经常性的工作，但是，对于"专案耳目"提供的案件信息，也有一个运用逻辑思维进行考察、鉴别的问题。专案"专案耳目"，或者应付，或者讨好，或者道听途说，或者牵强附会，有的甚至本身就是重大犯罪嫌疑对象，为了搅乱我们的侦查视线，给我们提供甚至捏造一些虚假信息，这些，都需要侦查员运用逻辑思维，对其进行鉴别。

审讯讯问中的识别。"审讯"，一般是对确定为重大犯罪嫌疑人，采取法律措施后进行的讯问。"讯问"，一般是指有犯罪嫌疑但没有最后确定，或者是与案件有重大关系的人展开的问话调查。撇开讯问形式与性质不说，就问话的态度与内容，对方的回答也有一个如何进行鉴别的问题。是真话还是假话，是真话，那么，真在哪里，是假话，又假在哪里，为什么要说假话，原因在哪里？如此等等，也需要我们运用逻辑进行鉴别。

总之，侦查员具备严密而敏锐的逻辑思维能力，不论面对多么复杂的犯罪活动、犯罪现象和犯罪案件，都能够准确地认识和揭露它，及时和有力地打击刑事犯罪。

论职务犯罪侦查逻辑思维系统工程

朱　武　柴学友*

人类社会自有了政权以后，贪污、贿赂、渎职等行为亦随之而生。进入现代社会后——尤其是20世纪70年代以来，科学技术高度发展，经济繁荣、物质丰富，世界范围内的贪污贿赂等职务犯罪行为日益严重；我国正处在转型的新时期，随着社会经济的空前发展，贪污贿赂等职务犯罪也日益蔓延、凸显。

胡锦涛总书记在中国共产党第十七次代表大会开幕式的报告中，严正提出：党与腐败"水火不相容""对任何腐败分子，都必须依法严惩，决不姑息！"

虽然"反腐"是一个国际课题，但是作为世界第四大经济体的中国，反腐形势却显得更加严峻。已经有报道称：甚至一些跨国公司也在向中国官员进行商业贿赂。英国《金融时报》亚洲版主编维克托·马莱称：尽管中国多次在全国范围内打击腐败，但一些地方上的官员腐败仍然盛行。在中国不少地区，金钱的诱惑仍然超过对惩罚的畏惧。

各级检察机关所承担的侦查职务犯罪案件的任务十分艰巨、繁重。广大的侦查办案人员，要更好地完成这项重要任务，除了以法律为准绳，并学会各种专门的策略手段、技术手段之外，还必须具备丰富的逻辑知识和严密的逻辑思维能力。

所谓职务犯罪，就是指利用职务上的便利条件实施的犯罪。检察机关直接受理的职务犯罪案件，是指国家工作人员利用职权实施的贪污贿赂案件及国家机关工作人员利用职权实施的渎职、侵犯公民人身权利、民主权利等犯罪案件。进言之，职务犯罪是指国家工作人员、企业工作人员或者其他工作人员利用职务上的便利，进行非法活动或者对工作严重不负责任，不履行或者不正确履行职责，破坏国家对职务的管理职能，依照刑法应当受到处罚的行为的总称。

职务犯罪，现已成为破坏社会信任的最大祸害。鉴于职务犯罪对社会的巨大破坏性和危害性，各国反贪污腐败等职务犯罪的努力一刻也没有停息过。职务犯罪与一般刑事犯罪

---

*　朱武，男，江苏警官学院教授；柴学友，男，安徽省人民检察院，副检察长。本文系即将出版的《职务犯罪侦查逻辑》一书第一章的主要内容。《职务犯罪侦查逻辑》遵循理论与实践相结合、理论为实践服务的原则，以"逻辑应用"为出发点，将侦查逻辑思维与检察机关侦查破案工作紧密相结合，通过对侦破典型的职务犯罪案例的分析，深入浅出地论述侦查职务犯罪的广义逻辑思维活动的系统、特点，以及职务犯罪侦查逻辑思维方式方法的具体运用。

《职务犯罪侦查逻辑》不但填补了逻辑原理在检察部门（侦查职务犯罪）应用方面的空白，而且这种应用意义上的体系——将辩证逻辑思维、心理思维素质、创新思维素质等内容糅合到普通逻辑中去，是"侦查逻辑"研究的创新与发展。

我们认为我国目前已出现三种意义上的"法律逻辑"（"侦查逻辑"）：

A. 教学（教材）体系意义上的"法律"逻辑——思维体系；

B. 学科意义上的"法律逻辑学"——法学体系；

C. 应用意义上的"法律逻辑"——"侦查逻辑"体系（《职务犯罪侦查逻辑》采用的是此种）。

"A体系"与"C体系"本质上是一致的；而"B体系"却脱离了逻辑学的外延，这与"'法律逻辑'终究是一种逻辑"不符。

相比，具有智能化、隐蔽化的特点，案件往往难以侦破。职务犯罪侦查逻辑，就是专门研究侦查职务犯罪的逻辑应用学科，它是“侦查逻辑”的一个新的分支。

职务犯罪侦查逻辑思维系统工程，就是指泛逻辑思维形式、规律和思维方法，在整个侦查职务犯罪活动全过程运用中的思维构造。换言之，也就是泛逻辑思维在整个侦查职务犯罪过程中应用的体系结构。以此意义而言，每侦破一起职务犯罪案件就是一项“思维系统工程”。

而作为侦查职务犯罪案件本身来说，它是研究如何发现、搜集、查验与犯罪有关的人证、物证等，为破案提供线索和证据，以揭露和证实犯罪、打击犯罪活动的一项专业工作。职务犯罪侦查逻辑思维系统工程绝不是职务犯罪侦查活动的重复，而是泛逻辑思维的形式、规律和方法在职务犯罪侦查活动所有程序的完整的思维体现。检察机关在受理贪污、贿赂、渎职等犯罪案件后，根据部分犯罪线索进行审查，并进行必要的调查，其目的是为了确定举报是否确实、是否需要立案侦查。

进入立案侦查程序后，大体上按“立案”、“查验”、“取证”、“讯问”和“终结”等多个环节进行。每个环节的实施不但都离不开逻辑思维形式、规律和方法，而且都离不开证据。

“证据”就是刑事诉讼中的证据，它是指公安、检察、审判等办案人员，依照法律规定的程序收集的用以证实犯罪嫌疑人（或者被告人）有罪或无罪、加重或减轻其刑事责任的一切事实。证据是刑事诉讼的基础，它对于完成刑事诉讼任务具有特别重要的意义。

检察官办案必须依靠正确运用证据来认定事实。寻获刑事犯罪证据，可以说是侦查犯罪事实的核心手段，是侦查职务犯罪活动的基础。如果办案人员在侦查职务犯罪的全部过程中，始终以（A）“犯罪证据”为基础，将（B）“逻辑应用”的思维形式、规律和方法，贯穿在（C）“侦查程序（立案——查验——取证——讯问——终结）”中，且必须以（D）“法律（为）依据”；那么，就构成了“一个完整的侦查逻辑思维活动系统工程”（见图 1）。

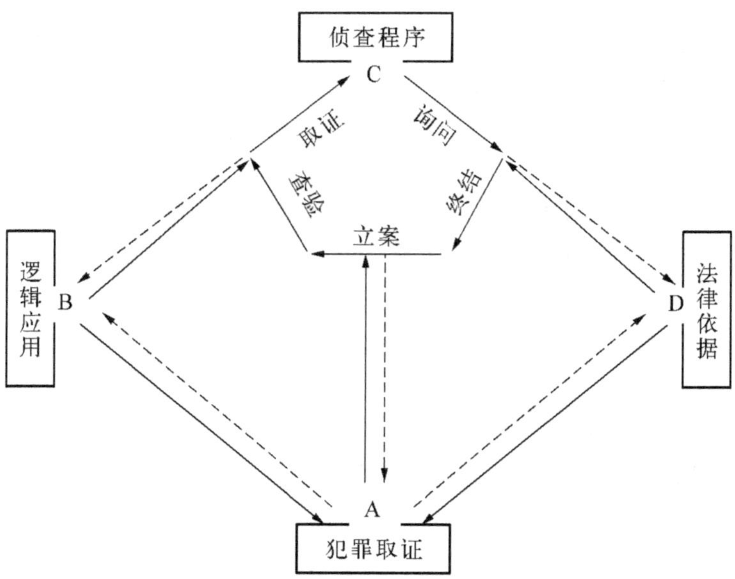

图 1：侦查逻辑思维活动系统工程

这个系统工程里所运用的思维形式、规律和方法是有其显著特点的，它既有一般逻辑思维的共性，又有职务犯罪侦查逻辑思维的个性。职务犯罪现已成为破坏社会诚信的最大祸害。鉴于职务犯罪对社会的巨大破坏性和危害性，世界各国反贪污腐败等职务犯罪的努力一刻也没有停息过。与一般刑事犯罪相比，职务犯罪具有智能化、隐蔽化的特点，案件往往难以侦破。职务犯罪侦查逻辑是专门研究侦查职务犯罪的逻辑应用学科，它是侦查逻辑的一个新的分支，一个新的种族。尽管侦查职务犯罪与侦查其他刑事犯罪在运用逻辑思维形式、规律和思维方式方法上没有根本的差异，但由于职务犯罪主体对象及其思维活动的复杂性与矛盾性等，决定了其侦破的思维方式方法上具有多变性和多样性。

职务犯罪案件不同于普通刑事案件，犯罪嫌疑人往往趁机构改革之机，与奸商相勾结，权钱交易，巧取豪夺，作案手段隐蔽(除监守自盗的贪污案件和刑讯逼供、非法拘禁等渎职犯罪案件外)，很多案件既没有具体的被害自然人，也没有现场可供勘查，物证相对较少，书证和言词证据居多，这就决定了职务犯罪侦查过程的特殊性。检察机关对职务犯罪展开侦查，往往一开始通过单位或公民的举报、有关机关的移送或检察人员自行发现就会有明确的犯罪嫌疑人，但嫌疑人是否实施了线索所反映出的犯罪行为，其行为是否构成了犯罪，这些都必须通过进一步的侦查去证明，即“由人到事”的侦查过程。侦查过程的特殊性决定了检察机关在侦破职务犯罪案件过程中的侦查逻辑思维的特殊性。

职务犯罪侦查逻辑思维活动的系统有如下几个主要环节构成：

1. 立案侦查—起点。立案是刑事诉讼活动的开始。按我国《刑事诉讼法》规定，公安机关或人民检察院是否立案侦查，应当视其行为是否构成犯罪的事实和事实的轻重以及是否需要追究刑事责任确定。认为没有犯罪事实，或者犯罪情节轻微，不需要追究刑事责任的，则不予立案。但对需要侦查的案件并不都以“认为需要追究刑事责任”为立案条件。立案部门经过查证核实符合立案标准的案件即予立案侦查。

立案侦查是探案的初始阶段，是侦查人员认知案情的起点。侦查人员在立案的逻辑思维中，主要采用的思维方法是“信息处理法”。所谓信息处理法，就是应用信息论的原理处理和了解案情的一种考察方法。它是通过对信息的输入、处理、输出等步骤的分析，来揭示案情。

在职务犯罪立案侦查过程中，信息向检察机关办案人员表露何时何场所发生何种职务犯罪活动。信息总是通过某种载体来传递的。例如，“某税务局长索取他人财物”这样一条信息，或者是被索取人举报、或者是知情人检举传递来的等等。尽管载体的形式有可能不一样，但这无关紧要，重要的是这条“信息本身”。对传递来的信息，我们称之为“输入信息”。输入信息往往会夹杂着不确切的成分，甚至完全是虚假的。这有可能是因为“被索取者”出于陷害他人的目的而诬告，或怀恨“被举报人”而进行报复，也有可能是检举揭发人记错了或看得不准确等等。因此，对输入信息必须经过“处理信息”这个过程。

所谓处理信息，即对输入来的信息进行由表及里、由浅入深、去伪存真的处理过程。一般有这样三个步骤：“滤波”、“验证”和“对照”。所谓“滤波”就是对无关紧要的信息进行处理。例如，侦查人员在立案时，对收集来的各种材料要去掉与犯罪无关的部分。同时，对输入信息进行归纳、分类、简化、整理，这些也都是滤波。

2. 查验真伪—对照。所谓对照，就是比对法律。侦查人员对验证后的信息（即真实的材料），一般按照我国《刑法》等法律进行比对。例如，在立案中，某办案人员获知某学校会计有贪污行为，经查证，这一“输入信息”完全确实。但是是否要立案呢？这还要以这位会计的实际情况对照我国《刑法》第382条而定。如果符合该条款的规定，就要立案；如果这位会计贪污的数额不大，还够不上犯有贪污罪，那么就无需立案了。对各种信息材料的处理、真伪的论证、科学的逻辑断定等，也都是“对照”要做的。

处理信息，是运用信息法最重要的过程。对输入的信息经过处理后，就可以称之为“输出信息”了。在侦查职务犯罪中，信息经过立案“处理”，即可称为立案的“输出信息”。立案的输出信息可分为两种情况：立案的与非立案的。而这种“输出信息”，就成为职务犯罪侦查的第二个环节——“查验”的“输入信息”了。同理，经过“查验”处理的“输入信息”，即为“查验”的“输出信息”。……侦查的各个环节“信息”都是如此地“处理”着。这种处理信息的流程，也必然反映在侦查职务犯罪的整个思维活动“系统工程”里（可用图2表示）。

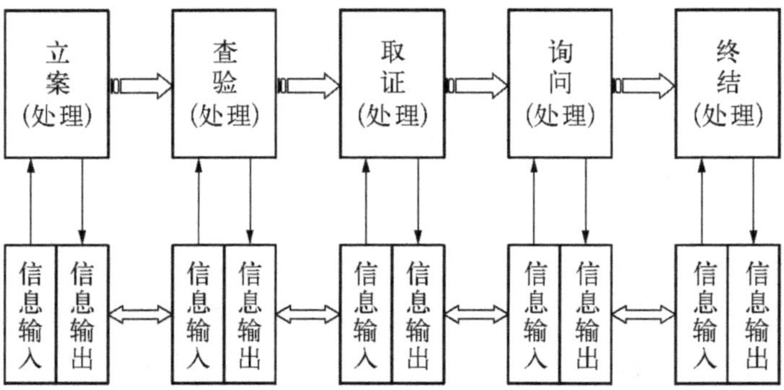

图2：侦查逻辑思维活动系统工程

3. 搜寻证据—推演。所谓证据，主要是指刑事证据。根据我国《刑事诉讼法》第42条规定：证明案件真实情况的一切事实，都是证据。证据有下列法定的“七种”：(1) 物证、书证；(2) 证人证言；(3) 被害人陈述；(4) 犯罪嫌疑人、被告人供述和辩解；(5) 鉴定结论；(6) 勘验、检查笔录；(7) 视听资料。《刑事诉讼法》中的证据，是公安、检察、审判人员依照法律规定的程序收集的用以证实被告人有罪或无罪、加重或减轻被告人刑事责任的一切事实。刑事证据的法定概念，必须具备下列三个方面的条件：一，从（具有关联性的）刑事证据的内容上看，证据是某种客观存在的、已知的事实，且这种事实可作为一种手段，用于证明刑事案件中某些待证（未知的）事实。证据的这种对案件事实的证明作用源于它们之间的某种联系，这就是关联性；二，从证据的表现形式上看，刑事证据必须表现为法定的“七种”形式之一；三，刑事侦查人员依照法律程序收集的，按照最高人民法院和最高人民检察院的司法解释（规定），非法取得的言词证据应予排除，不能作为指控犯罪或认定犯罪的证据。因此，刑事诉讼证据应该是内容与形式的统一，即刑事诉讼证据是指以法律规定的形式表现出来的能够证明案件真实情况的一切事实。

收集证据，认定证据，可以说是办案人员最主要的职责。一旦证据确凿充分了，侦查任务也就渐趋大功告成。例如,河北省原国税局长李真贪污受贿大案。这是一起经得起历史检验的铁案,侦查人员在整个办案期间——取证上下了很大的功夫,费时三年,跑了十几万公里,终于取得了足以判定李真死罪的如山(近两米高的证据材料)铁证。也可以说,就是这近两米高的"证据",把李真送上了断头台。

侦查人员认定证据得借助逻辑的思维形式和方法——即主要靠的是逻辑的归纳和演绎等方法,才能收到事半功倍的效果。侦查人员在进行归纳、演绎时,必须以"基本证据"作前提。所谓"基本证据",视所查的案件性质而定。例如"巨额财产来源不明罪"。巨额财产来源不明罪,是指国家工作人员的财产或者支出明显超过合法收入,差额巨大,本人不能说明其来源。其基本证据是——"行为人财产或者支出明显超过合法收入,且差额巨大(人民币30万元以上)"。

这"基本证据"共有三部分组成:其一,这里所说的财产,是指行为人实际拥有的财产,包括住房、交通工具、存款等,名义上是属于别人实质是行为人的财产——应当属于行为人拥有的财产。这里的支出,是指行为人已经对外支付的款物,包括赠与他人的款物。合法收入,是指按法律规定应属于行为人合法占有的财产,如工资、奖金、继承的遗产、接受馈赠、捐助等。根据最高人民检察院发布施行的《关于人民检察院直接受理立案侦查案件立案标准的规定》(试行)的规定,巨额财产来源不明,数额在30万元以上的,应予立案;其二,行为人不能说明其拥有的财产或支出与合法收入之间巨大差额的来源及其合法性。行为人不能说明其来源是合法的,包括行为人虽然"说明"了,但经办案人员查证不能证明其说明的合法来源的情况。差额部分的财产被推定为"非法所得";其三,非法所得的数额的计算。国家工作人员的合法收入是计算非法所得的基础,国家工作人员的合法收入,应当包括国家工作人员的工资、奖金、国家发放的各种补贴、本人的其他劳动收入、亲友的馈赠和依法继承的财产。非法所得数额应以国家工作人员的财产或者支出与其合法收入的差额部分计算。计算非法所得时,应将合法收入部分扣除,只计算差额部分。如果行为人能够说明财产的来源是合法的,并经查证属实的,应作为本人的合法收入;如果行为人不能说明财产的来源是合法的,则应减去其合法收入的差额部分,即视为非法所得,其行为构成"财产来源不明"。

近年来,有不少高官被查实犯有此罪。如:江西省原副省长胡长清仅"财产来源不明"的金额就达161万余元、安徽省原副省长王怀忠仅"财产来源不明"的金额高达480.58万余元、沈阳市原常务副市长马向东仅"财产来源不明"的金额竟高达1 068.65万余元、近日因爆炸杀人而判处死刑的济南市原人大常委会主任段义和仅"财产来源不明"也高达133万余元。

不难看出,倘若侦查人员以前段文字(法律依据)办案,至少运用了三个推理。第一个用的是演绎推理(假言推理):如果犯有"巨额财产不明罪",那么应是"国家工作人员的财产或支出明显超过合法收入,且数额巨大(30万元以上)";某某某犯有巨额财产不明罪;某某某是国家工作人员其财产或支出明显超过合法收入(已达到30万元以上)。亦可换用"三段论"表述:"大前提"——凡国家工作人员其财产或支出明显超过合法收入(已达到30万元以上),就犯有巨额财产不明罪;"小前提"——某某某是国家工作人员其财产或支出明显超过合法收入(已达到30万元以上);"结论"——所以某某某犯有巨额财产不明罪。第二个用的是归纳推理，一般这个不合法的巨额财产"结论"，都是通过收集若干笔非法收入"作前提"，用"归纳推理"推出来结果。第三个推理，就是这个"巨额财产不明罪"的"证据"本身，与其他罪的证据有所不同——虽然不是"明"的非法财产，但它却是符合逻辑思维推论（即推理）的结果。

4. 讯问初定——排疑。首先要分清讯问与询问的区别。询问是各类案件中都经常使用的证据收集措施和方法。无论刑事案件还是民事案件，无论经济纠纷还是行政诉讼案件，收集证据的其他措施和方法都可以不用，惟独询问是必不可少的。因此，有人称询问是收集证据的"常规武器"，也有人称询问是调查人员的"基本功"。询问的对象一般为案件中的证人和当事人（刑事案件的被告人除外）；讯问，是指执法机关要求犯罪嫌疑人或者刑事被告人如实交代案情的方法。讯问是刑事案件中必不可少的证据收集措施和方法，其对象只能是刑事案件中的犯罪嫌疑人或被告人。

讯问中的逻辑性质，具有辩证逻辑与普通逻辑的不同要求。辩证逻辑的要求主要体现在宏观程序上。具体地说，也就是反映在我国《刑事诉讼法》所规定的讯问过程中。它包括分阶段弄清需要证实的情节，使用证据的过程，确定同案的证人和被审查人的讯问程序、办案人员对供词的评定等。

辩证思维是通过考察"类"，即通过考察对立统一体和统一物各个对立面的辩证关系，揭示出实在的本质，从而将部分扩大成整体、现象上升到本质、个别提高到一般。侦查的思维过程恰恰体现了这一辩证思维法则。部分是指案件侦查过程中各个具体活动的展示；整体是指案件侦查的全过程或案件从立案到侦查终结的有序组合。在在侦查的过程中，办案人员必须客观全面地看待事实——即所谓从实际出发。且侦查人员思维的出发点，从分析案件性质到分析构成案件的各种证据（事实）间的关系，都应是"全局性"的。通过分析与综合，案件的性质、特点以及各种复杂线索将逐渐明朗、清晰，促使侦查工作迅速走向有条理的道路。我们可以这样说，整个侦查工作好比一根链条。链条是整体，它是由许多环节构成的——这些环节便是各个局部——各个局部综合成整体。案件的各个方面（主客观）各种证据，各种侦查手段、方法的应用等等，对于整个案件的侦破具有重大影响。因而整体与部分范畴作为侦查思维的逻辑范畴，首先反映在"类"的范畴中，是被辩证法的内在规定性所制约的。这也可以说，是辩证思维的分析与综合方法，在侦查工作中的应用。

普通逻辑在讯问中的要求，主要体现在讯问过程的具体方法上。即提出的"问题"，必须遵循逻辑的思维形式和规律，以及灵活地按逻辑方法进行。这里，我们主要介绍的是关于讯问中提问的逻辑问题。

"问题"是思维的特殊形式。从逻辑上说，提出问题，就是要求回答，要求说明。侦查人员为了弄清案情，必须询问证人或询问嫌疑人。提问题的目的是填补交谈中遗留的空白、审查受讯问人的供词，使之进一步明确化。

"问题"——可分为两种类型：第一种，只要求简单回答是与否。如，"你是否有违法行为?"预料只有"有"或"没有"两种回答，二者是矛盾关系，必然只能取其之一。这种类型问题叫做两断法；第二种，仅指要回答的范围，回答可能有好几种，例如"关于……你知道些什么?"这样的问题，可以使被讯问人自由地陈述有关案情等情况。

第一种类型问题的特点，在于似乎没有断定什么具体情况，只是向对方提出问题，希望回答。它虽然不是逻辑意义上的问题，但却有其逻辑特征。这种问题都是由两个部分组成的：一部分是问式，另一部分是题设。如，“那天晚上谁和你在一起喝酒的？”“谁”与“？”是问式，“那天晚上……和你在一起喝酒”是题设。

这种问题的思维形式，既强调对事物是了解的，又强调对它的某些方面或者其他事物的联系是不了解的。在问题中，问式部分明显地反映和强调了不知情的因素，旨在索取信息。题设部分含有隐约的命题，是问题的基础（或称之为依据），它本身含有信息传递。因此，只有自己知道的才能发问，通过问题把信息传给对方。

掌握这个原理，对于讯问实践具有特别意义。我们还必须注意到问题的提法，尽量避免受讯问人从中得到关于讯问人员知道什么、已掌握多少证据的信息，不能让问题去提示受讯问人应该怎样回答。根据信息量，受讯问人常常处于比讯问人员有利的地位——他知道揭露他什么，而讯问人员只能猜测他的犯罪行为。在这种情况下，对于受讯问人来说，问题成了讯问人员知道多少底细的标志。

因此，这里讯问人员提出问题的逻辑性就显得特别重要了。其一，要有针对性。也就是说，在问题里面必须有明确的目标，明确问什么、是什么、为什么。其二，问题应该科学地编组，有层次有次序合理地提出。问题的正确性决定于认识和判断的准确程度，认识和判断都蕴涵在问题的论证部分之中。因而，正确提问到什么程度，决定着回答的正确性。其三，问题应当有明显的逻辑结构，有充分的容量。根据容量，问题可以是一般性的，即问题的提出是为了要弄清楚一系列情况；也可以是个别的，即只问某些具体的情节。其四，问题应当是不偏不倚的，即不束缚回答的自由和独立性，不暗示和预先设想好回答的具体内容。提问的个人意图应当完全隐寓于问题的不偏不倚的形式中。还有，暗示的成分，在每个问题中都会有存在的可能，但这种问题应当有层次性，要时而离开时而接近对问题的直接判断。

问题的逻辑性，更主要的还是体现在讯问之中。讯问在侦查职务犯罪案件中占有核心地位，它是获取和查证证据的重要手段。通过讯问，可以获取和查实为正确处理案件所必需的大部分犯罪信息，如查明犯罪动机、目的以及犯罪的条件等。讯问还是教育被讯问人的有效手段，成功的讯问会攻破犯罪嫌疑人的心理防线，为侦破案件扫除了最关键的障碍。不少贪官在审查期间之所以败下阵来，往往就是因为经不住“高质量”的讯问——只好如实交代问题。

讯问，其实就是有逻辑的相互有联系的问题系列的运用。一般提出的问题，是按年代顺序、或归纳顺序、或非演绎顺序、或策略顺序进行。按年代顺序，就是按事件发生的时间提问；按归纳或非演绎顺序，能促使受讯问人的记忆活跃起来、且顺着讯问人的思路走，如运用“回溯法”——从“果”到“因”查明案件的情节，步步迫使犯罪嫌疑人无法回避问题的实质；按策略顺序，其步骤是：开始先问受讯问人愿意陈述的情节，然后问其他情节，最后问他最不愿陈述的情节。

提出问题的顺序，一般是：先是主要问题，后是补充性的问题，然后是明确性和回忆性的问题，再后是审查陈述词——即检查性问题。问题的顺序方法可以这样编排：

（1）从一般到个别顺序。此顺序以演绎法为基础，受讯问人无法确定办案人员掌握了什么信息,因而无法谋划自己的策略。对犯罪嫌疑人的讯问,正是按照这种逻辑顺序进行的。讯问一开始提出一般性的与其被审查的有关问题,以这种形式使其无法提前猜到讯问掌握的证据量。这种讯问的方式也适合于询问证人,这在当办案人员没有掌握案件的全部材料、而只掌握事实方面的简单情况而进行的询问时,就可以使用它。例如:

某大学的基建处长王某,因受大量贿赂而被审查。对这些不义之财,他借口是亲友赠送的或是他人委托其代为保管的而加以抵赖。询问此案的证人——王某的某亲友,如果一开始就直接讯问是否给王某赠送了钱、财、物,某亲友就会意识到怎样回答对于王某有利。这样的证词可靠性程度就不会大。在这种情况下,讯问就应当是"从一般到个别",首先查明其是否赠送给王某钱、财、物。只有得到了这些问题的回答,作了询问笔录并由受询问人签名之后,才可以更具体地提出问题:赠送的是什么,数量有多少,(物品)价格多少,发票呢?什时间,什么地点,分几次(每次又多少),为什么要赠送?……证人直到询问末尾才明白,怎样回答对于他们双方(即被审查者及其自己)有利,但此时已来不及了,因受逻辑的制约,就不得不按提问人的顺序回答各个具体问题。如果证人与被审查者王某事先串通好作了假证,那么编造出来的谎言往往经不住几次"各个具体问题"的反复提问(且与被审查者的讯问供词对照),不难发现其数次的"回答"并非一致——矛盾之处暴露无遗。

(2) 回溯性的逻辑顺序。此顺序先弄清有关事物的结果情况,然后查明其原因。问题的提出,应便于受询问(或讯问)人先回忆起前面的事实,而后是后面的事实,最后是办案人员所感兴趣的事实。这种顺序问题的编排,最好以适当的方式给受询问(或讯问)人予以帮助,帮助回忆起那些在原因上与其相联系的事实。

(3) 跳过中间环节的顺序。办案人员在一系列的推论中(即每个环节中的符合逻辑的系列推理),有意避开(跳过)中间环节,只告诉受讯问人最初的或最后的环节,这会给受讯问人造成异常现象,使受讯问人失去思考伪供和推测讯问人掌握什么证据的机会。因为不指出原因的后果会非常强烈地作用于想象力,讯问人故意跳过某些情节,堵塞了问题中许多为受讯问人所能理解的信息。

(4) 逐步加重的顺序。办案人员开始提问的——是不重要的事、以及已查明结果而对受讯问人没有实质意义的局部情况的问题,然后逐步加重——提出关于越来越重要的实质性的问题。这种讯问的方法,是考虑到逐步向受讯问人传递信息,估计受讯问人会准备如何应对办案人员提出的讯问。由于问题是在已形成的思考结果的基础上产生的,在问题的内容中指出了已知的和目前尚未知道的事物之间的界线。因此,正确提出问题,必须研究客观事物——研究有关客观事实及所收集的材料;否则,便会提出不正确的问题。

讯问人员认识案情,在很大程度上是靠提问的方法。讯问人员善于提问就容易获得实情,迅速结案。善于提问,除了应遵守必要的逻辑条件外,还必须研究案件的实际材料,分清已知的和未知的问题。只有在此基础上提出问题,才能避免失误。而一切脱离实际的主观设想的提问,是办案人员的主观的先验模式定下来的,也是违背逻辑的。

在讯问中,讯问人员会遇到犯罪嫌疑人为逃避交代自己所犯的罪行而故意转移论题。所谓"转移论题",就是把两个不同的命题混淆起来。转移论题违反了逻辑思维的"同一律",是思想上无确定性的表现。有的犯罪嫌疑人之所以有"答非所问"——转移论题的表现,往往是其对审查、讯问产生了抵触情绪。为此，办案人员应保持冷静的头脑和耐心的态度，严守同一的思维规律，尽力消除其对立的情绪。

犯罪嫌疑人还常用“偷换论题”的方法，为自己犯罪行为“诡辩”。例如某一贪污大案，在讯问时，办案人员问该案犯罪嫌疑人作案的起因，他回答道：我父亲长期生病，全家五口人生活，收入不够支出，经济困难，只好铤而走险；再加上，我们单位领导的官僚主义，财务制度不健全，才得以涂改账目、(购买)伪造发票的机会。这就是我犯错误的主要原因。这里他有意“偷换论题”，避而不答犯罪的真正原因是什么，转而回答“犯罪的客观因素”，企图推卸罪责，以达到开脱的目的。

讯问人员的“办案内容”与“法律依据”自身，必须要始终保持同一。办案人首先要做的是，弄清案件的事实情况。要弄清案情，必须从调查研究入手，对检举人(或揭发人或证人)的陈述、犯罪嫌疑人的供述、辩解，要客观地加以分析。只有如实反映当事人的陈述，保持当事人陈述的自身的同一，才能有正确分析案情的基础。而案情的真实性，就取决于可靠确凿的证据。证据自身的同一，这是确凿证据的最起码的要求。为了保证证据的同一，讯问人员必须对它进行查证核实，以及进行必要的科学技术检验，以保证证据的可靠。证据自身同一了，才能确认犯罪事实是同一的。证明犯罪事实是同一的，才能确认犯罪事实。

不矛盾律在侦破工作中的应用，不但常常使办案人员一下子抓住了对手的要害，使其败下阵来，原形毕露，而且一旦发现某一被审查人或同案的另一被审查人对同一问题的回答相矛盾时，就可以断定其中肯定有一个是假的，讯问人员就要紧紧抓住矛盾不放，穷追到底。犯罪嫌疑人为逃避罪责，往往要编造谎言，进行欺骗。而编造的谎言与原来真实的事物总是相互冲突的，此时讯问人员就要善于揭露犯罪嫌疑人的逻辑矛盾，或者引导受讯问人陷入自相矛盾的困境，迫使其如实交代问题。

根据“排中”思维规律的要求，必须排除“两不可”的态度，以保持思想的确定性。即对同一情况的两个互相矛盾的思想，不能“两不可”。在侦破案件阶段，对案件情况的认定，往往就要用到不能“两不可”。办案人员通过两个互相矛盾命题排除居中的方式——当否定了一个命题时就肯定了另一个命题，这样就逐步加深了对案情真实情况的认识。讯问人同样可以运用排中律，以犯罪嫌疑人暴露出来的矛盾，迫使其不能对互相矛盾的两种情况都加一否定，而不得不面对现实老老实实交代自己的罪行。

在办案实践中，办案人员往往是交替地使用“不矛盾律”与“排中律”。根据不矛盾律的要求，在两个互相冲突的思想之间，二者不可同真；根据排中律的要求，在两个互相冲突的思想之间，二者不可同假。我们把这两条结合起来，就可以断定：在两个互相矛盾的事物之间必定是一真一假。讯问人员交替地使用这两条思维规律，促使审查对象面对事实，彻底地交代问题。

5. 论证结案—终止。侦查的最后阶段是侦查终结。所谓侦查终结，就是公安、检察机关对可够上犯有刑事处分的案件，经过侦查，认为案件事实已查清，证据确凿、充分，可以对犯罪嫌疑人依法作出处理决定或提出处理意见；或案件已查明，但证据不足、不构成犯罪，不需要继续侦查时，应结束侦查活动。在这个阶段里，办案人员主要的工作任务是：认定犯罪嫌疑人和犯罪证据，审查诉讼案件的法律文书，书写侦查终结报告和侦破案件工作总结报告。这是最后把好关，防止冤假错案发生的重要阶段，逻辑论证的一系列方法，在这里必然要合理采用。

我们以侦破贿赂案件为例。侦破这类案件，一般都是从搜集间接证据开始。办案人员根据一定数量的间接证据，借助逻辑分析和证明，进而发现并获得直接证据。直接证据对于证据确凿的案件固然十分重要，有时一个关键性的直接证据，就可以使整个案件作出最后结论。但是，有时仅凭直接证据往往还不能定案，还要通过逻辑证明鉴别真伪。由于种种原因，举报人或者证人的陈述，或者犯罪嫌疑人的供述，都有可能存在着不真实的情况。要想使这些陈述或供述（即直接证据）能够起到真凭实据的作用，就必须对它们的真伪加以鉴别。

演绎证明是借助于演绎推理来进行的证明，即用一般原理来证明特殊事实的一种证明。在这种证明中，论据主要是一般性原理，论题是关于某种特殊事实的论断。归纳证明是借助于归纳推理进行的证明，即用某种典型的关于特殊事实的判断来证明一般原理的一种证明。在这种证明中，论据是关于特殊事实的判断，而论题则是某个一般性的原理。归纳推理一般说来是一种或然性推理，因此，在严格的论证中，用不完全归纳推理建构的证明一般只能起辅助作用。至于完全归纳推理或科学归纳推理所建构的证明，由于这两种推理——“前者”实质上是一种必然性的推理、“后者”是一种包含着演绎因素的推论，因而结论具有较高的可靠性。

所谓直接证明，就是从论据的真实直接推出论题的真实的一种证明方法。直接证明的直接证据对于侦查人员来说，固然是求之不得、极为宝贵的证据。通常的情况，直接证据的取得较是为困难的。在这种情况下，搜集间接证据就显得更为重要了。有些案件，在特殊的条件下掌握了充分的间接证据，且又经过了严密的逻辑（间接）证明，照样可以定案。

逻辑证明在侦破职务犯罪案件中的作用是非常明显的。因为任何一件案件都是具体的事件，是作案人在特定时间、地点对作案对象特定方式的犯罪活动。逻辑证明就是运用逻辑的方法证明某特定（作案）嫌疑人为犯罪人，即提出全面的证据足以证明某嫌疑人已构成职务犯罪。在逻辑上，这是既充分又必要条件的反映。证明职务犯罪嫌疑人犯罪的过程，就是一个把必要条件逐步上升到充分条件的过程。

事实证明就是在实践活动的基础上根据确凿的事实直接确定某命题的真实性证明，即主要是用直接观察的方法而进行的证明。例如：如果某人犯有贪污罪或受贿罪，那么就可以用直接搜查赃款的方法来证明；如果某人犯有故意泄露国家机密罪，那么就可以通过查获他泄露的属于国家“绝密”级的、或者“机密”级的、或者“秘密”级的具体事项的方法来证明。如果某案嫌疑人犯罪既得不到逻辑证明又得不到事实证明，此“嫌疑人犯罪”就不能成立；如果某案嫌疑人犯罪既有逻辑证明又有事实证明，那么此“嫌疑人犯罪”必然是确凿无疑的了。侦查终结的所有结论，都必须是经过如此证明的案情。只有这样，检察机关办案人员侦查职务犯罪案件的思维活动才能暂告终止。

职务犯罪侦查逻辑思维活动的特征是由侦查职务犯罪工作特点决定的。职务犯罪案件不同于普通刑事案件，犯罪嫌疑人作案手段隐蔽，除监守自盗的贪污案件和刑讯逼供以及非法拘禁等渎职犯罪案件外，很多案件既没有具体的被害自然人，也没有现场可供勘查，物证相对较少，居多的是书证和言词证据，这就决定了职务犯罪侦查过程的特殊性。检察机关对职务犯罪开展侦查“线索”，往往一开始通过单位或公民的举报，或由关机关的移送，或检察人员自行寻找，从而发现犯罪嫌疑人。但嫌疑人是否实施了“线索”所反映出的犯罪行为，其行为是否构成了犯罪，这些事实都必须通过进一步反复细致的侦查工作去证明，经过一个“由人到事”的复杂侦查活动过程。如此侦查活动过程的特殊性，决定了检察机关在侦破职务犯罪案件过程中侦查逻辑思维的特殊性。

职务犯罪侦查思维复杂性是由转型时期、侦查环境、侦查对象等因素决定的。特别所面对的复杂的侦查对象，一般都有较高的文化知识、丰富的社会阅历和经验，有的甚至是各级领导，手中握有一定实权，一旦罪行暴露，往往自恃作案手段高明拒不供认，或施展各种方法抵赖罪责。尤其是犯罪嫌疑人在面临人身自由受到限制、将受法律制裁时，对于是否交代罪行必然会有激烈的思想斗争，产生畏罪、侥幸、恐慌、戒备、抵触、悲观等心理，有的还会做出各种各样的对抗举动。

与普通刑事犯罪相比，职务犯罪的法律条款上的犯罪构成复杂，要件众多，而且有的要件缺乏统一、明确的界定，从而导致在司法实践中对职务犯罪的相关法律规定理解不一、争议较大。职务犯罪法律规定的缺失，有的表现在犯罪主观方面，有的表现在客观行为方面，有的表现在“个罪”法律规定的相互衔接上，对此这些情况，就不能简单照搬条款行事；而是要用辩证逻辑思维方法，具体情况、具体分析，特殊情况、特殊对待。

侦破职务犯罪案件的思维活动虽然是复杂的，但也是有规律可循的。辩证逻辑认为任何事物发展都是有规律的。规律是客观事物发展过程所具有的本质的、必然的、稳定的联系。侦破职务犯罪案件工作的内容充满着尖锐复杂的矛盾斗争，侦查该类犯罪活动需要完整地把握辩证法的科学体系，综合运用它的思维方式(方法)，揭露和打击职务犯罪。

职务与犯罪之间的矛盾是形成职务与犯罪复杂性的原因。国家工作人员担任一定职务，本应恪守职责。但却违背职责去犯罪。“职务”与“犯罪”相冲突，成了一对矛盾的事物“对象”。辩证思维的基本特征是把“对象”看作一个具有多样性的统一体从，其内在矛盾的运动、变化以及各个方面的相互联系中考察对象，以便从本质上系统而全面地认识对象。

“职务犯罪”与“侦查职务犯罪”就是一对矛盾的事物，办案人员侦破案件的过程，就是这对矛盾事物对立与统一的运动过程。在这个运动过程中，又以“侦查对象违法犯罪行为与现行法规间的矛盾”、“侦查对象职责与其行为间的矛盾”、“侦查行为与反侦行为间的矛盾”等最为突出。对待这些矛盾，在侦查人员的脑海里一定要认真研究、仔细分析，要善于把各个复杂的、对立的矛盾事物都统一在正确的破案思维活动之中。

形式逻辑看待职务犯罪侦查思维特征，可用“或然性”、“溯源性”、“假设性”来概括。

侦查逻辑的或然性也可称之为推测性，它大体上包括两个方面的内容：一是运用的思维形式和逻辑方法所得出结论的推测性，二是在思维上对侦查对象的预见性。从逻辑上来看，我们固然希望求得必然性的认识，而对侦查工作比“必然性”的认识更具有实际意义的却是“或然性”的认识。这一方面由于必然性的认识得之不易，另一方面“或然性”本身也有逻辑上的价值。它不但为侦查实践所证明，而且也符合人的认识事物的规律。

侦查上的或然性价值主要表现在人们对客观事物的认识，总是由少到多，由表及里，由浅入深，由未知到已知，由或然到必然。侦查人员对案情的认识也是如此。从勘查现场或举报线索得到极少的认识，到掌握整个案情的始末，一直在遵循着由推测到推定，即由“或然”到“必然”的规律。

溯源性，又称回溯性。在日常生活中，人们习惯的是用由因到果的思维方式看待事物、处理事物。而侦查破案工作却与此相反，一般是从案件已形成的“果”开始，而后倒回去寻求此“果”之“因”。侦查活动从认识论的角度看，是对过去发生的事物进行的一种认识活动，是从结果推论原因的过程。这在侦查职务犯罪的渎职、失职案件中表现得最为明显。

假设性，又称假说性。在人们的工作、生活中，为了解决问题而提出一些假设，围绕假设再进行质疑的思考问题的方式，就是假设性的思维方式。假设性思维方式的主要特征是有目标性的质疑，这样就容易得到解决问题的方法。职务犯罪案件的侦查工作运用的解决犯罪嫌疑人触犯有关刑律的一系列质疑问题的方法，都是在假设性的思维方式指导下进行的。

要侦破一件案子，开始只能观察到一些现象，许多事物都处在未知的状态，要对整个案情或案件的某一方面有一个完整的解释，往往就需要运用“假设”。所谓侦查假说方法，就是运用“假设”的原理侦破案件的逻辑思维方法。侦查假说贯穿在侦查工作的始终，侦查人员侦破一起案件的过程，就是不断提出(建立)侦查假说、验证(推翻—再建)侦查假说的过程。

逻辑思维方式方法是逻辑思维最集中、最具体的形式，是处理、解决问题的手段、工具；侦查职务犯罪的逻辑思维方式方法，是检察机关等办案人员侦查破案的思维武器。

侦查职务犯罪的思维方式方法多种多样。溯源性思维方式里有：联言推理方法、选言推理方法、假言推理方法、完全归纳推理方法、不完全归纳推理方法、复原归纳方法、类比推理方法、回溯推理方法、其他或然推理方法、非传统逻辑思维方法。假设性思维方式有侦查假说方法系列方法。论证性思维方式有：直接证明方法、间接证明方法、直接反驳方法、间接反驳方法、斥诡辩系列方法。

侦查中应用的逻辑思维方法与一般逻辑教科书中所讲的——有很大的不同，如“或然推理方法”，侦查工作中的或然性推理有三类：演绎式的或然性推理，归纳式的或然性推理，类比式的或然性推理。演绎式的或然性推理是指利用演绎推理形式进行的或然性推理，常见的有三段论或然性推理、假言式或然性推理、选言式或然性推理。所有这些或然性推理只是利用了演绎推理的类似形式，其自身并不是形式逻辑中讲的(必然性的)演绎推理。

参考文献：

[1] 杨迎泽，单荣敏：《检察机关直接受理立案侦查案件罪名认定与处罚》，中国检察出版社。
[2]《反贪工作指导》(总第20、23辑)，中国检察出版社。
[3] 杨晓升主编：《反贪局专案》，中国检察出版社。
[4] 李志才等：《方法论全书(Ⅱ)应用逻辑方法》，南大出版社，1998年版。
[5] 朱武主编：《逻辑学》，警官教育出版社，1999年版。
[6] 朱武，杨冬艳：《逻辑学教程学习指导》，群众出版社，2000年版。
[7] 朱武：《警察思维素质》，中国人民公安大学出版社，2002年版。

法律类型理论和类推方式研究

——以考夫曼类型理论为起点的认识论探究

王　晓*

一、祛魅：考夫曼类型理论的本质

Arther Kaufman 的类型理论的出发点是为了解决在法律发现过程中如何使得事实与法律规范相对应，从而得到正确的判决。① 这里需要解决的一个核心问题是，一个规范命题与一个事实的命题如何可能得以等置，换句话说，即规范与事实之间是如何连接的。② 考夫曼是从以下几个方面来解决的：其一，规范是一种类型的概括；其二，事实与规范联结的方法是类推；其三，事实与规范联结的中介是事物的本质。下面就上述三方面概括考夫曼的基本思想。

第一方面，规范是一种类型的概括。考夫曼是从传统的"存在的类推"意义上展开其论述的，即每一个个别物的存在方式既是一致的同时也是差异的，也就是说个别物以不同的形式分享同一种存在方式；同时事物的存在与人类知识的类似性是人类自身无法排除的认识缺陷。因而立法者在制定规范的过程中，无疑是描述生活事实中反复出现的各种类型，抽象出规范的形式。③ 第二方面，事实与规范联结的方法是类推。以法律推理为例，传统的三段论无法破解"是"命题与"应该"命题留下的魔咒，而类似推论本身混合了归纳与演绎的方法，

---

*　王晓，男，浙江理工大学法政学院，副教授。

①　有关考夫曼的类型理论可参阅考夫曼：《类推与"事物本质"》，吴从周译，文化事业有限公司 1999 年版。[德] 考夫曼：《法律哲学》，刘幸义等译，法律出版社，2004 年版。

②　这在历史上曾留下一桩悬案。休谟在其著作《人性论》中有一段话引发了几百年来的争议，他这样写道："我所遇到的不再是命题中通常的'是'与'不是'等连系词，而是没有一个命题不是由一个'应该'或一个'不应该'联系起来的。这个变化虽是不知不觉的，却是有极其重要的关系的。因为这个应该或不应该既然表示一种新的关系或肯定，所以就必需加以论述和说明；同时对于这种似乎完全不可思议的事情，即这个新关系如何能由完全不同的另外一些关系推出来的，也应当举出理由加以说明。"[英] 休谟：《人性论》(下册)，关文运译，商务印书馆，1980 年版，第 509—510 页。休谟的疑问是，在进行道德学议论时，一个"是"的命题悄然转化为一个"应该"的命题，并且这个新关系如何能由完全不同的另外一种关系推导出来。这就是著名的"休谟问题"，而且正是由于休谟未做解答，成为困扰人们认识的难题，特别是几种变种的出现：其一是一个"是"的命题加上一个"应该"的命题能否推导出一个"是"的命题；其二是一个"是"的命题是如何与一个"应该"的命题发生关联的。第二个问题是考夫曼致力于法律领域中解决的。当然现代也有学者对此作出了回应，认为这是由于人为地将事实与价值二分所造成的，然而事实与价值本身就是缠结的，因此这个问题本身也就是无意义的，参见[美] 希拉里·普特南：《事实与价值二分法的崩溃》，应奇译，东方出版社，2006 年版，第 39 页以下。

③　参见考夫曼：《类推与"事物本质"》，吴从周译，文化事业有限公司，1999 年版，第 47 页以下及译者序。另有学者持类似的观点，如恩吉施认为法律发现过程就是把具体个案纳入法律概念，即把事实纳入由法律规范的抽象事实构成所标明的案件的类别之中，就是把新的案件与已经确立了类别归属的案件进行等置。按笔者理解，恩吉施所谓的法律概念其实就是法律类型。参见[德] 卡尔·恩吉施：《法律思维导论》，郑永流译，法律出版社，2004 年版，第 60—62 页。

在事实与价值掺结的意义上是可能用来解决方法论问题的。① 类推在逻辑上只能带来有疑问的结论，但是这并不会给法律适用造成不妥，这既是因为创造性的、新的知识几乎都不是以一种精确的逻辑推论得来的，又是因为法律认识的对象只能是经由类推而成为一种类似的直观的对象。因此，通过对事实加以抽象（归纳），与规范进行相似点的比较，从而适用演绎得出结论。这是真正具有决定意义的。② 第三方面，事实与规范联结的中介是“事物的本质”。要彻底祛除“休谟问题”带来的困扰，依考夫曼之见，从“事物的本质”出发进行思考是解决的办法，因为这样做就意味着我们同时一直就在事实与价值中，我们经历了“存在与当为无法解开的结构交错”。③ 所以考夫曼的一贯立场是拒绝当为与存在之方法二元论的，两者在一个循环式的程序中，在两者的立场中使得规范与事实越来越接近。

因此，考夫曼的“法学上的类推思考”，就是循着以下进路展开的：事实依其本质归置为类型——立法者抽象出同类事实的本质予以规定，而法律适用者则用具体事实的本质与抽小的规范进行比较——归纳和演绎，运用类推的方式，得出一个不是非常精确的结论。这里类推的方式按拉伦茨的话说，比较的是：“规范所意指的意义内容与案件事实所表现的意义内涵是否一致。”④

考夫曼的类型理论在一定程度上对法学理论进行了祛魅，因为长期以来认为事实可以被涵摄在法律概念之下的观念，已经极大地束缚了我们认识事实所需要的开放性的性格。诚然，我们的法律需要一定客观性、一致性和稳定性，但是法律概念就能够保证这些要求吗？或许在简单案件中法律概念会有出色的表现，但是在疑难案件中呢？疑难案件往往是因为法律概念无法涵摄事实所引起的，如法律漏洞的存在有可能就是由法律概念的过度精确化要求所带来的，而且这种立场也恰恰表明了其事实与价值的二元对立的立场，排除了实质推论和论证。

当然，笔者并不是说考夫曼的类型理论是完美无缺的，笔者的意思是其理论进路具有恰当性，但是其理论如果想要获得认同，一方面需要进一步论证该理论的基础，如人类认识事实是依靠类型进行思考的吗？事物的本质是什么？如何把握？另一方面，适用类型理论所进行法律发现、推理以及论证是如何消除“休谟问题”带来的困扰的。因此，可以说考夫曼的类型理论存在认识论上的不完满性。

二、筑基：人类认识的类型化倾向

从传统西方认识论的发展进程而言，人类的认识观的主线是人类中心主义（唯我主义），这是因为西方宗教传统对人的认识的最大限度的影响。如果认同上帝创造了人，并且被人认为人本身就是上帝的代表的话，那么人类就很自然地倾向于认为是人在把握世界、认识世界。基于此种认识，西方的认识论就是以人的认识为中心展开的，而且在很长时间里立足于

① 值得注意的是，在《类推与“事物本质”》中考夫曼是赞同此种观点的，但在其另一部著作《法律哲学》中，他认为类推不是逻辑上的推论，而是一种带有相当复杂结构的比较，显然两种观点有冲突的地方。

② 参见考夫曼：《类推与“事物本质”》，吴从周译，文化事业有限公司，1999 年版，第 65 页以下。

③ 参见考夫曼：《类推与“事物本质”》，吴从周译，文化事业有限公司，1999 年版，第 109 页以下。

④ ［德］卡尔·拉伦茨：《法学方法论》，陈爱娥译，商务印书馆，2003 年版，第 16 页。

个体的认识而非主体间的互相联系。① 虽然对人类如何获得外在世界的知识存在差异，但是总体上是通过概念或者类型的知性与世界发生意义关联。

如果从欧洲大陆的唯理主义来看，事物或者事实构成了概念的外表，因此康德的先验哲学就有了其存在的基础。依康德之见，人类的一切知识都从经验开始，但是不能认为一切知识都是从经验发生出来的；因而知识可以分为先验的知识和验后的知识，验后的知识并没有给我们带来真正的普遍性，真正的知识来源于具有内在性格的不依赖于经验而能够清楚和确实的先验的知识。② 因而，先获得纯粹内在直观的知识，再与外在世界对象发生联系以获取客观有效性，是康德先验哲学的基本认识。

如果从经验主义的立场来看，则把对事物或事实的把握看作是纯粹经验的结果。比如洛克认为，人类的理性和知识不是凭空产生的，而是来自经验，从感官获得所有知识的来源，要成为知识就必须以某种方式与实在的事物相符合。③ 所以，典型的经验主义认识论的观点是，我们的知识的确实性得益于人的经验，从经验中获得的简单的观念，可以创造出人类复杂的知识体系。

依本文的思路需要解决的基本问题则是：人是如何通过概念或者类型来获取关于外在世界的知识的，更进一步则需要解决人是依靠类型而不是概念来认识世界的。

首先我们要考量第一个问题。上述分析使我们了解了西方认识论的基本进路，在人类中心主义的基础上，通过认知来解决知识问题。在我们发现一个新事物的时候，一般情况下会想着给它命名；如果在尚未命名的前提下，又再次发现了这个事物，那么对这个事物的感官意象与前次已经形成的记忆意象会发生融合，于是我们会判断说这个事物与前次那个事物是或者不是一样的。虽然这可能在日常生活中会发生，④但是这种认知方式的缺陷也是明显的：

其一，由于这种认知的发生机制是现在的感知与一个记忆意象有相似之处，而这个记忆意象与其所代表的事物也有相似之处，这就要求记忆意象应当是清晰的，但是这实际上难以实现。原因有三个，首先是人的记忆会发生退化，而且随着时间而变化，这可以为经验事实所证明；其次是记忆意象与观察的视角相关，如果当前的观察采取与前次不同的角度，可能造成与记忆意象的不一致性；再者记忆意象往往由多个原型叠加而成，记忆意象不是由单个鲜活的个体意象构成，那么记忆意象只能是一种模糊的非直观的意象。因而通过这种方式获得的认知，总是因为其本身的模糊性而是不确实的。

其二，由于这种认知方式是个人的感知与记忆意象的比较，因此人与人之间的交流就变

---

① 黑格尔认为在人的认识中，概念被人作主体，强调主体的独立性，自在存在，这在许多哲学流派中得以表现，如斯多葛派、伊壁鸠鲁派和怀疑主义。参见[德] 黑格尔：《哲学史讲演录》(第四卷)，贺麟、王太庆译，商务印书馆，1978 年版，第 375 页。

② 参见[德] 康德：《纯粹理性批判》，韦卓民译，华中师范大学出版社，2000 年版，第 35—42 页。

③ 参见[美] 梯利：《西方哲学史(增补修订本)》，葛力译，商务印书馆，1995 年版，第 345—354 页。

④ 如石里克认为："在日常生活中认知的确以这种方式发生而且具有满足各种实践目的的确实性。"[德] M·石里克：《普通认识论》，李步楼译，商务印书馆，2005 年版，第 34 页。罗素也认为："任何被我们当作记忆的东西都是由意象或文字组成的，人们感到这些意象或文字关系到以前发生的某种经验。"[英] 罗素：《人类的知识》，张金言译，商务印书馆，1983 年版，第 131—132 页。

得异常困难。很明显,通过意象的认知属于个人的认知,如果一个人需要告诉对方他所获得的知识,不借助于描述是无法办到的,而描述又恰恰需要借助抽象的内容相对固定的概念或者类型。我们固然需要属于个人的知识,但是人类所具有社会性,决定了我们的知识的绝大部分属于社会共有的知识,那么显然通过意象的认知无法完成这个任务。

于是作为人就需要通过概念或者类型这种抽象的方式得以认知。如果我们先抛开唯理主义或者经验主义的立场,我们总是能够通过概念或者类型确定的属性把对象再认出来。而且正是我们已经在一般意义上规定了概念或者类型的属性,所以只要对别人说出概念或者类型的名称,就可以为他人所理解。

从知识发生学的经验观点看,人类的知识的获得似乎是习得性的,而且从最初的习得看更是一种实指法(ostension)的运用。① 但是还有一部分知识的确是创造性的,即通过已经习得的知识创造一些概念性的语词来指称一些事物或者事件,特别是一些不存在实在物的意义内容,它们可以通过已存的概念性的语词获得理解。因而,实指性的概念或者类型应该是认识的基础。那么实指性的概念能够反映出事物的属性吗？换一种说法,就是我们能够通过概念所精确规定的内涵把握语词所代表的概念与事物之间的联系吗？这里存在的含义就是指概念或者类型所表现的语词与事物发生这种联系是一种什么样的联系。

每一个代表概念或者类型的语词,如果它能够成为公共的参照点,那么它需要在不同的时代具有相类似的所指或者在每一时刻能够与其他事物有所区别。上述前者表现了语词相对的延续性,虽然语词随历史语境的变迁会发生一定的意义转化,但是仍然需要意义延续,否则我们只能对语词采取考古学的立场。而后者恰恰是语词能够独立存在的基础。但是这不足以论证语词与事物之间的某种必然性联系,因为在一个人使用语言时,首先立足于他所经验的世界,并且具有时间上的属性;而另一个人在理解前者的语言时,也无法逃脱其殊相决定的框架。② 同时语词要为人所理解,必然需要代表事物某方面的共相。因此语词与事物的联系一方面是纯逻辑范畴的必然普遍性,另一方面则是作为每一个人亲历世界的偶然特性。我们可以说,语词与事物之间具有共相上的普遍性和殊相上的偶然性,由此概念或者类型不能具有精确的含义。

有了上述的分析,我们就可以进入第二个问题的考量:人最初是依靠类型而不是概念来认识世界的。传统上一般认为人类的认识是依据概念作为中介存在,实现人与事物对象的联系,虽然也认识到人的认识与外在对象之间不是同一的,但是认识还是可以通过概念与

---

① 婴儿学习语言需要使用实指法,可以说这是一个常识。相关论述可参见[英] 维特根斯坦:《哲学研究》陈嘉映译,上海人民出版社,2001 年版,第 6—7 页。[美] 蒯因:《语词和对象》,陈启伟等译,中国人民大学出版社,2005 年版,第 84 页以下。[英] 罗素:《人类的知识》,张金言译,商务印书馆,1983 年版,第 76 页以下。总体上这种方法是要在词与物之间建立一种联想式的关系。[美] 唐纳德·戴维森:《对真理与解释的探究(第二版)》,牟博、江怡译,中国人民大学出版社,2007 年版,第 14 页。

② 这里借用了斯特劳森关于知识框架的理论。他认为:"我们每个人在任何时候都拥有这样一种框架,一种统一的关于殊相的知识框架,我们自己,以及,通常还有我们的直接背景,在这个框架中都有自己的位置,其中每个成分都与其他成分惟一地联系起来,因而也是与我们自己以及我们的背景联系起来的。"[英] 彼得·F·斯特劳森:《个体:论描述的形而上学》,江怡译,中国人民大学出版社,2004 年版,第 14 页。

事物的相似性得以把握。而概念的产生则可以说是通过抽象掉个别属性从事物中概括出来。① 同时人们认为,人类知识的获得,主要依赖于概念的精确化(即使是通过命题获得知识也需要建立在概念的精确化之上);当然并不是说在人类思考时不存在类型化的方式,但类型化思维被认为决不是主要的方式。这可以从概念与类型的一般区分中看出:概念的产生是通过抽象掉个别属性从事物中概括出来,但是随着概念的精确化,其原初被抽象出来的要素被不断地舍弃,概念就越来越变得一般和抽象。而类型思考的原初步骤与概念一致,也是从具体的事物中区分出一般的特征、关系等,然而其后则让其构成要素维持结合的状态,仅利用这些要素来描述类型。② 可以看出,概念的精确化是建立在不断缩小其内涵和外延的基础上的,而类型则延续了"粗犷"的特征,那么按传统的认识显然类型思维是一种比概念思维更接近认识殊相的认知方式。

为什么说人最初是依靠类型而不是概念来认识世界的呢?笔者拟从以下几方面来进行论证:首先,从上述类型与概念产生的传统认识我们可以看到,类型是一种更接近认识殊相的方式,类型的形式有着比概念更"原始"的形态,可以认为即使在认同概念的情况下,也应该将类型看作是概念的基础。其次,传统上认为概念问题就是哲学上主要要解决的问题:"共相"问题。③ 如果说我们认识世界最初就是通过把握个体所体现出来的、为自身存在必须具备的内在属性的话,那么我们要在认识论上解决知觉的把握与事物的呈现之间的差异性。这两者无疑是非常不同,当我们第一次看到一个新的事物时,就在记忆中留下了该事物的某些特征,其后如果再次遇到该事物就是把感觉到的事物的现象与记忆中的特征进行比较,从而得出判断:它们就是同一类东西。当然,我们的知识不仅是从上述途径得来的,还有从已通过上述途径确定的知识运用推理得出的知识,这类知识是建立在经验知识和推理的可靠性之上的。可以说,我们的知识是以共相的相似性为基础的,依胡塞尔之见,就是个别对象对类型的共相的关系在对个别之物的每次把握中就已经同时在起作用:即通过个别事物在其本质上将遭遇的类型上的亲密性构建对象性。④ 因此,类型的相似性比概念有着更初始的作用。

再次,由于知识可能依靠逻辑推理而存在,因而逻辑上的可靠性突显出其重要地位。现代逻辑学的发展,很大程度上依赖于类型理论,如数理逻辑的建立就是以类型论为基础的。⑤ 类型理论需要一个公理:没有一个有限的个体类能包含所有的个体,就是说一个类不

---

① 反对意见是:"如果这种理论是正确的,那么反过来我们只要在概念上增加某些特征,就能把它重新变成实在事物。这当然也是无稽之谈。不管我们给概念加上多少具体的特征,概念顶多只能成为个别事物的概念;但它绝不可能成为该事物本身。"[德] M·石里克:《普通认识论》,李步楼译,商务印书馆,2005 年版,第 44 页。这种看法产生于本体论与认识论的混淆,不为笔者认同。

② 参见[德] 卡尔·拉伦茨:《法学方法论》,陈爱娥译,商务印书馆,2003 年版,第 338 页。

③ 参见[美] 安·兰德:《客观主义认识论导论》,江怡等译华夏出版社,2007 年版,第 3 页。

④ 参见[德] 埃德蒙德·胡塞尔:《经验与判断》,邓晓芒、张廷国译,三联书店,1999 年版,第 368—369 页。

⑤ 罗素认为:"一个类型被定义为一个命题函项的意义域,即这个函项对其有值的变目的的集合。如果一个表面变项出现在命题里,这个表面变项的值域就是一个类型,这个类型由涉及其'所有的值'的函项确定。"[英] 罗素:《逻辑与知识》,苑莉均译,商务印书馆,1996 年版,第 91 页。蒯因也认为:"某一种类的东西为一理论所假定,当且仅当其中某些东西必须算作变元的值,才能使该理论中所有肯定的那些陈述为真。"[美] 蒯因:《从逻辑的观点看》,陈启伟等译,中国政法大学出版社,2007 年版,第 109 页。

能完全被人列举出来。[①] 因此我们可以说，如果类型认识方法更具实在性的话，那么概念认识则是我们在认识论上硬给自己加上的“紧箍咒”，特别是在回应怀疑论者提出的知识的不确定性时更是如此。

如果我们认同人类的认识建立在类型可归约化的基础之上的话，那么就要面对类型所归约的特征或属性是什么？如果是事物的本质的话，这种本质又具有何种需要我们把握的内容呢？我们在建立类型的过程中，一般地经历了从感觉到知觉的过程，因此任何类型知识的产生，不可避免地首先带有个人殊相的掣肘，而要从个人把握飞跃成可普遍把握的属性或者特征，就需要客观主义语境中的本质特征。因为如果在我们个人特征的所有内容中选择了在特定语境中为所有人认同的某个或某些特征，那么我们就可能得到随语境不同而不同的类型分类；我们不能得到纯粹分析的先验的知识，所有的类型知识都是通过经验得来的，即使是采取逻辑推理而获得的类型知识。所以我们可以说，任何实体的某个特征都不能被排除在确定它的类型知识以外。然而要命的是，即便我们把这些特征规约为是本质特征，也是人在认识意义上的把握，而非事物本身具有的本质。这两者中后者侧重于本体论意义的自在存在的一面，前者则侧重于认识论意义的关系问题。人是生活在不断认识的过程中的，对事物命名的类型随着认识的不断发展其包容的特征也会发生变化，也就是说事物的本质未变而人所认识的本质特征却发生了改变。因此，类型化思维具有开放性的结构，与精确化趋向的概念化思维所具有的封闭性相对立，本身也与认识的特性相符合。

因此，我们可以说我们能够把握认识论意义上的事物本质，这是类型认识理论的基础。一旦承认了类型这种抽象物，我们由此就可以构建我们知识系统所必需的类型结构，并且自然而然地衍生出进一步抽象的无限大的类型系统，只有在有必要使得类型进一步精确化的前提下，才可能产生概念。而即使是概念本身，也无法逃避模糊的命运。

在法律领域中，单纯地依靠概念涵摄模型解决法律发现的问题已经为人们所诟病。因为每个概念所具有的波段宽度使得某个特定案件是否的确落入其所属范围是存在疑问的，再加上坚持概念涵摄模型的人往往坚持认为“模糊概念”或者类型会导致裁判变成非理性的决定，一种单纯的决定。[②] 因此有的学者就此坚持所有的法律发现都是建立在类型理论基础之上的类推的适用。笔者在论证了类型理论的可能性之后，下面主要展开类型理论在法律发现、法律推理以及法律论证是如何消除“休谟问题”带来的困扰的。

三、浴火：类型描述以及类推方式在法律方法中的适用

由于人们长期以来对类型理论的思维方式认识不清，从而导致对类推方法产生不应有的偏见。如果一个人是法律实证主义者，就可能提出较为极端的看法：我们面对法就是制

---

① 参见[英] 罗素：《人类的知识》，张金言译，商务印书馆，1983 年版，第 158 页以下。这在法律类型理论的研究中是十分重要的，因为在法律文本中许多的法律概念采取了列举法和兜底条款，但是本质上这是一种理论的描述而非概念。

② 参见[德] 卡尔·拉伦茨：《法学方法论》，陈爱娥译，商务印书馆，2003 年版，第 35 页以下。当然拉伦茨比较赞同对于典型性的、范例式的案件可以适用概念涵摄的方式，但是对于复杂案件则应该采取类型描述的方式。

定法，除此别无其他，而且制定法本身是自足完满的，因此在适用法律时不可能存在类型思维及类推方式。① 另一种较为温和的看法是：只有在出现法律漏洞时，类型思考和类推方式才成为漏洞填补的方法。② 当然晚近以来，不少学者就此提出了不同的见解：如考夫曼认为的所有法律发现的过程都是一种类推过程；如昂格尔认为类推是目的归属与情景分类之间反复不断的辩证关系，同时目的性指导是开放性的，导致类推本身是非积累性，从而可以摆脱对概念帝国主义的迷信。③ 凡此种种都是对法律适用中概念涵摄理论的批评。笔者在本文中拟抛开立法方面的内容，仅就法律适用特别是法律发现、法律推理和法律论证方面是如何运用类型思维和推论的展开讨论。

在展开讨论之前，有一个基本问题需要解决：类型与由类型组成的命题之间是否存在差异。答案应当是肯定的，从意义理论进行考量，主要有以下几方面的理由：其一是从符号学的角度，如果类型的认识需要我们用一定的符号来表现的话，那么一语词就代表一类型；如果把单个语词作为意义单位，其不当性是显而易见的，因为一语词需要其他符号（语词）作为参照系。④ 所以意义理论应当是由语词的体系组成的，在语词体系中通过相互的支持来实现每个语词所表现的类型意义。其二是一语词所代表的类型，其意义除了表示一次感觉经验之外，还可以表示一个观念；⑤但是一语词形成不了关于某事物的信念，信念要由句子所代表的命题体现，因此我们判别真或伪是在命题中进行的，并且就是一种关于某事物的信念基础上建立起来的判断。因此我们进行认识时依据的基础是类型，但是真正在认识中起作用的是命题——由类型组成的命题。

下面就法律发现展开探讨。法律发现一词存在许多歧义，本文采用的是考夫曼所指法律规范与事实的对应以得出正确判决的过程。因此，在法律发现过程中，存在三方面的因素需要考量：事实的发现、规范的发现和两者的对应。就事实的发现而言，法律人都会赞同以下的观点："事实从来都不是不证自明的，事实永远都不会自动展现在法官面前以供法律所适用。"⑥事实需要我们去发现这一点似无争议，发生分歧的是我们发现的是客观事实还是法律事实？笔者在其他论文中也论述过法律事实应是我们要发现的事实，从认识论看这种法律事实其实就是我们形成真的信念的结果，如果用语言表述出来就形成一个法律上的事实命题。其中蕴涵三方面的内容；类型的意指、命题的意指、支持的证据。类型的意指需要由经验并通过外在的事物证实，而命题的意指除此之外还要求信念上为真的支持，支持的证据则是外在的参照物。当然在法律过程中，需要事实命题与实体法规范和程序法符合，也就

---

① 参见考夫曼：《类推与"事物本质"》，吴从周译，文化事业有限公司，1999 年版，第 7 页。

② 恩吉施认为在法律整体内部可能存在不完整性，在许多情况下可以通过"类比推理"和类似的以制定法为支撑的思维活动去排除漏洞。参见[德] 卡尔·恩吉施：《法律思维导论》，郑永流译，法律出版社，2004 年版，第 169 页。

③ 参见[美] R·M·昂格尔：《法律分析应当为何?》，李诚予译，中国政法大学出版社，2007 年版，第 88—94 页。昂格尔更倾向于认为："类比推理与人的知识是一对永恒的伴侣：自我经验与他人经验的互文诠解用类比将我们解救出惟我独尊与妄自菲薄的境地。"

④ 参见[法] A·J·格雷马斯：《论意义——符号学论文集》(上册)，吴泓缈、冯学俊译，百花文艺出版社，2005 年版，第 46 页以下。

⑤ 参见参见[英] 罗素：《人类的知识》，张金言译，商务印书馆，1983 年版，第 131 页。

⑥ G. Samuel. The Foundations of Legal Reasoning. Maklu，1994. P. 212.

是说这是我们发现的法律事实"真"的有效性标准。[①] 就规范而言,需要给出能够适用于当下案件和其他可能发生的相似案件的某个一般性法律"命题",[②]即是说在我们发现适用于具体个案的规范时,要找出针对个案的法律规范命题所蕴涵的意指及其所归约的类型。一方面,我们完全可以仅就个案以明确法律规范命题的意指;另一方面我们也可以横向比较相似案件的可能意指范围(就大陆法系的发现而言)。由此,事实命题与法律命题之间的关系显得尤为重要,而且在进行法律推理的过程中我们完成的是命题的推导,虽然其基础仍然是类型。

支持上述法律发现过程的最大理由是我们如果要得出法律结论的话,必须通过事实命题与法律命题的结合,换句话说就是命题的推理得出一关于法律结论的命题。在此有必要首先澄清"休谟问题"所带来的困扰。虽然普特南认为这是由于人为地将事实与价值二分所造成的,然而事实与价值本身就是缠结的,因此这个问题本身也就是无意义的;但是我们应该看到这仅仅是一种立场,并不能完全融合事实命题与价值命题的区分。其实金岳霖先生对于命题的理论,可以作为对这一问题解答的一种思路。如果从命题所肯定或者否定的对象看,这些对象要么是特殊的事实要么是普遍的理,站在这一立场我们就说命题有特殊与普遍的区分;但是从命题与命题的显现之区别看,命题总是普遍或者类似普遍的,而且即使是特殊的命题(从对象而言),它的一部分内容也是思议范围之内的,没有特殊的内容,只有普遍的内容。[③] 所以就一特殊的事实所作的判断,可以认为是一个特殊的命题;然而从思的角度而言,命题所表示的都是与共相的关系,或者是现实的,或者是可能的。因此在通过关于事实的命题和关于法律的命题之结合得出法律结论的命题,以上述立场而言都是一种基于事物的本质或共相的普遍的推理。对于事实命题也是仅将其中蕴涵的抽象的要素与法律规范命题的抽象要素加以比较,得出一关于结论的存在抽象要素的命题。当然最终的命题需要进行还原,还原成一个对具体的事实作出判断的特殊命题。从中我们也可以看出,命题本身就带有特殊与普遍的两种面相,彼此的分离只是思考问题的立场不同而已,并不能由此造成两者的对立,形成彼此不能逾越的鸿沟。

另一条鸿沟是由于命题如何与事实符合所造成的:如果说一个法律规范是真的,有一个非常重要的条件,即必须是与社会现象或者社会事实吻合的,否则这样的法律规范就仅仅是想象,在实践中也是无效的;如果是某个事实命题的话,也要求与外在实在相符合,否则达不到真的标准。总之,作为法律上所要求的命题应该是与客观外在的实在符合的。如果以金岳霖先生的正觉去理解的话,可能也不存在所谓命题与事实的鸿沟,因为事实在人接受看来既是客观的又是内在的,外在实在的所与是客观的所与,人的知觉的接受是内在的接受,两者是事物的两个面相,两者本来就没有鸿沟。而正觉是人能够把握客观实在的内在的途径。

上述分析不仅针对"休谟问题"提出一个思考的进路,而且也为法律判决结论的获得提

---

① 张继成教授认为,"命题与实体法规范和程序法符合"也就是"真"的有效性标准。参见张继成:《"真"的有效性证明标准》,《中国社会科学》2005年第5期。

② 参见[英]尼尔·麦考密克:《法律推理与法律理论》,姜峰译,法律出版社,2005年版,第78页。

③ 参见金岳霖:《知识论》(下册),商务印书馆,2003年版,第831页以下。

供了推理方法的考量。很明显，笔者的结论是法律推理不可能是一种司法三段论。因为要解决"休谟问题"带来的挑战，惟有在命题的共相的基础上才有可能成功，一则命题与事实之间本来就不存在鸿沟，二则规范命题与事实命题只有在比较两者之间的类似之处时才能获得相应的结论。这种方式就是类推。这种推理方式不是西方人的专利，在我国墨家逻辑理论中早已存在，并且在先秦之前由于从生活到政治都受到类比思维的影响（如中国的象形文字），类推方式的运用可以说是分寸精辟的。《墨子·小取》中归纳了四种类推的方式，即辟、侔、援、推。辟者，举同类他物以明此物；侔者，同类的辞作比较所进行的类推；援者，是说他人有这种观点我也可以有这种观点；推者，以他人不赞同的观点与赞同的观点相同为由，返回他人使之赞同的方式。虽然在法律发现与法律推理中我们经常用的是辟和侔的结合，这是我们常用的类推方式，也是考夫曼应用于法律中的类推方式，但是其他的类推方式在某些情况下同样可以适用。比如在援引先例时用的就是援，在两个先例自相矛盾时可以用推。因此从类推方式而论，我们也不应局限于考夫曼所提出的观点。

笔者在另一篇论文中提出法律方法的认识论立场是倾向于基础融贯论的，这与类推方式所得结论之属性与前提中类同属性只具有或然性联系，本身就具备了认识和方法上的连贯性，因为两者都只是要求或然性的立场。虽然立场是或然性的，但是在法律进程中我们还是要求判决结论至少在一定程度上具有"似真"和"正当性"，否则法律判决很难为人所接受。要使得判决具有"似真"性，在法律过程中其实是分两步走的：首先是在法律推理中判断一个结论的对错；其次是在法律论证中证实和证明该结论。在第一步中判断结论命题的真假，会带出判断本身对错的问题。但是两者不是同一件事，即使是假的命题判断者如果要断定该命题的话就总是断定该命题为真。[①] 所以在法律推理中我们不能确保结论为真，于是就自然地需要我们进行法律论证，对结论进行证实和证明。

证实和证明的区分是金岳霖先生提出的。他认为证实求事物的然，所以证实一命题总是表示它的对象是实际上所有的，证实一命题意味着我们求得了真；但是这还不够，我们还要知其所以然，通过证明的方法表明一命题不但是真的而且是不得不真。[②] 正是基于该种理论，张继成教授提出任何一个（对于得出一个具有合理性、合法性判决结论具有重要意义的）事实命题首先都必须得到证实，不得有任何例外；而一个命题之真是否还需要得到进一步证明，则应以是否排除了法官的合理怀疑为必要：如果一个命题仅仅经过证实，就已经排除了法官的一切合理怀疑并使他获得了完全的内心确信，就没有必要再对这个命题进行证明了；否则，就必须对此命题作进一步的证明，直到法官心服口服地说"我懂了"、"我认为事实就像当事人或证人所说的那样"为止。[③] 因此作为法官，在法庭上如果面对一疑难案件，不仅要证实事实命题的真，更要证明事实命题与规范命题的关系，最终证明结论命题的不得不然。

---

① 参见金岳霖：《知识论》（下册），商务印书馆，2003 年版，第 861 页。

② 参见金岳霖：《知识论》（下册），商务印书馆，2003 年版，第 864—886 页。

③ 张继成教授认为传统证据理论所列举的七种证据只能作为证实的依据和标准，但对如何揭示和显现一个命题之所以然的证明标准没有作出规定，所以，传统证据理论是不完整的。参见张继成：《论命题与经验证据和科学证据符合》，《法学研究》2005 年第 6 期。

本文所探讨的类型理论及类推方式主要基于证明一命题而言，因此在此将证实问题暂时先予搁置。依金岳霖先生之见，证明总有两套命题，一套是证明方式上的命题，一套是所要证明的命题的前提。① 后者是现行法律论证理论中主要研究的问题，而对于推论的原则及其所建基的理论我们可能不表明甚至根本没有意识到。但是不要忘了在我们的论证过程中，所依据的推论方式总是有根据的，不明白推论方式之所以然，也将直接影响到结论命题的不得不真。因此，类型理论及类推方式就法律论证而言，是就证明方式上的命题进行的研究，它是从一种逻辑命题的可靠性程度得到法律论证的可靠性保证的途径之一。

要保证法律法律判决的真，有必要依据下述过程对方方面面进行证实和证明。首先在法律发现中，对外在实在事实需要通过类型的归约化，将具有共相特质的要素分离出来，从而为事实归入某种类型创造条件；当然这一过程是与规范类型相互检视的过程，因为事实类型不能离开规范类型的范围。其次是通过类推的方式得出法律上的结论。但是这一过程未得到任何的证实和证明。于是我们要重新审视法律结论：一方面是对法律规范类型组成的命题和事实命题进行证实，对于前者如果在立法已经考虑到了各种社会现象的话，我们可以假定其已经得到证实，只有在可以提出反例的情况下才重新予以证实，当然正在程序上需要司法审查的保证；后者的证实则要求实在的证据材料的提出予以证实。另一方面，需要对法律结论进行证明，一则要证明获得结论命题的方法是可靠的，这也就是本文所进行的主要方面，因而在实践中如果依本文提出的方式来获得方式来获得结论命题的话，我们姑且认为也不需要再进行证明了，直到本文的论证被推翻；二则需要对前提命题即规范命题和事实命题进行证明，既要证明前提命题在实在中的真，又需证明在其在法体系中的真。由于前提命题中真的证明不是本文论述的内容，这里就只提出一设想而已。由此我们看到，笔者在本文中只就类型理论和类推方式这种获得法律结论的方法进行了证明，而这一点恰恰最易被人们所忽视，但它又是保证法律结论的重要方面。

四、返观：对刑法禁止类推原则的重塑为例

我国刑法自 1997 年修订后，适用绝对禁止类推的原则。这在一定程度上杜绝了违反罪刑法定这一刑法基本原则的行为，从而对犯罪嫌疑人和被告人的权益起到了很好的保护作用。虽然这一方面的作用毋庸置疑，而且可以用来说明的理由也看似足够充分。② 但是仔细分析可以发现实际上在适用刑法时有许多时候我们不得不运用类推的方式进行——例如当一个案件涉及认识错误、不作为犯罪、单位犯罪中对单位作为主体的拟制、转化犯、因果关系认定等等方面——并且我们是不承认这是类推适用。为什么人们在有的时候明确拒绝类推适用而有的时候却又不自觉地适用类推方式呢？其根源恐怕不是仅仅从人们对于法的不确定性的担忧可以解决的。笔者拟以刑法上的认识错误来分析这个问题。

让我们先看两个例子。例一，甲男在明知乙是男子的情况下对乙实施性侵犯（如鸡奸）；

① 参见金岳霖：《知识论》（下册），商务印书馆，2003 年版，第 879 页。

② 考夫曼认为人们推崇禁止类推适用的理由主要基于以下两点：一是德国 1935 年类推增修法所带来的恶果为人们广泛地批判；二是类推只能带来一个有疑问的判断，无法提供稳妥的结论。参见考夫曼：《类推与“事物本质”》，吴从周译，文化事业有限公司，1999 年版，第 15—17 页。

例二,甲男误认为男扮女装的乙为一女子,对乙实施性侵犯。在实践中,例一可分为两种情况,如果乙为儿童则按我国刑法可定猥亵儿童罪;如果乙是一成年男子的话按现行刑法则无明文规定为犯罪,我们不能类推为强奸罪或者其他罪名。例二则一般认为虽对象认识错误,但是犯罪嫌疑人的目的是为了对妇女实施性侵犯,只是由于对象不能犯,因而属于强奸罪不能犯的未遂。如果说是否构成强奸罪的区别仅在于犯罪嫌疑人是否明知对方是妇女的话,那么举例三,如果甲男将乙女误认为是男子而实施性侵犯又将如何处理呢?很明显实践中是按照对象认识错误的强奸犯的既遂来进行处罚的。这里法律适用的理念和方式到底是什么?

首先,笔者以为这个问题与人类认识的类型化倾向关系密切。按照康德的综合的知识来理解,一个综合的源自于经验的概念是无法确定其界限的,因为经验概念是在某些感官的基础上赋予概念以特征,而我们总是可以在概念上附加另外一些特征。[①] 如果我们承认人类的知识源自于经验的话,康德的综合的经验概念无非就是类型,因为真正的概念所具有的精确化在日常认识中是不必要的。例如在上述例子中,强奸的对象只要是女子就可以了,因而只要符合女子的一般特征就足够法律的适用,我们不需要去追问女子的本质最终是什么,不断的追问只会得出女子是由质子、中子、电子等等组成的结论,虽然在存在角度没有问题,但是与法律适用中需要区分的某些特征是违背的。什么是女子不是一个明确的概念,从经验上讲,女子应该是具备女性生殖特征的人,但是对于"中性人"而言则又需要从染色体加以辨别。因而总体上我们在日常活动中仅赋予认识以类型是合适的,这样我们就具有了开放性的结构,对于不断追求新的知识也创造了条件。

刑法中将认识错误与认识正确的行为予以同等对待所使用的方式就是类推。在上述三例中,我们看到如果行为人所追求的目的与行为人在明知犯罪对象是女子的情况下所追求的目的具有某种类似关系的话,即行为人具有强奸妇女的主观意图的话,那么与强奸罪的构成具有归约性吗?例三可能能够完成先行的暴力、威胁等行为和强奸行为(也有可能不能完成),例二则一般只能完成先行行为(如果行为人对性行为也有不正确的认识,可能是误认为已经完成),那么在实际不能完成的情况下,它们就只在客观方面的性侵犯行为方面存在差异,其他方面则具有类似性。例一的差异性则更大,既有主观方面的差异,有存在客观行为的差异。经过比较之后,我们更倾向于对例二和例三适用强奸罪的类推,而对例二则放弃适用。

针对人们可能提出的类推方式所得结论的不确定性问题,我们要说的是法律规范中所谓的概念其实都不能达到科学概念所要求的程度。举一个简单的例子,如故意杀人意味着故意非法剥夺他人的生命,但是在法律规范中我们不可能列举所有的杀人方法,因为现实里的复杂性我们不可能完成预知,我们能做的只有以类型来加以描述,并使其具有一定的张力而能够适应现实的需要——非法剥夺他人生命只是类型描述,否则我们就只能对法律规范不断进行修订和有权解释。因此,法律规范本身的性质已经决定了即使运用传统的方法对概念进行涵摄,也是不能保证结论的完全稳妥。甚至孙斯坦教授还提出类推方式对新事物

① 参见[德]康德:《纯粹理性批判》,李秋零译,中国人民大学出版社,2004年版,第547页。

和观点具有很大程度的开放性，为人们的分歧和不确定见解达成共识创造了条件。① 知识完全确定的时代还没有到来，特别是在法律领域中。

避免"恶法亦法"的困难，不是形式逻辑的方式可以解决的，这时需要进行非形式逻辑论证。对恶法的判断本来就蕴涵了人们对"善"的理解，但是这个问题在知识论而言可能是无解的。例如亚里士多德提出过三类善：身体的善（健康、强壮、健美、敏锐）、灵魂的善（节制、勇敢、公正、明知）、外在善（财富、高贵出身、友爱、好运），②有些方面的善不能为我们所接受如高贵的出身，有的如公正能够为人们所接受，但问题是公正又是什么，从现代对公正的理解可能不下几十种，我们又要在某个具体个案中适用哪种公正呢？虽然这个问题不是本文要解决的问题，却也反映出公正的法律判决是形式逻辑方法无法解决的，而不仅仅是类推方式是如此。

据此，我们可以得出如下结论：类推方式是适用刑法的基本方法，对罪刑法定原则及其派生的禁止类推原则的适用应当基于实质论证的考量。也就是说，无论在法律发现、法律推理或者法律论证过程中，类推方式作为形式上的保证，而禁止类推则作为实质上的保障。如果从实质上说，绝对禁止类推有可能使被告人的权益遭受侵害，所以即使是在实质上论证也不应该采用绝对禁止类推，应采取有限制的禁止类推原则。既然刑法的适用是如此，我们就更可以推及其他部门法。

结　　语

Arther Kaufman 的类型理论的出发点是为了解决在法律发现过程中如何使得事实与法律规范相对应，从而得到正确的判决。本文从考夫曼的理论为出发点，将类型理论和类推方式予以拓展，不仅关涉到法律发现，而且与法律推理和法律论证有关联。类推方式不仅是一种在法律适用中需要使用的通常方法，这种方法以建立在共相基础上的类型理论为出发点，通过类推的方式将规范与事实予以联结，惟有在命题的共相的基础上才有可能在法律推理过程中成功跨越规范命题与事实命题之间的鸿沟，才能获得相应的结论命题；另一方面对类推方式的证明关乎证明方式上的命题证明，往往为法律论证所忽略，而恰恰是对类推方式的证明保证了法律结论不得不真的一个重要方面。因此可以说，人的认识是类型化的，以类推方式运用于法律发现、法律推理和法律论证，是符合认识论的要求的——这一切已经可以从刑法适用上得到证成。

---

① See C. R. Sunstein. On Analogical Reasoning. Harvard Law Review, January. 1993. P. 106.

② 参见[古希腊] 亚里士多德：《尼各马可伦理学》，廖申白译注，商务印书馆，2003 年版，第 22 页。

我国当前人身伤害司法鉴定相关问题研究
——兼论保辜制度的法律逻辑意义

孙大明*

人身伤害案件司法与鉴定实践中存在着诸如司法鉴定时间与司法办案期限、羁押期限之间的冲突、损害后果与涉案行为之间因果关系重要性认识不足、被害人的民事权利难以得到保障等现实问题。而保辜制度是我国特有的法律制度之一,本文通过对这一制度的发展过程,基本内容,其背后折射出的法律思想以及功效评价,结合我国当代人身伤害案件在司法与鉴定实践中存在的若干现实问题,提出自己的构想。包括增加人身伤害案件的司法鉴定项目种类,健全、完善人身伤害伤情与伤残程度鉴定、三期鉴定等司法鉴定专门标准,充分保障受害人的人身权益。设立司法鉴定留置制度,解决司法办案期限与鉴定时机、期限的冲突问题。借鉴保辜制度的立法思想,区别化对待刑民事案件,解决疑罪案件的民事赔偿问题。

关键词:人身伤害　司法鉴定　保辜制度　因果关系

一、我国当前人身伤害案件司法与鉴定实践中存在的有关问题探析

(一) 时间冲突问题

人身伤害案件中的伤情程度鉴定、伤残等级鉴定、治疗休息、营养、护理期限鉴定,因果关系鉴定等鉴定项目通常需要对被鉴定人进行相关身体检查、精神状态检查,并撰写鉴定报告,需要一定时间。与此同时,那些涉及被鉴定人的容貌损害,器官运动、感觉等功能障碍,中枢或外周神经系统损害的案件的鉴定不能实施即时鉴定,需要根据具体案件的损伤情况、治疗情况、恢复愈后情况,客观准确地确定鉴定时机,等待伤情、残情稳定后才能实施鉴定。否则鉴定意见便会出现差错。而这段时间少则数月,多则半年以上到1年左右。总之,实施此类鉴定需要经过一定的观察等待期。对此,在司法鉴定行业内已经初步形成共识。① 部分法律法规对此情况也进行了相应规定。如《公安机关办理伤害案件规定》规定:公安机关受理伤害案件后,应当在24小时内开具伤情鉴定委托书,告知被害人到指定的鉴定机构进行伤情鉴定。第19条规定:根据国家有关部门颁布的人身伤情鉴定标准和被害人当时的伤情及医院诊断证明,具备即时进行伤情鉴定条件的,公安机关的鉴定机构应当在受委托之时起24小时内提出鉴定意见,并在3日内出具鉴定文书。对伤情比较复杂,不具备即时进行鉴定条件的,应当在受委托之日起7日内提出鉴定意见并出具鉴定文书。对影响组织、器

---

* 孙大明,男,华东政法大学司法鉴定研究中心,副教授,主检法医师,法学博士。

① 如在上海地区,上海法医学会和上海市人身伤害司法鉴定专家委员会要求对涉及人体的容貌、神经功能、视力、听力损害的案件分别需要等待3—6个月的观察等待期。

官功能或者伤情复杂，一时难以进行鉴定的，待伤情稳定后及时提出鉴定意见，并出具鉴定文书。[①] 又如2007年8月7日司法部颁布的自2007年10月1日起施行的《司法鉴定程序通则》第26条规定：司法鉴定机构应当在与委托人签订司法鉴定协议书之日起三十个工作日内完成委托事项的鉴定。鉴定事项涉及复杂、疑难、特殊的技术问题或者检验过程需要较长时间的，经本机构负责人批准，完成鉴定的时间可以延长，延长时间一般不得超过三十个工作日。司法鉴定机构与委托人对完成鉴定的时限另有约定的，从其约定。在鉴定过程中补充或者重新提取鉴定材料所需的时间，不计入鉴定时限。[②]

而人身伤害案件中有许多是涉及刑事犯罪的案件，侦查机关、检察机关、审判机关在办理此类案件过程中需要严格遵守刑事诉讼法规定的办案期限。即便是属于治安类案件，公安机关在办理过程中也需要遵守有关办案期限的规定，特别是采取拘留等强制措施时，不能超期办案，超期羁押，侵害当事人的合法权益。如《中华人民共和国刑事诉讼法》(下简称我国刑诉法)第124条规定：对犯罪嫌疑人逮捕后的侦查羁押期限不得超过二个月。案情复杂、期限届满不能终结的案件，可以经上一级人民检察院批准延长一个月。最高人民法院《关于执行〈中华人民共和国刑事诉讼法〉若干问题的解释》第81条规定：对已经逮捕的被告人，符合下列情形之一的，人民法院应当变更强制措施或者释放：(一) 第一审人民法院判处管制或者宣告缓刑以及单独适用附加刑，判决尚未发生法律效力的；(二) 第二审人民法院审理期间，被告人被羁押的时间已到第一审人民法院对其判处的刑期期限的；(三) 因进行司法鉴定而尚未审结的案件，法律规定的期限届满的。以上零散的规定对于此类问题没有统一明确的说法，规定之间也存在着矛盾之处。而司法实际活动中各地的做法也各不相同。比如对"因进行司法鉴定而尚未审结的案件，法律规定的期限届满的。人民法院应当变更强制措施或者释放"这一条规定，实践中便很难做到，实际的做法通常是催逼鉴定人尽快完成鉴定，早点出具鉴定意见书，而不顾司法鉴定的客观规律和司法鉴定工作的时间要求，往往人为造成鉴定差错或增加了发生鉴定差错的风险。《中华人民共和国刑事诉讼法》第122条规定：对犯罪嫌疑人作精神病鉴定的期间不计入办案期限。此规定虽然考虑到了精神疾病司法鉴定的特殊性，可能需要比较长的时间，所以作出了专门规定，但也存在明显的不足和疏漏。如未考虑到案件中犯罪嫌疑人以外的其他可能需要做鉴定的人员，像受害人，证人等。同时也未能考虑到案件涉及的其他类型司法鉴定项目，也同样需要时间，甚至需要更长的时间才能实施和完成鉴定。

盖而言之，人身伤害案件司法鉴定时间、司法鉴定时机与办案期限、羁押期限之间的冲突，是一个由来已久，长期得不到解决和重视的问题。给司法实践部门的办案人员带来很大的工作难度，甚至造成了不少违法办案的情形，损害了公民的合法权益。

(二) 因果关系重要性认识不足问题

人身伤害类案件，不管是民事部分还是刑事部分，都涉及因果关系的判断。如民事责任的构成要件中就有违法行为与损害后果之间存在因果关系的要求。刑事责任判定是也要考

---

① 见2005年12月27日公安部发布的《公安机关办理伤害案件规定》(公通字[2005] 98号)第十八条。

② 见2007年8月7日司法部颁布的《司法鉴定程序通则》第26条。

量犯罪行为和犯罪后果之间的因果关系。司法机关在办理案件过程中，不同司法人员对于案件中的因果关系问题的认识能力和重视程度也存在很大差别。某种程度上这也是造成冤假错案的原因之一。而即使司法人员都普遍重视因果关系问题，在凭借生活常识和办案经验无法识别和查明案件的因果关系时，都能及时启动因果关系的司法鉴定(当然这一点在当前的司法实践中几乎是无法完全实现的)。作为司法鉴定机构或司法鉴定人是否就能凭借其所掌握的科学知识、鉴定经验和技能解决当前所有委托案件中的因果关系类专门性问题呢？答案是否定的。原因很简单，人们的认识能力在特定的历史时期，在特定的历史条件下是有限的，而不是无限的。而司法活动涉及的科技领域和科学难题却可能是无限的。在特定的社会历史条件下，司法鉴定作为一种科学证据手段，其解决问题的范围和程度其实也是有限的。也就是说司法鉴定不是万能的，具有发展性和历史局限性。受制于整个社会的科学发展水平和生产力状况。因此，司法实践中涉及了因果关系类专门性问题，有部分是现有的司法鉴定技术所无法解决的，或者说是不能完全解决的。有些情况下是只能作出倾向性的判断。而司法活动往往需要作出明确的判断，这就需要有一些既定的规则来帮助裁决。

(三) 对受害人人身权益保护不力问题

我国现行的司法实践中，对同一案件既涉及刑事诉讼又涉及民事诉讼时，通常是十分强调刑事部分，而容易忽略民事部分。一般是先刑后民，重刑轻民。司法实践中常常出现这样的结果，犯罪嫌疑人被判有罪，并受到相应的刑事处罚。受害人对刑事判决部分没有异议。案件民事部分的判决却难以得到真正落实，往往成为一纸空文或成为所谓的“空头支票”。原因很简单，犯罪嫌疑人已经被判入狱，接受刑事处罚。犯罪嫌疑人家属往往也不愿配合做好对受害人的赔偿工作。结果是受害人的损伤治疗费用、误工费、护理费、营养费、居室改造费、残疾器具费等经济损失，身体损害引起的残疾赔偿金等均无法得到及时充分的赔偿。

二、保辜制度略论

(一) 保辜制度的起源与流变

保辜，字面解释就是保养生息，限期养伤以留罪之意。如《清律辑注》谓：“保，养也。辜，罪也。保辜，谓殴伤人未致死，当官立限以保之。保人之伤，正所以保己之罪也。”[①]现有文献资料显示，保辜最早见诸文字在何休著《春秋·公羊传》：“襄公七年十有二月，郑伯髡原如会，未见诸侯。……伤而反，未至乎舍而卒也。何氏注疏：古者保辜，诸侯卒名，故于如会名之。明如会时为大夫所伤，以伤辜死。君亲无将，见辜者，辜内，当以弑君论之，辜外，当以伤君论之。”[②]从史料中不难发现保辜制度与法医学、司法鉴定学、刑法学、刑事司法学等有着密切联系。

先秦时期是保辜制度的初步形成时期，具体内容考证仍有待于史料的进一步发掘。依据《春秋·公羊传》的记述，大体做法如下：造成他人伤害的要保辜，被害人辜限内死亡的，

① [清] 沈之奇：《清律辑注》，怀效峰，李俊点校，法律出版社，2000 年版，第 722 页。
② [清] 薛允升著：《唐明律合编》，法律出版社，1997 年版，第 575 页。

对加害人以杀人罪论；被害人辜限外死亡，对加害人以伤人罪论。秦代的保辜制度的科罚为：被害人辜内死亡，对加害人以杀人论，黥为城旦舂；被害人辜内没有死亡的，对加害人以伤人罪论处，处耐刑。

从唐代以来，历代律例均将保辜规定于斗讼律一章。《唐律疏议・斗讼》保辜条："诸保辜者，手足殴伤人限十日，以他物殴伤人者二十日，以刃及汤火伤人者三十日，折跌支体及破骨者五十日。"①即唐律规定，保辜期限因加害人所用伤人工具，及受害人伤情的不同而分为四个档次。具体为：1. 以手足殴人（即法医学上所谓的徒手伤），限二十日。2. 以他物殴人（是指现代法医学上的钝性致伤物所导致的损伤），限二十日。3. 以刃及汤火伤人的，限三十日。4. 折跌肢体及破骨的，限五十日。"折跌支体"即"折支跌体"，折支指手足骨折，跌体指骨节错位。"破骨"指伤至骨但未骨折。与此同时唐律对共同犯罪中的保辜问题也有相应规定。唐律规定，在同谋共伤人、被害人未即时死亡的情况下，要追究加害人的责任必须首先要确定谁下手为重，以此来确定该加害人为重罪并对主谋及从犯减等。因此，保辜的适用应按照一般规定设立相应的辜限，由所有加害人共同保辜，但这种共同的保辜又有其自身的特点：1. 辜限只有一个，不能以每个加害人的具体情况设立多个辜限，也不能是多个辜限的平均数。2. 结合每一个加害人的伤人工具和对受害人造成的伤情，对每一个加害人按照单独犯罪的情况考虑，可能存在的多个辜限，最终辜限的确定要采取其中最长的期限、吸收其他短的辜限。在不同谋共伤人、被害人未即时死亡的情况下，"各依所殴伤杀论"，仍实行共同保辜，但此种情况下的保辜又显然不同于上述同谋共伤人案件中的保辜，具体来说：如果能分辨出每个加害人给被害人所造成的伤情，那么每个加害人要分别保辜，这时就存在有多个辜限，辜限届满，由被害人的伤亡情况分别具体确定对每个加害人的所处之刑；如果不能分清每个加害人给被害人造成的损害，则"以后下手为重罪"，保辜比照同谋共伤人的情况。

宋朝的保辜制度在唐朝的基础上得到进一步发展。如《洗冤集录》卷一辑录了宋代检验条例共 29 项，诸条例中，关于保辜期限的明确规定为条例二十七："诸保辜者，手足[殴伤人]限十日；以他物殴伤人者二十日；以刃及汤火[伤人者] 三十日；(折目)折跌肢体及破骨者(三)[五] 十日。限内死者，各以杀人论。诸啮人者，各以他物法。辜内堕胎者，堕后别保三十日，仍通本殴伤限，不得过五十日。其在限外，及虽在限内以他故死者，各以本殴伤法。他故谓别增余患而死。假殴人头伤，风从头疮而入因风致死之类，仍以杀人论。若不因头疮得风而死，是为他故，各以本殴伤法。"②此项规定为明清律例明确规定致人堕胎的辜限奠定了基础。

明律中的辜限有三个层次：二十日、三十日及五十日。与前期相比，少了十日的辜限。具体来说，以手足及他物殴伤人，保辜的期限为二十日；以刃及汤火伤人，辜限为三十日；造成被害人折跌肢体及破骨堕胎的，辜限为五十日。明律取消唐律中十日的辜限，规定将手足殴伤人的辜限定为二十日。明律首次明确规定了堕人胎（外伤性流产）的辜限。清律保辜制

---

① 《唐律疏议・斗讼》，第 420 页。

② [南宋] 宋慈，《洗冤集录译注》，高随捷校，上海古籍出版社，2008 年 12 月版，第 5 页。

度与期限的规定基本沿用明朝的规定。

保辜制度是我国古代独具特色的法律制度之一。在中国古代社会经历了一个从萌芽、发展、繁荣，到最终走向衰亡的历史过程。保辜制度的主体部分当属于刑事法律制度的范畴，但也带有相当一部分民事赔偿性质的内容。

（二）保辜制度所折射的法律思想

从保辜制度起源、发展的历史来看，保辜制度的立法思想，与古代统治者“所以重民命而慎刑罚”有关，即体现今天我们所说的“民本”或“重民”思想。保辜制度的本质一方面在于追究加害人的法律责任，同时更在于保护受害人的合法利益。尽管统治者推行这一制度的目的是维护其阶级统治，但其也不可能不保护生产力中的最基本、最活跃的因素—劳动力，即“民”。事实上，历史上一些开明统治者都是力图通过封建法制的良好贯彻来达到维护统治阶级整体利益和稳定统治秩序的目的。从司法审判方面解决避免冤狱，以实现和加强司法镇压的效果，这是封建统治者比较关心的问题，并在长期的司法审判实践中逐步建立和形成了一套“慎刑恤狱”的法制思想。尽管从本质上看，这套的实施，也只是“依法”实现了封建法律本身的维护等级和专制的职能，还是可以积极评价它在形式上、法理上的意义以及在古代司法实践中所起到的某些积极作用。在保辜制度中，加害人所负有的保养义务即便在今天来看也是相对合理的。加害人应为自己的危害行为对受害人负有积极救助和防止受害人利益进一步受损的义务。“保人之伤，正所以保己之罪也”，这一制度使得加害人竭力去寻医为受害人疗伤，从表面上看，它可以使加害人因减少了受害人的利益损失从而将功补过，减轻自己的罪；从深层来看，这一制度可以使得被破坏了的社会关系尽快得以整合，有利于社会秩序的稳定。

（三）保辜制度功效的评价

通过对我国古代特有的保辜制度的发展历史、主要内容、法律思想等的阐述，不难发现，保辜制度是特定社会背景下的产物。是与中国古代“明德慎罚”、“慎刑恤狱”、“息诉”、“厌讼”的法律思想、法律文化和经济社会发展状态下相适应的。

保辜制度的历史功绩可以概括为如下几方面：第一，保辜制度在当时科技欠发达的情况下，为顺利解决司法实践中的因果关系问题提供了可能。虽然，单纯以时间为标准确定伤害行为与损害结果之间的因果关系，也可能出现差错，甚至以现有的科学认识水平去看，出现差错或谬误的可能确实非常大。但司法的功能重在及时有效的解决社会矛盾和纷争。法律事实只能是在当时的经济社会条件下不断接近客观真实，而不可能完全达到客观真实的水平。第二，保辜制度兼顾和平衡了同一案件中的刑事和民事两种法律关系。既体现了刑法的权威，国家对犯罪行为、违法行为的追诉、惩罚，也体现了对受害人个人权利的及时、充分的保障，有效解决社会矛盾，并有利于保护社会生产力，促进经济发展。第三，保辜制度有效解决了诉讼期限与鉴定期限的矛盾冲突。保辜制度本身就包含了办案期限的诸多规定，即保辜制度在规定不同类型案件的办案期限时已经充分考虑到了损伤后的治疗恢复过程，观察等待期限，创造性的用先确定每个案件的保辜期来统一、协调这两个问题。

当然，任何事物或现象，都具有其多面性，有优点就有缺点，有功绩也有问题。法律制度也同样如此。保辜制度也存在着一些问题，笔者尝试归纳如下：第一，保辜制度可能造成同样的犯罪行为，因为犯罪嫌疑人的经济能力不同，造成最后的司法判决结果存在明显差异。造成有钱人打人、伤人，处罚轻，穷人打人伤人，处罚重的后果。第二，保辜期限本身的合理性问题。第三，以时间为唯一因素确定法律上的因果关系，比较粗糙和武断，随着社会的发展，科技的不断进步，逐渐不能完全适应司法工作的实际需求。

三、保辜制度对完善我国人身伤害案件司法鉴定与相关法律制度的借鉴意义

从以上对我国古代特有的刑事司法制度——保辜制度的起源、内容、法律思想与司法功能诸方面的全面考察与论述，不难发现保辜制度的产生有其深刻的社会、历史、文化和思想基础，特别是与统治阶级的法制思想一脉相承。宏观上看，自近代社会以来中国的法制建设经过了许多曲折的过程，从清末的被动和主动的接受、学习西方的法治，到建国初期大规模学习前苏联法治建设经验，一直到现在大量学习、移植西方英美国家的法律制度。时至今日，新中国的法治建设确实可以说是成绩斐然。但与我们远期的法治建设目标相比，仍然存在差距。比如，从形式上看，大量的法律被制定出来，但实践中，其实际运行的效果却并没有达到理想的状态。探究其中的原因，笔者认为，法律和法治具有很强的社会性，它不像一个植物的品种，或者人体的某个部分，移植的效果主要取决于其生物学属性和移植的技术，全然不需要考虑其社会属性。但法律移植却必须要正视和面对其生存的社会土壤，有必要深入探究受体社会的历史的、文化的、思想的背景条件。只有成功营造了适合的社会环境之后，法律移植才能真正生根、发芽、结出硕果。对我国历史上丰富的法律资源进行有目的的、深入的梳理和研究，把那些对当代法治建设仍有借鉴价值的制度、思想、理念进行全面总结，结合现代社会的特点进行改造，与国外优秀的法律制度放在一起进行品种优化、改良，然后再进行移植。以真正体现“古为今用，洋为中用”。这个改造和优化的过程尤为重要，在这个过程中，不能脱离对中国社会国情、民情的历史性考察和研究。中华法系及其法律思想中的积极因素当成为当前及今后法治建设工程中的重要的原材料之一。微观上看，保辜制度的内容设计与法律思想在我国人身伤害类案件的法制建设方面至少有以下几方面的借鉴意义：

第一，增加人身伤害案件的司法鉴定项目种类，健全、完善人身伤害伤情、伤残程度鉴定、三期鉴定等司法鉴定专门标准，充分保障被害人的人身权益。

把人身伤害案件中对犯罪受害人的伤残等级和三期鉴定纳入此类案件的司法鉴定项目类别。并可以适用惩罚性赔偿的法律指导思想制定专门的伤残等级和三期鉴定标准。现有的人身伤害类刑事诉讼中，往往有不少案件没有提起附带民事诉讼，或者虽然提出了附带民事诉讼，但也没有启动伤残等级和三期鉴定。或者虽然提请进行伤残等级鉴定，但因缺乏专门的人身伤害案件适用的司法鉴定标准，在实践中也存在不少难题。连准确计算和确定赔偿数额都很困难。保辜制度能够兼顾刑事诉讼与民事诉讼的关系。在充分保护刑事诉讼国家法益的同时，也能及时兼顾犯罪受害人的个体权利。能够对其身体损害及时提供救治、帮助以及经济赔偿。在刑事诉讼中，把犯罪嫌疑人对受害人的积极救治、赔偿、经济补偿等行

为确定为其法定的义务，并纳入法定的量刑标准中。最大限度地调动犯罪嫌疑人和其家属对受害人进行抢救和治疗、帮助、赔偿和经济补偿的积极性和能动性。最终做到让犯罪嫌疑人愿意积极赔偿、能够依法合理进行赔偿，犯罪受害人能够尽早获得必要的救助和赔偿，从躯体和心理方面尽快得到恢复，尽早从受伤的阴影中走出来，融入社会。这些做法与理念，与西方国家近年来大力提倡的恢复性司法存在诸多相似之处。恢复性司法可以概括为通过恢复性程序实施恢复性方案最终达到恢复性结果。其适用范围既包括刑事犯罪案件，也包括其他类型案件。“恢复性司法方案”系指采用恢复性程序或旨在实现恢复性结果的任何方案。所谓“恢复性程序”系指通常在公正第三方帮助下，受害人、罪犯和(或)受犯罪影响的任何其他个人或社区成员共同积极参与解决由犯罪造成的问题的程序。恢复性结果是指由于恢复性程序而达成的协议①。与我国在某些地区尝试实行的刑事和解制度也有类似之处。保辜制度这种尊重人特别强调被害人生理心理的恢复、协调社会关系的思想也是当下建设和谐社会重要内容之一。

第二，设立司法鉴定留置制度，解决司法办案期限与鉴定时机、期限的冲突问题。

将人身伤害案件中受害人损伤程度和伤残等级鉴定的时机作为法医临床鉴定的项目之一。实行先做鉴定时机鉴定，再做伤情程度鉴定和伤残等级鉴定。保辜制度中的保辜期限的规定，对于解决伤情与残情鉴定时机与办案期限冲突的问题提供了较好的解决思路。可以借鉴古代的做法，在涉及身体伤害的案件中，根据损伤类型以及损伤当时的具体情况，依据法定鉴定部门的鉴定意见或者行业的规定，确定一个合理的鉴定时机，同时也作为确定此案办案期限的依据之一。当然，这样的制度设计需要涉及刑事诉讼法、民事诉讼法、行政诉讼法，公安机关办案程序规定，检察机关办案程序规定，人民法院审判期限等的多部法律法规和部门工作规定。需要专门研究如何具体制定相关法律，彻底解决司法实践中的存在的此类现实矛盾和冲突。建议在制定我国的《司法鉴定法》时，应体现这部分内容。可以在《司法鉴定法》中设立司法鉴定留置制度。使刑事羁押制度和司法鉴定制度中的期限和时机得到无缝衔接。同时要保证《司法鉴定法》的效力和等级不得低于现行的《刑事诉讼法》、《民事诉讼法》等程序法律，或者在修订这些法律时一并做出修改，以使得这些制定法之间相互统一、协调。

第三，借鉴保辜制度的立法思想，解决疑罪案件的民事赔偿问题。

在人身伤害案件类案件的办理过程中，涉及刑事部分的，当有关证据不足，事实存疑时，当前国内外已经有了比较成熟的理论和实践经验来解决此类问题。一般是采取无罪推定原则，实行疑罪从无的做法，即事实存疑的利益归于被告(犯罪嫌疑人)。但人身伤害类案件往往还同时涉及民事赔偿部分。我国当前大量的案件如果刑事部分证据不足，那么民事赔偿部分的诉求基本上无法或者是很难得到切实保障。其原因当然有很多，其中有对于民事诉讼和刑事诉讼的原则、理念的不同，特别是对于两者对证据的质和量的要求存在本质区别缺乏应有的认识是一个不容忽视的重要原因之一。刑事诉讼中要求证据达到“确凿、充分”“排除其他合理可能性”，而民事诉讼中对证据的要求则远没有这么高，也不应有这么高，主要是

① 周长军主编，《恢复性司法：法理及其实践展开》，山东大学出版社，2008年版，第2页。

采取优势证据规则。法官可以根据事件发生的可能性大小进行判决。并不要求证据确凿、充分,排除其他所有可能性。这方面,举世闻名的美国世纪审判案件——美国前橄榄球明星辛普森涉嫌杀害前妻案件就是一个典型的例子。辛普森案件的刑事部分被判证据不足,无罪释放,民事部分辛普森却被判决需要向受人家属支付巨额民事赔偿。相比之下,我国在这方面还有很长的路要走。

证据理论与法律认识论前沿

[美] 罗纳德·J·艾伦[1]著
屈文生* 译

很荣幸今天能作这个发言。我只有20分钟的时间，因此我必须马上进入演讲角色。今天我主要想谈四点内容。第一点内容是事实之于法律制度的重要性。其他三点内容将主要关注美国证据学和认识论问题的前沿研究。

一、事实的重要性

权利与义务取决于已认定的事实，因此，权利与义务是事实的衍生物。但这点内容的重要性不能被随意夸大。将法律的规则同现实世界的真实情况联系到一起，就是将权利与义务在可知的事物（而是不依赖幻想出的事物）中固定了下来。这个观点完全是普遍适用的。若无真实、相关的事物状态，无论是权利和义务，还是政策选择，都无法追求得到。试举一简单实例——财产的存在——来说明问题。对某种事物享有所有权意味着什么呢？比如说大家都穿着的衬衫、裤子或裙子。传统的答案是你有权占有、转让、支配及使用该有形之物。但是，如果我坚持说衬衫是我的，我要求你把衬衫脱下来给我，这时会发生什么呢？你会首先找到一名事实裁定者，然后向他出示购买、获赠、缝制或发现该衬衫的证据，目的就在于说服事实裁定者认定这样一个结果：有权占有、转让、支配及使用当下争议之物的是你而不是我。

从上述这点可引出这样一个结论。若无正确的事实认定，权利与义务根本就没有意义。不管是占有、使用、处分衣物的权利，还是不受酷刑的权利，还是从事任何事情的权利，都适用此理。将"权利与义务"同"事实的根基"——"世界万物在某一特定时刻的真实状态"联系在一起，就会获得权利与义务的本质。因此，那些研究与推进证据理论与认识论理论发展的专家就是在为建立一个公正的社会而奠定基础。[2]

下面我将谈谈西方国家正在进行研究的三个领域，它们将对我们得出论断大有裨益。

---

* 屈文生，男，华东政法大学外语学院，副教授，法学博士。

① 罗纳德·J·艾伦(Ronald J. Allen)是美国西北大学约翰·亨利·威格摩尔法学教授；中国政法大学证据科学研究院国际咨询委员会主席；中国政法大学特聘"长江学者"。亚历克斯·西尔弗伯格，西北大学在读法律博士生(J. D.)，为本文提供了检索支持。

本文是罗纳德·J·艾伦于2009年7月29日受邀出席中国法律逻辑专业委员会主办、华东政法大学承办、上海市逻辑学会协办第17届全国法律逻辑学术讨论会上的演讲稿。本文翻译事宜已获得艾伦教授的授权。本文在翻译过程中得到华东政法大学于霄博士、对外经济贸易大学石伟博士、华东政法大学孔庆荣副教授的帮助，特此致谢。

② Ronald J. Allen, The Theoretical Foundations and Implications of Evidence, 15 Evidence Science No. 1 & 2, 170-196 (2007); Ronald J. Allen, From The Enlightenment to Crawford to Holmes, 39 Seton Hall L. Rev. 1(2009).

二、司法证明的社会意蕴

对于事实的法律裁决，不可避免地会带有不确定性。事实在客观上永远不会是确定的（这还不包括裁决者的主观心态，例如大陆法上的“自由心证”）。事实裁定人永远无法获得不加剪裁的全部真相，他们只能依赖于证人的证词，而证人则可能经常撒谎，记忆有可能时常紊乱，在解释证言时也有可能出错。因此，在一个法律制度中，必须明确制定出法官在不确定的情形下应该如何作出判决的规则，在英美法国家中就有这样一些正式的规则，例如优势证据原则、明确且有说服力的证据原则及排除一切合理怀疑原则等等，在其他一些国家这些规则只是非正式的规则，以试图掩盖司法裁决的本质特征。这个问题直接导致对各种正确判决和错误判决的效用问题（即收益与成本）的考量。在西方国家，解决这一问题的通常做法是关注错误判决的成本。人们大概取得如下共识：民事案件中的错误应当降到最低程度，并应在原告和被告之间进行基本平等分配，因为对民事案件诉讼双方构成的错误成本是对等的，而在刑事案件中，应当尽可能照顾被告人，因为错误的有罪裁定成本会远远大过错误的无罪裁定成本。

近来，在两项内部联系紧密的研究成果的影响下，人们取得的上述共识已开始瓦解。其一认为，仅关注“错误”是不充分的；一个的法律制度还必须关注“正确的”判决。一个将每个案子都判错了的法律制度，但是能平等地对待原被告双方，能够满足均衡错误的要求，而法律制度拒绝审判疑难案件同样可以很好地降低错判案件的总数。尽管两者都在实现错误控制的基本目标，但两种路径都似乎都十分奇怪且令人难以接受。原因是，判决正确率不仅关系着也决定着法律制度的框架建构。换言之，优化问题有 4 个而非 2 个变量。①

传统的观点除了忽略了正确判决的意蕴外，还忽略了审判裁决和基本行为的关系。因此，第二个应当关注的就是对于这一关系的研究。没有人怀疑这点，即法律存在的价值就在于制定行为规范、创制权利及规定人们遵守法律要求后能够获得的利益，并以此来影响人的基本行为。对法律纠纷进行正确裁决，显然是实施这种激励的有益的而且必要的条件。如果人们可以随意漠视他人的法律权利而不受惩罚，则这种对于他人法律权利的漠视行为必定会快速膨胀。但这不是全部。在美国，大多数案件，无论是民事案件还是刑事案件，都会得到和解。因此，正确判决和错误判决的真正比率不止是审判比率，而是案件解决的整体比率。这些比率反过来又会影响纠纷是否会发生。在评价一个法律制度时，所有这些变量必须被加以考虑。②

对上述问题的全部讨论都可归结于成本的意蕴。无论审判的裁决之间，以及在审判裁决与基本行为之间的最优关系怎样，在一个没有交易成本的制度中，它们不会像在有交易成本的制度中那样得到优化。有些正确的判决也许不值得人们付出那样大的成本，因此，有些

---

① Ronald J. Allen & Larry Laudan, Deadly Dilemmas, 41 Texas Tech. L. Rev. 65 - 92(2008).

② Id.; Larry Laudan & Ronald J. Allen, Deadly Dilemmas II: Bail and Crime, forthcoming, Chi. Kent L. Rev. (forthcoming).

纠纷可能会因漫天索价而在法律市场中没有了位置，这无须遗憾。法律纠纷的市场可能会同其他市场那样运转，成本的下降可能会带来消费的增长。这意味着，选择诉讼的方式来解决纠纷会被选择非诉的方式(如协商与和解)来代替。如果正常的选择成本太高，以至于无法追求得到，人们就会寻求非诉的方式，例如协商和和解。在许多情形下，它们可能更受人们青睐。

三、司法证明及概率论

我前面说到，司法证明并非指向确定无疑的真实性，那么下面的问题就是，它到底指向什么？几世纪以来，对于这一问题传统的看法是，司法证明指向的是一种盖然性。确实如此，传统的概率论所使用的语言和工具是无所不在的，不但在现代法律制度的研究中可以见到，就是在一般的生活中也可以使用。即便是基础概率论的工具也十分有用，并且已经是取得知识进展的重要保障之一。

概率论对法律和法律制度的理解有着重要的影响。比如，关联性的最佳解释就是，如果该证据能改变对案件事实为真的可能性的估计，那么该证据就是关联的。“不公平损害”一部分含义就是，证据效力已经超过了同样情况下应当允许的界限。概率论现在也是解释举证责任的传统方式，比如优势证据和排除合理怀疑。的确，我对司法证明的社会意蕴讨论中也暗示了，错误结果的概率是一个敏感话题。

同样值得注意的是，很明显，传统概率论没有很好的描述审判中推理过程。传统概率论中有 4 个广为接受的概念，当然它们在解释司法证明时的局限也非常明显。

首先，“相对频率”是当前概率论中最著名的概念。它常被描述为在长期的审判中特定结果出现的可能性(限定概率)，它也可被用来刻画一个特定集合的某些子集的大小——比如，抛 1 000 次硬币，正反的概率各是多少？这一概念的实用性是很明显的：当我讨论错误的成本的时候，我实际上是在讨论不同错误发生的相对频率。相反，概率论中的相对频率理论可以应用于审判中的判决，这一点却不是那么清楚的，虽然传统研究试图说明它的可行性。在审判中，实际上没有关于“长期事实”的数据。特别是在诉讼问题独特的情况下，甚至连用来解决诉讼问题的理论工具，比如常识，也根本不可能有相应的数据来支持。

概率论中的第二种理论也同样并不坚实。[①] “逻辑概率”涉及概率的逻辑解释问题(比如，随机摇动一排同等重量的色子滚动得出双六的“逻辑”概率)，但是，同样的问题是，审判中实际上不太可能争论逻辑概率问题(DNA 可能是个反例)。概率论中的第三种理论是倾向性理论，它在放射性衰退等问题的理解上十分有用，但它在审判的研究中却并不十分奏效。

可能部分是因为使用客观概率论工具来理解法律的运行过程有些困难，所以，法学家开始越来越关注概率论的第四种理论——主观概率理论，特别是贝叶斯定理。现在人们已广泛地接受了由此发展起来的理论。但是，主观主义与法庭要求的客观真实结果相冲突。主观确信与正确结果之间实际上没有必然联系。此外，在世界上的任何一个地方，事实裁定者

---

① Donald Gillies, Philosophical Theories of Probability(2000).

都不会单凭主观置信来认定事实；相反，他们要根据证据理性地作出判决。①

作为概率论几个传统理论的替代理论，解释主义理论开始在研究中受到青睐。我们现在来看从解释主义视角出发是否获得对司法证明及其推论的最好理解。用此理论解释司法证明明显比用概率的描述具有优势。因为它不仅没有上述概率理论的那些局限性，它还解释了诉讼实际上是如何进行的。在诉讼中，当事人很少强调自己对事实的陈述在多大的可能性程度上是真实的，相反，他们一般都是在解释证据的基础上，比较关于事实的各种似真的陈述哪个更为可信。在刑事审判中，检察官试图证明有罪的陈述更可信，辩护人则力图证明无罪的陈述更有道理。②

即便是在用概率论成功解释证据的关联性和证明力时，通常的概率描述也是有很大问题的，这个问题就是参照类。要作出一个传统意义上的概率判断，就需要有一个参照类。当一个人说抛硬币得到正面的可能性是五成，他的参照类是一组均匀的、随机抛出的硬币构成的集合。但在审判中，运用这种方法评判证据时，就没有一个单一的和适当的参照类可以使用。举个简单的例子。假设问题是判断证人是否在说谎，假设该证人是个 35 岁的胖男人，满身是汗，作证时一只眼睛乱转。那么，对于判断他是否诚实而言，适当的参照类是什么？是男人？是特定年龄、特定体重的男人，还是两者都考虑？或是流汗的人、流汗的 35 岁的人……问题非常明显。没有人会知道哪一个是“最佳”的参照类，可能是它们中的任何一个，也可能是其他没有举出的无数可能中的一个。而且这些参照类会有很大的不同。也许 35 岁的男人是尤其不可信的，但 35 岁的胖男人又十分的可信，而 35 岁的流汗胖男人又十分不可信……没有人知道什么时候又有更多的特定参照类被发现，因为这些参照类从理论上说是无穷多的。简单说，评判证据的参照类在逻辑上并不是先于诉讼本身的；它是诉讼的一个部分，根据当事人的倾向而形成。③

四、专家证言

由于正确认定事实的重要性，因此，致力于法治的法律系统的最大追求就在于——由没有利害关系的人，通过对证据的理性分析及仔细研究，来承担查明事实的工作。很显然，上述情况只有在证据可以被理解的情况下才能够出现。换言之，诉讼是一个教育过程。法庭正接受关于事实的教育，并将裁决相关情况的最可能解释是什么。在很大程度上，这并不是一个问题。诉讼的大部分内容仅涉及常规性的问题，此等问题的解决并不需要专门的知识。然而，随着社会的逐步复杂化，以及很多领域中的知识的发展，法律裁判者所没有掌握的越来越多的专门知识已经和法律裁决具有联系，并且，只有通过这些知识的应用，做出的裁决才是合理的。这样的例子随处可见：肿瘤学、统计学、冶金学、内科医学、放射医学、心理学、

---

① Ronald J. Allen, Rationality, Algorithms, and Juridical Proof: A Preliminary Inquiry, 1997 International Journal of Evidence and Proof(Special Issue)254.

② Ronald J. Allen & Michael Pardo, Juridical Proof and the Best Explanation, 27 Law & Philosophy 223 - 268 (2008).

③ Ronald J. Allen & Michael Pardo, The Value of Mathematical Models of Evidence, 36 Journal of Legal Studies 107 - 140(2007)(with Michael Pardo).

遗传学，等等。同时，法律裁判者不但需要掌握复杂的科学理论，而且需要掌握各种各样的专门知识，比如汽车或天气预报，等等。法律面临着严重的信息性软肋。法律需要获取知识，对于这种知识而言，法律知道其存在，但是并没有掌握。问题是，对此人们应该如何加以解决。

直至最近，这个问题的标准答案才出现，召集专家来表达其对各种事项的观点和结论，并且，经常召集意见相左的专家来表达其对上述事项的竞争性观点和结论。然而，这种程序对法律制度的最终追求是一个伤害。在专家就此向法庭提供意见时，如果法庭缺少评估这一意见的相关知识，那么法庭面临的唯一选择就是，是否应参照此意见。此处的"参照"是指，或是接受专家意见为正确的，且是决定性的意见；或是完全地拒绝此意见。但是，参照并不是理性地审慎分析，事实上，这也不可能是理性的审慎分析。如果法庭没有掌握基本的专门知识，法庭就无法理性地决定应该是参照，还是拒绝专家意见。法庭做出的任何选择都是非理性的。法庭固然可以做出正确的选择，但将完全会是没有根据的侥幸；法庭也可能会同样地作出错误的选择。无论是法庭的组织机构，或是诉讼本身，都不可能使法庭作出有信心的裁决。对抗性诉讼程序中相互竞争的专家证言也不能解决此问题。此外，如果法庭对调查的事项缺少必需的知识，那么，对于向其提供的两种竞争性意见而言，法庭就缺少从中作出明智选择的知识。正如本人所言，这种程序对法律制度的最终追求是一个伤害。

随着知识的持续增长以及各种不同的争议问题越来越多地进入诉讼程序，法律系统的常规性、教育性追求与对专家的尊重之间的紧张局面将日趋加剧。一些法律系统正通过官方的专家评价来避免这个难题，但是，这种方法本身也有严重的问题。不了解具体领域知识的政府官员也很难决定要选择尊重哪个专家的意见。对于解决有关正确的或不正确的问题而言，这完全是一个武断的解决方案。

这种困境的解决方法就是，通过要求专家（和其他证人一样）就涉及诉讼的事项对法庭进行指导，使专家的使用符合法治最根本的追求。这种方法也会产生关于费用和时间的严重问题。在此基础上的一个重要问题是，相对于其成本而言这种解决争议的方法是否值得。不管怎样，在不断发展的法律制度中，比如在中国的法律制度中，这些问题是不可避免的，需要有计划有步骤地加以解决。

最后，我想强调的是，在今天有限的时间里，本人只能提供目前美国大量研究成果中的几个重要方面。本人乐于回答各位的问题；对于从各位处了解的中国正在进行的研究的发展趋向，本人一并表示感谢。

后　记

一案：

三探险家A、B、C在沙漠中偶遇。A与C有世仇，决定借机谋杀C，便偷偷在C的水壶里下了剧毒。B也想杀害C，但他不知道A已有行动，趁C没留神，B在C的水壶底下凿了一个洞。不一会里面的水就漏光了。因缺水，当晚C就死在离营地只有1英里的沙漠里。谁是凶手？

A是凶手。但C是渴死的，与A下毒无关。

B是凶手。B把毒水从C的水壶排掉，延长了他的寿命。要是没有B，C一喝下剧毒水早就死了，而不可能坚持到晚上。若C早点赶回营地，他就不会死，B则是C的救命恩人。虽然C最后没有及时赶回营地，那不是B造成的。

谁是凶手，不同的视角，可能有不同的裁决。

究竟谁是凶手，给出一个合理的、合情的，使控、辩双方都能接受的论说，这应是法律逻辑研究的出发点和归宿。法律逻辑，首先是逻辑，但它又不是形式逻辑，也不能完全划归为非形式逻辑，它皈依法律，应：以公理正义为原则，以不违情理为自然。

由此，提出如下问题：

1. 关于法律上适用的逻辑。这种逻辑绝非是仅关涉形式规则的狭义逻辑，这样的结果就将法律的论证方式降低为形式结构，以至将形式结构与内容要素分开，而偏离法律的特征。那么这种将形式结构和内容相结合的广义逻辑是什么样呢？

2. 关于法律上诸如，自由心证、沉默权的论证、无罪推定、证据排除规则、合理怀疑标准等理论问题，如何作出逻辑的解释或逻辑归属？

3. 关于道德伦理与法律规范的问题，即我们常提到的价值判断问题。因这种价值判断要涉及社会的、道德的、政治等主观因素。“儿子与老子打官司，赢了也是输了”；“你跟老婆讲理，那你是不想过了，你跟领导讲理，那你是不想混了，你跟你自己讲理，那你是不想活了”。法律逻辑如何论述或解释类似这样的问题？或如何提供一个逻辑的思维方法？

4. 与3相联，关于法律逻辑的功能定位。是发现和说服，还是工具性、基础性，或二者兼有？

5. 关于“理”的问题。理性是人类追求的目标，合理性是通往理性的桥梁。“法的目的并不是验证或解释某些事实，而是就一个行为作出决定”。[①] 因此，法律活动最重要的特征就是说理，来说明“在特定的情况下什么是被禁止的，什么是被允许的，什么是必须做的。”[②] 而逻辑学所强调的概念明确、判断恰当、推理正确，也是在说理。法的“理”，与逻辑的“理”同异是什么？对“理”的评估和判别的标准是什么？如何避免“公说公有理，婆说婆有理”。

---

①，② 《法国民法总论》，法律出版社，2004年版，第34页。

6. 关于法律逻辑的地位。如何回应霍姆斯："法律的生命在经验，而非逻辑"？如何确立法律逻辑在逻辑框架下的应有地位？是否可提出："形式逻辑"、"非形式逻辑"、"法律逻辑"三个概念？或提出有三种逻辑。

上述问题集中关注两点，一是，法律逻辑如何成为人们在司法实践中方法论的工具和正确的、有效的、必要的手段；二为，法律逻辑的应用性。因学习掌握法律逻辑的目的，就是在司法实践中的运用。

为此，许多学者做了大量的卓有成效的理论研究工作。特别是工作在公安、司法一线的警官、检查官、法官、律师，从自己的工作实践的体验，提出了不少很有现实意义的问题，从而充实和丰富了法律逻辑的理论研究。所以，在编辑时，我们专辑"法律逻辑与司法实践"一编，并篇幅占多。真正意义的法律逻辑研究是始于国外，将国外的研究资料翻译、介绍给国内的同行，这对深化国内的法律逻辑研究是"必须的"。很多有才华、精通外语的青年学者不仅做到了这一点，而且提出了自己独到的、精辟的论说，为国内法律逻辑研究的推广和扩大影响作出了积极的努力和贡献。特别是在校的研究生，他们以自己的聪慧和积极的学术热忱写出了不少很有份量相关论文，正逐渐形成法律逻辑教学、科研的新生力量。

本人认为，本书出版具有如下学术意义及影响。一是由我校党委书记，博士生导师，法庭科学学科群学术带头人杜志淳教授提出的"法庭科学学科群"这一概念，为法律逻辑的教学、科研搭建了一个平台，确立了法律逻辑的应有地位，及促进了法律逻辑研究的积极开展；

二是，明晰了法律逻辑皈依法律，来自于法律，应用于法律的特质；

三是，在以法律思维和法律方法开展法律逻辑研究的框架下，提出以法律逻辑、法律推理，法律论证及教学实践、司法实践的视角展开法律逻辑研究的思路。

本书编辑过程中"西政"的承光和"华政"的大明两位哥们，帮我做了大量工作，深感同仁的鼎力相助和兄弟间的深情厚意。华政人文学院中文专业的王媛、李明艳两位同学，帮我做了排版等编辑技术工作。当我请她们在校园旁小西餐厅吃皮萨时，她们连连推辞说，老师别客气，这是我们应该做的。使我心存温暖，很受感动！

本书所辑论文大部为去年上海会议，也有前年哈尔滨会议。由于篇幅有限，编选有不当之处，请谅！

本书出版得到了我校党委书记，法庭科学学科群学术带头人，博士生导师杜志淳教授的关心和重视，他亲自为本书写序，希望法律逻辑的学术活动有一个深入的发展和广泛的影响。本书出版是得到了"上海市教委司法鉴定重点学科建设项目"（编号 J51102）的赞助，得到了中国法律逻辑学会同仁的支持、帮助、指导，在此深表谢意！

华东政法大学人文学院 张晓光

2010 年 2 月 9 日

www.ingramcontent.com/pod-product-compliance
Lightning Source LLC
LaVergne TN
LVHW080808011026
849160LV00015B/1568
* 9 7 8 7 5 4 8 6 0 0 1 9 0 *